Y.4700.
A.

Réserve

Le 1876

Falc. 11580

LES OEVVRES POETIQVES D'AMADIS IAMYN.

Reueuës, corrigees & augmentees en ceste derniere impression.

AV ROY DE FRANCE ET DE POLOGNE.

A PARIS,
Par Mamert Patisson Imprimeur du Roy,
au logis de Robert Estienne.

M. D. LXXIX.

AVEC PRIVILEGE DV ROY.

AD HENRICVM
TERTIVM DE AMADIS
IAMYNI POEMATIBVS.

MVLTA serit solers sibi poma legen-
   da colonus:
   Multa suis, sed non poma legenda
   sibi.
CAROLVS ille patri proauisque simillima
   proles,
   Per quos nunc Musis Gallica floret humus:
Ronsardum, Auratum cōseuerat vbere gleba,
   Non tamen & fructus legit vtrinque suos.
Plurima Ronsardi, quanuis & plura supersint,
   Poma sua legit CAROLVS ipse manu.
Legit & Aurati paucissima, dum noua semper
   Poma ferens, veteres negligit vber opes.
In reliquos sed quē mors inuida distulit annos
   Prouentum veteris regis ab arboribus:
Hūc HENRICE tuū sors prospera seruat in æuū,
   Qui patri & fratri consita rura tenes.
Inter & hæc æui plantaria læta paterni,
   Tempore quæ fructus multa dedere suo:
Poma recens tibi, REX, veteris dat Regis ho-
   nores
   Fraternis Amadis consita temporibus.

Qui cum fratre suo non inficianda parentum
Nominibus soboles nobile nomen habet.
Qui sua dū cantat Ronsardus habetur & alter:
Mæonidésque alter dum canit Iliadem.
Quæ fuit ergo tuo R E x maxima gloria fratri,
Non erit illa minus gloria magna tibi.
CAROLVS has seuit plantas, tu HENRICE
   rigato:
Gloria cultori fructus vtrique suus.
Prosperior tamen est tua sors, quàm fratris
   adempti:
Quod labor alterius seuerat, ipse metes.

         Io. AVRATVS *Poeta Regius.*

IN POESIN AMADISII IAMINI
N. SVDORIVS IN SVPREMA
Parlamenti Curia Consiliarius Reg.

INTER bella etiam & duri certami-
   na Martis
    Producit vates Gallia fœta nouos.
    Nec mirum: Chelys Æaciden in ca-
   stra sequuta est,
Militiæque duci sarcina grata fuit.
Orphea nauigio fœlici auexit Iason,
   Dicturum Graijs Colchica bella modis.

Tu quoque nunc, IAMINE, ortus, qui prælia
  Regis
 HENRICI audaci pectine concineres:
HENRICI, qui post deuictos fortiter hostes
  In patria horrentes ausus adire plagas:
Hercule mūdiuago pugnace & Iasone maior,
  Quos sua, quos claros extera vidit humus.
Sic vtinam obscures cūctos IAMINE poetas,
  Vt regum HENRICVS nomina magna
  premit.

EPIGRAMME.

HEVREVX *tu iouis de ta peine*
  Et des labeurs de ton ieune áge,
Te remirant en ton ouurage
Comme Narcisse en sa fonteine.

  RONSARD.

IE ne sçay, mon IAMYN, où tu auois les yeux
Quand d'vn vers animé tu armois ton Achille,
Foudroyant les Troyens sur leur plaine fertile
Malgré le preux Hector, race des puissans Dieux.
Mars en fut irrité, dont il laissa les cieux
Pour tascher de punir l'audace de ton style,
Qui pres d'vne Pallas le rendoit inutile,
Et moins qu'vn Diomede, aux armes glorieux.
Ie croy qu'il t'eust occis si l'extreme douceur
De tes vers amoureux n'eust amoli son cœur:
Mais luy qui est épris d'vne flamme secrette
Pour l'amour de Venus qui s'admire en tes vers
T'a permis respirer, à fin qu'en l'vniuers
De Mars & de Venus tu fusses le Poëte.

ANNE DE SEMVR Gentilhomme
Vendomois.

QValis vbi tenerum volitans Iouis armi-
ger ales
Æthera diffindit pennis terrásque relinquit,
Hinc atque hinc densæ volucres tardæque
sequuntur,
Ille volans nimbo similis iam sydera latè
Alta tenet cœlúmque procul disuerberat alis:
Talis in Aonio totum te proluis amne
Mæonium expertus carmen doctúsq; peracta
Iliade alta secas maturo nubila cursu,
Qué reliqui miseranda cohors nõ virib⁹ æquis
Sũma per astra sequi cupiunt, ast ictibus auras
Diffindũt vanis densisque in nubibus errant.

ANNAS DE SEMVR nob. Vind.

VN desir que mon nom vole par l'Vniuers,
  Et qu'il puisse immortel malgré le teps se rëdre,
Me tente quelquefois temeraire entreprendre
De me guinder en l'air sur l'aile de mes vers:
Vne crainte aussi tost se iettant à travers
  M'admoneste qu'encor leur plumage est trop tedre,
Et que c'est desirer comme Icare d'apprendre
A mesurer des eaux les abysmes couuers.
Mais toy, mon AMADIS, qui d'vn braue courage
  Et d'vn vol asseuré vas fendre le nuage
Pour porter dãs les cieux l'honeur de ton beau nom,
Fais moy cette faueur que craintif ie t'accole,
  A fin que plus hardi sur ton aile ie vole
Sans danger que ie donne aux ondes vn surnom.

IVSQV'ICI i'auois pris vne ferme assurance
  Que Poëte iamais n'auroit tant de bonheur
De pouuoir par ses vers approcher de l'honneur
Que RONSARD par les siés s'est acquis en la Frãce:
Mais ces diuins presens que ton esprit auance
  En l'Auril de tes ans, me font changer de cœur:
Et croy que si tu n'es sur luy mesme vainqueur
  D'estre aumoïs vn RONSARD tu dones apparance.
Aussi Phebus t'apprit à cette intention
  Pour te rendre heritier de sa perfection,
De laquelle il iugeoit ton bel esprit capable.
Ainsi l'vnique oyseau qui renaist au Soleil
  Se transforme en luymesme à faute de pareil:
Nature veut tousiours faire vn autre semblable.

F. CHOVAINE

PREMIER

Comme amoureuse elle importuna tant
L'ame du ciel que son cœur fut contant:
Et vous receut en autant de liesse
Que vostre France en sentit de tristesse,
Tristesse egalle au trauail vehement
Que peut donner la perte d'vn amant
Au cœur transi d'vne amante fidelle,
Lors qu'il choisist vne beauté nouuelle.
 Phebus fasché de ce depart soudain
S'en absenta, comme ayant à dedain
D'esclairer plus aux peuples de la France,
Pour n'y voir point vostre haute presence.
Aussi l'ouurier de ce rond Vniuers
A dessus vous tous ses thresors ouuers:
Il a choisi des substances insignes
Le plus diuin, & les choses plus dignes
Pour vous former mille perfections:
Des Anges saincts les pures legions,
Et ceux encor où plus de grace abonde
Luy ont fourni pour vous parfaire au monde,
Si bien qu'en vous son ouurage accompli
Rend l'Vniuers de sa gloire rempli.
Car tout le Ciel qui dedans vous s'assemble,
Vous fait miroir de tous les Dieux ensemble,
Temple d'honneur, temple de maiesté,
Exemple heureux de la Diuinité.
„ La Maiesté qui reluist en la face,
„ Aux grands Heros n'apporte peu de grace:
„ Elle est puissante à les bien maintenir,
„ Les cœurs felons en deuoir fait tenir.
„ Car elle coule en nostre humain courage

LIVRE.

» D'vn agreable & celeste passage,
» Ayant pour voile & pour accoustrement
» Vn sainct respect plein de rauissement.
 La Maiesté qui vos pas accompagne
Vous a donné les clefs de l'Alemagne,
A conuerti son orgueil en douceur,
Vous y ouurit vn chemin libre & seur,
Et la gaigna si bien, qu'elle souhaitte
Voir sous vos loix sa liberté suiette.
C'est celle-là qui rend tous les païs
Où vous passez contens & ébahis:
C'est celle-là par qui toute Italie
Vous admirant ses ancestres oublie,
Et voudroit bien que l'œuure de vos mains
Y réueillast le nom des vieux Romains.
 Comme autrefois Calypson la Deesse
Taschoit lier d'Vlysse la finesse
Dans les filets du plaisir des amours,
Pour detenir son voyage tousiours.
Ceste Italie ainsi belle & plaisante
Dame amoureuse, à vos yeux represente
Tous les plaisirs que l'art ingenieux
Peut inuenter en la terre & aux cieux,
Voulant garder vostre royale essence,
Et nous priuer de telle iouissance.
 Mais comme Vlysse aduerti de Pallas,
Sans s'allecher à l'haim de tels appas,
Pensoit tousiours d'aller reuoir sa fame,
Et son païs agreable à son ame,
Qui l'attendoit en vœux & en souci.
Absent de nous vous ne pensez aussi
     A. ij.

PREMIER

Qu'à reuoir l'œil de France magnanime,
Vostre amoureuse & femme legitime,
Qui vous attend en vœux & oraison
Comme on souhaite vne heureuse saison,
Et sur la mer vn tranquille visage
Apres l'horreur d'vn tempesteux orage.
 Retournez donc, & ramenez vers nous
L'heur qui d'icy se perdit auec vous:
Les rudes monts dessous vos pas s'vnissent,
Et les chemins doucement s'applanissent,
Sans qu'vn fier vent empesche vostre cours:
Aucun malheur n'embrunisse vos iours,
Et que la terre, ingenieuse, enuoye
Ses douces fleurs esmaillant vostre voye,
Ne manquant point de celles qui ont pris
Le nom des Rois en leurs fueilles escrits.
 O si les Dieux m'eussent fait l'auantage
Que pres de vous i'eusse veu ce voyage,
Vostre œil diuin m'eust apparu si cher
Que rien fascheux ne me pouuoit fascher.
Ny mont, ny roc, ny glaçons, ny froidure,
Ny le defaut des aises de Nature,
Ny le dedain d'estrangers orgueilleux,
Ny la longueur des chemins perilleux
N'eussent trempé mon aise d'amertume:
,, Vn grand plaisir mille trauaux consume.
 Or pour le moins icy vous renuoyant
Sur l'horizon des François flamboyant,
Tel qu'vn Soleil qui rauist sa lumiere
A l'Antarctique, à fin qu'il nous esclaire,
Ie chanteray vos honneurs non prefix

LIVRE.

Et la Deeſſe à qui vous eſtes fils,
Dont la prudence au beſoin eſprouuee
Pour ſon triomphe a la France ſauuee.
  Deſia ſouuent la trame de mes vers
S'eſt veu ramper autour des lauriers verds
Qui vont ceignant voſtre couronne inſigne,
Et de ce prix Apollon m'a fait digne.
Mais ie ſupply Venus flatter ſon Mars,
Tant que la France il purge en toutes parts
Des cruautez de la guerre felonne,
A fin que mieux au depart de Bellonne
Minerue regne auec ſes oliuiers.
  Si Ianus tient ſes inſtruments guerriers
Clos dans ſon temple, & qu'vne dure corde
Preſſe la Guerre & ſa mere Diſcorde:
Voſtre ſuiet à ſon aiſe viuant,
Quand au matin Phebus s'ira leuant,
Ou qu'il cherra dans ſa couche écumeuſe,
Fera ſonner d'vne bouche ioyeuſe,
Et redira bien ſouuent en tout lieu,
Viue HENRY, c'eſt le Roy c'eſt le Dieu
Qui nous maintient, & fait que toute choſe
En ſeureté deçà delà repoſe.
  O Dieu du Ciel deuant que par deux fois
L'arc du Croiſſant recommence le mois,
Puiſſé-ie voir la guerre toute eſteinte,
Et ce grand Roy commander ſans contrainte
Sur ſes ſuiets humblement flechiſſans:
Que les beaux Lys s'eleuent floriſſans
Plus que iamais, & la Paix etheree
Face renaiſtre vne ſaiſon doree.

A.iij.

PREMIER

Qvand le Soleil luisant recu'e sa clairté
 Loin du Tropique chaud, & tire au Ca-
pricorne
 Où son autre carriere absent de nous il borne,
 Le Ciel trouble & couuert nous cache sa beauté:
Aussi depuis le iour que vostre Maiesté
 En païs estranger sa lumiere destorne,
 Le Ciel de l'air François qui de vos vertus s'orne,
 Tout triste, tout pleurant, tout obscur a esté.
Rendez-nous maintenant la ioye & la lumiere
 Par vn heureux retour qui dessus tous esclaire,
 Apres vn aspre Hyuer amenant le Printemps.
La France toute en vœux attend vostre venuë
 Comme vne mere attend l'honneur de ses enfans,
 Que trop long temps retient vne terre inconnuë.

La Vertu seule ouure aux hommes la voye
 D'aller au Ciel & de se faire Dieux,
 Les arrachant du grand lac Stygieux
 Où le vil nom du vulgaire se noye.
Vne vertu seulement ne t'enuoye,
 Prince inuaincu, dans la voûte des Cieux,
 Mais cent & cent admirables aux yeux,
 Que Iupiter à peu de gens ottroye.
Ie voudrois bien hautement les chanter:
 Mais comme on voit la pucelle douter
 En vn iardin de royale plaisance,
Quelle des fleurs son poulce doit cueillir:
 Ainsi ie sens la langue me faillir,
 Tant le suiet est riche d'abondance.

LIVRE

Sur l'arriuee de sa Maiesté en France.

VOICY le iour heureux & sur tous desiré
  Que la France reuoit de son Roy la presence:
Le Soleil deuers nous pour mieux le voir s'auance,
Et l'honneur des vertus se tient plus asseuré.
Apollon fut iadis loin du Ciel esgaré,
  Et son retour donna telle resiouissance:
Soit où le iour se couche, & soit où il commence,
  Le grand nom de HENRY soit de tous honoré.
Diuins esprits merquez au temple de Memoire
  Ce iour sainct & sacré plein de grace & de gloire:
Vierges, enfans, garçons, que par vous soyent espars
Mille bouquets fleuris: Et de ceste iournee
  Le Soleil desormais apprenne en toutes parts
A commencer le tour de sa nouuelle annee.

STANSES,

Sur le Mariage du Roy.

QVAND Dieu bastit le Ciel, les ondes & la terre,
  Et les feux eternels qui sont au firmament,
Pour doner paix au mōde & chasser toute guerre,
  Il forma les beautez qui seruent d'ornement:
Mais sur toute beauté dont l'honneur au ciel mōte,
Vne seule me plaist qui les autres surmonte.

Elle estoit auec Dieu, quand l'excellent ouurage
  De ce large Vniuers sortit de son penser,
Mais il la reserua iusqu'au temps de mon âge,

A.iiij.

PREMIER

A fin que d'vn beau trait elle me vint blesser:
Luy-mesme patronnoit au miroir de sa face
Mille diuinitez naissantes de sa grace.
Si tost que i'eu l'object d'vne si belle veuë,
Soudain son bel image eut demeure en mon cœur:
Et depuis i'ay si bien sa forme retenuë,
Que sur tous mes desirs il s'est rendu vainqueur:
Amour le voit assez, qui d'aise & gloire saute
De ce qu'il n'a tiré dessus mon cœur à faute.
Blessé de ses beaux yeux, i'ay appris quelle voye
Est meilleure en Amour pour cheminer aus cieux,
Quittant ce faux Archer qui les ames fouruoye,
Et peut rendre vn grand cœur oisif & vicieux:
Ie mesprise ses loix, sa flamme & son martyre,
I'ay trouué le bon-heur qui de luy nous retire.
On peut voir de combien plus que les autres i'aime
Et prise la beauté que ie chante en ces vers,
Puisque ie luy fay part de ma couronne mesme,
Et que tous mes pensers pour elle sont ouuerts,
A fin que le sainct feu qui nos esprits enflame,
Face vn corps de deux corps, de deux ames vne
Il se peut voir encor en ce que l'ay choisie   (ame.
Pour l'aimer à iamais d'inseparable amour
Et passer doucement auec elle ma vie,
Où mes autres ardeurs sont mortes en vn iour:
I'appelle vn iour le temps, qui d'vne course entiere
Auec l'eternité n'allonge sa carriere.
Cupidon qui aueugle ainsi que luy les hommes,
Que pour couurir leur faute ils se sõt fait vn dieu,
N'est qu'vn fascheus desir dõt aueuglés noº sõmes,
Qui chasse à tous propos la raison de son lieu

LIVRE.

 Et nous oste souuent vne haute pensee
 Pour suiure le brandon d'vne flamme insensee.
On n'enseigne iamais en ses vaines escoles,
 Que fraudes, trahisons, & que desloyautez,
 Qu'erreurs, songes, fureurs, & visions friuoles:
 Mais en l'Amour sacré qui ioint deux volontez
 Où le pouuoir diuin à tous est manifeste,
 On apprend le chemin de la maison celeste.
Hausser sa conscience à l'honneur veritable,
 Et resentir en soy la nouuelle douceur
 D'vne affection pure & vouloir non muable,
 Est de tous les plaisirs le plus grand & plus seur:
,, Vn anneau s'embellist de pierre precieuse,
,, Vn beau desir fait belle vne ame genereuse.
Adieu donques ardeurs & passions trop vaines,
 Dessous le nœu d'Hymen ie range mon vouloir,
 En bon ordre il maintient toutes choses humaines,
 Et fait mesme tourner les Cieux en leur deuoir:
 Sans luy le noir Chaos d'inimitié seconde
 Troubleroit sus dessous l'ordonnance du monde.
Ainsi tous mes desirs espars à l'auanture
 Sont auiourdhuy reduits en vne seulement,
 Ie beny l'heureux iour que me vint la pointure
 De si belle Princesse à mon contentement:
 Et bien se peut changer toute chose constante
 Plustost que d'vn tel heur iamais ie me repente.

Comme vos noms l'vn en l'autre s'ambrassent
Dedans ce Chiffre en vn corps assemblé:
Ainsi les traits d'vn amour bien reiglé
Entre-noüez dedans vos cœurs s'enlacent.

A. v.

PREMIER

Vos amitiez toutes autres effacent,
   S'entre-liants d'vn lien redoublé,
   Et que le nœu soit en soy si comblé
   Que les discords iamais ne le deffacent:
Plus ferme soit ce celeste lien
   Que ne fut onc le sainct nœu Gordien
   Sans que trencher le puisse vn Alexandre.
Comme ce Chiffre est sans commencement,
   Et n'est fini, de mesme infiniment
   L'amour parfaict puisse en vos cœurs s'estendre.

STANSES.

Vpiter le grãd Dieu qui gouuerne les cieux
   Et le sage conseil de tous les puissãs Dieux,
   M'enuoyent deuers vous pour dire leur
      venuë:
Ils firent tel honneur durant le premier temps
   A ceux qui deuant Troye estoyent les combatans,
   ,, Car tousiours la vertu du Ciel est reconnuë.
S'ils peurent admirer des anciens les valeurs,
   Ils admirent bien plus de HENRY les honneurs:
   L'ombre est moins q̃ le corps & le vray exẽplaire.
C'est pourquoy leur desir ardemment allumé
   Les achemine à voir ce qu'ils ont tant aimé,
   Et qu'ils ont pour miracle au monde voulu faire.
Ils viennent honorer le Mariage sainct
   D'vn si parfaict Heros qui la Deïté craint,
   Comme ils firent iadis aux nopces de Pelee
Quãd pour femme Thetis luy vint entre les mais,
   Dont Achille sortit inuincible aux humains
   De qui la renommee en tous lieux est volee.

LIVRE.

Les Celestes depuis n'ont point ouy parler
 D'vn autre qui se peust auec eux égaler,
 Et qui merite d'eux qu'ils descendent sur terre,
Sinon vous, qui auez dés vos plus ieunes ans
Prouué vostre valeur par gestes triomphans,
 Si bien qu'il n'est pareil soit en paix soit en guerre.
Soyent doncques les Mortels asseurez desormais
 Que le siecle doré rameinera la Paix,
 Puis que les Dieux encor ici bas redescendent,
Comme regnant Saturne ils daignoyent y hanter:
Sont eux qui mille biens leur peuuent apporter.
„ Toutes faueurs du Ciel où sont les Dieus se rendēt.

DE LA LIBERALITE'.

RIEN ne sied mieux aux maiestez royales,
 Que d'auoir l'ame & les mains liberales:
 Mesme celuy qu'on trouue liberal
 N'estant pas Roy prend le nom de royal.
„ Vertu consiste à donner non à prendre:
Pource les Rois doiuent leurs biens espandre
Sur les Mortels, qui tout deuotieux
Leur font honneur & les estiment Dieux,
Leurs addressants prieres & requestes.
 C'est ce qui fait fourmiller tant de testes
De tant de peuple à la Court ondoyant:
L'Ambition dans leur sein tournoyant
Les y conduit : l'vn des thresors desire,
L'autre plus braue aux dignitez aspire,
Et s'esleuant en superbes estats
Veut dessous soy tenir le peuple bas.
 Dieu preste aux Rois vne riche abondance,

A.vi.

PREMIER

A fin qu'aprés pleins de magnificence
Ils facent bien à qui l'a merité :
„ Car le bienfaire est ainsi limité.
 Le bon Guerrier, le sage Capitaine,
Au froid, au chaud, ne supportent la peine
Dessus la dure à descouuert couchant,
La mort soudaine és batailles cherchant,
Sans esperer l'honorable & l'vtile.
 Le bon Poëte à bien chanter habile,
Ne veut sacrer à l'Immortalité
Les Rois ingrats qui ne l'ont contenté.
 Cet Alexandre à qui la terre & l'onde
Ne suffisoit, comme trop petit monde,
Pour ses biensfaicts fit admirer son temps
En bons esprits & braues combatans,
D'où vient qu'encor la terre n'est remplie
Que des labeurs acheuez en sa vie.
„ Rien ne vaut tant que les dons gracieux :
„ Mesmes ils sont agreables aux Dieux,
„ A qui nos biens ne sont point necessaires,
„ Et si par là s'appaisent leurs coleres.
„ Tousiours de rien ne s'engendre qu'vn rien,
„ Tousiours du bien il en renaist du bien.
 Iamais les Rois prodigues ne se nomment :
Car leurs moyens iamais ne se consomment
Pour en despendre ou donner largement :
Leur reuenu s'estend infiniment,
Et n'est facile en excez de despence
De surpasser leur royale puissance.
Mesme le nom de Liberal n'est point
Propre des Rois : Magnifique est conioint

A leur estat, en signe que leur estre
Ne doit iamais sinon grand apparestre.
 FRANÇOIS premier, illustre de renom,
Qui pour ses faits de Grand eut le surnom,
Apprit assez que la royale race
Suit en donnant des Celestes la grace.
Par ses biensfaits en France il appela
Les Muses sœurs, & Phebus instala,
Leur bastissant vne sainte demeure
Que vos vertus à iamais rendent seure.
Il conioignit l'vne & l'autre Pallas,
Phebus ensemble & le Dieu des soldats,
Ainsi que vous, & de la dextre mesme
Qui combatoit, escriuit maint poëme.
 Exemple soit vostre pere HENRY,
Vn second Mars, des estoiles chery,
Qui liberal, excellent, magnifique,
Honora tant la science bellique,
Et tous les arts, renuoyant bien-heureux
Ceux qui venoyent pauures & souffreteux:
HENRY qui fut és guerres admirable,
Rendant son Lys à l'Aigle, redoutable.
 Tels ont esté ces Princes vos ayeux,
Qui maintenant reluisent dans les cieux,
Supplians Dieu qu'entre vos mains il garde
Leur sceptre acquis, & vos gestes regarde.
Par doux presens ils gaignerent les cœurs
De leurs amis & de leurs seruiteurs,
Comme Cyrus les Princes admonneste.
 Cyrus ayant la Mort dessus la teste,
Dist à son fils: Vn sceptre bien doré

PREMIER

» Ne donne aux Rois vn royaume asseuré:
» Mais des amis la fidelle assistance
» D'vne Couronne est la seure defense.
» Il te les faut acquerir par bienfaits,
» Car on ne peut les rencontrer tous faits:
» Ce poinct n'est pas des choses naturelles,
» Que tous humains puissent naistre fidelles.
 Comme vne source espanchant vn ruisseau,
Plus elle iette, & tant plus le vaisseau
De la fontaine enceinte de verdure,
Est tousiours plein d'vne onde viue & pure:
Tels sont les Rois. Ne voyons-nous la mer
Où toutes eaux se viennent abysmer?
Bien qu'elle enuoye aux nations diuerses
Deçà delà par legeres trauerses
L'humide cours de ses fleuues cornus
Pour arrouser les riuages connus
Et par les champs fournir de nourriture,
De ses boüillons pourtant l'horrible enflure
Ne décroist point, & ses flots & reflots
Courent enflez en tout temps sans repos.
Ainsi les Rois ont des biens innombrables
Qui pour donner ne se font espuisables:
Car s'il en pleut dessus le genre humain
Par circuit tout reuient en leur main.
 Qui peut conter les goutes vagabondes
Dont l'Ocean fait l'amas de ses ondes:
Qui peut conter les flambeaux de la Nuict
Lors que la Lune en son plein nous reluit,
Celuy dira les thresors de la France.
 Bacchus vineux pere d'esioüissance

Sur nos coutaux a ses thyrses plantez,
Cerés la blonde a ses grains apportez,
Qui sauoureux nourrissent nostre vie
Mieux que le glan venu de Chaonie.

Pan aime France, & paist mille troupeaux
Parmi les prez amoureux des ruisseaux:
Pomone aussi Deesse de fruictage
Monstre par tout son rustique heritage:
Tous les bons Dieux nous daignent contenter,
Et sous HENRY nos Gaules habiter.
Vostre retour les rendra florissantes,
Et de nouueau ie les voy renaissantes
En opulence & bien-heureux soulas:
Car le bon heur marche dessus vos pas.
Ie voy desia vostre haute largesse
Nous departir faueur auec richesse:
» Car l'vn sans l'autre est vn plaisir boiteux.
Ie voy desia vos thresors plantureux
Pleuuoir des biens sur les troupes sçauantes,
Comme lon voit és chaleurs violentes
Choir la rosee à l'Aube du matin.

Vous changerez tout mal en bon destin,
Et vostre main en richesses fertile
Ressemblera le fleuue qui distile
Des pierres d'or és champs Iberiens,
Nous ramenant les siecles anciens.

I'offre à vos yeux ce liberal ouurage,
Reconnoissant vostre diuin courage,
Non que ie pense inciter plus auant
Vostre grand cœur en ce qu'il est sçauant:
Mais pourautant que volontiers on tente

PREMIER

L'œil d'un chacun de ce qui le contente,
Et de plus pres respond à son desir,
Ie ne pouuois vn argument choisir
Qui semblast mieux au naturel complaire,
Ny à l'instinct qui vous est volontaire.
   On ne voit point que les pauures Mortels
Chantent aux Dieux deuant leurs saincts autels,
Sinon l'honneur que leur grandeur merite,
Quand aux humains leur Deïté proffite.
Force, santé, l'abondance, la Paix
Nous viennent d'eux : & d'autres biens parfaits
Viendront de vous, à fin que lon vous nomme
Vn Dieu sur terre en la forme d'vn homme.

MOn Prince lon cognoist la puissance des dieux
   Par leurs œuures diuins, & nul n'a cou-
   noissance,
Sinõ par leur biẽsfaicts, d'eux ny de leur puissance,
Cela vers leur grandeur nous rend deuotieux.
Iupiter qui regist le haut temple des cieux
   (Comme chantoit Homere) ou repousse ou auance
Les hommes aux honneurs, & par son influence
Fait changer la Fortune ou en pis ou en mieux.
La nature des Dieux qui est puissante & bonne
   A l'homme de vertu toute sa faueur donne,
Et ne sort de leur main rien qui ne soit parfaict.
Vous m'estes Iupiter, qui seul me pouuez faire,
   Ou me pouuez en rien s'il vous plaist me deffaire:
Ie vous estime vn Dieu, monstrez-le par effect.

LIVRE.

Ou le Destin qui malheureux me suit,
   Ou que ie suis trop negligent à faire
   Ce qu'il conuient en vne bonne affaire,
Font que ie pers de ma peine le fruict.
C'est seulement le Destin qui me nuit,
   Mais vous pouuez d'vne force contraire,
   Vous tout-puissant, vaincre mon aduersaire:
„ Deuant les Roys tout le malheur s'enfuit.
Les Roys defont ou refont vne race:
   Cil qui viuoit entre la populace
   Monte aux honneurs eleué tout soudain:
L'autre qui fut en dignité supréme
   Trebûche à bas: Ainsi du Diadéme
   Dépend ou l'heur ou le malheur humain.

Ie n'ay soucy sous quel astre ascendant
   I'aye tiré quelque heureuse influence,
   Ny quels flambeaux au iour de ma naissance
De doux aspects s'entr'alloyent regardant.
Des feux d'enhaut ie ne suis attendant
   Aucun bon heur: mais de vous l'esperance
   Des bons esprits qui honorent la France,
Que vos faueurs vont tousiours defendant.
En vn beau corps se loge vne belle ame,
   Qui de vertu par grand zele s'enflame,
   Pource le Ciel vous donne tout son heur.
Ie ne fauls donc, si tout mon bien i'espere
   De vostre insigne & royale grandeur,
   Où le Ciel mit tout ce qu'il pouuoit faire.

PREMIER

A la Royne mere, passant à Nogen sur Seine.

Dieu du fleuue de Seine en tes flots renouuelle
Le sainct & sacré nom de la Mere des Roys,
De nostre Catherine à qui l'honneur tu dois
De couler librement à l'onde paternelle.
Dy que les Deïtez sont toutes auec elle,
Et toutes les vertus, & toutes sainctes loix,
Souhaitant qu'elle regne au milieu des Gaulois
Autant que l'on verra ta course estre immortelle.
Tu ne dois, ce me semble, ignorer de son prix
Que mesmes les rochers par vsage ont appris:
Entrant en l'Ocean qui l'Vniuers enserre
Celebre sa louange, & l'apprens à la mer:
A fin qu'elle l'apprenne aux bornes de la terre,
Et que rien tel au monde on ne puisse nommer.

Sonnets pour le iour de S. Catherine.

France, feste ce iour de saincte Catherine,
A fin que de tes biens ingrate tu ne sois
Enuers la Deïté de qui tu les reçois,
Par elle destournant maintefois ta ruine.
Tu as connu souuent combien elle est diuine
L'esprouuant au besoin: C'est la Mere des Roys
Inuincibles sur terre en armes & en loix,
Comme Cybele au Ciel des Dieux est l'origine.
Elle a souffert pour toy, tant de maux, tant d'ennuy,
Tant de facheux perils, que la Saincte auiourdhuy
Qui luy donne son nom, n'eut oncq tãt de martyre.
Pour cela tu luy doibs vn temple & des autels,
Et d'vn style d'acier sur le portail escrire:
Ses vertus l'ont assise au rang des Immortels.

LIVRE. 10

Vous portez le sainct nom de Catherine saincte,
 Et vous luy resemblez de bon zele enuers Dieu,
 Pourtant le Ciel heureux vous preserue au milieu
 Des dangers infinis, de qui vous estes ceinte.
Mais comme ceste Vierge au supplice contrainte,
 Rompit par sa priere & la roüe & l'essieu
 Où son corps enduroit, à fin qu'en châque lieu
 La diuine bonté fust adoree & crainte.
Ainsi ie vous supply, Deesse des François,
 A fin que vostre nom s'adore en tous endroicts,
 Rompez en ma faueur de Fortune la roüe:
Faites que desormais libre de pauureté,
 Affranchi de malheur & de captiuité,
 Comme elle rit de moy, d'elle aussi ie me iouë.

Puis que vostre œil m'apparoist fauorable
 En la grand mer de la trompeuse Cour,
 Ie ne craindray violence ou destour
 De la Fortune inconstante & muable.
De l'Ocean la plaine est variable,
 Tantost son onde en tranquille seiour
 Se montre calme, & tantost son retour
 Plonge aux Enfers le Nocher miserable.
Telle est la Cour, mais ie n'y craindray rien,
 Tant que vos yeux me voudront quelque bien:
 Yeux qui me sont les deux freres d'Heleine,
Prompts à sauuer des vagues le Nocher.
 Mais qui voudroit sur la marine Plaine
 Vn autre Dieu que Neptune chercher?

PREMIER

Que prier Dieu est œuure necessaire à vn vray Chrestien.

AINSI que nous voyons quand la flamme inconnuë
D'vne lumiere neuue en l'air est apparuë,
La plus part des humains d'vn regard soucieux
Oeillader le flambeau du feu presagieux:
Le mesme est aduenu de vous que France adore,
Pource que tous mortels, tous peuples, & encore
Chasque part de la terre a son œil arresté
Sur vos seules vertus & sur vostre clairté,
D'autant que vous montrez en ce degré supréme
Cela qui est insigne & propre au diadéme:
Et desia vostre vie & vos faicts honorez
Ne sont pas seulement ouys & admirez,
Mais encor recueillis au cœur de mainte histoire,
A fin que nos neueux en celebrent la gloire.
 Entre vos douces mœurs & prudentes façons
L'histoire n'oublira, ny moy dans mes chansons,
L'amour & reuerence en vostre esprit enclose,
Que portez au Seigneur qui crea toute chose,
Qui par tout a conduit l'heur de vostre action
Comme de son guerrier & loyal champion.
„ Les Roys sur les humains ont l'authorité grande,
„ Et le Dieu tout puissant dessus les Roys commande.
Vous le croyez ainsi, pource en luy vous fiant
Au discours de vos faicts vous l'allez suppliant.
 Mais est-il rien si beau que la saincte Priere
Qu'on adresse à son nom d'ame pure & entiere

Qui n'est point corrompue aux vices éhontez?
C'est la fin de tous biens & des felicitez,
C'est la santé, la vie : Et cela qu'est la flame
Du Soleil à nos corps, la Priere est à l'ame.

Si c'est un grand malheur aux aueugles ne voir
La lampe du Soleil, quel malheur peut auoir
Plus grãd, l'hõme Chrestien, que iamais n'introduire
En soy ceste clairté qui l'ame sçait conduire,
Estant le phare seur pour garder d'abysmer
Ceux qui sont égarez en la mondaine mer?

Où est l'homme insensé qui n'admire la grace
Et l'honneur que Dieu fait à nostre humaine race
Daignant prester l'oreille aux cris de nostre ennuy?
Si pour dire le vray nous parlons auec luy
Durant nostre priere actiue à ses lowanges?

Lors nous sommes vnis à la troupe des Anges,
Associez égaux à leur diuinité:
Et nous fuyons bien loin cette communauté
Dont nous participons auec toute autre beste
Qui brute sans raison contre bas tient la teste:
A l'heure nous cessons d'estre nommez mortels,
Et comme enfans du Ciel sommes Dieux eternels.

Celuy-là qui iouist des beaux rayons solaires
Est loin d'obscurité : ceux qui sont ordinaires
Parlans au Createur pere d'eternité,
Despoüillent, immortels, toute mortalité:
Car la mort de nostre ame est vne tache impure,
Et sa vie est celuy dont elle est creature.

L'homme qui ardemment ne desire iouïr
De ses diuins propos, la mort ne peut fouïr:
Son ame est desia morte, & la nuict d'ignorance

PREMIER

Luy couure le beau iour de toute sapience
Dont luy grand Roy des Roys illumine ici bas
Ses enfans bien-heureux : il ne leur donne pas
Des cailloux pour du pain, tant il est vn bon pere,
Ny en lieu d'vn poisson vne ingrate vipere.
Vn corps deuient puant où l'esprit n'est plus ioint,
L'ame deuient puante où Dieu ne loge point.
Et d'autant que nostre ame efface d'excellence
Le corruptible corps, d'autant la diligence
Doit estre plus soigneuse à chasser le venin
Qui la feroit broncher dans l'abysme Auernin.
 Comme vn crystal poly prend en sa polissure
Et represente mieux vne lumiere pure
Ou quelque autre beauté, qu'vn raboteux miroir:
Ainsin vne belle ame en sa clairté fait voir
La lumiere de Dieu dissipant les tenebres,
La terreur & l'horreur des tempestes funebres.
Car sans luy rien de bon n'arriue dans nos cœurs,
Et l'orgueil bien seant à tous ses seruiteurs,
C'est ne seruir au vice ou à choses infames
Qui perdent la franchise & liberté des ames.
 La priere en cela profite infiniment,
Elle y sert de racine & de vray fondement.
Les arbres qui les eaux par la racine boiuent
N'apportent aucun fruict alors qu'ils ne reçoiuent
L'humidité fertile : aussi nous ne pouuons
Estre chargez des fruicts qu'à l'Eglise deuons,
Si l'humble Pieté pleine de ioye & crainte
N'arrouse nos esprits par la priere saincte.
 Ha! combien de citez superbes en grandeur,
Proches de leur ruine & du dernier malheur

Ont ainsi destourné le tonnerre & tempeste
Qui pour les poudroyer pendoyent ia sur leur teste?
Ha! combien de grands Roys de forces affoiblis,
Ceints de mille dangers, de traistres assaillis,
Ont ainsi dissipé les puissances contraires,
Redressant leur estat enuelopé d'affaires?
 L'admirable Dauid, Prophete ensemble & Roy,
A tous ses ennemis ainsi donna la Loy:
Ezechias ainsi tourna soudain en fuite
Des Perses le Monarque & tout son exercite:
Mesmes les bons Romains guerriers deuotieux,
Ne combatoyent iamais sans inuoquer leurs Dieux:
Et bien que tres-vaillans prenoyent garde à l'augure
Pour preuoir le succez de la guerre future.
„ Car deux pouuoirs ensëble ont beaucoup pl° d'effet,
„ Et sans la Deité l'humain est imparfait.
 Il faut bien qu'vn grãd Prince ait force Capitaines
Experts & courageux aux Martiales peines:
Il faut qu'il soit muni d'armes & de soudars,
De guerriers, de cheuaux, de villes, de rempars:
Mais il n'y doit loger sa totale esperance,
Il ne doit seulement regarder l'assurance
Ou le sourcil des gens qui combatent sous luy,
Ains au diuin secours remettre son appuy,
Qui du Ciel fait venir telle armeure complette
Que tout ce qui s'oppose esprouue sa deffaicte.
L'armeure dont Venus arma son braue fils,
Ny celle qu'eut Achill' de sa mere Thetis,
N'estoyent rien que de paille au prix de telles armes
Plus fortes que le fer & que tous les gens d'armes.
 Ainsi le cœur deuôt d'oraison ramparé

PREMIER

Contre tous accidens au monde est asseuré.
Et mesme les Demons de nature maline
S'envolent loin du cœur où l'Oraison domine:
Comme le faux larron qui court toute la nuict,
(Espiant les thresor:) auec frayeur s'enfuit
Quand il voit reueiller la personne dormante,
Et vne large espee à son cheuet pendante.

Vne ville sans mur où du secours n'est mis
Tombe facilement és mains des ennemis:
Et l'ame de saincts vœus & d'oraison deserte
Trouue que les Demons font vn gain de sa perte.
L'or, le marbre poly, les pierres de valeur,
Font les palais des Roys esleuez en honneur:
Mais la Priere fait le magnifique temple
De l'ouurier de ce monde, où (bien que le Ciel ample
Ne le puisse comprendre en son infinité)
Il daigne retirer son immense bonté.

Contemplant le Soleil, les astres, & la Lune,
L'ordre des elemens, la richesse commune
D'vn magazin de biens qui renaissent tousiours,
Contemplant les saisons, la nuict brune, & les iours:
Bref, considerant tout, qui voudra ne connaistre
Vn souuerain Moteur de toute chose maistre?

Puis la deuotion au seruice de Dieu,
Outre que dans les Cieux elle nous donne lieu,
Proffite dessus tout aux Princes de la terre,
Et aux Pasteurs de peuple, en paix & à la guerre.
Les païs, les citez, aiment & vont suiuant
Ceux qu'ils pensent aimez de l'Eternel viuant:
Ils adioustent creance à tout ce qu'ils desirent,
Assurez que de Dieu leurs actions s'inspirent.

Comment

Comment le grand Moyse euſt-il par les dangers
Sauué tout Iſrael des ſoldats eſtrangers?
Comment euſt-il mené ſelon ſa fantaſie
Par mers & par deſerts vne tourbe infinie,
Si les peuples gaignez de ſon bruit nompareil
N'euſſent creu qu'à tous coups Dieu luy dõnoit cõſeil?
 Comment ne ſeruiroit la vraye conſcience
Et la certaine foy, quand la faulſe apparence
Et l'ombre ſeulement de quelque Deïté
A Sertore & Numa iadis ont proffité,
Soit pour planter des loix en diuerſes murailles,
Soit pour conduire vn camp au meurtre des batailles?
 Alexandre le Grand pource voulut tenter
Qu'on l'eſtimaſt enfant du pere Iupiter,
A fin que l'Vniuers n'oſant rompre ſa gloire
Luy laiſſaſt plus facile en tous lieux la victoire.
,, Doncques ſoit confeſſé qu'il n'y a rien ſi grand
,, Que parler à l'eſprit qui ce monde comprend:
Oeuure digne des Rois plus que d'autre perſonne,
D'autant qu'ils ont de luy le ſceptre & la Courõne,
Et que rien n'eſt ſur eux qui leur donne la loy,
Que luy qui les a faits en terre égaux à ſoy.
C'eſt luy qui de fureur m'échauffe la poitrine,
Qui eſt mon ſeul Laurier, mon Oracle & Cortine:
Et c'eſt luy qui mon cœur enthouſiaſe ainſi
Pour chanter vn HENRY des aſtres de ſouci:
Qui prudent & vaillant a touſiours adreſſee
Au Principe de tout, ſa royale penſee,
Reconnoiſſant de luy ſes geſtes glorieux,
Et ſõ heur qui n'eſt moindre à celuy des hauts Dieux.
 O Prince genereux, qui de grace parfaite

B.i.

PREMIER

Estes de Dieu le temple, & des vertus l'Athlete,
Pour bien recompenser vostre deuotion
Et vostre zele ardent à la Religion,
Face le Ciel heureux par heureuse influence
Assoupir les malheurs qui saccagent la France:
Face le Ciel puissant que vous puissiez iouïr
De ce Royaume en paix, faisant esuanouïr
Des mechans la tempeste aux regions Tartares,
Et nourrissant les bons de faueurs non auares,
Ainsi que le Soleil nourrist de ses chaleurs
Metaux & animaux, plantes, herbes, & fleurs,
Qui taschent d'obseruer ses forces immortelles.
Au contraire il fait fondre (ainsi que des chandelles
Qu'on oppose à ses rais au plus chaud de l'Esté)
Tout ce qui s'apparie à sa claire beauté,
Et dissipe l'obiet de tout monstre & Chimere
Qui s'éleue dans l'air encontre sa lumiere.

A MONSIEVR.

ON doit iuger des façons & des mœurs
  Qu'vn Prince heureux doit auoir en partage,
  Selon l'ardeur & boüillon de courage
Qui fait mouuoir ses ans qui ne sont meurs.
On doit iuger par ses ieunes ardeurs
  Quel il sera d'autant que le ieune âge
  Comme element, nous tesmoigne & presage
Quelle vertu doit suiure leurs grandeurs.
Ainsi les faicts d'vne main honoree,
Vn meur conseil dans vne ame asseuree,
Deuant le temps s'auancer aux hazars

Chantent qu'vn iour les nations eſtranges,
Et l'Vniuers borné de vos louanges,
N'auront frayeur que de vos eſtendars.

A la Royne mere, Regente, apres la mort du Roy CHARLES IX.

AINSI qu'oyſeaux tous deueſtus de plume,
Que le deſir de s'en voler n'allume:
Tant ſeulement ils crient dans le ny
D'vn plaint aigu, lamentable, infini,
En attendant qu'à leur douce nichee
Le pere vienne apporter la bechee:
Mais ces petits ſe lamentent en vain,
Car vn gros trait décoché par la main
Du Laboureur, l'a tué deſſus l'herbe
Lors qu'il cueilloit quelques grains d'vne gerbe:
Pource ſans tréue ils empliſſent d'vn ſon
Greſle & plaintif l'ombre de leur buiſſon.
  Ainſi la France orpheline du prince
Qui regiſſoit naguere ſa prouince,
Gemiſt pleurante, & gemiroit touſiours
Si ce n'eſtoit voſtre diuin ſecours,
Dont la vertu conſtamment eſprouuee
L'a tant de fois du naufrage ſauuee.
  Mais comme Hercule, incontinent qu'Atlas
De ſon grand faix a les membres tout las,
Vient au ſecours, & ſouſtient la machine
De tout le Ciel par ſa force diuine.
Ainſi deſia vous eſtes par trois fois
L'heureux ſouſtien de l'Empire François,
Voſtre vertu luy ſeruant de colomne

PREMIER

Lors qu'en ruine a panché la Couronne.
   Souffrez grands Rois, qui par vos beaux labeurs
Estes nommez des Gaules conquereurs,
Que nostre Royne égale aux Dieux celestes
Marche en degré deuant l'heur de vos gestes:
Puis que son cœur magnanime & viril
A vostre honneur ne fut oncq inutil,
Sage empeschant que cet illustre ouurage,
Basty par vous n'est bronché de l'orage.
Son diuin los ne doit iamais perir:
  L'honneur n'est moindre à garder qu'acquerir.
   Ce ferré siecle en miseres estrange
Enseigne à tous son insigne loüange,
Et combien grand il nous faut renommer
L'esprit qu'on voit toute France animer:
Tant d'accidens de Fortune diuerse,
Prompts à tourner l'estat à la renuerse:
Les tourbillons de troubles furieux
Qui l'ont battu d'efforts imperieux,
Montrent combien admirable est sa gloire,
Puis que du mal elle tient la victoire.
   O sage Royne excellente en vertus,
Dont vous auez nos malheurs combatus,
Digne ici bas qu'ores on vous adresse
Honneurs diuins comme à nostre Deesse:
I'admire en vous mille presens diuers
Que ie ne puis exprimer en mes vers,
Tant me fait pauure vne essence infinie.
L'esmail diuers d'vne belle prairie
Presente ainsi mille fleurs à nos yeux,
Lors que tout rit au Printemps gracieux,

LIVRE.

Et ne sçait on laquelle plus on prise,
Tant à l'égal le Ciel les favorise.

Soit que Bellonne ambrase nos citez,
Soit que la Paix bride nos volontez,
Vostre prudence en bons conseils fertile
A tous les temps en tous lieux est vtile:
Et si vostre œil, vigilant, sans pareil,
Voyant par tout comme le grand Soleil,
Prend garde encor sur la belle conduite
Du sainct troupeau qui marche à vostre suite.

Ainsi Pallas la Deesse des arts
Va quelquefois au mestier des soudars,
Et puis reuient aux ouurages de laine,
D'or & de soye, entremeslant sa peine:
Mesme plaisir souuent peut ennuyer,
Et le trauail nous plaist au varier.

Or c'est à vous tant haute de merites
Qu'on doit offrir les belles marguerites,
Non aux esprits qui n'ont l'entendement
Qu'à se soüiller aux fanges bassement:
Et c'est pourquoy d'humble vœu ie dedie
A vos honneurs, mes Muses & ma vie.
Car dedier à vostre Maiesté
Ce que Phebus d'excellent a chanté,
C'est le sacrer au lieu que Phebus aime,
A la Vertu, à la Deïté mesme.

B.iij.

PREMIER

Q̲v̲'on ne me vante plus nulle antique Princesse
    De qui l'hōneur insigne au mōde soit vināt:
La mere de nos Rois, des Gaules la Deesse,
A fait que son beau nom s'enuolera deuant.
Pilote elle gouuerne auec toute sagesse
    La Nauire de France, & malgré le fort vent,
    Malgré les flots esmeus va tousiours la sauuant,
Et la conduit à port par sa diuine adresse.
C'est elle qui regist ses enfans bien appris,
    Qui polist les tableaux de leurs diuins esprits,
Et les fait commander auecque modestie.
Pource le nom d'heureuse elle a bien merité
„ Puisque en toutes vertus elle a guidé sa vie,
„ Et qu'aux faits de vertu gist la felicité.

Mere des Rois & mere de la France,
    Qui de vertus les Roynes surpassez,
    Dont le bonheur fut aux siecles passez
    Tel qu'est à nous vostre heureuse prudence:
Vostre sainct nom par fatale influence
    (Où mille dons les Cieux ont amassez)
    Vint affranchir les François insensez,
    Qui se tuoyent d'vne ciuile outrance.
C'est par destin qu'auez nom Catherine
    Qui grande bonne & sage medecine
    Auez purgé la France de l'ardeur
Qui la bruloit de toutes parts captiue,
    Si que trenchant les testes du malheur,
    Donnez d'vn coup le Laurier & l'Oliue.

Hercule defenseur des Muses.
A MONSIEVR.

NON sans raison la sage Antiquité
D'Hercule mit la forte deïté
Dedans le temple où logeoyent les pucelles
Qui font icy nos vertus immortelles.
Vn nœu les ioint. Hercule qui est fort
Doit repousser la malice & le tort
Que brasseroit vne barbare trope,
Loin de Clion, d'Euterpe, & Calliope.
 Les Sœurs aussi vont chantant ses vertus,
Et par son bras les Monstres abbatus:
Comme il creua de sa main enfantine
Encore au bers la race serpentine:
Comme inuincible il a cent fois porté
Mille labeurs sous le prince Eurysthé,
Pour le dépit de Iunon enuieuse.
Sous toy trembla la riue Stygieuse,
O grand Hercule, & l'infernal portier
Bien qu'il iettast de son triple gosier
Triples abbois, horribles de menace,
Ne fit blanchir de froide peur ta face.
La Muse ainsi t'esleue iusqu'aux cieux,
Et te fait seoir à la table des Dieux.
 Or les anciens à qui bien le contemple
Montroyent aux grands par vn si bel exemple,
Que deuant tout ils doiuent reuerer
L'art de Phebus, dont il faut esperer
Contre les ans vn âge perdurable,
Plus que d'vn bronze ou palais admirable.

B.iiij.

PREMIER

Ce Scipion qui dans l'eternité
Graue son nom pour auoir surmonté
Les Africains tesmoins de sa victoire,
N'eust pas rendu sa force si notoire,
Si le haut vol des Heroïques vers
N'eust espandu son los par l'Vniuers:
Comme il brula la pariure Carthage,
Comme il baissa le menaçant courage
De Hannibal couronné de lauriers.
Car la louange est le prix des guerriers,
Et des Seigneurs honorez de prudence,
Qui comme vous sont les Soleils de France.

 Aussi iamais Ennius l'escriuain
Qui celebra les faits de ce Romain
Au son bruyant des trompettes guerrieres
Ne veit manquer ses faueurs coustumieres.

 Pource Alexandre aux armes valeureux
Vantoit Achille en son temps bien-heureux
D'auoir trouué la faueur d'vn Homere
Qui l'a vestu d'immortelle lumiere,
Le separant des morts infortunez
Qu'on ne connoist non plus que iamais nez.

 Que fust le fils de Mauors & d'Ilie,
Si du Silence estoit enseuelie
Sa Renommee au fleuue oubliuieux?
Eaque ainsi loing des flots Stygieux
S'est veu rauir & dedier aux Isles
Qui de tous biens sont belles & fertiles:
Car les escrits des Poëtes sçauans
Vont & la Parque & l'Oubly deceuans.

 Des clairs Iumeaux l'estoile ainsi retire

LIVRE.

Par la Tourmente vne pauure Nauire
Toute cassee : En ce poinct mille preux
Luisent au Ciel parmi les diuins feux,
Sans que le temps leur eternité change.
„ *Toute vertu se nourrist de louange.*
„ *Si quelqu'vn est de l'honneur desireux,*
„ *Il est aussi des vertus amoureux,*
„ *Et vertueux n'est celuy qui mesprise*
„ *Le los qui vient d'vne voix bien apprise:*
„ *Il est sans ame & sans affection,*
„ *S'il n'est raui des douceurs de Clion.*

Mais il conuient d'vne oreille tresdigne
Bien discerner la douce voix d'vn Cygne
Du croasser des Corbeaux enuieux
Qui font douleur à l'oreille & aux yeux.
L'accent d'vn Cygne est plaisant sur les nuës
Plus que le cri des bien-volantes Gruës:
Aussi la Pie aduersaire du chant
Que dit Euterpe, ha le cacquet tranchant.

Heureux le Prince illustre & magnanime
Qui la vertu, qui le sçauoir estime,
Qui comme Hercule en est le defenseur,
Qui chasse d'eux tout importun malheur,
Qui les eleue & les met à leur aise:
Tel Prince vaut que ses faits on ne taise.

Tel fut Traian sage Empereur Romain,
Qui soustenoit de liberale main
Les bons esprits poussez d'ame diuine,
Rendant son siecle amoureux de doctrine.
Tel fut Cesar, cet Auguste fut tel
Dont le renom est encore immortel

B.v.

Par l'Eneïde ouurage difficile,
Qu'en son honneur inuenta son Virgile.
Iamais Enee auec son camp Troyen
N'eust esté Roy du champ Lauinien:
Il n'eust iamais pres du lac de Iuturne
D'vn fer de lance osté la vie à Turne,
Si les bienfaits d'Auguste l'Empereur
N'eussent enflé de Virgile le cœur,
Poussant son ame en haute fantaisie:
De là sortit sa riche poësie.
L'esprit ne peut suffire à double soin.
Apollon fuit & ses Graces au loin,
Quand les ennuis d'affaires nous trauaillent
Et les moyens auec loisir defaillent.
Prince bien né des astres fauori,
Qu'en son giron Melpomene a nourri,
En qui le Ciel a cent vertus encloses
Pour exceller tousiours en toutes choses:
Nous vous deuons auiourdhuy le milieu
Du temple sainct où les Muses ont lieu,
Et vous deuez l'antique nom reprendre
D'Hercule fort, & prompt à les defendre,
Puis qu'en naissant ce nom vous auiez pris,
Et que les Sœurs vous ont si bien appris:
Aussi qu'on voit que presques à toute heure
Vostre maison est leur temple & demeure,
A fin qu'vn iour elles chantent vos faits
Quand vous aurez tous les Monstres deffaits,
Et quand la mer couuerte de vos armes,
Ne craindra plus que vos Chrestiens gensdarmes.

LIVRE.

QVI fait honneur & plaisir aux Poëtes,
 Il fait plaisir aux hommes & aux Dieux:
Leur vif esprit penetre dans les cieux,
Et des secrets ils sont les interpretes.
De vos honneurs ils seront les trompetes,
 Et porteront loin du peuple odieux
 Vostre vertu qui se monstre à nos yeux
Et vos biensfaicts & vos graces parfaites:
Car les deux noms d'Hercule & de François
 Venus du Ciel à la troisieme fois,
 En vous bien né pour choses heroïques
M'ont asseuré que vos faits plus qu'humains
 Surpasseront toutes vertus antiques,
 Si Trois, vos noms & les Dieux sont certains.

Sur l'arriuee de la Royne ELIZABETH en France.

ELIZABETH d'Austriche heureuse pour la France
Vit de nuict vn tel songe enuoyé des hauts cieux,
 Quand sur le poinct du iour le Somne obliuieux
 Lioit de ses beaux yeux l'amoureuse puissance.
L'Alemagne guerriere haute de sa naissance
 Et la France tâchoyent de propos gracieux
 Chacune à l'attirer, & d'vn regard ioyeux
S'efforçoyent de gaigner son illustre alliance.
Tousiours deuers la France elle tournoit sa veuë,
 Et desia la suiuoit d'affection esmeuë,
 Dont en se reueillant longuement s'estonna.
Ores que nous voyons en publique allegresse
 Toute France adorer vne telle Princesse,
 Qui ne croit que le Ciel aux François la donna?

B.vj.

PREMIER

Le iour qu'ELIZABETH des Roynes la plus belle,
 Prist au monde naissance, ornant sa Maiesté
 De cent belles vertus honneur de royauté,
 La France & l'Alemagne eurent debat pour elle.
L'vne la disoit sienne, & vantoit naturelle,
 Ayant dans le berceau ses beautez alaitté:
 L'autre ne proposoit rien que sa volonté
 Brulante de l'Amour d'vne Grace immortelle.
Telle contention vint deuant Iupiter,
 Qui voulant de ces deux le desir contenter,
 Pour finir le debat donna telle sentence:
A fin que de tous deux i'assoupisse la noise,
 Elizabeth doit estre Alemande & Françoise:
 Alemande en naissant, Françoise d'alliance.

EPITHALAME.
Du Roy CHARLES IX. & D'ELIZABETH D'AVSTRICHE.

ORPHE', Homere, & les Poëtes vieux
Furent iadis les Prophetes des Dieux,
Et à bon droit se nomme le Poëte
Leur Prestre sainct, de l'auenir Prophete.
 Quand la fureur leurs courages époint,
Rien de mortel leur bouche ne dit point,
Rien de mortel leur langue ne resonne:
Car le Demon qui leurs cœurs éguillonne
Les fait sçauans, & les fait auancer
Choses du tout lointaines du penser,
Qu'apres on voit arriuer veritables:

LIVRE.

Leurs vers ne sont ny mensonges ny fables
Ainsi que croit le vulgaire ignorant,
Peuple prophane, en ses discours errant,
Qui n'entend pas du haut Ciel les mysteres:
Pource mesdit des hommes solitaires,
Et va nommant fableuse fiction
Ce qui leur vient par inspiration.

   Trois iours entiers deuant ceste iournee
Que la bataille en Poictou fut donnee
Pres Moncontour : RONSARD en ses beaux vers
Vous predisoit, que sur les champs ouuers
Vos ennemis au milieu de la guerre
Plat estendus deuoyent mordre la terre
Ensanglantez, renuersez, poudroyez :
Ce fut alors qu'ils furent foudroyez
Par vostre Frere aux victoires adestre,
Qui sur leur dos sa vertu fit connestre
En merque rouge, & leur apprit la foy
Qu'on doit garder au Sceptre de son Roy.

   Comme l'on voit és montagnes fueilluës
Qui monstrent loing leurs cymes cheueluës,
Les arbres hauts de leur long trebucher
Quand par le pied le fer les vient trancher :
Maint arbre icy d'vne longue trauerse,
Maint arbre là gisent à la renuerse.
Ainsi son camp par violans efforts
Paua les champs d'infinité de morts.

   Du clair Soleil par sa voye bornee
Desia cinq fois la lampe est retournee
Depuis le temps que le Demon en luy
Predit le iour que voyons auiourdhuy :

B.vij.

PREMIER

Car au premier de l'heroïque ouurage
Il ne penſoit ce ſacré mariage,
Et toutefois le Deuin Apollon
Qui le picquoit d'vn ſegret aiguillon,
D'autant qu'à vous ſa Franciade aſpire
En l'inſpirant ce bien luy fit predire.
  Le Deſtin veut que le ſang des Gaulois
Ioint au Germain donne par tout les lois,
Bornant vainqueur ſon Empire de l'onde
Que ſerre en rond Tethys la vagabonde,
Puis ſon renom pour limite n'aura
Que le haut Ciel qui ſon nom finira.
  Or nous voyons que de ſa Prophetie
Eſt aduenue vne grande partie:
Car la nopciere & pronube Iunon
Deeſſe grande, & le Dieu compagnon
Que les Romains ſouloyent nommer Thalaſſe
Ioignent enſemble au lien d'vne race
Celle d'Auſtriche & celle de Valois,
Groſſes d'honneurs, d'Empires, & de Rois,
Qui toute Europe, & l'Afrique ont ſemees,
Et l'Orient, de grandes renommees.
  Comme lon voit les beaux Lauriers vainqueurs,
Immortel prix des hommes belliqueurs,
(Qu'vn Laboureur d'vne main indomtee
Beche à l'entour, de ſa beche dentee)
Eſtendre en l'air force iettons, couuerts
Iuſqu'au ſommet de larges cheueux verds:
L'vn tire à ſoy la part Orientale,
L'autre s'eſtend à l'Ourſe Boreale:
L'vn tend ſes bras vers le Midy ardent,

LIVRE.

L'autre se iette au costé d'Occident.
 Ainsi, mon Roy, dessous qui doit renaistre
Le siecle d'or de ceux du premier estre,
A qui du Ciel les Destins ont promis
Qu'en vostre main ce Globe seroit mis,
Deuez laisser vne race seconde
Qui s'estendra par tous les coings du monde,
Race sans peur, qui les Indes courra,
Et le grand Turc esclaue se fera.
L'vn domtera les peuples de l'Asie,
L'autre verra toute Europe saisie
Dessous sa force, & l'vn par ses dessains
Dessous le ioug mettra les Africains,
L'autre courra par la froide partie
Des grands deserts de la dure Scythie.
 Comme vn tonnerre en l'orage grondant
Qui çà & là vistement s'épendant,
Armé d'esclairs à la pointe menuë,
Allume en feu toute l'espesse nuë:
Iupin l'élance hors de ses rouges mains
Horrible peur des Dieux & des humains,
Arbres il rompt & les montagnes hautes,
Et les rochers en menaçant nos fautes.
Ainsi par tout ces princes passeront,
Et tous les camps armez renuerseront.
 Vien doncque Nuict, de qui l'Estoile apporte
Le doux plaisir d'vne alliance forte,
Et auec toy vienne la France voir
Celle que doit mon Prince receuoir,
Qui versera dans son ame blessee
Par ses beaux yeux l'amoureuse pensée;

Et dormira doucement languissant
Aupres de luy: mille fois l'ambrassant
D'un bras poly, qui à Iunon fait honte,
Tant la blancheur de la neige il surmonte.
 O Lict royal le plus heureux des licts,
Sur toy ne soyent les roses ny les lys,
Ny ces baisers que les léures iumelles
Vont sauourant comme les Colombelles:
N'y soyent encor ces odeurs ny parfums
Qui par les champs en Saba sont communs.
Car ces odeurs qui doucement remplissent,
N'arrestant guiere au vent s'éuanouissent:
Mais la Concorde & la feconde Paix
En vostre lict se logent à iamais:
Ensemble y soyent ces Vierges gracieuses,
Sans qui ne sont nulles choses ioyeuses.
» L'affection & les Charites font
» Qu'auec douceur nos ans legers s'en vont:
» Mesmes les Dieux qui toutes choses peuuent
» Nul passetemps sans les Graces n'espreuuent.
» Car elles sont sur la terre & aux cieux
« Celles qui font toute chose aller mieux.
 Dormez ensemble, & de ce mariage
Sorte maint Prince, ayant sur le visage
De ses ayeux la generosité:
Que sur leur front soit telle maiesté
Qu'entre cent mille illustre elle apparoisse,
Et se celant qu'encore on la connoisse:
Que sur la ioüe ils portent le beau teint
Qui de leur mere a le visage peint,
Et que par eux on connoisse le pere,

LIVRE.

Et que par eux on connoiſſe la mere.
« Les fils des Roys aiſément on connoiſt,
« Car le diuin ſur leur front apparoiſt.
 Puiſquand ces Roys race haute & diuine
Auront long temps regi cette machine,
Laſſez d'auoir ſous leur empire ſainct
De ſainctes loix tout le monde contrainct,
En dedaignant les terres & les peines
Qui vont ſuiuant les affaires humaines,
Par leurs vertus au ciel puiſſent paſſer,
Et de clairté les Aſtres effacer,
Semant par tout vne lumiere grande
Qui dans le ciel & ſur terre commande.

Sur la naiſſance de MARGVERITE DE FRANCE, Royne de Nauarre.

VOYCI du mois de May la ſaiſon retour-
 nee,
Les delices du ciel, le plaiſir de l'annee,
Ieuneſſe de la terre, où Iunon qui reçoit
En ſes bras ſon mari toute choſe conçoit.
 De tout ce Globe rond le Printemps eſt l'enfance,
Et quand le monde prit du Chaos ſa naiſſance,
Ie ne croy que des iours la premiere beauté
Montraſt vne autre face ou plus belle clairté.
L'haleine d'Aquilon alors eſtoit encloſe,
Et le Printemps regnoit pere de toute choſe.
Car tout cela qui naiſt eſt ſi tendre en naiſſant
Qu'il ne ſupporteroit le trauail décroiſſant,
Si quelque grand repos ne moderoit la guerre
D'entre le chaud & froid pour temperer la terre,

PREMIER

Si la douceur de l'air ne flatoit l'Vniuers,
De là sortent au iour mille animaux diuers!
  Or de ce mois de May la face diapree
A nos Muses tousiours retournera sacree
Par vn vœu solennel, pour le bonheur fatal
De nous auoir donné vostre beau iour natal.
La nouuelle saison seule deuoit encore
Enfanter à sa gloire vne seconde Aurore:
Car vous qui estes belle & telle qu'vn Printemps
Ne meritiez aussi que naistre en vn beau temps.
  Le mois, au moins le iour de sa naissance passe
Sans que l'air soit troublé de venteuse menace,
Son champ ne soit bruny d'vn nuage couuert,
Ains d'azur tout riant, montre vn visage ouuert:
Que ce mois tout entier s'écoule sans tristesse,
Puis qu'en luy s'apparut la diuine Princesse
Qui de ce grand Royaume est la perle & la fleur,
Ainçois du monde entier la gloire & la valeur,
Effaçant le haut prix des perles precieuses
Que l'Orient admire en ses terres gemmeuses,
Et faisant mespriser les iardins & les prez
Quand plus ils sont vestus d'ornemens diaprez.
  Ce mois deuoit porter le nõ de MARGVERITE,
Car tel honneur sacré bien plus elle merite
Que la mere à Mercure, ou que la Maiesté
Fille de Reuerence au maintien redouté.
  Si Venus nomme Auril, aussi Deesse insigne
Des Graces le portraict, de May vous estiez digne:
Car Venus (ie n'enten la Venus des humains)
Ne fait honte aux beaus traits sur vostre face peints,
Bien que par elle soit toute chose embellie

Et par son feu diuin toute ame bien polie,
Temperant les saisons, l'air, la terre & les cieux,
D'autant qu'elle n'est moindre à pas vn des hauts
Pource il ne faut iamais q̃ nos fẽmes mortelles (dieux.
S'accomparent à vous: souuent les eternelles
Ont pour telle arrogance en autre corps changé
Mainte fille iadis. Le dépit fut vangé
De Iunon en ce poinct, quand les sœurs arrogantes
Les Pretides soudain furent vaches muglantes:
Et pour vn tel orgueil Niobe vit tuer
Tous ses enfans de traits, puis en roc se muer.

 Quelle humaine beauté, quelles graces humaines
Peut-on parangonner aux vostres souueraines,
Sans receuoir aussi par vostre Deïté
Digne punition d'vne temerité?
Autant qu'il y a loin de la voûte celeste
Iusqu'en la terre basse, autant est manifeste
La distance de vous & des autres d'ici:
Et leur beau teint du vostre est tousiours obscurci,
Ne plº ne moĩs qu'au Ciel sous la mi-nuict biẽ claire
La Lune aux rais d'argent esteint de sa lumiere
Les feux les plus serains des astres argentez:
Tant d'esclairs gracieux luisent de tous costez
De vostre belle ioüe en rondeur finissante,
Pareille au teint du lys conioint à l'amaranthe!
Telle couleur s'éclate en la nouuelle peau
D'vne pomme qui pend au feste d'vn rameau,
Estant à demi-blanche & à demi-vermeille:
De l'Iuoire empourpré la teinture est pareille.

 Quand on voit vostre gorge égalle en sa blancheur
Au laict & à la neige, on tressaut dans le cœur.

PREMIER

Et quand on voit aussi vostre beau sein d'albâtre,
Vray corps de la beauté que Nature idolâtre,
Quand vos yeux immortels lancent des rais dorez,
Comme ceux du Soleil des humains adorez:
Quand vostre port royal, vos graces, vostre allure,
Montrent que n'estes point mortelle creature:
De tous les regardans les yeux sont ébloüis,
Et l'esprit & le cœur en restent esbahis.
 Mais biē que ces beautez soyent entier tesmoignage
De vos diuinitez, il y a dauantage
Qui vous fait estimer Deesse de haut pris:
Vostre esprit le premier des plus rares esprits,
Vostre saincte vertu, vostre bonté supréme,
Qui cherist la vertu plus que sa beauté mesme,
Pour faire reflorir des Muses le renom
Maugré l'âge de fer, dessous vostre sainct nom.
Car telle qu'aux François a esté vostre tante
Fille du grād FRANÇOIS, belle, chaste, et sçauāte,
Telle vous paroissez, & de vostre faueur
S'attize dans nos cœurs la Delphique fureur.
 Cōme au tēps de HENRY vaillant, heureux & sage,
Elle dessauuagea le siecle encor sauuage:
Combatit l'Ignorance, & luy donna frayeur,
Non moins que la Gorgonne effroyable d'horreur
En l'escu de Pallas qui les doctes preserue:
Pource les mieux disans l'appelerent Minerue.
 Ainsi, Royne sçauante, on entend mille voix
Qui vous chantent desia la Pallas des François,
Regnant CHARLES qui tiēt de toute vertu conte.
Par là iusques au ciel vn braue Prince monte.
Le plaisir, le mestier du grand Charles sera

LIVRE.

Auiser les moyens comment il rangera
Ses ennemis au ioug, & destruira le vice.
Les armes, les cheuaux seront son exercice,
Et la chasse, miroir des Martiaux combats,
Et par les sainctes loix policer ses estats.
 Mais vos plaisirs seront la science honorable,
Lire, escrire, sçauoir & l'histoire & la fable,
Animer les sçauans à ne laisser perir
Les lettres qui vos ans empeschent de mourir:
A fin que le Parnasse en tous lieux vous honore,
Non moins que vostre Tante & que Pallas encore.
 Comme autour de Diane en la forest d'vn mont,
Autour de vos beautez cent Oreades sont,
Que iamais on ne voit sans ouurage ou sans liure,
Pour les gentils mestiers de leur Minerue ensuiure,
Ne laissant aux appasts de molle oysiueté
Le loisir d'assaillir leur douce honnesteté.
Entre elles la princesse & la plus honoree
Est vne que les Dieux appellent Calliree
Et qui d'Eurymedon a le cœur enflamé:
Puis celles qu'Apollon a tousiours bien aimé,
Torigny, Baqueuille, & Lucrece de Baine
Qui d'honneur merité ne cede à la Romaine.
Car ainsi que Diane en sa troupe estima
Britomartis, Hippon, & d'autres qu'elle aima
Selon que leur esprit auoit plus de merite:
En vostre bande aussi vous auez fait eslite
De ces Nymphes, sur tout dignes de vostre amour.
 Vous marchant au milieu tout le ciel d'alentour
Rasserene son front, & semble qu'il se baisse
Tout courbé pour mieux voir vne telle Princesse.

PREMIER

Que tant plus on regarde & tãt moins sont les yeux
Soulez de regarder vn bien si precieux :
Aussi vous regardant, sans prendre au Ciel sa voye,
On iouist du bon heur & de toute la ioye
Qui se retrouue au Ciel & qu'on y peut tirer,
Et ne faut apres vous leur essence admirer.
 Comme l'œil ne se peut lasser de vostre veuë,
Aussi ma fantaisie & ma fureur émeuë
Se plaist, & ne se peut lasser de vous chanter,
Pourueu que mon desir vous puisse contenter.
 Mais ie ne veux errer parmi les iardinages
Où les filles du Ciel cherchent leur pasturages
Pour faire de bon miel : ie ne veux seulement
Qu'errer deuant vos yeux, plein d'esbahissement,
Et là bien contempler vostre fleur odorante,
A fin de façonner vne ryme sçauante,
Douce d'vn miel diuin, duquel i'abreuueray
Vos louanges par tout & les emmielleray.
 Cependant MARGVERITE, ici ie vous saluë,
Royne, sœur de mon Roy : ma Chanson bien-vouluë
Plaise à vostre grandeur : Ie poseray le prix
Aux Cygnes blanchissans qui seront mieux appris
A dire vos honneurs en vos festes natales
Qu'on nommera de vous, festes Margueritales.
La Deesse des fleurs nous accompagnera :
De diuerses couleurs luisante elle sera,
Telle qu'elle apparut lors que d'vn doux pennage
Zephyre l'ambrassa pour faire mariage,
Ou lors qu'elle voyoit du plancher etheré
Les ieux dont les Romains ont sa feste honoré.
Ainsi nous festerons l'honneur de vostre gloire,

Si vous l'auez à gré, & le prix de victoire
« Ce sera l'Oliuier : Car en tous arts l'honneur
» Nous y pousse, nourrist, & enflamme le cœur.

LE pinceau m'est tombé de la main par trois fois
En voulant entreprendre vn si hautain ouurage
Que de peindre les traits d'vn si rare visage,
Qui diuin tromperoit d'vn Apelle les doigts.
Le trop ample suiet me dérobe la voix,
Et te voulant chanter elle perd son vsage,
Tant elle craint de faire à tes beautez outrage,
Qu'admirer non chanter seulement ie deurois.
Princesse prens à gré le chant que ie commence,
Imitant les hauts Dieux dont tu as prins naissãce,
Qui escoutent leur gloire en diuerses façons.
Si elle n'est assez digne de leur merite,
Le nom d'Impieté & d'Ignorance euite
Celuy qui humblement leur donne ses chansons.

Qui te voit Marguerite, vn astre de la France,
Sœur de nostre Monarque, il voit en vne fleur,
En vne perle vnique (admirable valeur)
Mille prez, mille fleurs emprunter leur naissance:
Mille perles il voit en heureuse abondance
Qui passent d'Orient la richesse & l'honneur,
Mille & mille vertus graces de ta grandeur,
Qui dans ton braue esprit ont choisi demeurance.
C'est le vray paradis que l'on doit rechercher:
Venus mere d'Amour n'est digne en approcher
Tãt s'en faut qu'vne moindre approche à tõ merite.

PREMIER

Hé, mais qui penseroit qu'vn thresor si diuers
En vne seule fleur embellist l'Vniuers?
Ceste faueur du Ciel est seule à Marguerite.

Pour le Roy & la Royne de Nauarre.

QVEL vers dois-ie chanter, qui se trouue agreable
A ce royal Hymen, sinon le chant aimable
Que chanta Demodoque au festin de son Roy
Qui les Pheaciens tenoit dessous sa loy,
A fin que de nos Roys l'oreille ne s'offense?
 Alcinoe à bon droict voyant la contenance
De son hoste pleurant, fit bien changer les sons
Des nombres larmoyans aux plaisantes chansons
De la chaisne qui prist Mars & Venus ensemble:
„ Heureux qu'Amour Vulcã de telle chaisne assẽble!
„ Entre les Roys ioyeux vn vers ioyeux aussi
„ Doit s'ouir reciter pour bannir le souci
Loin des festins luisans, & tousiours ne faut bruire
Les gestes belliqueux sur les nerfs de la lyre.
Il faut ioindre Venus maintenant auec Mars,
Apres que si long temps ont sué les soudars
Dessous mille labeurs. Qu'est-il besoin de Troye
Redire tant de fois les troubles & la proye,
Qu'aucun tant fust cruel ne pourroit escouter
Sans de ses yeux pleurans mille larmes ietter?
 HENRY n'est moins qu'Vlysse excellẽt en prudẽce,
Il n'ha pas moins que luy de sage experience:
Et comme il fut honneur du païs Ithaquois,

Ce

Ce Prince est grand honneur au peuple Nauarrois.
CHARLES qui le reçoit tant de vertus possede,
Qu'au Pheaque Alcinoe en pieté ne cede,
Ny en magnificence: ou soit pour les appreſts
De ieux & de tournois, ou soit pour les banquets,
Imitant & paſſant les faicts de son grand pere.
 MARGVERITE qui est la gloire de sa mere,
Ha de Nauſicaé la chaſte volonté:
Marguerite l'eſpouſe excellente en beauté,
Qui compagne s'vniſt ſous le ioug d'Hymenee
Au Prince de Beart en ſi blanche iournee.
 Sa mere les aſſemble, ayant l'eſprit veſtu
Non moins qu'eut Areté d'honneur & de vertu,
Et qui vers ſon eſpoux n'a trouué ſa pareille
En fidelle bonté: ſoit qu'actiue elle veille
D'vn ſoin perpetuel pour ſes enfans, ou ſoit
Que le dueil de ſa mort ſans ceſſe elle conçoit:
Mais donne quelque tréue à tes larmes ameres,
Et laiſſe pour vn temps tes charges ordinaires,
O CATHERINE, honneur des grands de Medicis:
Les augures mechans & les triſtes ſoucis
Soyent ores eſpargnez, où la ioye feſtee
Des nopces de ta fille eſt de tous frequentee.
 La Françoiſe Nobleſſe en âge floriſſant,
Qui la Pheacienne en nombre va paſſant,
Et en tout ornement, d'vne allegreſſe égale
Celebre les honneurs de la fille royale:
Deſſus leur dos reluiſt mainte gaze, & encor
Maint drap entre-tiſſu d'argent, de ſoye, & d'or.
 „ Nulle Deeſſe n'eſt ſi prompte que Cythere,
 „ Si bonne que Venus, pour rompre la colere

PREMIER

Des esprits divisez par vn trouble ennemi,
De rechef les couplant dessous le ioug ami.
 Chanton donc de Venus & de Mars la louange:
Sans que leur sainct amour auec le temps se change
Tousiours Venus est iointe aux costez de ce Dieu,
Mars est ioint à Venus n'aimant en autre lieu.
Il ne faut que mon vers vn si beau nœu separe:
Ce que le Ciel conioint par vne force rare
Il ne faut qu'vn mortel ose le separer.
 Mais d'où commencera sans plus loin s'égarer
Le fil de ma Chanson? D'où vient, Mars, l'origine
Qui te mist en fureur d'vne amour si diuine?
D'où Venus, dois-ie ourdir la trame des amours
Qui durent entre vous? sinon des premiers iours
Quand Naturalia dans sa vouture ronde
Les premiers elemens dont est basty le monde?
Dont nous sommes bastis, & tout ce qui est né,
Qui la matiere suit dont il est façonné?
 Mars est des simples corps la premiere discorde,
Venus des simples corps la premiere concorde:
Car la Haine & la Paix ioignent les Elemens
L'vn à l'autre attachez par leurs enchaisnemens:
Soyons ioints entre nous d'vne chaisne semblable.
La haine corrompt tout, mais la Paix amiable
Compose toute chose: aussi rien ne pourroit
De nouueau s'engendrer si le vieil ne mouroit.
Car telles sont les loix qu'à toute creature
Par mutuelle guerre à donné la Nature,
A fin que tout soudain que l'vn va delaissant
Les liens de la vie, vn autre aille naissant:
Et qu'apres derechef, la Paix d'vn nouueau pache

Appaisant ceste guerre ensemble les r'atache,
De Mars & de Venus c'est le secret lien,
C'est la chaisne subtile, ouurage Lemnien,
Dont Vulcan est autheur: car le feu est la cause
Et l'ouurier qui deffait & refait toute chose,
  Qui desioint puis reioint tout ce qui vient au iour,
Et ce feu, ce Vulcan, c'est la flame d'amour.
Ceste certaine loy seulement n'est donnee
Aux corps, mais aux esprits elle fut ordonnee
Par vn pareil accord: de là naissent les mœurs
Et l'ordre non constant du changement des cœurs.
La Nature y commande, & l'art apres enseigne,
Pour iustement regir Raison les accompaigne,
Si bien qu'ores la guerre à l'impourueu suruient
Separant les amis, or' la Paix les retient.
  Ainsi Mars & Venus l'vn à l'autre se prennent
Et de liens cachez ensemble se retiennent:
Tout le palais d'Olympe est plein des cris ioyeux
Et des ris debordez de la troupe des Dieux,
Rians d'auoir surpris ceste couple amoureuse
En leur larcin liez, comme à la feste heureuse
Toute la Court royale à l'Olympe semblant,
Va Hymen Hymenee en ioye redoublant.
  De grande haine sort vne amour forte & grāde,
Et l'extreme froideur la chaleur recommande:
Par noises & tançons des Amans l'amitié
Renouuelle tousiours & s'accroist de moitié.
Ainsi le preux Tydé qui pour sa couuerture
Portoit d'vn vieil Sanglier la peau reuesche & dure,
Et le grand Polynice à qui la rousse peau
D'vn fier Lyon crinu seruoit de long manteau,

C.ij.

PREMIER

Apres s'estre blessez d'vne guerre cruelle,
Tournerent toute haine en amour fraternelle,
Gendres du Roy Adraste, & apres mille coups
Ruez l'vn dessus l'autre auec aspre courroux,
S'engagerent la foy du tout égale à celle
Qui fut en Pirithois & Thesee immortelle:
Et tousiours fut entre eux vn si fidelle accord
Qu'ils couroyent l'vn pour l'autre aux dangers de la
Mars donne ses vertus à Venus la deesse,   (mort.
Elle en redonne à Mars, & tel ordre ne cesse,
   Que les doctes anciens ont gentiment caché
Les choses qu'ils auoyent en nature cherché,
D'vn manteau fabuleux, pour n'estre prophanees
De ceux qui n'ont és corps les ames bien tournees!
   Ce conte des anciens, si ie ne suis trompé,
Ombrage telle chose en fable enuelopé:
Vulcan n'est que le feu, amour n'est que la flame
Qui boüillante & ardante ambrase de feu l'ame,
Il vient Mars & Venus d'vn nœu ferme lier:
Par sa force il contraint les Princes d'oublier
La guerre qui rendoit leurs esprits tout sauuages,
Il fait auec son miel r'amollir leurs courages,
Et soumettre le col sous le nœu blandissant
Duquel tousiours Venus va son Mars enlaçant:
Duquel Iunon Nopciere à toute heure relie
Son mari Iupiter, desirant qu'il oublie
Les guerres des Geans, & que sa rouge main
Ne darde ses longs traits dessus le genre humain,
Ains que d'vn front serain il déride sa face,
Et ce triste sourcil qui les peuples menace.
   De là vient vn repos tout puissant de calmer

Les tumultes émeus au ciel, en terre, en mer:
De là prend sa vigueur toute chose vivante,
Et des choses la suite en cercle renaissante.
Mais ore raconton des Amans les doux feux
Qui chassent des François l'orage malheureux.

Tandis q̃ d'œil, d'esprit, MARGVERITE prẽd garde
A la face & au port de HENRY qui regarde
D'autre costé sa Nymphe, & la considerant
Mille & mille beautez va sur elle admirant:
Il tomberent tous deux en flamme non honteuse,
Et leur cœur s'alluma d'vne amour vertueuse:
Toutefois la pucelle à sa mere n'osa
Confesser son desir: sa mere s'auisa
D'elle mesme d'en faire vne saincte alliance,
(Nõ sans le vueil de Dieu) pour le bon heur de Frãce.

Comme la grand' Iunon apres qu'elle eut quitté
Son courage haineux contre Hercule irrité,
Permit qu'au rang des Dieux Hercule tint sa place,
Et dans sa couche mit Hebé de qui la face
Est tousiours belle & ieune: Ainsi de son bon gré
La Royne a entrepris ce nopçage sacré,
Et ioint au Nauarrois Hebé sa Marguerite
Dont les rares vertus ne trouuent de limite:
Car d'vn si braue espoux échauffé de l'honneur
Ne luy sont inconnus ny race ny valeur.

Maintenant nostre Roy a mbrasse pour son frere
HENRY, & vers sa sœur fait le deuoir d'vn pere:
Et comme parauant ne conte seulement
Deux freres grands & forts aimez également,
Son HENRY, son FRANÇOIS, mais encore il se donne
Pour tiers frere vn HENRY qui porte la Couronne.

PREMIER

De là cēt nouueaux Ducs, cēt nouueaux Roys viēdrōt
Qui, CHARLES, ton Empire en gloire maintiēdrōt
Si bien que deformais ta Gaule ne peut estre
Que puissante des fils que d'eux on verra naistre,
Ton sceptre n'estant mieux muni de bons soudars
Que du nombre des Chefs guidans tes estandars.
Et autant qu'ils seront, pense qu'autant de testes
Et de bras & de mains viennent pour tes conquestes,
En nombre redoublez de destin en destin
Pour mettre tes concepts fidelement à fin.
 Telle grand' race alors te feras par les Gaules
Plus fort que ce Geant qui poussoit des espaules
Cent mains tout à la fois, & plus fort que n'estoit
Geryon qui trois corps & trois testes portoit.

A la Royne mere.

ON conte que Iunon, à fin de se vanter
 Autant comme celuy qui conceut la Guerriere,
 Seule conceut aussi Mars à l'audace fiere,
Par vne odeur de fleurs qui l'a fit enfanter.
Mais vous grande princesse, auez peu surmonter
 Vn Dieu, vne Deesse en diuerse maniere:
 Car d'vne belle fleur des autres la premiere
Vous enfantez la Paix qui fait tout augmenter.
MARGVERITE est la fleur par qui vient la naissance
 D'vne Paix tant de fois desiree à la France,
 Fleur qui se renouuelle en tout temps aux François
Pour estre sa Pallas : Ainsi, Royne, il me semble
 Que vous passez Iunon & Iupiter ensemble:
 D'autant qu'icy la Paix vaut mieux q̄ le harnois,
Et qu'à donner deux biens d'vne chose à la fois
Plus qu'à faire vn seul biē se monstre la puissance.

ODE,

Au sieur de Belot, Maistre des Requestes.

Sus, mō BELOT, maintenāt il faut boire:
Dedans le vin enfondrons la memoire
 De nos soucis passez:
Il faut pousser d'vn libre pié la terre,
Souffler aux vents les ennuis de la guerre
 Dont nous sommes lassez.
Auant ce iour plein de clairté diuine
Nous ne tastions ny la pipe Angeuine
 Ny ton vin Bordelois,
Quand le rebelle orgueilleux à outrance
Fol menaçoit de son trespas la France,
 Et le Sceptre Gaulois.
Cloches sonnez en signe d'allegresse,
Ne craignez plus le canon chasse-messe
 Des superbes mutins:
Auec leur Chef leur bande plus vaillante
Gist foudroyee aux bords de la Charante,
 Pasture des mâtins.
Ore il conuient les louanges redire
Du preux HENRY sauueur de cet Empire,
 Et rendre grace à Dieu
Qui la victoire à nos soldats ottroye:
Il faut par tout allumer feux de ioye,
 Et rire en châque lieu.
Le grand vainqueur pareil à la tempeste
A foudroyé des ennemis la teste
 Nous tirant du dangier:
Ils s'enfuyoyent deuant sa dextre actiue

C.iiij.

PREMIER

Ainsi que fuit la Colombe craintiue
    La main d'vn Esperuier.
Ils s'enfuyoyent comme vn Lieure en sa crainte,
    Ou comme vn Cerf qui part deuant l'attainte
        D'vn bon Leurier dispos.
Ce de Valois plein d'ame valeureuse
    Haussant sa main de palmes desireuse
        Leur pendoit sur le dos.
Tel qu'vn torrent enflé d'ondes negeuses,
    Et tout grossi de pluyes furieuses,
        A grands flots montueux
Rocs & maisons parmi les champs fracasse,
    Et ne s'arreste au contraignant espace
        De ses bords tortueux:
Furieux, roide, en ses vagues fuitiues
    Il mine, arrache, il entraine les riues
        Qui veulent l'enfermer:
Dans ses boüillons maint arbre piroüette:
Rien n'apparoist non plus qu'vne moüette
        Nageante en haute mer.
Tel ce HENRY: Ce qu'il trouue en sa voye
    Ez tourbillons de Mars, il le foudroye
        L'vn sur l'autre entassé:
Tel ce beau Prince, auec sa braue armee
    Sous si grand chef à combatre animee,
        A l'ennemi froissé:
Dieu des assauts de qui l'œil tout regarde,
    Tousiours ce Prince aye en ta sauuegarde
        Sous ton bras l'asseurant.
O Dieu des Camps vueilles HENRY defendre,
Digne du nom qu'il portoit d'Alexandre
        Aux hommes secourant.

Cantique de la victoire de Montcontour.

Sus peuples, sus chantez le seigneur Dieu,
Dont la vertu, dont la gloire supréme
Cōme vn grand feu reluit en chaque lieu
Et qui porté dans le ciel par soymesme
Anime seul & gouuernace Tout,
N'ayant en soy commencement ny bout.
Sus sus François, celebrons son honneur:
C'est ce grand Dieu qui nous orne de gloire,
Qui des assauts, des armes est seigneur,
Qui du combat ordonne la victoire
A qui luy plaist : car elle est en ses mains,
Non en la force ou nombre des humains.
France, l'honneur de toutes nations,
Qui es assise en campagnes fertiles,
En champs heureux sur toutes regions,
Qui t'orgueillis de tant de fortes villes:
Leue apres Dieu iusqu'aux voûtes des cieux
CHARLES ton Roy plus grand que ses ayeux.
Dieu qui le Sceptre en son pouuoir a mis,
Par le Démon du Duc d'Aniou son frere
L'a faict vainqueur de ses fiers ennemis,
Monstres egaux à l'horrible Chimere
Qui vomissoit de sa gueule le feu,
Feu que ce Prince a esteint peu à peu.
Fils de HENRY, ô HENRY Duc d'Aniou,
Le fer au poing tu as mis sous le iou
Tes ennemis escumans de menace,
Tout ehontez d'vne rebelle audace:
Ainsi feras Bellerophon trenchant

PREMIER

L'orgueil enflé du rebelle mechant,
Le Monstre fier ses griffes auançoit
Dessus la France, & ia l'engloutissoit
Sans le secours de ta prouësse actiue.
Assez connoist la riuiere de Diue,
Assez connoist le champ de Montcontour
Quand le bonheur fit en France retour.
Comme s'enfuit la legere vapeur
D'vne fumee à replis ondoyante,
En l'air liquide : ainsi sous la terreur,
Duc belliqueux, de ta main foudroyante
Fuyoyent tremblants de tous costez espars
Les ennemis tuez de toutes parts :
Tremblans menu comme lon voit trembler
La fueille palle en la cyme d'vn Tremble.
C'est Dieu qui veut ta puissance doubler,
Qui des mutins la force desassemble,
Frappe leurs yeux & les rend estonnez
A fin qu'au glaiue ils soyent tous moissonnez.
Ils ont mordu, bien que fiers & grondans,
Rouges de sang, la terre de leurs dents,
Et sont tombez plus menu que la gresle
L'vn dessus l'autre abatus pesle-mesle :
Les vns à dos renuersez estendus,
Les vns à ventre en leur long espandus.
Ie les ay veu la campagne couurir
Qu'on veit de loin dessous leurs corps blanchir :
Comme de nuict quand la neige enfarine
A gros flocons les bords de la marine,
Où les sommets des arbreuses foraists
Tombant sans ordre en monceaux bien espais.

LIVRE.

Quand le deluge eut retiré ses eaux,
  Ainsi gisoyent dessus la terre ouuerte
  Maints hommes nus espandus par monceaux:
Voyla comment aux despens de leur perte
Ton braue Nom par magnanimité
S'est emparé d'vne immortalité.
En l'âge prime, où tu es florissant
  N'ayant encor le menton blondissant
  D'vn poil doré, le Monarque Alexandre
Renuersa Thebe, & Thesé s'anima
Pour son païs à sa franchise rendre,
Et le Cretois Minotaure assomma.
Mais plus diuins apparoissent tes faicts
  D'auoir du tout ces fiers Titans deffaicts
  Qui remuoyent mille bras, mille testes
En morions tousiours au combat prestes:
Gent coniuree à rompre & renuerser
Les fleurs de Lys que tu sçais redresser.
Ils ont esté trois fois ia foudroyez
  D'vn foudre aigu, sifflant, noir de fumee,
  Et ton bras fort les a tous poudroyez
Comme vne poudre en vn rien consommee,
Que le tortis d'vn tourbillon de vent
Loin du regard emmy l'air va mouuant.
Sur tous humains aussi tu apparois
  (Comme vn haut Pin sur le petit bocage)
  Illustre sang, noble race des Rois.
» *On reconnoist au reluisant visage*
» *Qui éblouist auec rayons dorez*
» *Du clair Soleil les enfans honorez.*

C.vi.

PREMIER DIALOGVE.

Le Passant & le Genie de Montcontour.

CEs corps trainez ici comme vne vile ordure
Ensanglantez de coups, qui sont-ils ? dy le moy:
Seulement au regard ie tremble tout d'effroy,
Les voyant des Corbeaux & des Chiēs la pasture.

G. Aux mechans n'appartient le droict de sepulture,
Qui seduits des abus d'vne nouuelle loy
Ont trahi leur païs, leurs parens, & leur Roy,
Et rompu tous les droicts de Dieu & de Nature.

P. Les roses & les lys naissent dessus les corps
De ceux qui pour leur Prince et leur païs sōt morts:
Ronces, chardons, halliers, de ceux prennēt naissance
Qui furent des François l'espine & le souci,
Et que dans les Enfers ils reposent ainsi
Comme ils ont en repos laissé viure la France.

A la Royne mere.

QVand Hannibal terreur de l'Italie
 Ayant du Ciel le destin en ses mains,
Dontoit l'orgueil des plus braues Romains,
Et la vertu de Rome enseuelie:
Lors Fabius voyant Rome assaillie
De sang, de feu, de glaiues inhumains,
Luy redonna par ses sages dessains
Temporisant, la vigueur & la vie.
Ainsi voyant le François diuisé,
En l'imitant auez temporisé
Pour des mechans abatre l'insolence.
Qu'on chante donc de vous comme de luy,
Temporisant, CATHERINE, auiourdhuy
En son honneur remet l'estat de France.

LIVRE.

A MONSIEVR.

DE Thesee & d'Hercule en mille endroits prisee,
La vaillance remplit & la terre & les cieux,
Pour auoir foudroyé les Monstres odieux,
» Ne trouuant nulle emprise à Vertu malaisee.
Le Roy est nostre Hercule, & vous nostre Thesee,
Freres de sang, de cœur, dignes enfans des Dieux,
Qui perdez & dontez, Princes victorieux,
Les Monstres qui la France auoyēt toute embrasee.
Au nom de cet Heros seulement l'Vniuers
Ne trembla, mais encor Pluton & ses Enfers,
Tant forte est la vertu qui deux Princes assemble.
Puis qu'outre les liens d'vne mesme vertu
Vn mesme sang vous ioint : quel vice combatu,
Quel mōstre, quel enfer dessous vous deus ne treble?

AV ROY CHARLES IX.

FAbius qui le nom de Tresgrand rapporta,
Mattant d'vn Hannibal la force redoutee,
Resueillant la vertu de Rome espouuantee,
La gloire qu'on vous doit iamais ne merita.
Sans plus de l'ennemi les armes il donta,
Euitant le combat : mais sa Romaine espee,
N'en peut faire mourir la puissance coupee,
Et Scipion sur luy cet honneur emporta.
Vous remportez des deux & l'vne & l'autre gloire:
Car vous auez du tout vne entiere victoire,
Où nul plus grand que vous ne merite le prix.
Vous auez des plus fins affiné la prudence,
Sagement acheué, sagement entrepris,
Trompāt l'heur des mechās & des bons l'esperance.

C.vij.

PREMIER

Pour l'entrée du Roy de Pologne en la ville de Paris.

LE Ciel à vostre entree & sec & pluuieux,
Tenebreux & serain d'vne face inconstante
Montroit du peuple émeu l'affection presente,
Qui rendoit les esprits & tristes & ioyeux :
Ioyeux de voir tel Prince accompagné des dieux,
Roy d'vne nation si forte & si puissante :
Tristes, voyant celuy qui calma la tourmente
De l'orage ciuil, s'éloigner de nos yeux.
Le Soleil se plongea dans les eaux de Neptune
Plustost qu'il ne souloit, enuoyant la nuict brune,
Et la honte le fit vous quitter son seiour :
Car voyant la clairté de si royale face
Il s'enfüit exprés, à fin qu'elle en sa place
A la pompe seruist de Soleil & de iour.

ODE,

Sur vn present enuoyé à sa Majesté en Pologne.

QVEL present dois-ie presenter
A vostre Maiesté par le monde admirable
Pour ses vertus representer,
Dont la perfection n'a presque de sembla-
(ble?
Ie sçay que ce present n'est rien,
Car le Ciel vous donna de tous biens l'abondance :
Mais il tesmoignera combien
A vos gestes diuins ie porte reuerence.

Il est pourtant digne d'vn Roy
Tel que vous qui si bien ses actions compose,
Et qui se range sous la loy
Que la vertu celeste à ses suiuans propose.

On en mesure tous les Cieux,
La grand' mer poissonneuse, & le tour de la terre,
Et les bataillons furieux
Que le Dieu Thracien ensanglante à la guerre:

On en peut mesurer encor
Des peupleuses Citez les maisons habitees,
Et des Royaumes le thresor,
Et mesme la grandeur des estoiles voûtees.

Cent figures, cent corps diuers,
Triangles, Cubes, Ronds, Poincts de Mathematique,
Et bref tout l'Vniuers
Se forment & se font de l'art Geometrique.

Par là s'arrangent les soldas
En diuerses façons à l'horreur des batailles,
Et par là bronche contre-bas
La plus dure espesseur des superbes murailles.

Donc n'est-ce pas à iuste droit
Que i'enuoye en vos mains Cõpas, Regles, & Lignes,
Si vous sçauez en tout endroit
Reigler & compasser vos actions insignes?

Veu que vous sçauez commander

PREMIER

A tant de nations, à si grandes armees,
 Veu que vous les sçauez guider,
Et bien planter les Camps des troupes animees?

 Veu que vous grauez sur le dos
Des ennemis vaincus, en lettres rougissantes
 L'eternité de vostre los,
Inuaincu reluisant en armes triomphantes?

EPISTRE
Enuoyee par la Royne mere, au Roy de Pologne son fils.

Ile doux souuenir de l'amour maternelle
(Louable Pieté) touche ton ame belle,
Si tu portes au cœur la mesme impression
Qui graue d'vne mere en moy l'affection,
Lis & relis ma lettre, & tu verras empreinte
Dans ces vers tout ensemble, & la ioye & la crainte
Qui m'alloyent assaillant, alors que Dieu voulut
Que la gent Polonoise au Royaume t'élut.
Comme vn Pin eleué sur la cyme hautaine
D'vn mont, est combatu par la noise incertaine
De deux vents opposez, si bien qu'il est douteux
Qui demourra vainqueur en ce trouble venteux,
Ainsi i'auois tousiours par vn debat contraire
La gloire de ton nom, & l'amitié de mere
Qui m'agitoyent l'esprit çà & là differant:
En ces mesmes discours ie m'allois martyrant,
Qu'Andromache faisoit d'angoisse transportee,
Quand la nef de Francus loin d'elle fut portee
Et qu'il l'abandonna toute seulette, à fin

LIVRE.

D'acquerir vn Empire en suiuant son destin.
   Donc faut-il que HENRY ma chere nourriture
Accompli de tout poinct par le Ciel & Nature
Se separe de moy, loin de freres & sœurs,
Et loin de son païs tesmoin de ses labeurs?
Donc faut-il qu'il s'en aille en vne terre estrange,
Et que de son païs la douceur il échange?
N'est-il assez heureux, & moy heureuse aussi
De le voir le second apres son frere ici?
Sa vertu, sa valeur, & son obeïssance
Sont elles pas l'appuy des affaires de France?
Puis en si long chemin ie doute les dangers
Esquels il passera parmi les estrangers?
Ie veux l'accompagner, à fin que la fortune
En trauerses me soit auecque luy commune.
La mere d'Euryale ainsi accompagna
Son fils Dardanien, & ne s'en éloigna
Vertueuse, hardie és miseres facheuses:
Tant peut la passion des meres vertueuses!
   Ainsi l'affection d'vn costé m'ébranloit,
Et ton Destin apres d'autre costé parloit,
Comme on dit que Mercure aduertissoit Enee
D'aller où le guidoit sa bonne destinee.
Quoy? disoit le Destin, veux-tu frauder ton fils
D'vn Sceptre si puissant que le Ciel a transmis
En sa main fortunee, & laisser la Couronne
Qu'aux Lauriers de son front la Pologne enuironne?
Regarde sa prouësse & ses ans vigoureux,
Et l'espoir qu'on attend de ses faits valeureux
A qui non seulement Pologne se dedie,
Mais encore se doit la gent de Moschouie.

PREMIER

Ne vois tu point la Gloire en magnifique arroy
Pompeuse de combats l'appeller pour son Roy
Aux champs Cracouiens, dont la robe estofee
Reluisante se peint d'honneur & de trofee?
Ne te souuient-il plus que le hardi Iason
Seulement pour gaigner vne riche toison,
Premier osa tenter en Nauire voutee
Les hazards de la mer non encores hantee,
Et suiure la Colombe entre le double mont
Qui d'vn choc mutuel s'entrecossoit le front?
 Ny longueur de chemin, ny danger de voyage
Ne te doit estonner: Dieu fera son passage,
Car il ne l'a gardé de tant de maux passez
Que pour amplifier ses gestes commencez:
Et ne luy a donné d'vn Sceptre la puissance,
Sans luy garder encor plus heureuse influence.
 Ainsi deçà delà mon courage doutoit:
Tantost le doux plaisir de te voir me tentoit,
Tantost le haut desir de ta supreme gloire
Lequel se faisant maistre a gaigné la victoire.
Ie m'allois asseurant sur la bonté des Cieux
Qui m'a peint ton bonheur en signes radieux.
L'Estoile qui parut de naissance nouuelle
A ton Election, m'est vn tesmoin fidelle
De la faueur celeste: ainsi que cette là
Qui pour les fils d'Enee eclairante coula
Par les ombres du ciel sur la maison d'Anchise,
Montrant que Iupiter sa grace auoit promise.
Puis en considerant les histoires, i'apprens
Que tout le monde entier est le païs des grands,
Comme toute la mer est demeure commune

Des poissons écaillez, les suiets de Neptune.
　　Alexandre le Grand, genereux & hardi,
Estimoit trop petit l'Vniuers arrondi
Pour son cœur magnanime, & sa vertu feconde
Imaginoit vn rien de tourner tout le monde.
Sans rechercher exemple entre les estrangiers,
La France a maintefois enfanté des guerriers,
Princes grans & vaillans, qui par lointaine guerre
Ont tousiours méprisé leur paternelle terre,
Et passant comme vn feu par maintes regions
Se sont faict redouter à toutes nations.
Pourtant on feroit tort à l'honneur de la France,
A ton nom, à tes faicts, si loin de ta naissance
On pensoit qu'vn regret te deuoraft le cœur,
Veu que Dieu t'a donné ceste digne grandeur,
Où sans tirer le fer pour si hautes conquestes
Tu tiens les volontez d'infinis hommes prestes
A te faire seruice en gestes glorieux.
De là mon dueil se change en vn penser ioyeux:
Toutefois le plaisir qui plus me reconforte,
C'est l'ardente amitié que ton Frere te porte
CHARLES Roy des François, qui biē-heure mes iours,
M'aimant comme bon fils, & m'honorant tousiours:
Dont il m'oblige tant que certes ie ne pense
Luy pouuoir souhaiter assez de recompense.
Et ce qui va doublant ce mien contentement
C'est qu'il bande si bien son braue entendement
A manier l'estat de toutes ses affaires
Que les autres esprits luy sont peu necessaires:
Tellement que la France à l'instant reprendra
L'honneur de son beau teint, & telle se rendra

Qu'autrefois elle fut par la saison doree
Quand Saturne tenoit la terre temperee.
Lors i'espere entreprendre encore ce dessain
De vaincre le trauail d'vn voyage lointain,
Et t'aller ambrasser aux champs de Cracouie:
Car rien n'est impossible à si louable enuie.
  Cependant, mon HENRY, pour comble de ton los,
Comme tu es pareil aux anciens Heros
En tes actes diuins, sois encor leur semblable
A me porter tousiours vne amour honorable:
Aime ce nom de Mere, & t'en souuienne ainsi
Comme de ta grandeur & gloire i'ay souci.
  Olympias estoit d'Alexandre honoree,
Thetis estoit aussi d'Achile reueree,
Le Cheualier Enee a pour sa Pieté
Vne belle louange à iamais merité,
Sauuant dessus son dos la vieillesse debile
De son pere caduc, hors du brasier hostile
Et du sac d'Ilion : Vlysse est renommé
D'auoir infiniment sa mere Anticle aimé,
Pour laquelle il osa, viuant encor, descendre
Ez tenebres d'Enfer & son conseil apprendre.
Fut-il oncq vn Heros ou Prince bien appris
Qui n'ait honoré ceux dont naissance il a pris?
  Mais où vont ces propos ? trop diuine est ton ame
Pour tacher sa beauté d'vn si malheureux blasme:
Puis i'ay tout le contraire en tes faicts éprouué,
T'ayant humble, courtois & genereux trouué,
Naturel qui saisist si fort ma souuenance
Qu'il ne peut s'oublier par le temps ny l'absence.
  » Tout ainsi comme l'or ne se consomme au feu,

LIVRE.

» *Et que tous les metaux aupres de luy sont peu:*
» *Vn Monarque sur tous doit estre vne excellence,*
» *Et ne ceder au vice eleué d'impudence:*
» *Car il est ici bas l'image du grand Dieu*
» *Qui le donne aux mortels pour y tenir son lieu,*
» *D'où les anciens on dit que Iupiter fait naistre*
» *Les Rois, & les nourrist comme souuerain maistre.*
Pource d'autant que i'aime & desire ton heur,
Ie te pry bien souuent ramener en ton cœur
Les discours que m'as fait auant ta departie:
Et que par bon aduis ta prudence aduertie
Gouuerne tellement, comme tu m'as promis,
Qu'on soit ioyeux de s'estre à ton pouuoir soumis.

 Toutes grandes vertus tombent en la personne
D'vn qui dessus le chef soustient vne Couronne,
Et le parent si bien, que s'il ne les ha point,
L'honneur qu'à tel estat la dignité conioint
Cesse lors d'estre honneur, & plustost ha la forme
D'vn mépris honorable ou d'vn estat difforme.
Le Soleil est clairté des astres radieux,
Et la vertu des Roys doit reluire en tous lieux.
Ie ne dy pas ceci pour auoir deffiance
De la tienne esprouuee auec tant d'asseurance,
Mais l'amour maternel qui ne se peut celer
En me baignant de pleurs me fait ainsi parler
Et prier le grand Dieu que ta grace il augmente,
A fin que sois trouué plus grand que n'est l'attente.

PREMIER
Discours sur le mois de Ianuier.

A la Royne mere.

ENCONTRE le public ie ferois vne offense
Si i'empéchois le temps de vostre vigilance
Par vn trop long discours: veu que vous
    soustenez
Tant d'affaires pressans, & sage maintenez
Ce Regne en son estat, malgré les destinees
Qui nous auoyent filé de si dures annees:
Royne en corps feminin portant vn braue cœur,
Digne de commander au temps & au malheur:
Resemblant au Palmier que tant plus on acable
Plus il eleue au Ciel sa teste venerable:
C'est pourquoy vostre fils ces bien-faicts connoissant,
Digne Roy des François vous est obeissant,
Vous aime, vous honore, & vos bontez reuere
Comme vn Prince bien-né doit honorer sa mere.
    Refueilletant l'histoire aussi ie n'apperçoy
Que Prince aye vescu pareil à nostre Roy,
Que rien tel soit sorti ici bas en lumiere
Pour la saison antique ou la saison derniere.
Car non moins que l'Esprit & l'ame du grand Dieu
Agite tout ce monde & se mesle en tout lieu
Enuoyant sa vigueur par tout en toutes choses,
Si bien que les vertus par tout viuent encloses.
    Ainsi CHARLES mon Prince image tresparfaict
De cet esprit viuant qui l'Vniuers a faict
Se mesle en toute chose, à tout faire, & encore
Dans la France par tout son esprit incorpore,
L'ornant de bonnes mœurs, l'amandant par ses loix,

La gardant aux dangers par l'effort du harnois.
Mais la gloire des biens dont son ame est feconde,
Comme iustement vostre à vostre honneur redonde,
Qui l'auez bien instruit dés ses ans plus petits
Mieux qu'Achille ne fut par sa mere Thetis.
Or à fin que soyez des Muses estrenee
I'inuoqueray Ianus qui fait naistre l'Annee:
  Dieu qui portes deux chefs, fin & commencement
De l'An qui se glissant coule tacitement:
Donne à nos Maiestez vn bien heureux presage,
Et que tous les François de cœur & de langage
Fauorisent ce mois qui fortuné reuient.
Ores à ce bon iour vn bon propos conuient:
Que nos oreilles soyent sans noises & querelles
Deliures des conteurs de facheuses nouuelles,
Vuides de tous debats enragez & cuisans.
Arreste le venim de tes mots médisans
Enuie au sein plombé, de langue & léure noire,
Qui veux tousiours des Grands contaminer la gloire:
Le Soleil tout voyant de son large flambeau
Confesse malgré toy, qu'il ne voit rien si beau
Que la France opulente en terres & en villes.
  Iour festé ie te chante, & par les ans mobiles
Ie te pry retourner de mieux en mieux naissant
A fin d'estre honoré d'vn peuple si puissant:
Mais quel te diray-ie estre, ô Ianus, fay moy sage
Qui fait que seul des Dieux tu as double visage,
Et que tu vois deuant & derriere ton sein?
  Ainsi ie m'enquerois: Et le temple soudain
Où i'estois enfermé pour sçauoir son mystere,
Parut plus que deuant s'embellir de lumiere:

PREMIER

Ianus incontinent à mes yeux presenta,
Sa face à deux costez dont il m'espouuenta:
Ie senti de froideur ma poitrine glacee,
Ma teste fut de crainte en cheueux herissee:
Sa dextre eut son baston, sa gauche tint sa clef,
Puis il me dit ces mots auec son premier chef.

 Mets bas toute frayeur, & ton esprit retienne
Que iadis les anciens (car ie suis chose ancienne)
M'appelloyent le *Chaos*, regarde moy combien
Ie te conte les faicts d'vn long temps & ancien.
Le vague transparent de ce grand air lucide
Et les trois autres corps, le Feu prompt, l'Eau liquide,
La Terre nourriciere estoyent en vn monceau.
Si tost que ceste masse eut vn change nouueau,
Et que d'eux le debat fit vn accord vtile,
Chaque Element choisit son propre domicile:
La Flame prist le Ciel, l'Air fut au voisin lieu,
La Terre auec la Mer s'assirent au milieu.

 Alors moy qui estois vn Globe tout difforme
Reuins en autre face & pris d'vn Dieu la forme:
Pource encor maintenant le signe m'est resté
De la forme confuse en qui i'auois esté,
Paroissant mesme chose & deuant & derriere.

 Appren l'autre raison de ma figure entiere,
A fin que l'appprenant tu sçaches mon deuoir:
Le Ciel, les Champs, la Mer, tout ce que tu peux voir
En tous endroits se ferme, & reçoit ouuerture
Par ma main qui detient la clef de la Nature.
De ce vaste Vniuers en moy la garde gist,
Le tournoyment du Pole auec moy se regist.

 Quand la Paix aux mortels sur la terre i'enuoye

Libre-

Librement elle marche en toute seure voye:
Et le monde est broüillé de meurtres odieux
Quand ie n'arreste Mars sanglant & furieux,
Ie preside au portail des celestes demeures,
Ayant aupres de moy pour compagnes les Heures:
De là me vient ce nom de Ianus le portier.
  Or tu as entendu ma force & mon mestier,
Escoute la raison pour laquelle ie porte
Vne double figure : On voit que toute porte
Ha deux fronts çà & là, l'vn qui voit au dedans,
L'autre qui par dehors regarde les passans.
Ainsin estant au sueil de la maison celeste,
L'Orient à mes yeux est tousiours manifeste,
Ensemble l'Occident que ie voy tout d'vn vol:
Et à fin qu'en tournant deçà delà le col
Ie ne perde le temps, sans destourner la face
Deux choses ie puis voir en differante place,
Comme tu vois qu'Hecate auec ses trois regards
Garde les carrefours separez en trois parts.
  Son dire finissoit quand ie fey ces demandes:
Pourquoy de mots ioyeux sont pleines tes Calendes?
Et pourquoy l'vn à l'autre ainsi desiron-nous
Que le cercle de l'an soit fauorable & doux?
Alors ce Dieu me fit sa coustume connestre
S'appuyant du baston qu'il tenoit en sa destre.
On prend garde tousiours à tout commencement
Comme ayant quelque augure en son euenement.
Nous retournons l'ouye incontinent, craintiue
A la premiere voix qui deuant nous arriue.
Les temples sont ouuers, l'oreille des bons Dieux
Est ouuerte aux clameurs d'vn cœur deuotieux.

D.i.

PREMIER

Et les prieres sont d'vne telle efficace
Que sans tomber à terre elles sentent leur grace.
Les presens mutuels que donnent les amis
Sont aussi pour augure en mes festes admis :
On donne l'vn à l'autre à fin que la coustume
De bien-faire & donner en vos desirs s'allume,
Et que tout l'An entier s'ensuiue desormais
Comme il a commencé, finissant en bien-faicts.
A grand' peine ay-ie veu par la saison doree
Saturne regissant la terre temperee,
Vn seul qui ne cherist la douceur des presens
Qui tousiours plus en plus furent doux & plaisans :
Et cet amour du gain s'est faict auecque l'âge
Si grand, qu'il n'ha moyen de croistre d'auantage.
   Ie regnois en ce temps que la terre enduroit
La presence des Dieux, où le fer ne couroit
Ny le vice éhonté : deuant que la malice
D'icy bas eust chassé l'astre de la Iustice.
En ce temps que la Honte empeschoit seulement
Les peuples de mal faire, & non l'estonnement
D'vn supplice appresté : lors i'habitois la terre
Et conseruois la paix sans affaires de guerre.
   Ainsi dist, & leuant ses quatre yeux bien ouuers
Il vit tout ce qui loge en ce large vniuers,
Il vit HENRY de France és Fins de l'Alemagne
Suyui de la Vertu que Fortune accompagne,
A qui la nation des guerriers Polonois
Se donnoit pour la suitte en l'honneur des Valois :
Tant peut & marche loin la belle renommee
D'vne haute maison par le monde estimee.
   Or Ianus fay-le heureux & guide son chemin,

Pousse iusques au Ciel sa gloire & son destin,
Et fay durer la Paix de palmes couronnee
Auec l'eternité de mainte & mainte annee:
Fay que le mal passé nous face à l'auenir
(Comme tu l'es ainsi) plus sage deuenir:
Soyons sans ennemis, & tandis sans victoire:
N'acheton point si cher un triomphe de gloire.
Toutefois que le nom de CHARLES qui m'est sainct
Soit en tout l'uniuers reueré, grand & craint,
Et quelque nation qui peu le voudra craindre
L'aime, & par amitié se vueille à luy contraindre.
 Ianus fay aussi viure en prospere repos
Sa mere qui de France a rompu le Chaos,
Dissipant le brouillas des noises domestiques
A fin de r'amener toutes vertus antiques,
Et donner aux François leur ancien ornement
Comme tu le donnas à chacun Element,
Quand Amour embellit la masse uniuerselle
D'un Printemps qui nasquit de naissance nouuelle.
 Donne moy, Pere, aussi (d'autant que tu le peux)
Pres de leurs Maiestez un accez bien-heureux,
Pour dire leurs vertus, leurs gloires, leurs trofees,
Et ne laisser des grands les races estoufees,
Rauy d'un grand amour qui tousiours me fait pront
Pour suiure les neuf Sœurs dessus le double mont:
Que ie sois agreable à leur faire seruice,
Et qu'en si doux labeur ma ieunesse enuieillisse.

D.ij.

PREMIER

Pren la gloire que prit la Royne de Carie
 Témoignant son amour par un grãd Mausolé:
Pren la gloire que prit la Romaine Porcie
 Quand des charbons ardans sa bouche eut aualé.
L'amour qu'à ton mari tu portas en sa vie
 Et maintenant encor, depuis qu'il est volé
 Dans le Ciel pour se faire un bel astre estoilé,
Surmonte leur amour, tant elle est infinie:
Ton cœur luy sert tousiours d'un eternel tombeau,
 Et tu as enfermé ton amoureux flambeau
 Sous la tombe auec luy sans qu'on le puisse esteindre:
Constante en tes amours comme la Tourterelle
 Qui veufue par les bois ne cesse de se plaindre,
 Sans poursuiure iamais autre amitié nouuelle.

Epigramme.

Dedans ce Chiffre est le nom de HENRY
 Au vostre uni d'une amoureuse sorte:
Mais vostre cœur par une amitié forte
De tant de laqs enlace un tel mari
Auprés de soy, que mesme la Mort blême
Ne peut domter cet amour si extréme.

HYMNE.
Enuoyé par la Royne mere à Monsieur
Duc d'Anjou son fils.

HENRY mon fils, dont la sainéte naissance
 Vint pour sauuer l'Empire de la France,
 Que ton grand frere en vertus accompli
 Iamais ingrat ne doit mettre en oubli:
Veux-tu sçauoir ma ioye nompareille

Quand ta louange arriue à mon oreille?
Thetis au cœur n'auoit tant de plaisir
Quand Iupiter plaisant à son desir
Donnoit honneur à son enfant Achile
Deuant les murs de la Troyenne ville,
Lors qu'il traina deuant ceux d'Ilion
Le preux Hector valant vn million:
D'aise infini mon ame se transporte
Quand i'oy l'honneur de ta ieunesse forte.
 Las! quel plaisir quand l'autre iour és bois
Sous l'ombre doux, la prophetique voix
D'vne Oreade, à l'écart fit entendre
Que tu passois le Monarque Alexandre
De qui le nom ieune d'ans as porté,
Nom imposé par la fatalité.
Ceste Oreade ainsi sans estre veuë
Me dit ces mots au milieu d'vne nuë.
 O Royne mere heureuse mille fois
D'auoir porté cet Heros aux François,
HENRY ton fils à qui la destinee
En si beau corps si belle ame a donnee,
Transmis du Ciel à fin de secourir
Ce beau Royaume en branle de perir,
Et pour remettre en estat la Couronne
Par les soldars que son CHARLES luy donne,
CHARLES estant le premier mouuement
De son HENRY qui fait son mandement.
 Dés qu'il nasquit, mille Nymphes compagnes,
Celles des bois, des eaux, & des montagnes
Vindrent camper enuiron son berceau
Sans qu'on les vist, dedans Fontainebleau,

D.iij.

Maison royale à tel iour glorieuse.
Là folastrant, d'vne main amoureuse
Elles versoyent vne moisson de fleurs:
Ces fleurs pleuuoyent comme au temps des froideurs
En pelotons la neige cottonnee
Paue de blanc la terre enfarinee.
Puis d'vn accord predirent à l'entour
Pleines de Dieu ce qu'il feroit vn iour:
Et ie diray les paroles semblables
Voyant d'effet qu'elles sont veritables.
   Elles disoyent : Enfant royal bien né,
Il t'est du Ciel maint labeur destiné
Pour secourir les armes de ton Frere,
Quand ses suiets s'armeront au contraire:
Mais à la fin tu resteras vainqueur
Et iusqu'au ciel volera ton honneur.
   Nous ne dirons le nombre des victoires
Ample argument des Françoises histoires:
Tant seulement sçaches que le sainct nom
Qui t'est donné, predit que ton renom
Sera plus grand que du grand Alexandre.
Si de ieunesse il a peu loin estandre
Son los viuant, ses armes & ses faicts,
Mille labeurs par toy seront parfaicts
Deuant qu'encor vn petit poil ombrage
Par le menton le teint de ton visage:
Et tu seras au milieu des soudars
Estimé Dieu, digne du nom de Mars,
Soit que ta main ordonne des batailles,
Soit que d'assaut tu forces des murailles.
   Cet Alexandre apres son pere mort

LIVRE.

Des seruiteurs de son pere estoit fort,
Il estoit fort de vaillans Capitaines,
Et d'ennemis ses terres n'estoyent pleines,
Et ne bruloyent d'un feu seditieux:
Où toy HENRY race de demi-Dieux
Dois rencontrer les querelles ciuiles,
Et les suiets de ton grand Frere és villes
Tous diuisez par la sedition:
Tu trouueras les Chefs de faction
Contre leur Roy vestus d'armes rebelles,
Et n'auras plus les seruiteurs fidelles
Ny les guerriers de ton pere aux combas
Par le malheur enuoyez au trespas:
Et toutefois en ton adolescence
Seul, sage & fort, tu perdras l'arrogance
Des factieux, en nombre plus espais
Que ne sont pas les fueilles des forests,
Quand en Auril peintes de robes vertes
Leurs branches sont de mille oyseaux couuertes.
„ Dieu tout-voyant est tousiours du costé
„ Du iuste droit, & tient pour l'equité:
„ Tousiours le Ciel celuy-là fauorise
„ Qui pour son Roy commence vne entreprise:
„ Et ce qu'on fait pour le bien du païs
„ D'vn bon augure est tousiours entrepris.
Cet Alexandre allant contre l'Asie
Ne rencontra que gens de molle vie,
Femmes plustost en hommes déguisez
Qu'hommes au fer de courage aiguisez,
Peints, parfumez, tous nourris en paresse
Et voluptez, pestes de la ieunesse:

D.iiij.

PREMIER

Si bien qu'il fut à ce Monarque aisé
Vaincre ce peuple à rien faire amusé.
Mais tu vaincras des nations guerrieres
A qui seront les armes coutumieres,
Peuples chargez de semblables harnois,
Boucliers, armets, pistoles, & long-bois:
Peuples hardis, si rusez de malice
Qu'ils n'oubliront vertu ny artifice,
Force ou finesse à fin de gaigner tout,
Et si ton heur en trouuera le bout.
  Cet Alexandre admiroit la doctrine:
De maint sçauoir s'emplira ta poitrine.
Il reueroit, Prince deuotieux,
Les temples saincts & les Prestres des Dieux:
Vers vn seul Dieu ta belle ame haussee
Le seruira de cœur & de pensee,
En imitant tes ancestres Chrestiens,
Et du vieil temps les Cheualiers anciens,
Hector, Enee, & d'autres Capitaines
Qu'vn bras diuin tiroit de toutes peines.
„ Vn braue cœur n'acheue rien de grand,
„ Aux Immortels si louange il ne rend.
Et pour autant que ne voudras rien faire
Sans le haut Dieu qui peut l'œuure parfaire,
On te verra pour telle Pieté
Plus qu'Alexandre & grand & redouté.
  Ainsi ton nom receu par le Baptesme
Est que seras vn Alexandre mesme,
Encore plus, & plus que luy soudain
Tes ennemis donteras de ta main.
  Comme lon voit le foudre ou la tempeste

Passer soudain & fracasser le feste
D'un haut rocher, ou d'un Chesne glandé:
Ainsi ton Camp à la guerre bandé
Comme un éclair percera les gensdarmes
Qui s'oseront camper deuant tes armes,
Et de Cesar le dict ne sera teu,
Il est venu, il a veu, & vaincu.

 Ton premier nom en celuy de ton pere
Sera changé, dont il faut qu'on espere
Que doublement tu vaudras aux François,
Comme tenant les noms de deux grands Rois
Et unissant doubles vertus ensemble.

 Quand un grand fleuue en ses riues assemble
Le cours profond de fleuues differans,
Ses flots enflez vont plus large courans,
Comme le Pau dans les eaux marinieres
Tombe suyui de cent grosses riuieres.

 Crois donc enfant, & fay seruice au Roy
Ton Frere aisné qui t'aime comme soy,
Fay qu'il ne reste en France aucune trace
D'erreur, de vice, ou de rebelle audace:
Deliure nous de crainte & de souci,
Froisse l'orgueil & pren l'humble à merci,
A fin qu'un iour tu manges l'ambrosie
Là haut au Ciel plein d'immortelle vie,
Et que meslé dans les Astres des cieux
Tu sois un Dieu pour tes faicts glorieux.

 Ainsi parloyent d'une bouche prophete,
Puis s'en reuont chacune en sa cachete.
Reprens un peu ton haleine ma voix,
Car il ne faut dire tout à la fois.

D.v.

PREMIER

Ie voy desia la Rochelle mutine
Sous les canons trebucher en ruine,
Ruans d'vn coup mille balles de fer.
Le Ciel en tremble & l'abysme d'Enfer!
Courage Prince, & de cent traicts de foudre
Reduis les murs & le rebelle en poudre:
Et tout ainsi que les champs Phlegreans
Sont signalez de la mort des Geans,
Tel lieu sera remerque de ta gloire
Aux ans futurs d'eternelle memoire,
Pour les Geans de rechef poudroyez
Par ton tonnerre aux enfers enuoyez:
Lors ie te garde vne louange digne
De ta vertu de ta proüesse insigne.
Et Apollon ne fut onques loué
Pour le Python de ses fleches tué,
Ny Herculés quand apres vn long cerne
Il vint tuer Cacus en sa cauerne
Qui vomissoit force ruisseaux de feu,
Tant que ton los par les bouches receu
Sera chanté sans que la voix repose.
» Comme les Dieux ne veulent autre chose
» Que la louange : aussi des grands Seigneurs
» Bons & vaillans le prix sont les honneurs.
A tant se teut l'hymne de la Deesse,
Et my-pasmee en ecstase me laisse,
Tant de plaisir venoit de l'écouter.
Sa voix trop tost me sembla s'absenter,
L'heure sembla comme vn songe passee:
Car ie ne puis iamais estre lassee
D'ouïr ton los, ta valeur, & comment

LIVRE.

Tu sçais seruir CHARLES *fidelement.*
  Donc paracheue, & sous l'obeissance
Range, reduits tous les mutins de France,
Qui tant de fois ont senti rebatus,
Vaincus, tuez, que peuuent tes vertus,
Et ont appris qu'vne race eternelle
Tousiours surmonte vne troupe mortelle.

AV ROY CHARLES IX.

VOVS estes tel qu'vn Monarque doit estre:
  Toutes vertus qu'vn Prince doit auoir,
  Grand comme vous, pour faire son deuoir,
En cent façons en vous se font parestre.
De vostre nom vous auez maint ancestre
  Dont par le monde est volé le pouuoir,
  Pour auoir ioint aux armes le sçauoir,
Et dedans vous chacun les voit renaistre.
En vous renaist Charlemagne qui prend
  Pour sa vertu le beau surnom de Grand,
Tenant l'espee & le globe du monde.
Si rapportant d'vn tel Prince le nom
  Vostre prouesse à la sienne est seconde,
N'aurez-vous pas vn semblable surnom?

D.vi.

PREMIER

Vn Roy ne peut plus grande force auoir
  Que Pieté des Sceptres la colonne:
  Elle soutient, CHARLES, vostre Couronne
Plus seurement que tout vostre pouuoir.
Le Ciel benin d'vn bon œil daigne voir
  Les Rois qui l'ont : le feu ne les estonne,
  Ny tout le fer qui les hommes moissonne,
Et rien ne peut leur constance émouuoir.
Ainsi Enee au milieu des allarmes
  Des Grecs vainqueurs ne redouta les armes,
  Ayant pour guide vne Diuinité.
Comme il portoit sur l'espaule son pere,
  Le fer, le feu se retiroyent arriere:
  Tant vaut ici la saincte Pieté!

Sur la naissance de Madame, fille du Roy CHARLES IX.

POVR montrer que du tout vous resemblez
    aux Dieux,
  CHARLES Roy des François, vos actes
    glorieux
Non seulement à tous en donnent témoignage,
Mais l'Enfant premier né de vostre mariage.
  Quand Saturne regnoit au bel âge doré
Voulant remplir la terre & le Ciel azuré
De Deesses & Dieux, qui deuoyent en partage
Partir de tout le monde en trois parts l'heritage:
Il n'engendra premier ny le grand Iupiter,
Ny l'Empereur des flots, ny le Roy de l'Enfer,

LIVRE.

Mais la grande Iunon, qui depuis deuoit estre
Femme & sœur de celuy qui du Ciel se fit maistre.
   Quand Latone appuyant ses bras sur les rameaux
De l'arbre de victoire, enfanta ses Iumeaux:
Apollon le premier ne sortit en lumiere,
Mais la Vierge au bel arc, Deesse forestiere.
   Ainsi vous qui passez le reste des mortels,
Qui comme tout diuin enfant des eternels,
De bien prez imitez leurs façons & leurs gestes
Leurs supremes vertus & coustumes celestes,
N'auez pas engendré dés la premiere fois
Vn masle successeur à l'Empire François:
Ains vn autre Iunon à qui la bonne Parque
Promet pour son espoux vn souuerain Monarque,
Et pourra quelque iour rompre les fiers debats
Qui pousseront deux Roys obstinez aux combats:
Comme souuent la France enceinte de gensdarmes
En ce poinct a chassé l'horrible effroy des armes:
Et comme pour vn temps reposerent les mains
Du gendre & du beau-pere, ambitieux Romains.
   Cette Fille portant au visage sa mere,
Emprainte au cœur aura la vertu de son pere
Plein de force heroïque, & son ame prendra
(Comme de plus en plus à croistre elle viendra)
Ensemble auec les noms & les beautez encore
Cette graue bonté dont sa mere s'honore.
Tout homme est desireux de l'immortalité,
Signe que nostre esprit n'est que diuinité.
Les enfans de l'esprit nous donnent cette grace,
Et ceux du corps aussi par la suitte de race
Retenans mesmes noms nous gardent de mourir.

                      D.vij.

PREMIER

Mon Prince vous sçauez cette vie acquerir:
Car bien qu'apres la mort loin du Royaume sombre,
Celeste vous deuiez augmenter le grand nombre
Des astres radieux d'vn bel astre nouueau:
Vous voulez dauantage arracher du tombeau
Vostre nom en la terre, y laissant sa memoire
Peinte non moins qu'au Ciel d'vne eternelle gloire.
Diane qui aux bois son mestier vous apprit
Comme à son Orion, vous a faict de l'esprit
Enfanter vn beau liure, escrit en tel langage
Que les plus eloquens & sçauans de nostre âge
Honteux confesseront que vous les surpassez:
Ainsi par vos escrits les ans vous deuancez.

D'autre part vos enfans d'essence corporelle
Qui tiendront sous leur main la terre vniuerselle,
Rendront de race en race immortel vostre nom,
Et garderont entier de CHARLES le renom:
CHARLES qui ieune d'ans est vieillard de science,
Qui prudent veut auoir de tout l'experience,
Veut connoistre les mœurs de tous peuples, à fin
D'estre en tous accidens autant qu'Vlysse fin.

Or pource que vostre œil rien plus grād ne contēple
Apres vostre grandeur que d'vn seul Dieu l'exemple,
Et que vous approchez plus qu'vn autre des dieux:
D'autant plus souhaitez ce qu'on possede aux cieux,
Et ne perdez iamais ce desir de reuiure,
Soit en de beaux enfans, soit en l'ame d'vn liure.

Dans les pensers de ton beau souuenir
  Qui tousiours vole apres les choses belles,
  (Prince suyui de Vertus immortelles)
Vueille de grace vn peu me retenir:
Le seul moyen pour au Ciel paruenir
  Et delaisser ces regions mortelles,
  C'est faire bien à ces doctes Pucelles
  Qui font vn homme Immortel deuenir.
Par ce chemin maint & maint Capitaine
  De la gent Grecque, & de la gent Romaine
  Est auiourdhuy l'exemple de vertu:
Par ce chemin les Grands ornez de gloire
  Montent au ciel, emportant la victoire
  D'auoir l'Enuie & le Temps combatu.

Non ta grandeur, ny ta richesse encore
  Ne me font rien, mais vn plus beau thresor,
  Plus venerable & plus digne que l'or,
  C'est ta vertu que toute France honore.
L'ignorant peuple aime, prise, & adore
  Ces biens mondains obligez à l'effort
  Du temps leger & de l'obscure Mort,
  Non les bien-faicts que le temps ne deuore.
Tant qu'Apollon m'abreuuera de l'eau
  Qui va coulant de son double coupeau,
  Ie baigneray, Prince, ta belle race
Dedans les bains de son cours eternel:
  Hé, qui merite estre mieux Immortel
  Qu'vn qui des Dieux ha l'esprit & la grace?

PREMIER

Quand Iupiter au Ciel éclate son tonnerre,
On connoist par effect qu'il est Prince des Cieux:
Foudroyant & perdant les mutins furieux
On vous estime Roy de la Gauloise terre.
Ores vostre suiet en peur ne se reserre,
Il ne marche en effroy de ces audacieux,
Qui moquât vostre Sceptre, impunis en tous lieux,
Tuoyët & brigandoyët et vous faisoyent la guerre.
Au bruit du fer vangeur ils sont éuanouis:
Maintenant vous regnez tout seul en vos païs:
Et comme Hercul iadis remerquant son voyage
Deux Colonnes planta : vous auez replanté
Vos Colonnes ici, Iustice & Pieté:
Montrant que vous auez retiré du naufrage
La France par ces deux, & vostre Maiesté.

Le froid par qui des eaux le cours est aresté,
Par qui la terre sent des frimas l'inclemence,
Par qui Cerés marie à Pluton sa semence,
Vient faute du Soleil pere alme de l'Esté.
Mais pour estre éloigné de vostre Maiesté
Qui seule est le Soleil qui éclaire à la France,
Ie sens d'vn aspre Hyuer la rude violance
Qui ne se peut chasser que de vostre clairté.
De nous, tant qu'il voudra, le Soleil se retire,
Sans luy vous échauffez les ames de ma Lyre,
Et sous vostre sainct nom s'encouragent mes vers,
Braues d'estre guidez par vostre main royale,
Qui d'autant plus hardis viuront en l'Vniuers,
Qu'ils sõt poussez d'vn Roy que nul autre n'égale.

LIVRE.
ODE DES ESTOILES.
Strophe.

DESCEN du Ciel haute Vranie,
Qui tires ton beau nom des Cieux,
Et me dy la troupe infinie
Et la puissance de ces Dieux
Qui luisans tournent & retournent
Emportez du premier Mouuant,
Et sans que iamais ils seiournent
Se vont ou couchant ou leuant :
Feux cloüez en diuerse place
Par Iupiter pere benin,
A fin d'enseigner le Destin
A l'esprit de l'humaine race.

Antistrophe.

Qui doutera que la prudence
Du puissant Dieu pere commun,
N'aye graué leur influence
Pour la respandre sur chacun,
Leur face bien ou mal tournee?
Merques, dont il montre aux humains
Quel aux saisons de chaque annee
Doit estre l'œuure de leurs mains?
Quand aux sillons il faut commettre
La semence des grains heureux,
Quand à la Tranche ou quand aux Bœufs
Il faut la campagne permettre?

Epode.

Tout ha son commencement,
Son heur, sa course mortelle

PREMIER

De l'influence eternelle
Des flambeaux du Firmament.
De là sont tant de troupeaux
D'hommes, de bestes, d'oyseaux:
Les vents, l'air, & la marine
De là leurs semences ont,
Et tant de biens qui nous font
Nommer la terre divine.

Strophe.

Tout ce que le Soleil voit naistre
Sous le vuide espace de l'air,
Conçoit sa nature & son estre
Des rais de leur estinceler:
Soit que des longs siecles on nombre
Les ans en serpent repliez,
Soit quand des Chesnes au large ombre
Les hommes sortirent creez,
Soit quand la terre plus recente
(Le monde naissant) s'anima,
Quand la matiere s'enferma
Sous mainte figure naissante.

Antistrophe.

Ny Iupiter ny la Nature,
Ouvriers de ce sainct Ornement,
N'ont basty leur architecture
D'aucun ouvrage vainement.
Lors que la Nuict estend ses voiles
Par les temples du Ciel voûté,
Pourquoy brilleroyent tant d'estoiles
Sans force prés la deité?
Dieu grand, plein de lumiere grande,

LIVRE.

Tout beau, tout perçant de ses yeux,
Clairté de ces feux radieux
Pour soy leurs rayons ne demande.
Epode.
Iamais rien ne luy defaut:
Mais pour commander aux hommes,
Qui serfs de leurs regards sommes,
Il les a fichez là haut.
Et qui ne sent du Soleil
Le miracle nompareil?
Quelle mer n'ha connoissance
De la Lune qui décroist?
Quel animal ne connoist
Les effects de sa puissance?
Strophe.
Mais on ne voit si manifestes
Les vertus des cinq feux errans,
Comme de ces Iumeaux celestes
Connus mesme des ignorans.
De là dependent les fortunes
Des Peuples & des Laboureurs,
Et celles là qui sont communes
Aux Princes & aux Empereurs.
De là depend la destinee,
La filace & le peloton,
Et le dur fuzeau de Clothon,
Qui file toute chose nee.
Antistrophe.
Du destin la force cruelle
Entraine tout ce qui est né,
Comme un torrent qui renouuelle

PREMIER

Enflant son rauage obstiné
Tout boüillant d'ondeuse menace,
Rauist les Ormes trebuchans
Arrachez par sa fiere audace,
Et despouille l'honneur des champs,
Tombé des montagnes negeuses :
Ou comme vn tourbillon pointu
En replis ondoyans tortu
Tourne les arenes poudreuses.

Epode.

Nous puisons incontinant
De la semence des peres,
Et les fortunes ameres
Que l'homme va soustenant
Et celles qui font aussi
Viure heureusement ici.
Le dernier iour de la vie
Ne s'éloigne de l'arrest
Donné sur l'heure qu'on naist,
Et changé ne se varie.

Strophe.

L'vn prend plaisir à la charruë
(Piquant d'aiguillon ses Toreaux)
D'ouurir la campagne feruë,
Ou de marier aux Ormeaux
Les pampres de la vigne tortë
Entre-noüez lasciuement :
Et l'autre plein d'vne ame forte
Poursuit les armes vaillamment
Et les trompettes belliqueuses :
L'autre meilleur pour les vaisseaux

D'auirons baloye les eaux,
Vogant sur les mers poissonneuses.
Antistrophe.
L'autre a des Astres tant de grace,
Qu'éleuant vn superbe chef
Quitte, puissant, la terre basse
Pour apres tomber en mechef:
(Exemple aux plus grands) quand il guide
Peu sagement son char courant
D'vne trop vagabonde bride
Que fol il ne va moderant.
L'autre par la force d'vn Astre
A tel malencontre est raui,
Que de tout deshonneur suyui
Trebuche en vn fascheux desastre.
Epode.
Et par actes vicieux
Au front des parens attache
Telle honte, qu'elle tache
Tout le sang de ses ayeux.
L'autre est indigne heritier,
Qui malheureux despencier
Par folle despence vaine
Déchire & consomme en rien
De ses ancestres le bien
Qu'ils acquirent à grand'peine.
Strophe.
Mais les lampes au Ciel fichees
Hastent leur branle coustumier,
Et ne se meslent, empeschees,
D'vn affaire particulier.

PREMIER

Pourueu que l'œuure de Nature
Et l'Empire de Iupiter
En sa constante beauté dure,
Et puisse les ans dépiter
Lié d'une aimantine chaisne:
Et se resiouissent de voir
Que rien n'est en autre pouuoir,
Le tout gouuerné sous leur resne.

Antistrophe.

Sacrez enfans de la Nuict noire
I'inuoque vostre saincteté,
A fin que mainteniez la gloire,
Le Lys, l'heur, & la Maiesté
De CHARLES Monarque de France,
Iettant l'orage du Destin
Aux peuples qui font demeurance
Pres de Gange sous le matin.
Par vous à tout il est adestre
En perpetuelle action,
Montrant en sa perfection
Que de vous il tire son estre.

Epode.

Gouuerneurs de l'Vniuers,
Ayez cette Ode plaisante,
Attendant que ie vous chante
Comme Arate en ses beaux vers:
Donnez-moy tant de bonheur
Que de mon Roy la faueur
Mes Poëmes anthorise:
Ainsi son regne tousiours
Dure autant que vostre cours
Vainqueur de toute entreprise.

LIVRE.
ODE.

Strophe.

QVAND il n'auroit l'auantage
D'estre né de tant d'ayeux,
Qui des Gaules l'heritage
Conquirent, victorieux:
Quand il n'auroit de naissance
L'honneur de regir la France,
Encor la Vertu feroit
CHARLES deuant tous elire,
Qui les brides de l'Empire
Sagement gouuerneroit.

Antistrophe.

Seulement il ne merite
La Couronne des François
Qui pour luy est trop petite,
Mais celles de tous les Rois:
Car d'autant que la lumiere
Au souuerain Dieu premiere,
D'vne formelle splendeur
Des Astres forme la bande,
Autant sa maiesté grande
Esclaire à toute grandeur.

Epode.

Comme il ne faut qu'vn Soleil
Pour luire à l'vne & l'autre onde,
Que CHARLES à luy pareil
Ne commande seul au monde?
Soleil tu ne vois en lieu
Où ta luisante course erre,

PREMIER

Rien plus digne en cette terre
D'estre au Ciel vn nouueau Dieu.

Strophe.

Que FRANÇOIS vostre grand pere
Sent d'aise de se reuoir,
Et tout cela qu'il sceut faire
En vous comme en vn miroir:
Du ciel il vous fauorise,
Et sa race en vous il prise.
Dieu fait liberalité
Aux Rois, des choses plus belles,
Et leurs ames immortelles
Ont plus de diuinité.

Antistrophe.

Muse iusques au Ciel porte
Au grand FRANÇOIS ma Chanson,
Et dy que CHARLES rapporte
En vertus à sa façon.
Dy qu'il aime la Iustice,
Aspre correcteur du vice,
Vice qui bien loin s'enfuit
Deuant sa face royale,
Ainsi que l'ombre nuitale
S'enfuit quand l'Aube reluit.

Epode.

Dy que pour tromper l'ennuy
De mainte peine diuerse,
Il suit les bois comme luy,
Où vigoureux il exerce
L'ombre d'vn Mars indomté:
Dy qu'il aime Calliope,

Qui

Qui garde encor par l'Europe
Son renom de tout costé.

Pour la feste des Rois.

LES Anciens souloyent leurs monarques élire
Par sort, mais vos Ayeux par l'effort du harnois
Et par mille vertus ont acquis des Gaulois
Malgré leurs ennemis le bien-heureux Empire.
Le sort puisse venir à quiconque desire
D'estre Roy de la féue à la feste des Roys:
Mais tousiours la Vertu compagne des François
Vous garde ce royaume & vos honneurs admire.
On dit quand Merouee entra le glaiue au poing
Ez Gaules, qu'il auoit tantost à son besoing
La Fortune & tantost la Vertu non commune.
Par ces deux il receut Royaume & Maiesté:
Mais s'il faut regarder à son cœur indomté
La Vertu le fit grand & non pas la Fortune.

AV ROY CHARLES IX.

IE vous escry, mon Prince magnanime,
Pour un Placet une petite rime,
Et suis mari qu'en lieu de supplier
Il n'est besoing de vous remercier.
Faites bien tost Calliope heritiere
De ce Prelat qui s'auance à la biere.
On dit qu'un iour le Rosne impetueux
Fut de la Sosne ardemment amoureux,
Il cherissoit la Nymphe vagabonde,
Brulant d'amour au milieu de son onde,
Pour se parer & se faire plus beau

E.i.

PREMIER

Il se pignoit auec vn grand rateau,
Et vint couper en ceste isle sa barbe
Qui tient depuis le nom de l'Isle-barbe.
Là sont rochiers, forests, fleuues & prez,
Lieu conuenable aux Poëtes sacrez.
 Pource, mon Prince, auec toute constance
Vostre Poëte ayez en souuenance,
Et contre tous gardez luy le bien-faict
Que vostre main de bon cœur luy a faict.

Prince dont le bonheur à la France commande,
 Puissant, doneur de biens, la fleur des bōs esprits,
 Accorde ma requeste, & ne mets à mépris
Par vn petit Placet si peu que ie demande.
Ie crains d'importuner ta Maiesté si grande :
 Mais croyant que des Dieux naissance tu as pris
 Et que de leurs vertus as les tiennes appris,
 Plus hardi suppliant ie te fay mon offrande.
Les prieres iamais n'offensent Iupiter,
 Ny l'encens qu'à l'autel on luy vient presenter,
 Ny myrrhe, ny parfums, presens de l'Arabie.
L'ouurier qui feint des Dieux les images aimez,
 Ou soit d'or ou d'argent ou de bronze formez,
 Ne fait les Dieux puissans, mais celuy qui les prie.

Epigramme.

De Iupiter tonnant sont filles les Prieres,
Les Roys sont les enfans du tonnant Iupiter,
Donc, SIRE, ne vueillez arriere reietter
Vos suppliantes Sœurs aux hommes familieres.

LIVRE.

Vril ouure la terre & fait que raieunie
De cent douces beautez elle pare les champs:
Il ouure des oyseaux la gorge en mille chants,
Et decele au Printemps sa florissante amie.
Vous, SIRE, estes l'Auril de nostre Poësie,
Et vostre beau Soleil nous fait naistre en tout teps,
Se retournant vers nous vn gracieux Printemps,
Qui pousse chants & fleurs de nostre fantasie.
Et comme ce beau mois surnommé de Cypris,
De rayons amoureux enflamme les esprits
Et iette dans les cœurs mainte neuue estincelle.
Ainsi le doux aspect de vous nostre Apollon,
Nous élance en fureur, nous sert d'vn aiguillon,
Et d'vne saincte ardeur nos ames renouuelle.

Pour vn Tournoy.

Apres qu'Auguste au bord Actiatique
Des mains d'Antoine eut la palme raui,
De sang ciuil Mars estant assouui
Tourna sa force à l'œuure pacifique.
Les larges naus que tant d'hommes chargerent,
De fer meurdrier, en lieu d'vn camp armé
Virent leur sein d'Auettes tout semé,
Et pour du sang du miel elles logerent.
Ce qui seruit à l'homicide ouurage,
Sembloit du tout à la paix s'incliner:
Voyant nos maux en ieux se terminer
Ie m'esiouis d'vn semblable presage.

PREMIER

D'vn Cheual.

DV bon Cheual la race genereuse
Des animaux surpasse tout l'honneur:
L'homme guerrier par luy se fait vainqueur
Ou gaigne au pris d'vne course poudreuse.
Sa nature est & prompte & valeureuse,
Il reconnoist son maistre & son seigneur,
Comme vous, SIRE, & sçait quelle faueur
Gist à porter d'vn Roy la charge heureuse.
Ce beau Cheual qui suiuoit humblement
Hier vos pas au parler seulement,
Pensant ceci vous portoit reuerance,
Puis que ce Roy commande à tant d'humains
Qui tout pouuoir rangent dessous leurs mains,
A son diuin ie dois obeïssance.

ODE,

Sur l'eloquence du Roy CHARLES IX.

TOVTES vertus on admire
Qui nous honorent le front,
Mais celles des grand Roys font
Plus qu'autre leur clairté luire,
Il ne faut pas auiourdhuy
La cacher dessous le muy.
Le Printemps peint l'esperance
De mille fruits sur les fleurs,
Puis de l'Esté les chaleurs
Meurissent leur accroissance:
Mais vos fruits sont nez duant

LIVRE.

L'espoir qui trompe souuent.
L'honneur de toute la France
   Vostre Cour de Parlement
   En donne le iugement,
   Admirant vostre eloquence,
   Et vostre perfection
   Pleine de belle action.
Vostre Oraison admirable
   Des Sereines effaçoit
   Le doux chant, & rauissoit
   Ce College venerable.
   A qui pourray-ie égaler
   Le fil de vostre parler?
La faconde tant connuë
   D'Hercule appelé Gaulois,
   Semble auec vn mesme pois
   Et mesme bruit reuenuë
   En vos eloquens discours
   Qui penetrent les plus sourds.
Lors que Iupiter assemble
   La grande troupe des Dieux,
   Et d'vn penser soucieux
   Veut dire ce qui luy semble
   Pour l'honneur des Immortels,
   Ou le proffit des mortels.
Dedans son Throsne il se plante
   Tout pompeux de Maiesté,
   Et d'vn parler redouté
   L'oreille des Dieux contente
   De l'aduenir preuoyant,
   Ou les vices foudroyant.

Ainsin au lict de Iustice
    Comme le bruit d'vn torrent
    Qui de roideur va courant,
    Vous tansiez contre le vice:
» Vn Roy doit estre soleil
» Du temple & de son Conseil.
» O donte-tout Eloquence
» Tu amollis la fureur
» Des peuples guidez d'erreur,
» Par ta celeste puissance:
» Les armes & le courroux
» Cedent à ton parler doux.
Comme l'Escuyer qui donte
    Quelque genereux Poulain,
    Pour l'accoustumer au frain
    Par blandices le surmonte:
    Ainsi le Bien-dire peut
    Parfaire tout ce qu'il veut.
Comme vous tenez la place
    Sur tous d'immense grandeur,
    Aussi vous auez l'honneur
    Et la faueur & la grace
    D'estre par le Ciel vestu
    Sur tous de toute vertu.
Bien-heureuse est la prouince,
    Bien-heureux sont les Seigneurs,
    Heureux sont les seruiteurs
    Et les suiets d'vn tel Prince,
    Bien-heureux le Roy facond
    En tout qui n'ha de second.

Pour le Temple de Gloire.

SI les anciens n'ont basti pour la Gloire
Vn Temple sainct comme pour la Victoire
Ou pour Vertu: c'est qu'ils n'auoyẽt trouué
Deuant ce Roy par armes éprouué
Vn qui fust digne estre au milieu du temple.
Il veut seruir à tous les Roys d'exemple
Que l'on achete vn rang entre les Dieux
(Comme il a fait) par actes glorieux.
CHARLES d'autant ses deuanciers surpasse
Qu'vn haut rocher vne coline basse,
Et qu'vn grand Orme vn petit arbrisseau,
Aigle des Roys, comme de tout oyseau
L'Aigle est le Roy volant outre la nuë
Par vne trace aux autres inconnuë.
 Ce Temple heureux est seulement basti
Pour le beau sang des demi-Dieux sorti
Qui ont regi (guidez par la prudence)
D'vn iuste fer l'Empire de la France,
Qui valeureux ou en guerre ou en paix
Ont iusqu'au Ciel enuoyé leurs beaux faicts.
„ Sur le portail est assise la Peine:
„ Par là fut Dieu l'indomté fils d'Alcmene.
„ Toutes vertus y plantent leur seiour,
„ La Pieté, la Iustice & l'Amour,
„ Tous les beaux Arts & les Sciences belles,
„ Le blond Phebus & les Sœurs immortelles.
„ Car on ne peut immortel deuenir
„ Ny brauement au Temple paruenir
„ Si la raison & l'ame n'est garnie

E.iiij.

PREMIER

De si diuine & plaisante harmonie:
La renommee errant en diuers lieux
En seme aprés le renom dans les cieux.

  Heureux celuy qu'vn chaud desir entame
De la vertu & qui sent en son ame
Les aiguillons de la Gloire qui poind.
Se trouue-til qui ne reuere point
Vn Alexandre enuieux de conquerre,
A qui sembla trop petite la terre?
Mais vn François merite de loger
En ce lieu sainct plustost qu'vn estranger.

  Comme Phebus d'excellence premiere,
Aux autres feux fait part de sa lumiere,
Qui ne romproyent l'espaisse oscurité,
Si leur beau iour n'en estoit emprunté:
Ainsi la France en victoires feconde
Sert de lumiere aux nations du monde.
Quel coing de terre est si loin diuisé
Où le François n'ait sa lance aiguisé?
Or sans labeur on n'a facile entree
Dans le Palais de la Gloire sacree.
De rang seront attachez les Escus
Et les harnois, despouilles des vaincus,
Pour la Deesse, & d'vne chaisne rude
Seront contraints en longue seruitude.

  Dont l'assaillant se garde d'acheter
Vn repentir (qu'il ne peut euiter)
Si de son sang & de viure il fait conte:
Ou bien qu'il pense estre vne honneste honte
De receuoir pour la vertu la mort,
Estant vaincu par les mains du plus fort.

LIVRE.

STANCES.

Pour le triomphe gaigné au temple de Gloire.

LE Monarque inuaincu des Monarques l'exemple,
 Honneur de l'Vniuers a merité le Tem-
  ple
 Eleué pour la Gloire : il range glorieux
 Ces gentils Chevaliers, qui de vaillante audace
 Vouloyent gaigner au teple vne immortelle place,
 Que pour CHARLES le grād ont destiné les cieux.

Iamais vn haut dessain son hardi cœur ne trompe:
 On voit à ces guerriers qu'il fait traisner en pope
 Combien il est de force & prouësse vestu : (nime,
 Ce sont des Chevaliers chauds d'vn cœur magna-
 Que tout le monde honore & que le Ciel estime:
 Mais qui peut de ce Roy surmonter la vertu?

Si Iupiter du Ciel peut d'vne forte chaisne
 Entraisner tous les Dieux sās qu'aucun Dieu l'e-
 Ainsi ce Iupiter Monarque des Gaulois (traisne:
 Peut bien assujettir tous autres à sa force:
 Et si le plus vaillant quoy que faire il s'efforce,
 Ne le sçauroit cōtraindre & ranger sous ses loix.

Son chef puisse porter cette triple Couronne
 Qu'aux braues Empereurs le Ciel heureus ordōne:
 Qu'autour de ses Escus rampent mille Lauriers,
 Et que ses armes soyent de palmes estofees,
 Qu'il conqueste tousiours mille & mille trofees
 Passant par ses vertus les Rois ses deuanciers.

Comme le feu plus haut ses compagnons surpasse
 Et brule tout cela que sa vertu menace:

    E.v.

PREMIER

Ainsi ce Roy diuin domte victorieux
Tous les camps opposez à sa proüesse armee:
Que la terre ne soit d'autre gloire animee,
Qu'il cõmãde aux humains et Iupiter aux dieux.

Prieres des Captifs.

AYEZ pitié de ces huict Cheualiers
Qui mille fois n'ont épargné leurs ames.
Pour maintenir la liberté des femmes,
Ioignant le Myrte à l'honneur des lauriers.
Nous sçauons bien que ces vaillants guerriers
Sentent au cœur les amoureuses flames,
Et que priez de si gentilles Dames
Ne nous tiendront longuement prisonniers.
Ainsi vos yeux aynt tousiours la victoire
Sur les gardiens du temple de la Gloire:
Las! nous pensions vaincre ces demi-Dieux
Par nos vertus de qui la terre est pleine:
Mais en vne heure, ô inconstance humaine!
On perd la gloire acquise en mille lieux.

CARTEL

Pour trois Cheualiers transmuez en femmes.

INIVSTE loy qui ne veut reconnestre
Ceux que le Ciel pour bien aimer fait
naistre!
Si vous voyez ces Dames en ces ieux
Pleines d'vn sang guerrier & courageux
Qui deuant tous veulent courir la lance,
Sçachez de moy d'où leur vient la vaillance.

Vn cœur viril les met en ce deuoir:
Ie vous feray leur fortune sçauoir,
Et quel malheur les a fait d'hommes femmes.
 Ces Cheualiers seruoyent de belles Dames,
Et leur amour digne d'autre amitié
Ne peut trouuer en elles de pitié.
Vn desespoir accompagné de rage
S'en ensuyuant, pressa tant leur courage
Que sans repos leur esprit incertain
Les fit courir en maint païs lointain,
Sans r'encontrer de leur peine allegeance.
Ils ont en fin par estrange puissance
(Passant les lieux où regnoit autrefois
Penthasilee admirable au harnois)
Senti muer leur sexe incomparable
En cettuy-cy qui moins est redoutable.
 Lors transmuez veirent au mesme iour
Leurs cœurs guaris des passions d'amour:
Non seulement leur ame fut exente
De la fureur d'vne amour violente:
En eux faillit par la mutation
Toute amitié & toute affection:
Et toutefois leur valeur asseuree
Sans se changer constante est demeuree,
Ce changement ne leur ayant osté
Ny le bon cœur ny la dexterité:
C'est pour cela que ces Guerrieres viennent
En ces Tournois où les armes se tiennent.
 Au reste encor, pensant le meriter,
Il est permis qu'on les vienne accoster:
Et que d'amour leurs beautez se reuerent.

E.vi.

PREMIER

Sans que faueur leurs Amis en esperent,
Auec le sexe ils ont appris aussi
Telle coustume, en vsant tout ainsi
Qu'ils ont connu parmi ces Dames fieres
Deuant qu'aller és terres estrangieres.
L'vsage estoit de plus fauoriser
Ceux-là qui moins les auoyent sceu priser,
Et beaucoup moins leur auoyent faict seruice,
L'Ingratitude en estant la nourrice.
   Or si quelqu'vn leurs forces veut tenter
Vienne au combat ici se presenter,
Il connoistra que Mars les fauorise,
Bien que l'Amour ne soit de l'entreprise.

Pour le feu de la S. Iean en Gréue.

Yphon qui ha cent mains & la triple
   Chimere
Dragon, Cheure, Lyon, fils de la Terre
   mere,
Font voler mille feux dans la voûte des Cieux,
Dons sacrez tous les ans par les peuples ioyeux
Pour vous Prince inuaincu Roy d'vne large terre.
Mille éclairs innocens imitent le tonnerre
Et les bruits foudroyans du tonnant Iupiter,
Comme vos diuins faicts le sçauent imiter.
Ce grand Dieu se contente en fureur de resoudre
Les montagnes d'Athos, ou de Rhodope en poudre,
Ou les Cerauniens foudroyez à tous coups:
Seulement aux humains il montre son courroux:

D'vn éclatant murmure, & sa main rougissante
Les superbes mortels de ce bruit épouuante,
Dardant sur le sommet d'vn arbre ou d'vn rocher
Les traicts que sur leur teste il deuroit décocher.
  Ainsi sans foudroyer ou saccager personne
D'vn éclat non nuisant vostre Iustice estonne,
Et domtant les plus fiers tant seulement d'effroy
Vous montrez, tout diuin, vray pere & puissant Roy:
Et d'vne saincte paix pardonnez à l'audace
Des domtez, & donnez aux vaincus vostre grace,
Et les faites iouir de vos heureux bienfaicts,
Dignes pour vos vertus & magnanimes faicts,
Qu'en fin, toutefois tard, apres mille beaux gestes
Vous soyez eleué du nombre des celestes
Au temple de celuy duquel vous imitez
La clemence & douceur, les mœurs & les bontez.
Apres que des Gaulois la fertile prouince
Aura long temps vsé d'vn si vertueux Prince,
Et que semblable à vous sera creu l'heritier
Qui pourra succeder à vostre Empire entier.

Sur le mesme sujet.

CHARLES va regardant la flamme solennelle
  Qu'on dedie à sainct Iean d'vne feste annuelle,
Et ce Prince tout seul ne celebre ces feux:
Toute sa Court ensemble en resiouist ses yeux.
Mais autant que l'on voit de ce Bucher le feste
Sur les piles de bois haut eleuer sa teste,
Voisinant dessus tous la celeste rondeur:
Et autant que Paris efface de splendeur

PREMIER

Les villes que la Gaule en richesses puissante
Enferme dans le rond de sa terre vaillante:
Autant CHARLES grand Roy les siens va sur-
   montant,
Et sa Court est aussi moindre que luy d'autant:
Bref, comme cette ville oste la gloire aux villes
Qui sont & de richesse & de peuples fertiles,
Comme ce feu public aux autres feux privez
Oste l'honneur aussi de leurs bois élevez,
Et comme la clairté du Soleil renaissante
Efface les clairtez de la nuict brunissante:
Ainsi toute la Court se cache en nostre Roy
Qui de grace & vertus n'ha semblable que soy.

Du Latin de I. Dorat.

Auguste commanda qu'on doublast le salaire
   Du pain que son Virgile avoit pour ordinaire:
Or un iour qu'il doutoit quel pere estoit autheur
De son Estre, il s'enquit du Poete coniecteur,
(Qui prevoyant sçavoit les presages connoistre
Où souvent son sçavoir s'estoit faict apparoistre)
De quel pere il nasquit: lors Virgile en riant,
Puisque tu vas tousiours mes pains multipliant
Ie soupçonne, dit-il, qu'en la boulangerie
Ton pere travailloit. L'honneste raillerie
Pleut à ce gentil Prince & sçavant & courtois.
Adonc Auguste dit : En lieu que tu avois
Ta pension en pains, tu l'auras en monnoye
D'un bel or iaunissant que ma bonté t'ottroye.

Mais si de mesme grace icy tu m'enquerois,
Quel Pere t'engendra : Plus certain ie dirois
Auguste augmentateur t'auoir donné naissance:
Car tu as augmenté l'annuelle finance
Que ton pauure DORAT *auoit de pension:*
Et si de iour en iour ta royale action
Augmente de vertus : Puis reioignant ensemble
Tes suiets par la Paix qui tout bonheur assemble,
Tu augmentes de biens ton Royaume puissant,
Qui doit plus que iamais renaistre florissant,
Come on veit sous Auguste en mieus croistre l'empire
Apres que Mars ciuil eut appaisé son ire.

ODE,

AV ROY CHARLES IX.

Sur sa Forge.

Strophe.

NOS yeux ne pourroyent contempler
Par le vuide espace de l'air,
Vn Astre en ses rayons plus beau
Que du grand Soleil le flambeau
Traisnant les iours en sa carriere:
Et i'ose de CHARLES vanter,
Que Monarque on ne peut chanter
Dont la gloire flambe premiere,
Qui par vn trac laborieux
L'élance deuant ses ayeux:
Regissant d'vne force iuste
Sa France fertile & robuste

Il a les Monstres combatus,
Et passant les Princes barbares
Il trie les beautez plus rares
Et l'excellence des vertus.

Antistrophe.

Il se resiouist en la fleur
De la musicale douceur,
Et preste son oreille aux sons
De Phebus & de ses chansons
Que deuant sa grandeur royale
Nous chantons, lors qu'à son loisir
Il veut son passetemps choisir
Au doux plaisir que rien n'égale:
Mais il ne faut de mon carquois
Tirer des traicts à cette fois
Sur toutes les vertus du Prince,
Roy de la Gauloise prouince.
Les vns sont maistres bien appris
Et grands en vne seule chose:
En tout ce que CHARLES propose
Tousiours il emporte le prix.

Epode.

On conteroit mieux l'areine
Que les vertus de ce Roy,
Qui tous les Dieux cache en soy
Sous vne semblance humaine,
Et dans ses gestes fait voir
Tout ce qu'ils ont de pouuoir:
Il est plein d'vne ame actiue,
Et sa force n'est oisiue
Comme le pere otieux.

Qui sans rien faire commande
Ce que son vouloir demande
Aux belles troupes des Cieux.
Strophe.
Bien que CHARLES possede ici
Vn Phebus, vn Mercure aussi,
Vn Vulcan, vn Mars, vn Neptun,
Et tout le bien au ciel commun:
Expert auant l'experience
Il veut luymesmes acheuer
Ce que l'esprit peut éprouuer
D'excellent en toute science:
Et s'employant en de beaux faicts
Il rend ses ouurages parfaicts:
Or ie diray la plus petite
De ces louanges qu'il merite.
Arriere Enuie au lâche cœur,
De qui la médisance brune
Comme les Chiens apres la Lune
Abboye tousiours vn bonheur.
Antistrophe.
Quand Iupiter veut aux combats
Armer d'vne Egide son bras,
Ou d'vn harnois vestir son dos:
Il commande au Dieu de Lemnos
Son forgeron, Roy des Cyclopes,
De marcher en l'antre Etneen
Où son fourneau Æolien
S'exerce par ses noires tropes:
Là Pyragmon aux membres nus,
Bronte & Sterope à coups menus

PREMIER

Le fer sur l'enclume martellent:
Les coups rougissans estincellent.
A longue pointe, & sous l'ahan
Gemist la cauerne enfumee:
Ainsi la dextre desarmee
Iupiter iroit sans Vulcan.

Epode.

Mais bien que CHARLES en France
Ait cent Vulcans : toutefois
Il se forge ses harnois
Instruments de la vaillance,
Ses Espieux & ses Casquets
Et ses Boucliers bien espais:
Telle ardeur est vn vray signe
Qu'vn iour vostre force insigne
Sous son Sceptre rangera
Par le fer bon à la guerre
Tous les hostes que la terre
En son giron logera.

Strophe.

Au milieu de vos forgerons
Qui font gemir aux enuirons
L'Echo des corselets congnez,
Vos deux bras sont embesongnez:
Et donnant aux Féures courage
Vous plongez le fer au fourneau,
Puis le retirant, du marteau
Batez & rebatez l'ouurage.
C'est pour mes Freres belliqueux,
Ce dites-vous, tout courageux,
Qu'il faut tremper double cuirasse

Contre la canonniere audace:
Pour mes freres que i'aime encor
Plus que d'amitié fraternelle,
Qui sera sans fin eternelle
Comme de Pollux & Castor.

Antistrophe.

Oyant ces mots, tous les forgeurs
Reprennent force dans leurs cœurs:
L'vn trempe en cerise le fer,
Et l'autre à fin de l'échauffer
Reçoit en la venteuse gorge
Des soufflets repliez le vent,
Et puis le redonne en auant
Au feu de la bruyante forge:
Les vns mettent l'acier dedans
Le brasier des charbons ardans,
Et le rendent plus maniable:
Pour souder la masse durable
On l'arrouse d'vn sable blanc:
Autres en l'eau fumante plongent
La barre sifflante, & l'allongent
Sur l'enclume frappant de rang.

Epode.

Vne forge haletante
Chauffe vn harnois rougissant,
Que MERVEILLE va pinçant
D'vne tenaille mordante
Pour le faire marteler:
On voit cent bras deualler
Et hausser par violence
D'vne suyuante cadence:

PREMIER

De chateau semble tonner
Tandis qu'on tourne & retourne
Le harnois sur la Bigourne
Pour le buste façonner.

Strophe.

Ils sont si panchez au labeur,
Qu'une chaude & noire sueur
Comme de petits ruisselets
Va degoutant à longs filets
De leurs cheueux & de leur face:
Et vous montrez en trauaillant
A ce mestier, que tres-vaillant
Vous ne demantez vostre race.
Ainsi le Prince retenu
Chez Lycomede, fut connu
Pour le preux & guerrier Achile,
Caché sous habit inutile:
Et lors Vlysse s'en saisit,
Quand plustost les armes meurdrieres
Que les quenoilles filandieres
Sa main belliqueuse choisit.

Antistrophe.

» La Vertu ne se peut celer,
» Son feu qu'on voit estinceler
» Bien loin en mille diuers lieux
» Se vient découurir à nos yeux:
» Astre qui dessus tous éclaire,
» Vraye lumiere des mortels.
Prince, vos iugemens sont tels
Que du fils de la Mariniere.
Voyant d'vn costé les plaisirs

Les voluptez les vains desirs,
D'autre costé les exercices
Ennemis de l'oysiueté:
Vostre haut cœur qui ne se bande
Sinon qu'à toute chose grande
Tousiours au mieux est emporté.
Epode.
Heureux dont la gloire aimee
Remplist le Ciel en son bruit,
Heureux qu'vn grand honneur suit
D'vne belle renommee:
Les Rois doiuent s'empécher
Sur tous à la rechercher.
Car chacun qui les contemple
Se compose à leur exemple:
Le chef des corps le plus haut
Est de leurs nerfs la racine,
Et quand il sent la ruine
Le reste en son mal defaut.
Strophe.
Retire, Muse mon souci,
A ton Blanc & ne cours ainsi:
Peu d'hommes en toute action
Attaignent la perfection,
Et les Artisans d'vn ouurage
Ouurent des mestiers les outils:
Mais à s'en seruir inutils
N'ont la fin ny l'heur de l'vsage.
Ce don seulement est permis
A ceux que les Astres amis
Oeilladent d'aspect fauorable:

PREMIER

Comme à vous Prince redoutable,
Qui commandant à tous les arts,
Montrez encor telle excellence
Qu'outre vous en auez l'vsance,
Forgeron & Roy des soudars.

Antistrophe.

Ainsi Mercure despouilla
La Tortue, & en habilla
Le dos du Lut harmonieux,
Plaisir des hommes & des Dieux:
Seicha les nerfs de la Tortuë,
Les tendit, & docte sonna
De l'instrument qu'il façonna:
Ainsi la Deesse vestue
D'vne Egide, bastit Argon,
Qui rauit au veillant Dragon
La blonde toison Phryxeenne:
Et contre la ville Troyenne
Charpenta le cheual trompeur,
Et forge son armeure forte
Depuis qu'à Vulcan elle porte
Vne vertueuse rancœur.

Epode.

Mais diray-ie les victoires
Que d'vn bon acier vestu
Gaingnerez par la vertu
Auant-poste de vos gloires,
Et par vn cœur tout Gaulois
Plus hardy que le harnois?
Non non, c'est pour la trompete
De Ronsard vostre Poëte

Seul digne d'vn si beau faix:
Et tandis i'auray la grace
Suyuant vos pas à la trace
De chanter vos moindres faicts.

Pour Monsieur Duc d'ALENÇON.

COMME vne belle & claire estoile,
Quand la nuict couure de son voile
Le beau iour dans les eaux couché,
Sort du sein de la mer profonde,
Monstrant sa belle tresse blonde
Et son front longuement caché.

Puis au Ciel veillant retournee
Reluist de rayons couronnee,
L'obscur allumant de ses yeux:
Si qu'entre les feux des Planettes
Qui des eaux sortent les plus nettes
Embellist la voûte des cieux.

Ainsi ce ieune Duc qui porte
Ses rayons en la mesme sorte
Qu'vne Planete de bon heur,
Respandant ses flammes plus claires
Reluist au milieu de ses Freres,
Faisant paroistre son honneur.

En vertus croisse sa ieunesse,
Son cœur soit armé de proüesse,
Tousiours plein d'vn braue souhait,
Et suyuant les pas de sa race
Méprise toute chose basse,
Ayant le Ciel pour son suiet.

PREMIER

Pour l'entree du Roy Charles IX. en sa ville de Paris.

NON autrement que le grand Iupiter
Fit son entree en la voûte eternelle,
Lors que sa femme & sa sœur immortelle
Vint son courage en mesme lict domter:
On vit des Dieux la troupe se planter
  Toute pompeuse en ordonnance belle:
  On vit par tout vne gloire nouuelle
Et le Ciel pur de beautez s'éclater.
Vne grand' flamme en rayons estandue
  Dessus leurs chefs çà & là respandue
Eblouissoit: d'aise on n'oyoit que bruit.
Telle ie voy de mon Prince l'entree:
  Maint demi-Dieu de tous costez le suit:
  De cris ioyeux resonne la contree!

Pour les deux Colonnes du Roy.

Pour la garde des Rois Iustice & Pieté
Se plantent au deuant de la maison Royale:
D'elles non du harnois depend sa seureté,
C'est ce qui la peut rendre au monde sans égale.

IVnon qui des vaillans est tousiours enuieuse,
Hier d'vn voile noir emmantela les Cieux,
  Pour faire vostre entree (où le peuple ioyeux
  De Paris vous reçoit) obscure & pluuieuse.
Mais Iupiter chassa cette vapeur nueuse

Reserenant

Reserenant l'azur de la voûte des Dieux
Pour vous fauoriser, & pour contempler mieux
Vous CHARLES, de Francus semèce valeureuse.
Le Soleil reluisoit comme aux longs iours d'Esté,
Et s'approcha pour voir l'illustre Maiesté
Qui voisine du Ciel y iettoit sa lumiere.
A ce iour vous estiez le Soleil du Soleil,
Qui confesse ne voir Monarque à vous pareil,
Soit que pres soit que loin il guide sa carriere.

Pour la Iunon nopciere à la mesme entrée.

CATHERINE a regi la nauire de France,
Quand les vents forcenez l'enuironnoyët de flos:
Mille & mille tourmens ont assiegé son dos,
Qu'elle a tous surmontez par longue patience.
Cette inuincible Royne, admirable en prudence,
Veillant pour ses enfans en tous lieux sans repos,
Au tëps qu'un chaste amour vient allumer leurs os
Les fait Roynes & Rois par nopciere alliance.
C'est elle qui l'Oliue en la France r'ameine,
Alliant nostre Prince à la race Germaine,
D'où vient à ce Royaume un bien-heureux renom.
Et Paris qui la voit si accorte & prudente
Luy donne de Iunon la figure presente,
Signe qu'elle leur est ce qu'au Ciel est Iunon.

A Monseig. le grand Prieur.

CHeminant bien auant parmi la troupe espesse
De vos belles vertus, quelle dois-ie toucher?
Trop de matiere vient mon esprit empescher,

F.i.

PREMIER

Et ie me trouue pauure ayant trop de richesse.
A vous cher nourriçon d'Euterpe la Deesse
Qui adorez ses Sœurs, & n'auez rien plus cher
Que leurs temples sacrez en tous lieux rechercher,
Faut donner de beaux vers ennemis de vieillesse.
Ne parlons que d'Amour, & de tous ces escrits
Qui paissent en repos les amoureux esprits,
Attendant que vos faicts estonnent tout le monde.
Mais vous donner de vers c'est donner aux oyseaux
Des ailes pour voler, à l'Ocean des eaux,
A Mercure eloquence, à Pithon la faconde.

A la Nauire de France.

Nauire dans la mer
Qu'on voit horrible escumer,
Nouueaux flots, vagues nouuelles
Te reporteront cruelles!
Ah! que fais-tu? mets effort
A te ressaisir du port:
Ne vois-tu tes costes nuës
Et d'auirons dépourueuës?
Des Antennes & du Mas
Sont blessez les roides bras
Par l'impetueuse haleine
D'Auton qui la pluye ameine.
Puis sans cordage comment
Durerois-tu longuement
Contre l'onde furieuse
De mer tant imperieuse?

Tes grands voiles sont froissez,
Et les Dieux t'ont delaissez,
Par qui de maux oppressee
Soulois estre redressee.

Bien-que sois Pontique Pin,
De noble forest la fille,
Ton nom contre le Destin,
Et ta race est inutile.

En rien le Nocher peureux
Voyant le flot dangereux,
Ne se fie aux poupes peintes
Belles de figures feintes.

Donc si tu ne dois aux vents
Qui vont tant de flots mouuant
Vne piteuse risee,
Garde, & sois mieux auisee.

O mon souci non leger,
Mon desir fuy le danger,
Fuy les vagues enfermees
Par les Cyclades semees.

Ode contre la guerre Ciuile.

V où mechās mechās vo⁹ ruez-vous ainsi?
Où courez-vous lancez d'vn rebelle souci?
 Pourquoy vos dextres enragees
  D'armes sont elles rechargees?
Traistres à vostre Roy, pleins d'infidelité,
Hé quelle Tisiphone encore a suscité
 Vos fureurs & de tristes rages
  Vous enserpente les courages?

F.ij.

PREMIER

Assez de sang François ne s'est-il respandu
(Par qui ce regne estoit inuincible rendu)
   A fin que France miserable
   Fust à soymesme espouuantable?
Tel sang ne s'est versé pour enchaisner les mains
Des Tartares ou Turcs ou Scythes inhumains,
   Mais helas! à fin de complaire
   Aux vœux de l'ennemy contraire.
Les Loups ny les Lyons ne sont accoutumez
D'estre sur leurs pareils au carnage animez:
   Dites moy quelle frenaisie
   Ou quelle faute vous manie?
Ils se taisent: leur face est teinte de palleur,
Vn froid estonnement leur assiege le cœur.
   Tigres, Loups, race de vipere
   Qui tuez France vostre mere.
Les superbes Titans ainsi que vous peruers,
Sont de mille tourmens rebatus aux Enfers,
   Et l'imitateur effroyable
   Du tonnerre non imitable.
Oton & Phlegyas, & ceux qui ont porté
Vn desloyal harnois contre la Pieté,
   Dans vne mer de feux qui bruyent
   En la gesne d'Enfer vous crient.
„ Apprenez tous la crainte, & de nos maux appris
„ N'ayez plus ny les Rois ny les Dieux à mépris.
„   Iamais la diuine Iustice
„   Impuni ne laisse le vice.

LIVRE.

Priere à la Paix.

Belle Paix la compagne d'Astree,
Qui pour vn temps laissas nostre contree
Et maintenant y plantes ton seiour:
Rien n'est çà bas qui prompt ne te cherisse,
Et qui ne s'offre à te faire seruice
S'esiouissant des rais de ton beau iour.

Puis que ta main à ce monde commande,
Fay que sur nous quelque bon Astre épande,
Cet an nouueau, sa grace & sa pitié,
Et dans le cœur de nos Seigneurs de France
Pren pour iamais ta seure demeurance,
Et leur courroux échange en amitié.

L'Abeille puisse au creux de leurs cuiraces
Faire son miel: l'Araigne ses filaces:
Que plus Bellonne on n'entende crier,
Que le poignard, que la trenchante espee
Soit en faucille & en faux destrempee,
Et l'Oliuier triomphe du Laurier.

A Venus pour la Paix.

Fille de Iupiter, mere d'Amour vainqueur,
O des hommes & Dieux la volupté feconde,
Qui de tant d'animaux repeuples tout le monde,
Monde sans ta liesse vn solitaire horreur.
Bride (si tu le peux) la terrible fureur
Qui court dessus la terre & sur la mer profonde,
Et auec les rayons de ta lumiere blonde

PREMIER

Tempere de ton Mars l'audace & la terreur.
Quand tout souillé de sang & de sueur poudreuse
Ses armes il dépouille & sa colere affreuse,
Pour boire auec ses yeux tes beautez à longs traits:
Quand il baise ton col, lors auec telle grace
Pry-le s'en retourner aux montagnes de Thrace,
Qu'il laisse nostre France en vn siecle de Paix.

De Dauid, elisant l'vn des trois fleaux de Dieu.

INfinis sont les maux de nos malheureux iours:
Non seulement la Peste ou la Guerre sanglante,
Ou la palle Famine aux mortels se presente:
Vn camp de maux cachez ici bas fait son cours.
Mais le cœur bien muni se propose tousiours
   Les accidens du Ciel ou de Fortune errante,
   A fin d'y resister d'vne force constante,
  Sans abaisser l'esprit aux violens destours.
Toutefois il ne faut comme Dauid elire
   Entre tant de malheurs le mal qui est le pire,
  Duquel nous ne puissions nous mesmes garantir.
,, Car c'est bien vn plaisir de personne inhumaine
,,   De rire du tourment qui tient vn autre en peine:
,,   Mais la douceur est grande à ne le point sentir.

Poëme de la Chasse.
AV ROY CHARLES IX.

VIERGE ensemble terrestre & celeste
Deesse,
Illustre de cent noms, Diane chasseresse,
Dont le Ciel & la terre adorẽt le pouuoir,
Donne moy ta faueur, vien ma langue émouuoir
A chanter dignement les plaisirs de mon maistre,
Quand il court au mestier qu'au mõde tu fis naistre:
Eschange pour vn temps de ma Lyre la voix
Au son bien-éclatant de la trompe des bois,
Et du cor enroüé que les Cerfs ont en crainte:
Ie veux sous la fraicheur de l'ombre qui m'est sainte
Animer les forests de l'honneur de mon Roy,
Couronné du Laurier que de luy ie reçoy,
Et veux que son renom que l'Vniuers honore
Soit le commencement, le milieu, & encore
La fin de mes écrits. Il daigne me loüer
De sa bouche diuine, & pour sien m'auoüer:
Aussi tant que mon ame au corps sera mouuante
Il ne faut que mon vers d'un autre nom se vante.

Vous Nymphes de la Court combien que le plaisir
De courir & chasser ne soit vostre desir,
Toutefois ne laissez d'écouter & d'apprendre
Ce qu'vne fille apprit dés sa ieunesse tendre:
Prestez à ce discours oreille & volonté
Puis qu'vne saincte Vierge a tel art inuenté
Pour fuir les appasts & l'amorce du vice,
Comme vous l'euitez par honneste exercice.

F.iiij.

PREMIER

Si tost que le Soleil de rayons attourné
A sur nostre horizon sa clairté ramené
En ces beaux iours d'Esté: l'autre Soleil de France
S'éueille, & de son lict legerement s'élance,
S'habille, caint l'espee, & tresdeuotieux
Inuoque à deux genoux le Monarque des Cieux:
„ Car il faut par vn Dieu commencer son ouurage.
Au deuant du Chateau l'attend son equipage,
Ses Picqueurs, ses Veneurs, ses Limiers, ses Valets,
Et ses Pages montez pour se mettre aux relais:
Vne belle Noblesse est aussi toute preste,
Ioyeuse à vaincre au cours vne sauuage beste.
Sa Carrosse l'attend à quatre blancs Cheuaux
Plus vistes que les vents: Ceux qui font les trauaux
Du chemin du Soleil n'ont la course si pronte:
Ils font de leur blancheur à ceux de Phebus honte.
Ou s'il monte à cheual, son Cheual vigoureux
En la bouche maschant le frein d'or écumeux,
Frappe du pié la terre, & sur l'échine large
Hennist de receuoir telle diuine charge.
Ses Archers de la garde enuironnent son corps.
   Ainsi accompagné le Roy marche dehors
Auec tout l'attirail d'vne aboyante chasse.
Cent Chiens prompts à courir & flairer vne trace
Sont autour de ses flancs, dont les oreilles sont
Pendantes, & la queuë est droite encontremont,
Apres que dans le bois le gaignage ou la taille
Cette Chasse est venue ordonnee en bataille,
Il s'auance à la queste en tenant son Limier
Rigaut, qui de haut nez est tousiours le premier,
Et qui rembusche mieux vn Cerf de hautes erres

D'vn sentiment subtil panché contre les terres.
 Puis quand ce grand Veneur par la pince a connu
Quelles voyes ou route ont le Cerf detenu,
Ou bien par le frayoir, par l'égail & portees
Il reprend les deuants & iette ses brisees.
Tous les autres Veneurs & les valets aussi
S'exercent par le bois d'vn semblable souci,
Non comme luy pourtant: Car de nulle science
(Grande ou petite soit) ne le fuit l'excellence.
Il sçait mieux que nul autre en ce dur passetemps
Les ruses d'vn vieil Cerf, ou s'il va de bon temps,
Il sçait prendre le droit, & comme Capitaine
Apprend à ses suyuans le chemin à la peine.
 Comme le Labyrinth par Dedale basti
Viroit en cent destours aueuglement parti,
Qui trompoyent d'vne voye en replis tortueuse
Le pié des enfermez en ceste erreur douteuse:
Tel est le destourner d'vn Cerf malicieux,
Qui r'entre & sort sur soy cent fois en mesmes lieux.
 Tout le matin se passe à rabatre vne beste,
Puis au disner se fait le rapport de la queste
Faitte en diuers buissons: Là se vante à propos
Iacques plus que les Chiens & les Cheuaux dispos,
Qui de ses pieds venteux iamais loing n'abandonne
La Meute en tout païs: Tant l'honneur l'esperonne
D'estre veu de son maistre, & d'emporter le prix
Dessus ses compagnons à courir bien appris.
,, De complaire à son Prince est louable l'enuie!
Quand la soif est esteinte & la faim assouuie,
Quand le rapport est faict en l'assemblee, alors
Le Roy monte à cheual & s'en retourne és forts.
       F.v.

PREMIER

D'un mandillon de pourpre éclatant par la nue,
Ou d'un vestement verd son espaule est vestue:
Vne trompe d'argent en écharpe luy pend,
De qui le son royal sur les autres s'entend.
Si tost que le son frape à ses Veneurs l'oreille
Le cœur leur rebondist & la Meute s'éueille:
Toutes les Déitez hostesses de nos bois
Comme si Pan sonnoit en reuerent la voix,
Les Nymphes vont sentant des pointes amoureuses
Regardant sa beauté sous les fueilles ombreuses,
Et quelqu'vne tout bas dit ces mots en son cœur.
   Pleust aux Dieux qu'il sentist de Cupidon l'ardeur
Pour mon respect autant que sa grace m'affolle,
Mais dans le vent ie perds ma plainte & ma parole:
Car seulement Diane auec son traict le poind,
Et celuy de l'Amour ne le trauaille point.
Pan le Dieu d'Arcadie en ses monts venerable
N'estoit autant que luy de maintien agreable:
Soit qu'il lance du bras vn iauelot en l'air,
A Phebus iustement ie le puis égaler:
Soit qu'il presse le dos d'vn Genet, & qu'il porte
L'espieu au large fer dedans sa dextre forte,
Il semble au Dieu guerrier: heureux ie dy les chiens
Que tu vas caressant: heureux aussi ie tiens
Tout ce qui est touché de ta main honoree.
   Ainsi va souhaitant quelqu'vne enamouree:
Mais le trauail des bois effacé du plaisir
Engarde que l'amour ne le vienne saisir.
   Quand toute la Brigade au buisson est allee,
De verd la plus grand part & de rouge voilee,
L'enceinte retentist de trompes & d'abbois,

LIVRE.

Car chacun porte au col sa trompe par les bois
Où cent couples de crin pendillent cordelees.
On suit le Cerf lancé par monts & par valees,
Par estangs, par buissons espineux & tranchans:
Le Cerf en traversant l'ouverture des champs
Fait voler la poussiere aux voyes de sa fuite.
La Meute dresse apres d'une ardante poursuite.
Des chiës bien ameutez l'abboy fait un grand bruit,
Mais entre les Veneurs personne ne le suit.
D'un tel cours que le Roy volant par la campagne,
Et FONTAINES qui ioinct son cher maistre accōpa-
　La pierre qui iaillist d'une fonde en sifflāt,　(gne.
Les Leuriers genereux qu'on va desaccouplant
Apres un Lieure viste, en leur course attenduë
Ne partent si leger: Ils se perdent de veuë
Tousiours dessous le vent la Meute costoyant,
Pour leuer les defauts s'il alloit tournoyant.
　Le Roy ferme à cheual d'une course legiere
Ceux-cy, ceux-là deuance, & laisse loin derriere,
Et premier, comme en tout, aux abbois voit mourir
Le grand Cerf mal mené haletant de courir:
De la beste victime à Diane sacree
Aux chiens ioyeux de sang on donne la curee.
C'est plaisir de les voir si tost qu'ils ont ouy
Sonner & forhuer: d'un eslan resiouy
Ils sortent du chenil: On en voit trois centaines,
Gris, blācs, noirs, accourir pour māger de leurs peines:
Tout le sang est meslé dans le pain rougissant.
Pesle-mesle affamez ils se vont repaissant.
Chacun des Veneurs tient une souple houssine,
Et frape sur le chien qui, gourmand, se mutine:

F.vi.

Puis quand les retirer de la curee il faut
Le maistre du forhu crie Ty-ha hillaud.
    La folle volupté, les delices exquises
Rendent à beaux exploits les ames mal-aprises,
Et d'assidu labeur un royaume augmenté
En ruine dechet par lasche oysiueté.
De toutes nations Rome se fit la teste
Par obstiné trauail, & rauit la conqueste
Aux Macedoniens, aux Perses & Medois
Portans en lieu de fer des bagues en leurs doigs.
    Entre maint exercice ennemy de paresse
La Chasse est vray moyen pour dresser la ieunesse.
Comme la lutte Argiue & les cours Eleens,
L'escrime de Pollux, & mille ieux anciens
Inuentez par les Roys, pour mieux polir & faire
Leurs peuples & subiets, à l'œuure militaire.
    Ainsi les Persiens à la Chasse viuoyent,
D'autant que l'art de guerre en elle ils retrouuoyent,
Comme en estant l'image & la plus vraye feinte.
    Ils portoyent en chassant l'espee au costé ceinte,
Vn carquois gros de traits, deux iauelots pointus,
Et d'vn bouclier Persiq leurs bras estoyent vestus.
Le Roy comme en vn camp des siens estoit le guide,
Et là s'estudioit à la guerre homicide.
Car en ruse & labeur l'vn & l'autre est pareil.
    Le Chasseur s'accoustume à rompre le sommeil
Deuant l'Aube éueillee, & patient endure
Pluye, tempeste, vents, le chaud & la froidure,
Il trauaille son corps, & l'exerce sans fin
A brosser, à courir vn long traict de chemin:
Et comme il est contraint bien souuent il enferre

Vne beste cruelle, & s'aiguise à la guerre
Combatant bien armé d'vn cœur aspre aux hazars
Les Lyons rugissans, & les Ours montagnars:
Egaré par les bois en telle accoutumance,
Loin de maison rustique il fait experience
Combien doux à manger est seulement le pain,
Et l'eau pour appaiser la soif cuite & la faim:
Sur la dure au serain il appuye sa teste
D'vn caillou pour cheuet où le somne l'arreste.

Qui ne voit, en chassant les Renards & Taissons
Cachez dans le terrier, d'vn siege les façons?
Où les petits Bassets accompagnent la troupe
Qui de tranches de fer la terre mine & coupe?
Donc la Chasse & la Guerre est vn pareil mestier.
Quand on a fait leuer dedans vn verd sentier,
Dans vn chaume ou gueret vn lieure de son giste,
N'en voit-on pas l'effect? l'vn d'vne iambe viste
Tasche de s'ecouler: Le Leurier grand & fort
Le poursuit de si prés qu'il luy donne la mort.
Quelquefois il s'échappe hors de la dent cruelle
Du coureur qui l'attaint d'vne roideur isnelle:
Comme aux sanglans combas le vaincu quelquefois
S'exempte par la fuite & non par le harnois.

Mais les Leuriers du Roy n'ont si tost apperceuë
Leur proye, qu'à leurs piés elle gist abatuë:
On diroit à les voir que c'est vn tourbillon,
Qui trauerse ondoyant de sillon en sillon: (l'heure
Quand pour complaire au Prince, il ne leur plaist sur
Que le Lieure craintif prés de son giste meure,
Ils luy donnent carriere vn espace de temps.
En feinte l'on y voit l'estour des combatans.

F.vij.

PREMIER

Le Lieure bien-rusé ne court la droite voye
Pour tromper le suyuant du desir de la proye:
Il fait, deffait cent ronds, cent retours & destours,
A fin que l'ennemi ne prenne escousse au cours:
L'vn presse, l'autre fuit : Il semble qu'il le happe,
Et l'ayant, derechef permettre qu'il échappe.
Vn dard n'est si leger volant hors de la main,
Ny le plomb que vomist vn canon inhumain,
Ny d'vn arc bien tendu la sagette empennee,
Ny sonde autour du chef quatre fois ramenee.
Puis en fin ennuyé, dessus le champ poudreux
Le bon Leurier abat cet animal peureux.
 Cyrus grand Roy de Perse apprit l'art militaire
Par ces mestiers de Chasse enseigné de son pere,
Apprit à supporter le trauail, & comment
„ L'honneur donne aux labeurs vn doux allegement.
Cephale fut Chasseur, pource ami de l'Aurore
Qui le monde au matin de son teint recolore:
Celuy qui perdit l'ame en perdant son tison
Fut Chasseur, & les preux de l'antique saison:
Hercule dont les mains sont par tout honorees,
Poursuiuit en chassant iusqu'aux Hyperborees
La Biche aux piés d'airain pour son dernier labeur,
Et par ce prix gaigné couronna son honneur.
  Mais CHARLES mon grand Prince Empereur
  de la France
Imitant ce perdeur de la monstreuse engeance,
Faites ce qu'il conseille à sa Diane, alors
Qu'il reçoit en ses bras comme les vostres forts
La charge que des bois dans le Ciel elle apporte.
Laisse, dit-il (prenant sur le sueil de la porte

Le gain de son carquois) laisse les animaux
Craintifs, humbles, petits, qui ne font point de maux:
Pourchasse moy d'ardeur toutes ces bestes fieres
Qui gastent, forcenez, les plaines fromentieres,
Qui gastent le labeur des chetifs Laboureurs,
Comme les Leopards & les Loups ravisseurs,
A fin que dans le Ciel, comme moy, lon t'appelle
Le secours immortel de la race mortelle.
 Ainsi luy dit Hercule : Et vous qui l'entendez
Encontre les mechans vos fleches débandez,
A fin que le François vostre suiet vous nomme
La seureté des bons, la peur du mechant homme.
 Quand la sœur d'Apollon son arc d'argent voûta,
Contre un Orme premier son bras elle tenta:
D'un Chesne dur aprés elle frappa l'escorce,
Vne beste sauuage aprés sentit sa force:
A la quatrieme fois elle vint és citez
Tirer sur les peruers de malice éhontez:
Comme vous demi-Dieu par les sacrez bocages
Assommiez les Lyons & les bestes sauuages,
Ours velus, & Sangliers aux longs crochets de dents.
Aprés vous punissez des villes au dedans
L'iniuste citoyen, destruisant la malice,
Tenant pour vostre appuy Pieté & Iustice.
I'ay de cette louange un insigne témoin:
O Vierge des forests, dy, tu n'en estois loin:
 Vn Loup gris à long poil q̃ quelque Dieu, ie pense,
Enuoya pour vanger la punissable offense
Des mortels contempteurs de sa diuinité,
Déchiroit, deuoroit (extreme cruauté!)
Hōmes, femmes, enfans pres sainct Germain en Laye,

Et de leur corps entier ne faisoit qu'vne playe.
C'estoit vn Loup Leurier d'execrable grandeur,
Il ne paroist Toreau de pareille hauteur
Sur les monts Auuergnas: il assaut en furie
Les Enfans tout ainsi qu'Aigneaux de Bergerie.
Ses yeux estinceloyent en flammeches de feu,
Son gouffre d'estomach n'estoit iamais repeu,
Sa gueule estoit de sang hauement alteree,
Il haloit de la langue vn demi-pié tiree:
Si furieux n'estoit le Lyon Nemeen,
Ny celuy qui gasta le champ Oeneïen.
Dés le premier abord leur teste estoit coupee
Sous sa dent, tout ainsi que du fil d'vne espee,
Et le tronc de ce corps par le milieu mordu
Dans sa gueule trembloit haut de terre pendu.
Les logis bien-murez les rustiques n'asseurent,
Les Pasteurs & leurs chiens sans crainte ne demeurēt
Dedans leurs parcs fermez, iusqu'à tant que le Roy
Inuoqué pour secours les deliura d'effroy:
Son œil pleurant versoit des larmes pitoyables
Quand il ouit les cris des Femmes miserables,
Plaignant que ce cruel auoit desia plongé
Six vingts pauures enfans en son ventre enragé:
,, D'vn roy clemēt l'ouurage est tousiours d'ētrepr̄edre
,, Acte qui peut son peuple en vn besoin defendre,
,, Gaignant le nom de pere au cœur de ses suiets.
  Mery fut enuoyé pour chercher aux forests,
Mery frayeur des Loups, qu'ils craignent en la sorte
Qu'vne simple Brebis la Louue qui l'emporte.
Sa Maiesté fit tendre en long & large tour
Ses toiles qui cernoyent son enceinte à l'entour.

LIVRE.

Cinquante pieces font le cerne de la place!
Trois mille Païsans ferment vn long espace
L'assiegeant en rondeur diuersement munis.
Les vns de gros bastons robustes sont garnis,
Les autres sont armez de fourches bien aigues,
Les autres de leuiers : Le cry perce les nuës
Quand tous ces Païsans font la huee en l'air.
Ainsi pres d'vn marais on contemple voler
Mille oyseaux peinturez qui hautement s'écrient
Pales, Canards, Butors. Les marescages bruyent.
Ainsi quand au choquer les batailles s'en vont,
Aux deux partis du camp semblables cris se font.
Le cerne retentist : Le cry touche aux estoiles.
Telle estoit la huee à l'enuiron des toiles!
  La Noblesse & la garde en bons cheuaux montez
Ceignent l'espace rond espars de tous costez.
Le Limier en iappant dessus les voyes, lance
Le Loup gris effroyable : Il sort de violence
Chassé de Chiens-courans : par les forts il entroit
Et mordoit en fuyant tout ce qu'il rencontroit,
Il sautoit furieux contre la toile haute,
Encontre les Veneurs qui la gardent il saute
De furie enflammee : Vne clameur par tout
Pour l'effrayer s'esleue & va de bout en bout.
L'vn luy tend au deuant d'vn large épieu la pointe,
L'autre luy court dessus l'espee en la main iointe:
Mais le premier de tous qui luy perça le flanc,
Et du fer épuisa les sources de son sang
Fut CHARLES courageux : lors toute l'assemblee
Témoigna de haut cris sa ioye redoublee.
Les hommes estonnez regardoyent de bon cœur

Cette beste assommée & en auoyent horreur.
Sur le front du Chasteau pour signe de conqueste
On attacha la pate & l'execrable teste
Du Loup & de sa Louue, & de cinq Louueteaux
Ia nez pour guerroyer les debiles troupeaux.
„ Il ne faut point nourrir vne engence Louuiere!
Ainsi l'heureux vainqueur d'vne troupe guerriere
Rapporte du vaincu la dépouille en trofé:
Son Palais ou le Temple en reluist estoffé.

 Les Pasteurs affranchis, ioyeux de la victoire,
De CHARLES admiroyẽt le bon heur & la gloire,
Et luy chantoyent ces vers : Carlin Roy des Bergers
Chasse loing de nos parcs la doute des dangers.
Il a mort abatu le Loup si dommageable,
Loup heureux d'estre occis de main si redoutable,
Pour l'honneur qu'il aura de grauer dans les cieux
La royale vertu du bras victorieux,
Si Iupiter (qui hait la peste dangereuse
Des traistres Lycaons contre luy furieuse)
N'empesche de le faire en sa voûte monter.
„ C'est bonheur de se voir par les Dieux surmonter!
Ainsi le roux Lyon Cleonien fut digne
D'estre pour son Hercule au Zodiaque vn signe,
Et le tortu Dragon dans le Ciel estandu
Entre les Ourses gist comme vn fleuue épandu.

 Carlin est nostre Dieu, c'est l'heur de nos herbages,
Il preserue nos Bœufs de ces bestes sauuages:
C'est luy qui maintenant redonne au Pastoureau
La grace de iöuer du tenue chalumeau.
Pource nous souuenant d'vn si grand benefice
Nous teindrons son autel (annuel sacrifice)

LIVRE.

Du sang d'un aignelet: & monts, vaux, & buissons
Resonneront tousiours de rurales chansons
Prises de ses vertus : A l'auenir nos Cheures
De leur gré pousseront vn poil doré dés leures,
Et bien-tendu de laict s'arrondira leur pis,
Puis que sans nulle peur vont paistre nos brebis.
La laine n'apprendra de mentir la teinture
Des eaux du Gobelin, mais prendra de nature
Ses diuerses couleurs : Vn pourpre vestira
Le Mouton par les prez, vn saffran iaunira
La toison du Belier (teinture naturelle.)
  Il faut qu'apres le fer l'âge d'or renouuelle
Sous Carlin qui ne suit les forests seulement:
Mais donne par ses loix aux villes ornement,
Regarde en ses Palais ceux qui font la Iustice,
Ou qui l'ont corrompue aueuglez d'auarice.
  Aussi les bois fueillus ne se voyent hantez
De Diane tousiours : Elle vient és citez
Où Iupiter voulut qu'elle fust adoree,
Et par tous les endroits où elle est reueree
Oste aux accouchemens la poignante douleur.
Voyla parmi les champs ce que dit le Pasteur.
  Grand Roy ie te saluë, ambrasse ta louange:
Les Dieux font de leurs biens à tel present échange:
,, L'Hymne est le prix des Dieux , & qui cherist
  l'honneur
,, Acheue de beaux faicts & ne manque de cœur.
Pour moy ie ne requier à la Parque autre grace
Sinon que de filer ma trame ne se lasse,
Iusqu'à tant qu'à mon gré d'vn style graue & haut
Ie puisse celebrer tes gestes comme il faut.

PREMIER.

Le Thracien Orphée enfant de Calliope,
Ny le fils d'Apollon en la neuuaine trope
Vaincre ne me pourront : Pan mesme ne vaincroit
Quand toute l'Arcadie à iuger il prendroit,
Me venant assaillir : Esleué d'vn tel Maistre
Ie puis, sinon premier, au moins egal parestre.

AV ROY CHARLES IX.

Les puissans Rois à qui tout obtempere
  Sont les enfans du Dieu Saturnien,
  Et d'Apollon pere Parnassien,
  Ce Iupiter est estimé le pere.
Mais Apollon qui la Lyre tempere
  A enfanté le chœur Permessien,
  Vous luy deuez, SIRE, faire du bien,
  Puis qu'Apollon son pere est vostre frere.
Les Poetes sont des grands Rois les neueus,
  Et si de biens sont tousiours dépourueus,
  N'ayants sinon qu'vne eau pour heritage.
Faites connoistre aumoins à cette fois
  En me donnant quelque bien en partage,
  Que vous pensez qu'ils sont parens des Rois.

Pour vn jeu de Balle forcee.

Voyant les combatans de la Balle forcee
Merquez de iaune et blác l'vn l'autre terracer,
Pesle-mesle courir, se battre, se pousser,
Pour gaigner la victoire en la foule pressee:
Ie pense que la Terre à l'égal balancee
Dedans l'air toute ronde, ainsi fait amasser
Les hommes aux combats, à fin de renuerser
Ses nourriçons brulans d'vne gloire insensee.
La Balle ha sa rondeur toute pleine de vent:
Pour du vent les Mortels font la guerre souuent,
Ne remportant du ieu que la Mort qui les donte.
Car tout ce monde bas n'est qu'vn flus & reflus
Et n'apprennent iamais à toute fin de conte,
Sinon que cette vie est vn songe & rien plus.

FIN DV PREMIER LIVRE.

ORIANE.

SECOND LIVRE.

ODE.

La Nuict tendoit sa grand courtine
noire,
Tous les oyseaux se taisoyent par les
bois,
Sans bruit gisoit la carriere de Loire,
Les champs dormoyent, on n'oyoit nulle voix:
Lors ie m'écarte en un bois solitaire,
Pressé d'amour qui sans trève assailloit
Mon foible cœur : ma Raison au contraire
Pour le defendre en vain se trauailloit.
Amour chassoit mes piés comme à la trace
Où vostre pié fit merque de ses pas,
Pié qui leger en toute beauté passe
Ceux de Thetis qui mortels ne sont pas.
Amour armé de mainte & mainte fleche
Qu'il prit en l'arc de vostre beau sourci,
Seul tout exprés pour faire à mon cœur breche
M'auoit tiré loin de secours ainsi.
L'assaut fut tel que la raison forcee
Presque cedoit au violant effort

LIVRE II.

Toute esperdue, & ma traistre pensee
 Desia pensoit de se rendre au plus fort:
Quand vne voix s'entendit au bocage,
 Qui de tels mots anima la Raison.
 Ne te rends point, r'amasse ton courage,
 Ne loge Amour au fort de ta maison.
Plus il t'assaut, & tant plus magnanime
 Repousse loin ce cruel assaillant.
» Le bon soldat plus courageux s'estime
« Qui se defend contre vn homme vaillant.
Amour n'ha rien que la premiere encontre
 Où mille cœurs il surmonte souuent:
Mais si quelqu'vn vaillamment le rencontre
 Et le repousse, il ha les piés de vent.
Ne sois flaté d'vne faulse esperance
 Qui te promet en fin quelque douceur:
 Par son flatter elle trahist le cœur,
 Mere d'ennuis & de perseuerance.
C'est le soufflet & le vent qui augmente
 Le feu d'Amour vne fois allumé,
 Y tient l'amant & tousiours l'y tourmente,
 A tant qu'il chet en cendres consommé.
Ainsi finit la voix en l'air semee
 Qui pour ce iour ma prison destourna,
 Et lors Amour d'vne traitte emplumee
 En me laissant chez vous s'en retourna.
Mais i'ay grand peur si plus il me trauaille
 De ces doux traiots que dardent vos beaux yeux,
 Que ie ne perde à l'instant la bataille,
 Quelque secours qui me vienne des cieux.

ORIANE.

ELEGIE.

IE voudrois, Oriane, estre feint amoureux,
Et n'estre point au vray vn amant malheureux:
Malheureux d'autant plus que tu ne veux pas croire
Que tes ieunes beautez ont dessus moy victoire.
Si quelques inconstans du beau voile masquez
Qu'ils empruntẽt d'Amour, d'Amour se sõt moquez:
Sacrilege comme eux pourtant ie ne desire
En trahissant Amour telle inconstance élire,
Ny me seruir d'vn nom si venerable & sainct
Qui terre, cieux, & mer dessous ses loix contraint,
Pour les Dames tromper : La vangeresse foudre
Plustost froisse mon chef & le reduise en poudre.
Ie descouure en parlant la passion du cœur,
Et louant tes beautez ie ne suis point moqueur.
Voyant du clair Soleil la lumiere eternelle,
Mentiray-ie disant que sa lumiere est belle?
Aussi voyant sur toy tant de rais & de feux
Par qui luire & bruler mille & mille tu peux,
Ne les diray-ie point ? ie sens leur estincelle
M'ardre iusques aux os d'vne flamme cruelle.
Venus qui ne t'es peu du brandon garentir
Que darde ton Enfant, ne feras-tu sentir
Pareil feu que le mien à ceste dedaigneuse,
Qui nomme de ton fils la Deïté trompeuse?
Ie n'aime point (dit-elle) & ne suis point brulé
Des rais estincelans de son œil estoilé:

Qu'est-ce

Qu'est-ce donc que ie sens en mon ame à toute heure
Qui fait que sans mourir cent fois le iour ie meure?
　Comme vn balon en l'air deçà delà ietté
Est de coups violans haut & bas agité
Par les vistes ioueurs : ainsi la maladie
Me tournant me pressant rend ma teste étourdie.
　Oriane, dy moy, comment se doit nommer
Ce chaud mal qui me fait en larmes consommer?
Si triste nuict & iour quelque moment qui passe
Ie ne say que penser repenser en ta grace,
T'engager mon desir, & d'vn nouuel esmoy
Si mon ame te suit & s'estrange de moy:
Si ie n'ay rien plus cher qu'engrauer ta figure,
Si mille passions me seruent de pasture,
Si sans pouuoir veiller, si sans pouuoir dormir
Desesperé d'amour ie ne fais que gemir:
Si mes piés à regret s'en vont de ta presence
Ne traisnant qu'vne escorce en si fascheuse absence,
Si mes piés volontiers ne me veulent porter
Sinon deuant ton œil qui me peut conforter,
Que diras-tu de moy, sinon las! que ie t'aime
Plus que l'œil ne cherist ny le iour ny soymesme?
　Mon Dieu que ton visage en l'esprit me reuient,
Ton geste, ton parler! qu'vn amant se souuient
Des faueurs que luy fait vne douce Maistresse!
Il me semble qu'encor ta main d'iuoire presse
La mienne, comme au soir que d'vn visage humain
Tu mis apres le bal ta main dessus ma main,
La coulant doucement de si gentille sorte
Qu'encor le souuenir tout d'aise me transporte.
Donc si ie receuois vne plus grand' faueur,
　　　　　　　　　　　G.i.

ORIANE.

Qui penseroit auoir en ce monde plus d'heur,
Fussent les puissans Rois de l'opulente Asie?
Tu es mon diamant & ma perle choisie,
Et tu es à mes yeux du monde l'Oriant.
Trompeur ie n'escry point ta louange en riant,
Comme tu me le dis : autant que ie l'admire
Ie voudrois la pouuoir en cent papiers escrire.
   Reçoy ton Amadis, pour tout iamais reçoy
Celuy qui t'aimera d'inuiolable foy :
Ne vois-tu pas l'amour de l'antique Oriane
Reluire dessus tous, autant que fait Diane
Sur les feux de la nuict ? Ne vois-tu le renom
Qui suit de bouche en bouche & l'vn et l'autre nom ?
Si ton amitié douce à la mienne s'assemble,
De mesme à tout iamais nous reuiurons ensemble.

ELEGIE.

C'EST grand mal que d'aimer ! quoy que i'essaye faire,
Ie ne sçaurois guarir mon amoureux vlcere :
I'ay tousiours deuant moy ton excellent portrait
Qui de songer ailleurs, importun, me distrait.
Mon penser auec luy coniure à mon dommage !
Tousiours deuant mes yeux reuole ton image,
Ta taille, ton maintien : de ta diserte voix
Les accens bien appris, & tes deuis courtois
Me refrapent l'oreille : à toute heure à toute heure
Empreinte dans mon cœur ta figure demeure,
Et rien ne peut chasser ce facheux souuenir

Qui me fait plus en plus amoureux deuenir.
Cent & cent fois le iour en mon esprit repasse
La premiere rencontre où ie perdy l'audace,
Quand peu me deffiant ie te vey sur les bords
De Loire au large cours : L'ornement de ton corps,
Ton pié, ta belle gréue, & tout ce qui s'honore
De toucher à ton corps, me reuiennent encore:
Mais bien plus tes cheueux qui d'vn or nompareil
Surmontent la blondeur des rayons du Soleil,
Tant ils sont blonds-dorez. Encore plus me presse
Le penser des tetins messagers de ieunesse
Qui s'enflent éleuez d'vne ferme rondeur,
Semblables à deux coings d'ambrosienne odeur.
Ils poussent ton rezeuil au poux de ton haleine,
Ainsi qu'on voit les flots poussez contre l'areine
Approcher du riuage, & puis se reculer
Comme le flot suiuant haste l'autre d'aller:
Ie voy ces monts de laict & ta large poitrine
Qui blanche & nette semble vne table yuoirine,
Ou l'albastre poli : En tout cela penser
Est-ce pour de l'amour les assauts repousser?
Est-ce pas pour bien tost voir ma playe guarie?
C'est l'humeur dont elle est de plus en plus nourrie.
  Ay-ie point oublié cet heur que ie receu
Quand pour te dire adieu belle ie t'apperceu,
Paroissante au milieu de toutes les plus belles
Comme vne ieune rose entre les fleurs nouuelles?
Et qu'enlaçant mon bras recourbé sous le tien
Ie peu te declarer & mon mal & mon bien?
Ie te dis aux rayons de l'amoureuse Lune
Ma douleur qui n'est point aux inconstans commune
G.ij.

ORIANE.

Qui ont la larme feinte & le soupir ardant,
Indignes qu'vn bel œil les aille regardant.
Le grand pere du iour estoit caché sous l'onde,
Mais biē qu'il n'enflammast de sa chaleur le monde,
Desia se relauant au fertile giron
De Tethys qui la terre enferme à l'enuiron:
I'ardois en vne braise,& ny la nuict humide
Ny la glace des monts, ny toute l'eau liquide
Du fleuue impetueux, n'eussent peu tant soit peu
Ny ne pourront iamais en esteindre le feu.
Amour auparauant n'auoit mon ame entiere,
Elle tenoit serrée à la lourde matiere,
Et ne pouuoit souffrir qu'vne viue clairté
Vint esclairer la nuict de mon obscurité:
Mais elle se rendit en ton obeissance,
Trouuant sous ta parole vne humaine clemence
Qui sembloit me promettre vne douce prison.
Fay que ie n'y connoisse acte de trahison.
 Comme vne forteresse en armes defendue
N'est en la main du siege incontinent rendue:
Les soldats peu à peu victorieux se font,
Ils gaignent le fossé, puis la court, puis le pont,
Et puis tout le Chasteau: Ainsi tu as, Maistresse,
Peu à peu, puis à coup gaigné la forteresse
De mes sens tes captifs, qui s'estiment heureux
D'estre si cherement liez de tes cheueux.
Mais il faut enuers eux vser de bonne guerre:
L'hōme guerrier qui veut beaucoup de gloire acquerre
Et gaigner le courage à tous ses ennemis,
Doit traiter doucement ceux que sa dextre a mis
Sous son obeissance: au double vit sa gloire

Pour auoir de soymesme & des autres victoire.
Ne tache tes beautez d'vn miserable orgueil,
Ne brise ma Nauire encontre cet Escueil:
Autant que tu es belle autant me sois tu douce,
Et crains ce Dieu vangeur qui iuste se courrouce
Contre ceux qui d'vn cœur trop superbe & felon
Ne sentent de son traict le poignant aiguillon,
N'aimant comme on les aime : à la fin il se vange
Et les va punissant d'vne vengeance estrange.
  Pour exemple te soit celuy qu'aima la voix
Qui se cache en l'obscur des antres & des bois:
Et celle que Venus transmit en pierre dure,
Dont Salamine garde encores la figure.
„ *Aime celuy qui t'aime : Vn amour en naissant*
„ *Meurt s'il n'a point de frere autãt que luy croißãt:*
„ *L'amour tire l'amour d'vne force aimantine.*
Car sa viue vertu languist en la poitrine
Du malheureux Amant qui n'est point contr'aimé:
„ *Le feu, d'vn autre feu tousiours est r'allumé.*

CHANSON.

AS! que vous estes bien-heureuses
De pouuoir l'homme surmonter,
De qui les forces valeureuses
Peuuent toute chose domter.
  En don la femme de nature
Eut les graces & la beauté,
Par qui mesme la roche dure,
Le fer, le feu seroit domté.

ORIANE.

Vos beautez sont vos belles armes,
Vos lances, vos dards, vos escus,
Par qui les plus vaillans gensdarmes
Maugré leur harnois sont vaincus.

C'est pourquoy l'homme non volage
S'assuiettist dessous vos loix,
Et ne change point de courage,
Leger comme fueilles des bois.

Vn amant au Chesne resemble,
Qui maugré les vents furieux
Ferme de racine ne tremble
Deuant l'orage imperieux.

En vn lieu constant il s'arreste,
Comme le rocher sur les flots
Qui loin repousse la tempeste
Les vagues & le vent dispos.

Ainsi plein d'vne gentile ame
Il reiette les passions,
Qui veulent rauir de sa Dame
Son cœur & ses affections.

Quand au fond de son cœur il taille
Quelque portrait, c'est tout ainsi
Qui graueroit vne medaille
Dedans quelque bronze endurci.

Leur amour qui est indomtable
Par la force ne se corrompt,
Si bien qu'il est du tout semblable
Au Diamant qui ne se rompt.

Leur premiere amour ne s'écoule
Aux rais de quelque feu nouueau,
Comme la neige qui se roule

Des monts, au tiede renouueau.

Leur ardeur est toute immortelle
Comme le feu tout immortel:
Mais quand vne cause est mortelle
L'effect en est aussi mortel.

Si d'vn l'amour est inconstante
La faute n'est de son costé,
Mais bien d'vne legere amante
Ou d'vne fiere en cruauté.

Vn bastiment fait sur l'arene
S'il tombe c'est du fondement:
La matiere trop incertaine
Tousiours destruit le bastiment.

Les flots roulent de mesme sorte,
Et quand on voit leurs sillons pers
Se troubler, c'est l'haleine forte
Des vents qui les tourne à l'enuers.

Il ne se faut prendre à la pierre,
Mais à celuy qui la iettant
Nous blesse ou nous renuerse à terre:
L'homme de soy n'est inconstant.

Il fait les Dieux mesme descendre
Du Ciel pour la femme honorer:
Et par ses escrits fait entendre
Qu'on vous doit seules adorer.

Quelle fust des femmes la gloire
Sans l'homme qui les veut louer,
Et de soy leur donnant victoire,
Pour maistresses les aduoüer?

Tout ce que l'homme tâche faire
Et ce qu'il apprend tous les iours,

G.iiij.

ORIANE.

Ne tend seulement qu'à complaire
Aux Dames, meres des amours.
   Des femmes il est la defense,
Le secours, le ieu, le desir,
Sans luy leur debile puissance
Ne gousteroit aucun plaisir.
   Doncques vous estes bien heureuses
De pouuoir l'homme surmonter,
De qui les forces valeureuses
Peuuent toute chose donter.

※

Grande est l'ardeur de mon ieune courage,
Ayant l'obiet d'vne telle beauté:
Heureux le iour auquel ie fu domté,
Rendu vassal d'vn celeste visage.
I'appens ici ma douce liberté
   En vostre honneur: Et le cours de mon âge
   Doit se passer en cet heureux seruage,
   Où ie me voy pour long temps arresté.
En vos filets i'esclaue ma ieunesse,
   Et vous connois pour premiere Maistresse,
   Sentant au cœur le trait de vos beaux yeux.
Ne soyez rude à ma ieunesse tendre
   Qui veut sous vous les loix d'Amour apprendre:
» D'vn maistre doux tousiours on apprend mieux.

※

Si mon sein estoit fait d'un beau verre luisant,
  A l'aise tu pourrois voir ta figure emprainte
  Dans l'estuy de mõ cœur, et verrois quelle attainte
  Il a receu d'Amour qui me va destruisant!
Il poussa par mes yeux son traict le plus cuisant,
  Qui pointu m'engraua d'vne viste contrainte
  L'honneur de ta beauté que ie reuere en crainte:
  Tant i'ay peur d'offenser cela qui m'est nuisant!
Mais le pis de mon mal c'est qu'il est incurable,
  Car mon cœur n'est de cire ou matiere muable
  Qui s'imprime à tous coups vn nouueau chãgemẽt.
Amour qui prend plaisir au tourment que i'endure,
  A fin qu'autre beauté n'y grauast sa figure
  Le transforma soudain en roc de Diamant.

Tu m'as si bien raui la fantaisie
  Que ie ne puis autre chose penser
  Qu'en tes regards : ie ne m'en puis lasser,
  C'est où mon cœur sa demeure a choisie.
D'y repenser i'ay la teste estourdie:
  Vn seul moment ne se laisse passer
  Où ie sois franc de ce plaisant penser,
  Tant mon esprit en te suiuant s'oublie.
Amour ne loge autre penser en moy,
  Ialoux ne veut qu'autre nom ie retienne
  Sinon le tien, dont ie ne sens qu'esmoy,
Car ie voudrois t'ambrasser & tenir
  Toutes les fois qu'il faut qu'il m'en souuienne,
  Et ne pouuant ie hay ce souuenir.

G. v.

ORIANE.

Le fer poursuit l'aimant, & ma viste pensee
 Te suit en tous endroits comme l'ombre le corps:
 Tes simulacres sainéts me viennent par dehors
Annoncer la beauté dont i'ay l'ame offensee.
Combien que par absence on aye delaissee
 Celle là qu'on desire : à tous coups les efforts
 Du desir violent redoublent mille morts,
Et l'ame à son desir est tousiours addressee.
L'esprit cherche l'obiet qui d'amour l'a blessé,
 Comme remede au mal dont il est offensé:
 Ainsi les corps blessez tombent dessus leur playe
Presque le plus souuent : Et le sang au depart
 De ses rouges bouillons (pour se vanger) essaye
Sauter sur l'ennemi d'où la blessure part.

Le breuuage amoureux resemble l'eau marine:
 Qui boit l'eau de la mer plus se trouue alteré:
 Aussi i'ay plus de soif au bien qu'ay desiré
Plus ie boy les regards de ta beauté diuine.
Ie te dy mon trauail dont tu es l'origine
 A fin que ton secours le rende moderé:
 » En vn mal bien connu remede est esperé,
 » Mais le tourment caché passe la medecine.
Lors que les Scorpions, viperes ou serpens
 Ont ietté leurs venins soudainement rampans
 Dans vn corps offensé de morsure cruelle:
Pour mieux le garantir du dangereux poison
 On ouure fort la playe : Et pour mesme raison
Ie suis contraint d'ouurir ma blessure mortelle.

Quand l'autre iour vous vinstes en ces lieux
    Que le blond Loire & que le Cher enserre,
    Las! que n'estois-ie vne masse de pierre
    Pour estre franc d'vn mal si gracieux?
Tout lieu m'attriste où ie ne voy vos yeux,
    Yeux qui me font vne si douce guerre,
    Qui d'vn printemps embellissent la terre
    Comme Apollon aux mois delicieux:
Depuis le iour que la lueur seraine
    De vos beautez éclaire à la Touraine,
    Elle a produit mainte nouuelle fleur.
Serois-ie pas priué d'esprit & d'ame
    Plus que la terre & les plantes sans cœur,
    Si de vos yeux ie ne sentois la flame?

Dialogue.

PLeurez mes Yeux, accompagnez le cœur
    Qui va mourant d'vne playe cruelle,
    Iettez de pleurs vne source eternelle:
    Par vous Amour s'en est faict le vainqueur.
Par vostre faute il ne vit qu'en langueur:
    Ce faux Amour chaud de mainte estincelle,
    Leger, coula par l'humide prunelle,
    Dont à bon droict vous sentez la rigueur.
Les Ye. Le doux accueil qui l'esperance apporte
    Sans y penser nous fit ouurir la porte.
Le C. Ah! les douleurs vous n'auiez apperceu
    Dont vous estiez si folement auares.
Les Ye. Au iugement des choses qui sont rares
    L'œil le plus sage est bien souuent deceu.

G.vi.

ORIANE.

Quand ie m'eslongne à l'escart de vos yeux,
  Mon cher esprit loin de vous ne seiourne:
  En me quittant à vous il s'en retourne,
  Comme à son Tout, son plaisir & son mieux.
Le corps peut bien courir en diuers lieux.
  De mon esprit vous seule estes la bourne:
  Ses pensemens ailleurs il ne destourne,
  D'vn plus haut bien n'estant point enuieux.
Mais vn malheur en ce penser l'offense,
  C'est qu'il ne voit aucune recompense
  Sinon douleur fruict de mon amitié.
Que n'ont vn corps mes secrettes pensees?
  En y voyant vos graces amassees,
  D'elles, peut estre, auriez quelque pitié!

On dit que l'amitié vient d'vne sympathie
  Qui passionne en nous également les cœurs,
  Qu'elle naist de l'accord & semblance des mœurs,
  Fondement où sa force & grandeur est bastie.
Ainsi chaque element l'vn à l'autre se lie,
  Et de tout l'Vniuers les changeantes humeurs:
  De là vient que l'Amour brule en moy ses ardeurs,
  Qui font que pour t'aimer moymesme ie m'oublie.
Qui ne voudroit t'aimer, quãd d'vn tour de tes yeux
  Tu pourrois captiuer le plus digne des Dieux
  Par les traits decochez de ta plaisante face?
Mais autant que i'adore & prise ta beauté,
  Aimes autant, & loin chasse la cruauté:
,, Amour sans compagnon incontinent se passe.

I'auois si bien mon ame en la tienne enlacee,
   Mon cœur dedãs ton cœur, mes yeux dedãs tes yeux,
   Que pour longueur de temps ou distance de lieux,
Delaissant ta beauté ie ne t'ay point laissee.
Ny iour ne s'est passé ny nuict ne s'est passee,
   Qu'Amour du mesme trait dont il blesse les dieux
   N'ait transpercé mon cœur tant ie fus curieux
D'aller où ce grand Dieu l'embûche auoit dressee.
Ie me suis eslancé moymesme dans les rets,
   I'ay mis mon estomach pour la butte des traits:
   Car i'estois asseuré que pouuoit ton visage.
Doy-ie m'en lamenter? ce seroit sans raison:
   De ta faueur sans plus depend mon auantage
   Puis que tu peux ouurir ou fermer la prison.

Penser, qui peux en vn moment grand erre
   Courir leger tout l'espace des cieux,
   Toute la terre, & les flots spacieux,
   Qui peux aussi penetrer sous la terre:
Par toy souuent celle-là qui m'enferre,
   De mille traits cuisans & furieux,
   Se represente au deuant de mes yeux,
   Me menaçant d'vne bien longue guerre.
Que tu es vain, puis-que ie ne sçaurois
   T'accompagnant aller où ie voudrois,
   Et discourir mes douleurs à ma Dame!
Las! que n'as-tu le parler comme moy,
   Pour luy conter le feu de mon esmoy,
   Et luy ietter dessous le sein ma flame?

ORIANE.

Puis que dans ta prison ie suis si mal traité
 Et que tu n'as égard au tourment de ma vie
 Suiette à la rigueur de trop de tyrannie,
 Abandonne ta proye & rends ma liberté.
Mon cœur que dans tes yeux tu retiens arresté
 Ne merite la mort : si l'ame m'est rauie
 De qui si constamment te verras-tu seruie?
 Il ne sied au vainqueur d'vser de cruauté.
Regarde mon amour qui tousiours continue :
 Les dieux te puniront si ta rigueur me tue,
 Et voudront iustement ma mort de mort punir.
D'autant que l'amitié plus que la haine est belle,
 D'autant ne vaut-il mieux aux siecles auenir
 De douce auoir le nom que le nom de cruelle?

Le poisson écaillé ne peut tirer sa vie
 S'il n'est au fond de l'eau, son liquide element :
 Ainsin aupres de vous ie vy tant seulement,
 Et quand i'en suis absent la vie m'est rauie.
Contempler les beaux yeux & le front de s'amie,
 C'est viure sans mentir, c'est viure doucement,
 Et nul amant ne peut auoir contentement
 Loin de celle qui tient son bien & son enuie.
Ie le connois assez par ce triste depart
 Estant priué du bien de vostre doux regard.
 Que mon corps ne peut-il estre en diuerse place
En mesme poinct de temps comme l'esprit soudain?
 A fin qu'absent, present ie veisse vostre face
 Sans laquelle en tous lieux tout me vient à dédain?

LIVRE.
80

Allant voir mon ami qu'vne fieureuſe ardeur
  Tient au lict attaché, mon œil ſe reconforte
  D'y voir ce qui me poind d'vne bleſſure forte,
  Mais de l'ami malade enſemble i'ay douleur:
Ie deſire reuoir en ſa pleine vigueur
  Le corps de mon amy qu'vn lict ennuyeux porte:
  Mais craignāt ne voir plus celle qui me tranſporte
  S'il guariſt, ie ne ſçay comment plaire à mon cœur.
C'eſt le froid & le chaud qui combat ma penſee
  Entre deux paſſions çà & là balancee:
  Qui des deux le plus fort doit gaigner ma raiſon?
Puiſque ie n'ay moyen qu'en voyant le malade
  D'auoir de ma Maiſtreſſe vne amoureuſe œillade,
  I'aime ſa maladie & non ſa guariſon.

D'vn Lacet.

Douce Oriane à la grace attrayante,
  Brulant d'amour qui point ne ceſſera
  Tant que mon ame en ce corps logera,
  Ce beau Lacet en May ie te preſente:
Ce beau Lacet tiſſu de main ſçauante,
  Trois fois heureux qui ton corps lacera:
  Où loin de toy ton Amadis ſera
  Ayant d'ennuy la face palliſſante.
Il eſt fragile, & pource il ne reſemble
  A ce lien qui nous eſtreint enſemble.
  L'vn tous les ſoirs ſe trouuera defait.
Mais ceſtuy-là qui nos deux cœurs enlace
  Ne doute point qu'on le rompe ou deface.
  Qui deferoit ce que le Ciel a faict?

ORIANE.

Pour vn Carquois.

Ce n'est pas d'auiourdhuy que tes fleches ie porte:
   Tes beautez, doux Archer, m'en ont empli le sein:
   Mon cœur est le carquois lequel en est tout plein,
   Et d'vn si beau vainqueur mon mal se reconforte.
Ce petit carquois d'or peint en diuerse sorte
   Comble de petits traits, est vn present en vain,
   Toutesfois ie l'accepte, aussi bien ie ne crain
   Qu'autāt que des premiers leur pointure soit forte.
» En peu de chose on peut beaucoup apperceuoir:
   De ce petit present me vient vn grand espoir,
   Et c'est à mon esprit vn bien-heureux augure.
Amour forge ces dons, & par telle faueur
   Me dit que tu ne veux mépriser mon ardeur,
   Et que tu m'aimeras pour le moins en peinture.

Te resembler de bonheur ie voudrois,
   Chanson, qui fais au beau sein de Madame
   Iardin de lis, de roses & de bâme,
   Vn long seiour, où moy ie ne sçaurois.
Tout bellement de là ie glisserois
   Iusqu'au verger où la rose on entame,
   Et moderant les chaleurs de ma flame,
   Au gué d'amour mon feu ie plongerois.
Malgré le Chien qui dans le ciel aboye,
   Qui de Venus nous interdit la ioye,
   Ie ne lairrois de prendre mes ébats.
» Amour est Dieu : Qui trespasse en sa guerre
»   Ne doit-il pas autant de gloire acquerre
»   Que cil qui meurt pour le Dieu des combats?

Puis que de vos beaux yeux l'amoureuse clairté
 Va luire en autre part, il faut que ie lamente,
 Non tant pour le regret qui mon ame tourmente
 Que pour celle qui vit de vostre volonté.
Ie voy desia son œil pensif & attristé,
 Craignant perdre l'objet qui sur tous le contente,
 Ie voy desia son dueil lors que serez absente,
 Ie voy la Tourterelle en sa viduité.
Le iour luy semblera quelque minuict obscure,
 Et le Printemps l'Hyuer horrible de froidure,
 Et ny fleur ny couleur ne repaistra son œil.
O terre bien heureuse où va viure ma vie,
 (Dira-telle au partir) que ie te porte enuie
 Puis que pour t'éclairer tu m'ostes mon Soleil!

Seruir sans recompense est semer sans cueillir,
 C'est vne moisson verte où la triste gelee
 Rauist en vn matin l'esperance enuolee:
 C'est sans y rien gaigner vne ville assaillie.
Mais il ne faut pourtant de courage faillir:
 Peut estre en vn moment la glace ammoncelee
 Qui te froidist le cœur, comme neige écoulee
 Fondra deuant le feu que ie feray saillir.
Maistresse trop cruelle, helas d'ingratitude
 Tu ne deurois payer ma longue seruitude:
 Rien n'est si odieux que ce vice inhumain
Dont iamais vn bon cœur ne veut estre coupable:
» Quand on peut acquiter la debte raisonnable
» Il vaut mieux satisfaire auiourdhuy que demain.

ORIANE.

J'aime bien mon Penser, luy seul me represente
   Le beau front, les beaux yeux de ma belle ennemie,
   Son maintien, sa parolle, & sa grace infinie,
Et me la fait reuoir bien qu'elle soit absente.
Non, ie ne l'aime point, c'est luy qui me tourmente:
   C'est par luy que mon ame est de mon sein rauie,
   C'est par luy que ie vis vne vie sans vie,
   C'est par luy que ma peine est tousiours renaissãte.
Puis quand ie pense aux traicts de ta douce beauté,
   Ie suis d'vn desespoir plus en plus tourmenté,
   Craignant que tu sois fiere autant que tu es belle.
Que ie suis miserable! est-il plus grand malheur
   Que brulant d'amitié, se fondant de douleur,
   Douter s'on est aimé d'vne amour mutuelle?

Pour vn Anneau de verre.

Si le traict qui mon cœur de sa pointure enferre,
   N'eust point esté plus dur ny de plus ferme acier
   Que l'anneau qui n'a peu durer long temps entier,
Anneau comme ta foy seulement fait de verre.
Amour si longuement ne me feroit la guerre,
   Et soudain ie romprois son iauelot meurdrier,
   Son carquois & ses rets, pour suiure le sentier
   Des heureux que l'Archer en sa prison n'enferre.
Ie me plains à bon droit de ta foy trop legere
   Qui n'est pas diamant, mais verre de fougere,
   Que souflant tu refais & recasses souuent.
Et moy ie suis le Chien dont la ieunesse fole
   Court au long des guerets l'Aloüete qui vole,
   Et pensant la haper il ne tient que du vent.

O bien-heureux Papier recueilli par la main
   Qui de mon triste cœur tient la ferme racine:
   Ie voudroy comme toy toucher à sa poitrine,
   Au milieu des beaux lis & des pommes du sein.
Ie suis à ceste fois enuieux sur ton gain,
   Mais puis que ton bonheur de moy prend origine,
   Dy luy qu'alors viendra ma perte & ma ruine,
   Quand affranchi d'amour on me trouuera sain.
Dy luy pour n'estre plus si dure & si estrange:
» A tromper vn aueugle il n'y a point louange,
» Qui pour guide te suit & ailleurs ne se fie.
Helas ie parle au vent, & deuenu tout fier
   D'auoir vn tel honneur, tu ne daignes, Papier,
   Escouter mes raisons combien que ie t'en prie.

Au vent Boree.

Vent qui tourmentes l'air de tempesteuse haleine,
   Qui troubles le coulant de Loire sablonneux,
   Appaise ie te pry ton orage venteux,
   A fin que d'heureux cours Oriane il ameine.
Tu as senti les maux d'vne amoureuse peine,
   Car tu fus autrefois d'Orythie amoureux:
   Doncques à ton pareil courtois & bien-heureux
   Permets que ma priere à ce coup ne soit vaine.
Ha! ie voy bien que c'est: Amour te va mouuant,
   Et poussé de fureur tu luy viens au deuant
   Pour baiser son beau sein sa bouche & son visage.
Certes ie suis ialoux que ie ne puis auoir
   Pareille courtoisie & ce mesme auantage,
   Plus doucement que toy ie ferois mon deuoir.

ORIANE.
Au Songe.

Les hommes & les Dieux, Fortune inexorable
 Et tous les elemens coniurent mon dommage:
 Seulement, ô doux Songe, en ce fascheux passage,
 Ie ne trouue que toy qui me soit pitoyable.
Tu me fais reuenir la figure agreable
 Pour laquelle ie pers en vain le temps & l'âge,
 En tel accoustrement telle forme & visage
 Que ie voudrois la nuict tousiours estre durable.
Mais rare est ce bien faict, d'autant qu'Amour amer
 Ne me laisse beaucoup la paupiere fermer,
 A fin contre ses maux que ie ne me repare.
Songe, puis que souuent ie ne te puis auoir,
 Aumoins quand tu viendras, ie te pry ne vouloir
 Remporter si soudain le bien qui m'est si rare.

A la ville de Tours.

Tours que ie t'aime, & qu'heureux ie te pense,
 Non pour vanter d'vn tiltre ambicieux
 Turne Troyen tige de tes ayeux
 Qui te fonda, merque de sa vaillance.
Tours que ie t'aime, & non pour l'apparance
 De tes clochers qui voisinent les cieux,
 Non pour les biens de ton air gracieux,
 Non pour te voir le beau iardin de France:
Non pour ton Loire à qui se vont meslant
 Maint & maint fleuue, ensemble s'écoulant
 Au large sein de la marine plaine:
Mais pour loger en tes murs vn Soleil,
 Vne beauté, qui n'ha rien de pareil,
 Seul ornement de toute la Touraine.

Comp. d'vne annee.

L'Annee & mon amour ont vn effect semblable,
   Le Printemps qui deuoit chasser l'Hyuer grison,
   En lieu de fleurs blanchist de negeuse toison,
   Mon Printemps amoureux a esté miserable.
L'Esté dont la chaleur aux terres agreable
   Meurist tout, n'a meuri la greneuse saison:
   Et celle dont ie fais à luy comparaison
   N'a fait meurir d'amour le fruit incomparable.
Ny pommes, ny raisins l'Autonne n'a porté,
   Mon Autonne d'amour n'est que sterilité
   Qui mon espoir abat comme l'autre la fueille.
L'Hyuer refroidist tout, & du tout refroidi,
   Ie ne veux que mon cœur soit chaud ny attiedy
   Pour vne qui le veut & veut qu'on ne le vueille.

Pour vn Tableau.

LE Tableau que ie te donne
   Aux Calendes de Ianus,
   Te montre au vif la personne
   Serue à l'enfant de Venus.
Iamais plus semblable image
   Ne sera que cette ci:
   Elle est palle: En mon visage
   Se sied la palleur aussi.
Elle est sans cœur: à toute heure
   Ie languis n'ayant mon cœur
   Qui raui de sa demeure
   Loge aupres de son vainqueur.

ORIANE.

Muette elle est sans parolle:
    Aussi quand le bien m'aduient,
    De reuoir ce qui m'affolle,
    La langue au palais me tient.
Vne seule difference,
    Moins qu'elle me rend heureux:
    Ie souffre la violence,
    Du feu cruel amoureux.
Son insensible nature,
    Ne prend ce feu vehement:
    S'elle en sentoit la brulure,
    Ce seroit peu longuement.
Soudain en cendre menue
    Elle se verroit perir,
    Où ma flamme continue,
    Brule sans pouuoir mourir!

ELEGIE.

EN te laissant ie ne t'ay point laissee:
Apres ton œil s'enuole ma Pensee:
Le corps peut bien çà & là s'absenter,
Mais non l'esprit: il se laisse emporter
Au vol d'amour empenné pour te suiure:
Car estre ailleurs c'est mourir & non viure.
    Vn homme ainsi de rage tourmenté
Reuoit tousiours à ses yeux presenté
Le triste obiet dont il receut l'attainte:
D'vne fontaine ou riuiere il a crainte,
Et vagabond tâche à les euiter:
Car leur miroir luy vient representer

LIVRE II.

De ce Chien fou la mordante figure,
Qui luy poussa la rage & la pointure:
Il iette vn œil ardant & furieux,
Il court, il fuit & refuit en tous lieux
Impatient de la fureur ardente
Qui le detient du chef iusqu'à la plante:
Son corps est las, vne sueur en sort
Saillant de peine: il ne mange ny dort,
Et son ardeur est du tout incurable,
Le conduisant au trespas miserable.
Aussi ie croy que l'Amour enragé
Tout venimeux m'a de mesme outragé:
Qu'il me trauaille, helas! quoy que ie face
Ie voy ie voy l'Idole de ta face.
Non seulement le crystal d'vn ruisseau
Me montre l'air de ce visage beau
Qui m'a nauré, mais tout ce qui s'oppose
Deuant mes yeux n'apparoist autre chose.
 I'ay beau fuir ce qui m'a sceu blesser:
L'ele d'Amour qui pourroit deuancer
Le vol d'vn Aigle & le vent le plus viste,
Loge auec moy tousiours en mesme giste:
Helas! comment le pourrois-ie euiter
Quand il contraint mon cœur de le porter?
Par le dehors mon flanc il n'accompagne,
Il est en moy, dans mon sang il se bagne.
Si seulement il estoit par dehors
Et quil ne fust au milieu de mon corps
Ie m'en pourrois & voudrois bien desaire:
Mais malgré moy ie porte l'aduersaire
Qui se nourrist és veines de mon sang!

ORIANE.

Comme vne Biche attainte par le flanc
Du fer pointu d'vne fleche lâchee,
Que le Veneur de loin a decochee
La surprenant (caché sans aucun bruit)
Seule à l'ecart : blessee elle s'enfuit
Par les forests, & fuyant elle pense
Fuir le traict & le coup qui l'offense,
Mais pourneant : Elle emporte caché
Le dard mortel aux entrailles fiché.
Ainsi ie fuy, mais en vain, la sagette
Qui dans mon cœur ta figure a portraitte :
Car son acier s'y cache bien auant,
En tous endroicts ma fuite poursuiuant :
Comme vne peste incurable & maline
Ce doux venin par mes membres chemine,
Fond ma moüelle au dedans de mes os,
Et ne me donne vn moment de repos.
   Voyla comment mon ame est bien heureuse
Depuis le iour que trop auantureuse
Ma folle œillade eut le bonheur de voir
L'œil qui me fait tant de maux receuoir,
Et tant me plaist si folle maladie
Que de mes ans le terme elle desie.

CHANSON.

SI tu aimes, n'abaisse point
Mon Cœur, tellement ton courage
Que sous le tyran qui nous poind,
D'vn palle & d'vn piteux visage
Tu t'ailles trop humiliant,
Et à ioinctes mains suppliant.

Plustost

Plustost en ta poitrine forte
  Demeures vn peu endurci,
Vn peu superbe & haut, de sorte
  Que tu renfrongnes le sourci
Et que d'vn œil de regards chiche
Tu œillades où ton cœur niche.
Toutes femmes font leur ioüet
  Des Amans par trop pitoyables
Qui se rendent à leur souhet,
  Comme forçaires miserables:
Et braues méprisent aussi
Ceux qui n'ont point d'elles souci.
L'homme qui temperant assemble
  Vne amoureuse humilité
A peu d'orgueil, celuy me semble
  Auoir comme il faut limité
Ses amours, amant raisonnable:
„ Le trop est tousiours dommageable!

A vne Gouuernante.

E' d'où nous vient cette rude geolliere
Qui tiët ma Dame en chäbre prisonniere?
Qui d'vn souci trop superstitieux
M'oste le bien de reuoir ses beaux yeux?
Celle vrayment est bien dure & ferree,
Qui tient, captiue, vne fille serree,
Loin de celuy qui luy est seruiteur.
  L'amant qui peut souffrir telle douleur
Sans se vanger, ne sent au fond de l'ame
Les traits ardens d'vne amoureuse flame:
C'est ce qui va ma colere irritant:

ORIANE.

" *La douleur froisse vn courage constant.*
 Pour Eleusine on celebroit à Romme
Vn sacrifice inaccessible à l'homme,
Tant s'honoroit ce mystere sacré!
Voudrois-tu point ordonner à ton gré
Pareil mystere à la belle Cyprine?
La femme seule adoroit Eleusine,
Mais homme & femme il ne faut separer
Pour de Venus les segrets adorer:
Puis de Cerés la feste non commune
Ne se faisoit que durant la nuict brune,
Où de Venus douce mere d'Amour
On fait la feste & de nuict & de iour.
 Si tu pouuois dépouiller ta vieillesse
Et reuestir la fleur de ta ieunesse,
Tu ne voudrois, bonne Vieille, pour toy
Prendre l'arrest de si sauuage Loy:
Où maintenant, apres qu'à Cytheree
Tu as rendu ce qui t'auoit miree,
Ne te voyant si belle qu'autrefois
Tu veux former quelques nouuelles loix:
Et c'est, ie croy, ne trouuant plus personne
Qui pour seruir à tes rides se donne.
 Tu es semblable au Dragon furieux,
Qui sans gouster le sommeil gracieux
Gardoit tousiours aux niepces d'Atlante
L'or des pommiers de leur forest luisante:
Tu es semblable à celuy que Iason
Fit endormir pour auoir la toison:
Car à toute heure en tous lieux tu prens garde
Si ma Maistresse vn sien amy regarde,

LIVRE II.

Et tu ne veux pour le temps abuser
Comme on souloit, qu'on puisse deuiser:
Et c'est pourquoy ie dy bien, ce me semble,
Que ton faux œil à ces Dragons resemble.
L'vn defendoit les pommes de fin or,
L'autre gardoit le precieux thresor
D'vne toison cause de la Nauire
Qui de Tethys premiere veit l'Empire.

Tu vas gardant aussi d'vn mesme soing
Ce qui resemble à la forme d'vn coing,
Qui est semblable à la pomme Hesperide,
Et au present que conquit l'Esonide:
Mais tout ainsi que le Tyrinthien
Et l'Esonide, en dépit du gardien
Eurent en fin par peine & patience
Sur leurs desirs comme ils vouloyent puissance:
I'espere vn iour maugré ton œil veillant
Iouir du bien qui me va trauaillant.

A qui te dois-ie encor faire semblable?
Il me souuient d'Argus le miserable,
Portant au chef cent yeux tousiours ouuerts
Quand il gardoit Io par les deserts.

Iunon maline & ialouse Deesse,
Craignant ici que Cupidon ne blesse
Son Iupiter par quelque traict nouueau,
Te permet elle en garde ce troupeau?
Las! ie le croy: vienne quelque Mercure
Qui pour vanger les tourmens que i'endure
Bien tost t'endorme en la mesme façon
Qu'il fit Argus par sa douce chanson.

Mais il vaut mieux à fin de te complaire

H.ij.

ORIANE.

Trouuer quelqu'vn qui te le vueille faire,
O saincte Vieille, & ie pense qu'ainsi
Nos passions tu prendras à merci,
Comme l'Abbesse en fin douce & gentile,
Qui se montroit facheuse & difficile
Deuant qu'elle eust bonne part au plaisir
Qui des Nonnains contentoit le desir.
Que si desia pour la froide nature
De tes vieux ans, l'amoureuse pointure
Ne peut flechir ton cœur de passion,
Ny amollir ta dure affection,
Puisse arriuer quelque Circe ou Medee
De l'art magiq aux ans recommandee,
Qui te remette en ta prime saison,
Comme iadis le bon vieillard Eson.
   Par vers charmez, par maint ius de racine,
En inuoquant Pluton & Proserpine
On peut remplir les rides de ton front,
Et te remettre vn sang plus ieune & promt:
Lors tu prendras vne nouuelle enuie
De ne quitter les ébats de la vie.
Dy, ie te pry, ne te souuient-il point
Du vif amour qui la ieunesse époind?
Tu n'as esté maintefois si seuere,
S'il est certain ce qu'on m'a dict n'aguiere:
Mais chacun âge apporte auec son cours
Des passions diuerses en amours.
Vrayment encor doucement ie te traitte
Puis que pour mal du bien ie te souhaitte.
   Or s'il n'aduient qu'à fin tombent mes vœux,
Gentil Amour, qui peux comme tu veux

Transformer Dieux & hommes en cent sortes
Par mille traicts qu'en la trousse tu portes,
Fay transformer en vn Chien plein d'abois
Cette vilaine à la criarde voix,
Comme se veit Hecube Phrygienne,
Qui d'aboyer fut tranformee en Chienne:
Son corps se voye en cela transformé
Dont la nature elle a le mieux aimé.

CHANSON.

Ie ieusne & ie fay penitence
  Pour mes pechez à Dieu contez:
Mais la plus facheuse abstinence
  C'est le ieusne de vos beautez.
Quand ie m'abstien de vostre veuë
  Ce m'est incroyable tourment,
Perdant la celeste repeuë
  De mon plus doux contentement.
Vrayment nostre ame est infinie
  Se paissant de l'infinité,
Et si est d'immortelle vie
  N'adorant que la deité.
Or que soyez ma nourriture
  L'ame de mon ame dans moy,
Il est certain, puis que i'endure
  Mille morts si ie ne vous voy.
On dit que voir de Dieu la face
  Est le viure des bien-heureux,
Et celuy qui ha telle grace
  N'est plus d'autre bien desireux.

ORIANE.

Vous estes doncques ma deesse,
 Mon heur, mon Paradis, mes Cieux:
 Car en moy tout desir prend cesse
 Quand ie regarde vos beaux yeux.
O beaux yeux astres de mon ame,
 De qui despend tout mon bonheur,
 De qui ie sens la douce flame,
 Flambez tousiours en ma faueur.
Que ie sois vostre Salemandre,
 Que ie viue d'un si beau feu,
 Non pour l'estaindre, mais le rendre
 Autant violent qu'il m'a pleu.
Et vous Diuinitez celestes,
 Quand il vous plaira me punir
 Et vous vanger à toutes restes,
 Loin d'elle faites moy tenir.
L'horreur d'une vengence telle
 Rendra mes esprits estonnez,
 Plus que la peine criminelle
 Que souffrent là bas les damnez.
Au reste bien qu'au Ciel i'aspire,
 Laissez moy viure iusqu'à tant
 Que l'astre pour qui ie souspire
 A vous s'en aille remontant.
Lors ie priseray dauantage
 Vostre beau seiour estoilé,
 Tandis i'aime à voir vostre image
 En sa beauté qui m'a volé.
Et si par ieusnes & prieres
 On obtient de vous quelque don,
 Faites qu'à mes longues miseres
 Soit ottroyé quelque guerdon.

Louange d'Amour.

MOY seruiteur sacré des Muses Pierides,
  Quittant l'oubly du corps & les ayant
       pour guides
    Ie te recherche Amour: soit que l'autheur
       tu sois
  De ce Monde formé, qui te doit reconneſtre
  Cauſe & premier Mouuant de tout ce qu'on voit
  Soit que l'eſprit du tout obeiſt à tes lois.   (eſtre,
Donne que genereux i'emporte la victoire
  Rembarrát les moqueurs qui mépriſent ta gloire,
  Ignorans ton pouuoir qui n'a point de pareil:
  Celuy qui veut blaſmer les effets de ta force
  En blaſphemant ton nom, celuy meſme s'efforce
  D'eclipſer à nos yeux les rayons du Soleil.
Deucalion iadis peupla la terre vuide,
  Non comme Promethé qui d'vne fange humide
  Forma l'homme mortel : mais derriere ſon dos
  Comme Pyrrhe il ietta des pierres la ſemence:
  Et reparant ainſi des humains la naiſſance,
  Les fit durs comme ſont de leur mere les os.
Ie croy que les haineux de ta ſaincte lumiere
  Sont engendrez de telle ou plus dure matiere,
  Vraymēt hommes pierreus d'ame comme de corps
  Puiſqu'il ne peut entrer en leur rude penſee,
  Comme par ton vouloir au monde eſt diſpenſee
  Toute eſſence viuante ou dedans ou dehors.
Amour eſt ſi grand Dieu qu'autre ne luy reſemble,
  Iupiter par ſa guide à la terre s'aſſemble:
  Amour touſiours eſt ieune & s'il eſt treſancien,
         H.iiij.

ORIANE.

C'est luy qui donna forme à ceste Masse ronde
Et fit cet ornement qui se nomme le Monde
D'vn discord accordant liant vn beau lien.
Par luy de tous costez les Planettes errantes
Iettent aux Elemens leurs lumieres plaisantes:
Par luy le feu plus haut se mesle parmi l'air,
L'air meut l'eau, l'eau la terre: Aisi la terre attire
A soy l'eau, & l'eau l'air, & l'air le feu desire:
Tout souhaite par luy doucement se mesler.
Au monde il n'y a rien qui plus que l'amour serue,
S'il a faict l'Vniuers, de mesme il le conserue:
Il donne à tout viuant cette inclination,
De se rendre immortel par succés de lignee,
Toute chose en son lieu par luy est assignee:
Seul il est le soustien de generation.
Amour de tout plaisir & bonheur est la plante,
Il fait que loin de nous toute laideur s'absente,
Il fait que l'imperfaict vient à perfection:
En lieu d'vne ame sombre & trainante & oisiue
Il agite nos cœurs de flamme prompte & viue,
A fin que la vertu soit mise en action.
Comme tout est conduit par sa bonté diuine!
Les Cieux, l'Air, & la Terre, et l'ondeuse Marine
N'ont rien qui n'obeïsse à sa diuinité.
Par luy en son entier toute essence demeure
Et riē ne meurt iamais qu'Amour en luy ne meu-
Car la Haine destruit ce qu'il a enfanté.   (re:
C'est le maistre artisan qui tous les arts inuente,
C'est le sage Demon qui tout bien nous presente:
Les Monarques heureux par luy sont obeïs,
Il police les mœurs des peuples & des villes

LIVRE II.

Empeschant de tomber en querelles ciuiles,
  Et fait q̃ d'vn grand cœur on meurt pour son païs.
Les honneurs ny les biens ny le hautain lignage
  Ne peuuent tant que luy animer le courage:
  Qui demeure sans luy demeure sans renom,
  Il engendre en nos cœurs de telles estincelles
  Qu'il nous va reueillāt aux beautez immortelles,
  Faict amie de nostre ame & nom de nostre nom.
Si tost que son beau feu tient nostre ame saisie,
  Il nous enfle l'esprit de belle fantaisie,
  Il met en nostre bouche vne diuine voix:
  La Langue d'vn mortel rien de mortel ne sonne,
  L'homme bien amoureux non seulement estonne
  Les peuples, les citez, mais les rocs & les bois.
Ce que des graues loix la seuere science
  Au courir d'vn long temps parfaire n'a puissance,
  L'aiguillon de l'Amour l'acheue tout soudain:
  Toute chose vilaine à son nom se deteste:
  C'est luy qui nous conuie à la table celeste
  Changeant en Déité nostre voile mondain.
Pour exemple nous sert vn Cimon en Bocace
  Qui viuoit tout lourdaut & nu de toute grace
  Deuant qu'en ses liens Amour l'eust retenu:
  Qui voudra n'admirer sa force & sa louange?
  Cet homme mal appris en vn moment se change
  Comme si quelque roc homme fust deuenu.
Celuy que ce grād Maistre en quelque chose enseigne
  Il y deuient parfait, la Grace l'accompaigne:
  Phebus mesme par luy se fit l'honneur des Dieux,
  Et sceut dire les sorts d'vne douteuse affaire:
  Pan aussi pour sçauoir à Syringe complaire

H. v.

Apprit les doux accors qui maintiennent les cieux.
Amour qui les Heros mieux que les autres brule
Est cause des valeurs d'vn Thesé, d'vn Hercule
Qui mesme ont effroyé les horreurs de l'Enfer.
Des guerriers courageux le courage il s'estime:
Rien ne peut faire mieux vn couard magnanime
Méprisant les perils des flammes & du fer.
Ainsi le bon Orphee alla querir sa fame
A trauers les tourmens de l'infernale flame:
Alceste pour Admete eut de mourir le cœur:
Ainsi les Animaux aux dangers se commettent,
Et loin de leurs petits toute offense reiettent
Tellement que l'Amour est la mesme valeur.
O! si des amoureux marchoit vn exercite
Iamais vn si beau Camp ne tourneroit en fuite:
L'amant pour son aimee entreroit aux combats,
Et pour elle craindroit, tant il en fait de conte,
Receuoir quelque iniure ou remerque de honte,
Fuyant vn deshonneur plus que mille trespas.
Qui dédaigne l'Amour, il méprise Dieu mesme,
Et Beauté qui est iointe à leur grandeur suprême:
Car Amour, Dieu, Beauté, ne sont ensëble qu'vn.
Qui contre l'vn des trois coniure vne querelle,
Celuy-là des Geans l'audace renouuelle,
Digne que son destin auec eux soit commun.
Ie conterois plustost vne arene infinie
Que les biens qu'il apporte à nostre humaine vie,
Biens que de iour en iour à foison nous sentons.
Sa puissance immortelle en tous lieux est connue,
Et n'y a nulle chose au monde si menue
Qui ne sente de luy les amoureux brandons.

Quelques vns insolens d'aueugle frenaisie
  Iettent encontre luy l'orgueil de leur furie,
  Ayans esté fraudez du loyer de merci:
  Mais c'est pour auoir pris l'Amour en apparance,
  Non celuy qui est beau d'vne vraye existance:
  Car ils ne sont au feu d'vn genereux souci.
Quant à moy ie desire en luy mourir & viure:
  On ne peut le suiuant sinon la Bonté suiure:
  Car il n'est pas moïs bō qu'il est beau par ses fais:
  Ce qui est bon & beau, la chose belle est bonne,
  De luy viēt le desir qui ces deus biens nous donne,
  Si bien qu'en le suiuant on ne manque iamais.
Or ie t'inuoque Amour, heureux, sainct, admirable,
  Puissant à l'arc, ælé, feu-leger, indomtable,
  Digne qu'à ton honneur fumēt cent mille autels:
  Tu has la clef du Ciel, des Mers, & de la Terre,
  Et des champs que Pluton pour son empire serre,
  Tu es plaisir des Dieux & plaisir des mortels.
Sois moy doncques propice, ô grand Dieu q̃ ie chante,
  Et comme il n'y a rien qui ta force ne sente
  D'autant que ta vertu limite l'Vniuers,
  Fay-là sentir au cœur de ma belle ennemie,
  A fin que vos deux noms ensemble ie marie,
  Et que preniez plaisir de vous lire en mes vers.

Quatrin.

Quatre Fureurs font que le cœur s'anime,
Bacchus, Amour, les Muses, Apollon:
Mais de ces quatre aucune ie n'estime
Tant que l'Amour dont ie sens l'aiguillon.

H.vi.

ORIANE.
CHANSON.

L'ASPRE *Hyuer se deslie au gracieux retour*
D'Auril & des Zephyrs reuolans à leur
  tour,
Et le rouleau glissant en haute mer retire
  La poisseuse Nauire.

Le béstail n'aime plus le paresseux repos
De l'estable endormie où souloit estre enclos.
Le rude Laboureur n'aime la cheminee
  Aux doux mois de l'annee.

Sous les frimas chenus ne blanchissent les prez,
Cent diuerses couleurs les rendent diaprez,
Où sous la Lune claire & Venus & ses Graces
  De danser ne sont lasses.

Venus la Cytheree en rond le bal conduit, (suit,
Des trois Graces le Chœur ioint aux Nymphes la
Refrapant des deux piez par mesure la terre
  Qui son émail desserre.

Tandis que son Vulcan r'allumant ses fourneaux
Des Cyclopes nu-bras fait haster les marteaux,
Faisant ardre l'enclume & la forge bruyante
  De flamme petillante.

Maintenant il conuient d'vn Myrte verdoyant,
Ou de fleurs que la terre au ciel va déployant,
Sur les champs tapissez nous bigarrer la teste
  Nous entrefaisant feste.

Ores qu'au ieune sang faire l'amour conuient
Façonnons vn chapeau pour Lyse qui reuient,
Cueillant la souefue odeur de mainte violette
  Que ce Printemps nous iette.

La Mort au palle teint indomtable à pitié

LIVRE II.

Non moins que les Ouvroirs pousse d'un egal pié
Les grands Palais royaux, bien souvent rencontree
 En leur superbe entree.
La somme de nos ans qu'on voit si tost passer,
 SAINTE-MARTHE *amoureux, nous defend*
  commencer
Un ouvrage tissu d'une longue esperance
 Où n'y a d'asseurance.
Quand l'eternelle nuit ton corps accablera,
 Le bateau de Caron soudain t'emportera
Au rivage d'Oubly : où ton Idole errante
 N'aura plus nulle attente.
Par sort tu ne prendras les royaumes du vin,
 Tu ne priseras plus ny le regard divin,
Le front, ny la beauté de cette enchanteresse
 Qui brule ta ieunesse.

Voy ce beau mois plein de souefves odeurs,
 Où les forests, les plaines & les fleuves,
 Tertres & monts vestus de robes neuves,
 Parent leur sein d'un million de fleurs!
Amour archer courant parmi les cœurs
 Deçà delà fait de soy mille preuves,
 Et restablist l'Estre des choses veuves,
 Semant par tout ses flammes & douceurs.
Tous animaux sauvages & privez
 Ont de l'Amour les ébats éprouvez,
 En ce Printemps ami de la ieunesse.
Seuls nous perdons delices & plaisirs,
 Sans obeïr aux amoureux desirs :
 Attendons-nous la debile vieillesse?

     H. uij.

ORIANE.

De ce Printemps toutes les nouueautez
   Que Flore espand dessus la terre ensemble,
   Ne sont en rien, Maistresse, ce me semble,
   A comparer à tes ieunes beautez.
Quand ie regarde aux champs de tous costez
   Ie voy qu'en eux ta grace se r'assemble,
   Et rien n'y plaist sinon ce qui resemble
   En quelque part à tes diuinitez.
Viendra iamais cette blanche iournee
   Qui me sera sur toutes fortunee,
   Pour éprouuer l'oracle Delphien?
» Iuste est tresbeau, Santé chose tresbonne:
» Mais (disoit-il) des biens le plus doux bien
» C'est obtenir ce qu'on affectionne.

Puis que le Ciel me donne vn si bienheureux sort
   Que vo⁹ aimez le nœu qu'Amour a voulu faire:
   Puis que nos cœurs liez aiment à s'y complaire,
   Auisez quel plaisir double en moy son effort.
I'ose bien deffier la Fortune & la Mort,
   Quãd ie voy vostre anneau pleĩ de mõ charactere:
   Tel bien à mon esprit ne sera necessaire,
   D'autant que vostre image oncques de luy ne sort.
Mais que vaut de vous paistre ainsi de la peinture?
   C'est vn bien fantastiq' & vaine nourriture,
   Qui ne sert qu'au defaut du veritable trait.
C'est boire en lieu de l'eau l'ombre de la fontaine:
   Nourrissez vos desirs de pasture certaine,
   Ie puis mieux vous seruir que non pas vn portrait.

LIVRE II.

Quand Oriane en sautant prononça,
   Ie fay ce bond en la dance legere
   Pour Amadis, lors d'artere en artere,
   De nerfs en nerfs ce mot me trauersa.
Telle faueur dans le sein m'élança
   Mille poinçons, & ne fit qu'vne vlcere
   De tout mon cœur, à qui rien ne peut plaire
   Sinon penser en ce qui l'offensa.
Le soubris, l'œil, la douce contenance,
   Le mot, le bond ensemble à la cadance
   Furent si bien l'vn à l'autre accordans,
Que telle grace eust raui le tonnerre
   A Iupiter, quand plus il veut sur terre
   D'vn rouge bras lancer ses feux ardans.

Lors que l'astre iumeau des deux freres d'Heleine
   Apparoist sur la nef que tourmente le vent,
   (L'abaissant aux Enfers puis au Ciel l'eleuant)
   De l'horrible Aquilon s'aneantist l'haleine.
Ainsi belle Oriane, honneur de la Touraine,
   Tes deux yeux ont chassé les tonnerres creuans
   L'air enflambé d'éclairs & de feux se suiuans,
   Qui nous serroyent le cœur de frayeur & de peine,
Tu n'as pas seulement le tonnerre domté
   De qui l'air tout noirci se sentoit agité,
   Mais tu as tout ensemble au loin poussé l'orage
Qui (ton Soleil absent) nous pressoit d'vne nuict:
   Où ton œil, feu saint-Herme, excellemment reluit,
   Le Ciel de toutes parts decouure vn beau visage.

ORIANE.

Si la beauté perist, ne l'espargne Maistresse
   Tandis qu'elle fleurist en sa ieune vigueur:
   Croy moy ie te suppli, deuant que la vieillesse
Te sillonne le front, fay plaisir de ta fleur.
On voit tomber vn fruict quand il est plus que meur,
   Ayant en vain passé la saison de ieunesse:
   La fueille tombe apres, iaunissant sa verdeur,
Et l'Hyuer sans cheueux tous les arbres delaisse.
Ainsi ta grand beauté trop meure deuiendra,
   La ride sur ta face en sillon s'estendra,
   Et soudain ce beau feu ne sera plus que cendre.
N'espargne donc la fleur qui n'a que son Printemps:
   La donnant tu n'y perds, mais tu iouis des ans:
   C'est d'vne autre lumiere vne lumiere prendre.

La belle Aurore honneur de l'Orient,
   Qui de son teint tout le monde redore,
   Pres de Tithon plus ne s'abuse encore,
Car il ne vaut vn plaisir si riant.
De son Vieillard bien peu se souciant
   (Lors que d'amour le doux soin la deuore)
   Elle s'en va vers l'ami qui l'honore,
En mille ieux sa ieunesse employant.
Vous qui semblez à l'Aurore vermeille
   Puis qu'en beautez vous luy estes pareille,
   Faites comme elle: En lieu de son Vieillard
Aux doux ébats de l'amour inutile,
   Elle pour luy trop ieune & trop gentile
   Sçait bien choisir vn Cephale gaillard.

Je tenois en dançant la blanche main de celle
  Qui m'a donné en proye à l'amoureuse ardeur :
  La dance ne tenoit en toute sa rondeur
  Beauté qui ne cedast à sa clairté nouuelle.
Iamais felicité ie ne pense auoir telle
  Que i'eu pressant la main qui me pressoit le cœur :
  Auisez quel plaisir si souuent i'auois l'heur
  De presser le coral de sa leure iumelle.
O belle & tendre Main, helas ! pardonne moy
  Si ie te serrois trop : i'allegeois mon émoy
  Pressant tes doits polis d'vne amiable estrainte.
Par signe ie montrois que rien ne m'est si cher
  Que t'auoir, belle Main, si douillette à toucher,
  Et qu'ainsi tu retiens ma liberté contrainte.

Ces beaux cheueux qui me tiennent lié
  Estoyent serrez d'vn ret à claire voye,
  Et surmontoyent du scofion la soye
  Tant leur fil blond est prime & delié.
Son sein d'œillets & de lys meslié
  Fut entrouuert quand d'vn œil plein de ioye
  Au fond du cœur vn si doux feu m'enuoye,
  Qu'il m'a du tout à elle humilié.
Que ie senti d'amoureuse liesse !
  Ie ne sçauois, certes ie le confesse,
  Que c'est ecstase, & ce rauissement
Qui nous transporte égarez de courage :
  Lors ie l'appris, & si creu dauantage
  Qu'on peut mourir d'aise & contentement !

ORIANE.
Reproche à la Main.

HA! malheureuse Main qui me rés malheureux:
  Ha! trop folastre main, trop legere, trop pronte,
  Qui fais te hazardant vn honneur de ma honte,
  Pour perdre malgré moy le prix d'vn amoureux.
Ha Main! ton naturel est tousiours desireux
  De toucher à ce bien dont on fait plus de conte:
  Et d'autant que la Main toute chose surmonte
  Tu pensois que ton sort deust estre bien-heureux.
Mais tu deuois vser d'vne honeste licence,
  Car ton auancement mon amour desauance:
  Acteon se perdit par son œil trop soudain:
Et par toy i'ay perdu la faueur de ma Dame,
  Que i'aime pl⁹ que toy, que mes yeux, ny mõ ame.
  Ha que ie fusse heureux si i'eusse esté sans main!

Response de la Main.

Quoy? m'oses tu blasmer d'auoir bien commencé?
  Ie t'ay monstré comment il te faut entreprendre
  Pour en vain sans plaisir ton âge ne despendre:
  Ny ta dame ny toy ie n'ay point offensé.
Quand bien en son esprit elle aura repensé
  Comme tu as voulu son esclaue te rendre,
  En fin elle pourra plus gracieuse apprendre
  Que tu merites l'heur d'estre recompensé.
Et pource qu'elle poize en egalle ballance
  D'vn costé ton seruice, & d'autre mon offense,
  Elle verra combien ton deuoir luy est cher.
Mon offense n'est rien : l'œil cherche de nature
  Pour son obiet le iour, les couleurs, la peinture:
  L'oreille aime le son, & la main le toucher.

Quand ie la voy si gentille & si belle
　Si doucement les langues manier
　Du Lut aimable,& sa voix marier
　Au son mignard que dit la Chanterelle:
D'aise rauy tout le cœur me sautelle:
　Sa voix pourroit vn Vlysse lier
　Et luy feroit son Ithaque oublier,
　Voix de Sereine ou bien d'vne immortelle.
Ie pense voir Melpomene au milieu
　De ses huit sœurs,& du poëte Dieu,
　Qui tient le lut & sur les cordes chante
Du pere sien les diuines amours:
　Hommes & Dieux sa douce voix contente,
　Mesme à son chant Loire arreste son cours.

Plein d'vn penser vagabond & soudain
　Qui me fait viure à par moy solitaire,
　Triste, resueur, à mes amis contraire,
　Ie conte en l'air mille discours en vain.
Ie vay cherchant vn obiet plus qu'humain:
　Pour mon salut ie deurois m'en distraire,
　Mais ie ne puis: car ma belle aduersaire
　Par ses vertus me retire à son haim.
Alors ses yeux qui dissipent les nuës
　Dardent en moy d'estincelles menuës
　Cent mille éclairs penetrans iusqu'au cœur:
Si le dehors ne remerque sa haine,
　Ainsi voit-on la foudroyante ardeur
　Gaster vn glaiue & n'offenser la gaine.

ORIANE.

D'vn Anneau.

L'INGRATITVDE est vn vice execrable
Et l'homme ingrat est tousiours miserable,
Tout resemblant au crible pertuisé
Où ce qu'on verse est soudain épuisé :
Moy qui ne veux que si vilaine tache
Comme vn venin mon estomac entache,
Du bel anneau ie me veux souuenir
Que vos faueurs me commendent tenir,
Anneau plus cher que ne m'est nulle chose,
Que dans mon doigt comme vn astre ie pose,
A fin tousiours qu'il serue de témoin
Qu'autant que prés ie vous honore loin.
   Comme reluist la table bien ardante
De ce Ruby de couleur flamboyante,
Ainsi mon cœur flambe d'amour ardant
Qui doucement mon esprit va perdant.
Rond est l'Anneau, & ronde est ma Pensee
Parfaitement en rondeur compassee
Tournant en vous & tousiours retournant.
   Vn Globe rond en soy se va bornant
Commencement de son limite extréme,
Mon bien finist & commence en vous mesme
Viuant d'espoir, que pour estre loyal
Vous m'aimerez d'vn pensement egal,
Et ie reçoy vostre present pour gage
Que mon merite aura cet auantage.
   D'or est l'Anneau, dorez sont vos cheueux,
Où pris captif autre bien ie ne veux
Qu'estre lié de leurs blondes cautelles,

LIVRE I.I.

De qui l'Amour emprunte ses cordelles.
Tout son émail de poincts noirs merqueté
Montre un arrest d'entiere fermeté,
D'où vient qu'en moy ma flamme est plus viuante
Persuadé que vous estes constante:
Le poinct aussi qu'on ne peut diuiser
Me fait encor iustement aduiser,
Que vostre amour à un seul bien unie
Ne se diuise en diuerse partie.

  Tel est l'anneau dont m'auez honoré
Qui pour son prix de moy n'est reueré,
Mais pour la main qui tant me fauorise,
Dont la faueur plus que tout l'or ie prise.

De la transformation des Amans.

Au temps iadis la belle Cytheree
De son Vulcan bien fort enamouree,
Par grand desir l'ambrassa tout un iour
Et de leurs ieux enfanterent Amour,
Amour ce Dieu qui par douce puissance
Met tous les Dieux sous son obeïssance,
Qui les humains dessous le ioug contraint,
Qui dans ses rets tous animaux estraint,
Qui aux metaux, aux herbes & aux plantes
Fait resentir ses pointures cuisantes.
  Ce ieune enfant en beauté surpassoit
Venus sa mere & iamais ne croissoit:
Pource à l'Oracle au secours ils allerent
Et à Themis soudain ils demanderent,
Comment pourroit ce Cupidon nouueau
Croistre aussi grand qu'à voir il estoit beau.

ORIANE.

L'Oracle dist qu'on ne le verroit croistre
Puisque tout seul il auoit pris son estre
Et qu'il falloit de Venus le pouuoir
Vn second frere à l'Amour conceuoir,
Puis aussi tost qu'il auroit prins naissance
L'autre prendroit à l'enui accroissance.

Adonc Venus fit un frere à l'Amour,
Et l'vn croissant l'autre croist à son tour:
Car leur grandeur vient tousiours d'estre ensemble,
Et quand de l'vn l'autre se desassemble
Le nœud d'entr'-eux ne se continuant,
Tout au contraire ils vont diminuant.

Ainsi en moy vostre beauté, Maistresse,
Et vostre grace en sa fleur de ieunesse
Font vn amour, qui comme imparfaict tend
A son parfait que de vous il attend:
Vous le pourrez en moins de rien parfaire
Si luy donnez vn amour pour son frere:
Et si ie suis assez digne estimé
D'estre de vous egalement aimé,
Comme sans feinte à preuue ie vous aime
Plus qu'vn grand Roy n'aime son Diadéme.
Qui ne connoist l'extreme passion
De ma bouillante & chaude affection?
Qui ne connoist les peines que i'endure,
Et qu'à mon dam tousiours vous estes dure?

Le plus souuent sourd, muet & transi,
Tout transporté d'vn espineux souci,
Ie ne sçaurois, tant la fureur m'affole,
De ma poitrine arracher la parole:
Si bien que ceux qui en ce poinct m'ont veu

LIVRE II.

En vous blasmant ont pitié de mon feu,
Et pour guarir, si ie les pouuois croire,
Vostre beau nom fuiroit de ma memoire.
Mais ie ne puis : l'an trois fois est passé
Que vos liens me tiennent enlacé,
Sans que ie puisse en liberté reuiure
Hors des filets à mon aise deliure,
Et sans pouuoir ny cauer de mes pleurs
Ny amollir le roc de vos rigueurs.

  Quoy ? pensez-vous que par la seule ouye,
Ou par les yeux l'ame soit resiouye?
Ou seulement par vn petit soubris?
(Graces qu'on donne aux moindres fauoris)
Ou seulement quand par acquit on touche
Leure sur leure au corail de la bouche?
A quel effect sont donnez les cinq sens,
Sinon à fin, que l'ame repaissans
Des doux plaisirs que fortune nous liure,
Puissions par eux mille plaisirs ensuiure?
Il faut iouïr de toutes les beautez
Par tous les sens de Nature inuentez
A cet effect. L'oreille cauerneuse
Puise les sons d'vne voix mielleuse,
Et puis les fait à nostre ame gouster:
Nostre œil aussi ne faut à presenter
Le laid ou beau qui frappe sa lumiere
Pour émouuoir nostre ame imaginaire,
Et par le goust, l'odeur, & le toucher,
Tout homme doit ses passetemps chercher:
En ce faisant n'erre la creature,
Car elle suit les loix de la Nature.

ORIANE.

Croyez, ma Dame, au Poëte Romain
Sage aux discours de tout l'Estre mondain:
Celuy, dit-il, qui iamais ne repose
Et qui tousiours ne repense autre chose
Qu'à se changer, muer & transformer
En la beauté qu'il choisist pour aimer,
Par nul moyen d'elle ne prend la forme,
Et viuement du tout ne se transforme,
S'il ne reioint ensemble à sa moitié
Son corps meslé par boüillante amitié.
 Le vray ciment de durable alliance
Est sans mentir la douce iouïssance.
Premierement par secrette action
Auec le corps l'esprit fait vnion,
Et se logeant en vne autre demeure
Plus que la sienne il la trouue meilleure:
C'est quand l'esprit peu à peu se deçoit,
Et peu à peu les beautez il reçoit
Qu'en son aimee il auoit apperceuës:
Il les retient si viuement conceuës
D'vn eternel & profond souuenir
Que tout à coup il se reuient vnir
Au corps aimé, de façon si estrange
Que s'oubliant en l'aimee il se change:
Il est l'aimee & ensemble est l'amant,
Tant ha de force vn amoureux tourment.
Mais le vray but de la spirituelle
Metamorphose, est l'autre corporelle:
Lors deux esprits & deux corps alliez
Ne sont plus qu'vn iusqu'à la mort liez.
Le corps humain est l'instrument de l'ame,

Si quelque ioye ou tristesse l'entame
Elle la montre & decele au dehors
Par le moyen des organes du corps.
Comment se peut l'affection connoistre
De nostre esprit qui ne sçauroit paroistre
A l'œil mortel? Nous ne pouuons sçauoir
Ses passions, car on ne les peut voir:
Et par le corps seulement est possible
Que puissions voir cest esprit inuisible.
Comment verront les deux Amans épris
Qu'ensemble ynis s'embrassent leurs esprits,
Si les corps ioints ne donnent témoignage
Que les esprits ont vn mesme courage?
Regardez-moy la vigne d'vn Ormeau:
Son bras l'estraint du pié iusqu'au coupeau,
Qui connoistroit d'entr'eux la sympathie
Si ce n'estoit que la Vigne se lie
Et s'entortille, auec amoureux tour
Lasciuement se pliant à l'entour?
L'Aimant à soy le rude fer attire,
Tant auec luy se conioindre il desire:
Ainsi l'on voit qu'au monde il n'y a rien
Qui s'accordant d'vn amoureux lien
Ne vueille encor d'vnion corporelle
Manifester son amour mutuelle.

Contre l'Honneur.

IE ne me plains d'Amour, de ma Foy, ny de vous,
Ie me plains de l'Honneur qui nous aueugle tous,
De l'Honneur vieil Tyran qui commande le monde,

ORIANE.

Faisant que dessus luy toute chose se fonde:
Et si c'est vn nom vain sans profit ny plaisir
Qui met empeschement en l'amoureux desir,
Nom qui cause auiourdhuy les querelles douteuses,
Qui seul pipe au besoin les Pucelles honteuses.
 Les hommes n'auoyent-ils assez d'inuentions,
Assez d'autres frayeurs pour leurs afflictions,
Et assez d'autres maux sans luy donner naissance?
Ah que petite chose aux Amans fait nuisance!
Les hommes contre eux mesme ont ainsi machiné
Cet incurable mal qui les a ruiné:
Qu'ils ont bien dechiree & laschement trahie
La Nature innocente indigne d'estre haïe,
Faisant naistre ce monstre ennemi des biensfaicts
Que cette bonne mere aux humains auoit faicts:
C'est luy qui tourne en fiel le miel de toute ioye
L'vsage corrompant de tout ce qu'elle enuoye:
C'est luy qui nous contraint au labeur importun
Qui fatigue nos cœurs d'vn exemple commun,
Ramenant deuant nous les fourmis & abeilles.
On raconte de luy mille estranges merueilles,
Mais quiconque les croit n'a pas le cerueau bon,
Et se donne la faim du pauure Erisicthon.
 Las! que ie porte enuie aux animaux plus rudes
Qui ne tombent au ioug de telles seruitudes,
Et ne prestent l'oreille aux fables de noms vains,
Comme font les cerueaux des fragiles humains.
La louange d'Honneur leur est si coutumiere
Qu'ils luy font maintenant Nature chambriere:
O trop mechantes loix pleines d'iniquité,
Par qui toute douceur perd le goust de bonté

Puis qu'elles font cueillir des chardons infertiles
Où Nature a semé de bons épics vtiles.
Mais qu'est-ce que l'Honeur ? ce qui nous fait priser:
C'est plustost ce qui sert à nous martyriser.
L'Honneur est seulement vne folle heresie:
L'Amour est la vertu que Nature a choisie:
En suiuant la Nature on ne peut s'égarer,
Et pource auec Amour on ne sçauroit errer.
La Nature est pour nous qui d'aimer nous commãde,
Et l'Androgyne aussi sa moitié redemande:
De là vient que ie brule & si ne sçay comment
Exprimer mon ennuy tant il est vehement.
Ie sçay bien toutefois qu'indomté ie desire
De languir sans limite en si plaisant martyre.
Ce n'est pas d'auiourd'huy que m'oyez lamenter
Encontre luy qui vient nos souhaits arrester.
Car vne tour d'airain nos approches n'engarde,
Ny distance de lieux nostre bien ne retarde:
C'est l'ombre fantastiq du fantosme d'Honneur
Qui comme épouuantail aux ignorans fait peur:
Ainsi que les enfans ont crainte de tenebres
S'imaginant d'y voir quelques esprits funebres.
Ce nom d'Honneur infecte, enuenime & destruit
Les banquets amoureux, & des Graces le fruict.
Sans relasche il tourmente, il poind, il blesse, il pique:
Et qui le considere auec bonne pratique
Connoist que ce don rare & si fort aueuglant
Est des choses qui n'ont que d'estre le semblant
Toutefois ne sont point. Il ne se voit personne
Qui sçachant tel mystere à luy ne s'abandonne,
Sans penser qu'il permet la domination

I.ij.

ORIANE.

Des Sens iuges certains à vne fiction,
A Songes fabuleux, à Feintes, à Fumees,
Qui de solide corps ne sont point enfermees.
 Ce fantosme importun nous presse les talons,
Il nous empoigne au flanc par tout où nous allons,
Il couche dans nos licts, & sorcier redoutable
A disner à souper s'assied à nostre table:
Il marche sur nos piés sans iamais estre las,
Et semble qu'à toute heure il deuance nos pas,
Forçant le franc arbitre imposé de Nature.
 Ce traistre nous rauist toute bonne auanture,
Et nous tient comme on voit vn Cheual bien souuët
Qui a le mors en bouche, & l'auoine deuant.
 Or quant à moy ie dy ce qui gist en paroles
N'estre que pour tromper les viuantes Idoles.
Quiconque estime tant ce faux Honneur mondain
Me le face vn petit toucher auec la main:
S'il ne se peut toucher, aumoins auec la veuë
Son essence me soit dauantage connuë.
Certe il est inuisible, intouchable, & s'il poind:
Vne fieure ou la goute aussi n'apparoist point,
Toutefois nous destruit : I'ose en verité dire
Que la peste d'Honneur est cent mille fois pire
Que n'est la Ialousie ou tout autre malheur.
 Vous conduisez vos pas sur sa trace d'erreur
En la mesme façon qu'vn aueugle se laisse
Conduire par son chien qui ses voyes adresse:
Car il ne le voit point & s'il chemine apres.
 Il se peut raconter mille argumens exprés
Qui montrent ce Tyran estre vostre aduersaire,
Mais leur infinité me contraint de me taire.

LIVRE II.

Ce pendant ie suppli les Dames de s'armer
Contre ce faux serpent qui leur defend d'aimer,
Dragon qui sous leur sein demeure en sentinelle.
  Et vous la plus puissante au secours que i'appelle,
Armez-vous la premiere : ha ! dessillez vos yeux
Pour connoistre comment on vous seme en tous lieux
Des haliers espineux & cuisantes orties
Pres les ieunes boutons des roses bien fleuries.
Ie vous pry desormais ne mettez en auant
Ce nom faict à plaisir qui est moins que le vent,
Et ne m'alleguez plus, Ie haïrois ma vie
La voyant de reproche ou de honte suiuie:
Ce sont propos d'enfans remplis de vanité,
En preuue asseurément se voit la verité.

ODE.

LE Somne tenoit endormie
La masse du corps, mais le cœur
Qui te suit d'amoureuse ardeur
Te logeoit en ma fantaisie.
Si ie t'eusse ambrassé, ma vie,
Auec la bouillante vigueur
Que ie songeois, i'eusse eu plus d'heur
Que le beau pasteur de Latmie:
Mais ie suis, possible, en danger
De trouuer aussi mensonger
Que ce songe, ton amour mesme.
Car d'autant que i'aime trop fort
De moy tu ris & de ma mort,
D'autant plus fiere que ie t'aime.

ORIANE.

Somne qui viens les mortels arroser
De l'eau d'oubly: Somne qui es la treue
De nos tourmens, d'une ioye trop breue
Souuent tu fais mes ennuis reposer.
Tu me permets en songe deuiser
Auec ma Dame, & fais que ie la treuue
Fort pitoyable au tourment que i'épreuue:
De cent plaisirs tu me permets vser.
Par toy ie pren de mes maux allegeance,
Du temps perdu & d'elle i'ay vengeance,
Mais au réueil, las! ie ne trouue rien.
Gentil Morphé donne luy mesme songe,
Fay luy gouster cette douce mensonge,
Tant qu'à la fin elle aime le vray bien.

BAIZER.

Ma folastre, ma rebelle,
Mon desir, ma pastourelle,
Ie baizerois mille coups
Ton front, tes yeux, & ta bouche:
Mais quand ma langue les touche
Mes deux yeux en sont ialoux.
Quand ie te baise & rebaise,
Et ma léure est à son aise
Pressant la tienne ardemment,
Quand le pourpre de ta iouë
Fait qu'à baisoter ie iouë,
Mes yeux en ont le tourment.
Quand, baisant, tes yeux ie presse,
O ma douce enchanteresse,
Mon ame, mon cœur, mon œil,

Mon plaisir, ma mort, ma vie,
Mes yeux pleins de ialousie
Sont en incroyable dueil.

Ils sont voilez d'vne nuë,
Car ils ont perdu la veuë
De tes yeux verds fretillars,
De ta iouë si douillette,
De ta leure vermeillette,
Et de tes ris babillars.

De tes ris mollets qui chassent
Les ennuis qui me pourchassent,
Mes esprits rasserenant:
De tes ris douillets qui tirent
Mon ame à soy qu'ils martyrent,
En tes laqs la retenant.

Deuant toy mes soucis meurent,
Mes soupirs esteins demeurent
Deuant tes ris gracieux,
Comme sous la souëfue haleine
Des Zephyrs se rassereine
L'azur émaillé des cieux.

Comme le Soleil dechasse
Deuant les rais de sa face
Vne poisseuse espesseur,
Quand par le paisible vuide
Ses cheuaux perlez il guide
Luisant de blonde lueur.

Ainsi petite mignarde,
Quand ton œil ses rayons darde
Benignement dessus moy,
Tout mon cerueau il essuye

L.iiij.

ORIANE.

De ceste amoureuse pluye
Que ie verse absent de toy.
  Las! c'est vne estrange guerre
Quand ma leure à toy se serre,
Mes yeux ne peuuent durer:
Comment donc à ton seruice
Qu'vn Dieu mesme s'esiouïsse
Pourrois-ie bien endurer?
  Quand mes yeux, mignardelette,
Quand mes yeux, friandelette,
Sont ialousement faschez,
S'il aduient que i'entretienne
Ma léure contre la tienne
L'vn dessus l'autre panchez!

BAIZER.

MON Oriane, mon Cœur,
Mon miel, toute ma douceur,
Qui rendez mon ame folle,
Sus sus sus que l'on m'accolle
Aussi estroit ambrassé
Qu'vn mur de Lierre enlacé.
  Qu'on me baise autant de fois
Qu'on voit de fueilles aux bois,
Quand les terres toutes vertes
Se reparent de leurs pertes:
Baize autant que d'épics meurs
Blondoyent par les chaleurs.
  Autant qu'on voit s'abysmer
De gouttes d'eau sous la mer

Par la campagne Oceane,
Baize moy mon Oriane,
Et autant que dans les Cieux
Flambent de feux radieux.
 Cà que ie baize le rond
De ces beaux yeux, & ce front,
Que ie baize ton oreille
Et ta iouë aussi vermeille
Qu'une rose d'Eglantier,
Donne moy ce sein entier.
 Quoy? ne toucheray-ie pas
La rose qui gist plus bas?
Quoy? ma douce mignardise,
Mon sucre, ma friandise,
Voulez-vous sur vostre sein
Qu'ainsi ie me pasme en vain?
 Bien: puis que ne voulez point
Me permettre ce doux poinct,
Et que ce lieu n'est propice
Pour accepter mon seruice,
Tandis baison rebaison,
Et mon ardeur abuson.

BAIZER.

A Coupe rit quand elle touche
Au double corail de ta bouche,
Oriane, de qui le teint
Le vermeil des couleurs esteint.
Cette coupe qui semble rire
De plaisir qu'elle sent, veut dire

ORIANE.

Que l'homme amant est bien-heureux
Qui gouste aux baisers sauoureux
D'vne si mignarde amoureuse.
Que mon ame seroit heureuse
Si ta douce léure en pressant
L'alloit baisant, beuuant, suçant:
Aussi bien le cœur de mon ame
N'est à moy, mais à toy ma Dame.

D'vn Breuuage d'eau.

Ie n'aime l'eau breuuage trop humide:
 Mais quand tu veux que i'en boiue d'autant,
 Tu prens vn verre, & premiere y tastant
 Tu me le tends à fin que ie le vuide.
I'aimerois mieux cette liqueur qui guide
 Vers Apollon, mais le verre apportant
 Vn doux baiser qui me va confortant,
 Me fait aimer cet element liquide.
Tel Echançon refuser ie ne puis,
 Doux Echançon charme de mes ennuis:
 Car le beau verre ainsi qu'vn bateau passe
Ce chaud baiser qu'il a receu de toy,
Et de sa léure il le redonne à moy,
 Si que telle eau tout le Nectar efface.

Phebus voyant Oriane sortir
 Pour temperer ma trop longue misere,
 Comme ialoux de cette ioye entiere
 Cacha ses rais cuidant la divertir.
Iris voulut à ce Dieu consentir,

LIVRE II.

Et r'amaſſa d'une æle nuagere,
    Chez l'Ocèan force pluye legere,
    Pour empeſcher mon amour de partir.
Ie l'attendois d'une attente ennuyeuſe,
    Quand ſon bel œil plein de clairté ioyeuſe
    Força le temps ayant de moy pitié.
Voyez combien cet ardeur nous commande!
    Rien de meilleur tout deſir ne demande
    Qu'eſtre touſiours aupres de ſa moitié.

Or' que i'entens mille doux mots & mille,
    Tous mes eſprits ſe trouuent ſi contans,
    Que la rigueur des cieux noirs degoutans
    Rend contre nous un effet inutile.
Vous diſcourant ma paſſion gentile,
    De l'air troublé l'iniure ie ne ſens:
    Ie penſe voir la roſee au Printemps
    Qui doucement deſſus les fleurs diſtile.
Quand ſur les flots de la mer bouillonnante
    Vn long chemin perilleux ie tiendrois,
    Ou par les champs de Cyrene brulante,
Aupres de vous nul mal ie ne craindrois.
    Suiuant vos pas meſmes en la nacelle
    Du vieil Caron, la mort me ſeroit belle.

Ie me retourne arriere à chaque pas
    D'un corps laſſé qu'à grand' peine ie porte,
    A fin de voir celle qui me tranſporte
    Quand ie m'abſente en diſant, Ai moy las!
Puis repenſant au bien-heureux ſoulas
    Et aux flambeaux dont ie quitte l'eſcorte,

I.vi.

ORIANE.

Mon pié i'arreste ayant la face morte,
 Et tien fichez mes yeux pleurans en bas.
Apres ie tremble, & m'ébahis à l'heure
 Comment la vie auec mon corps demeure,
 Veu que l'esprit en est loin separé.
Amour dit lors : Que cela ne t'estonne,
„ De viure ainsi tu puis estre asseuré:
„ Tel priuilege à tous les miens se donne.

On nous defend la parole & la voix
 Pour delier l'amitié qui nous lie,
 Et l'œil ialoux comme vn Argus épie
 Si du sourcil vn doux clin ie reçois.
En quelque part que i'aille où que tu sois,
 Ie voy tousiours nostre vieille ennemie
 Qui suit tes pas, & resemble à l'Enuie
 Voulant forcer d'Amour les saintes loix.
Sotte rigueur! tant plus elle s'efforce
 Forcer Amour, plus Amour se r'enforce:
 Plus nous separe & tant plus nous conioint.
Vieille maudite, & de sens depourueuë,
 Iette sur nous tant que voudras la veuë,
 Iusqu'en nos cœurs ton œil ne verra point!

Le Soleil quatre fois a finy le voyage
 De ses douze maisons, nous ramenant les iours
 Et les quatre Saisons compagnes de son cours,
 Depuis qu'à tes beautez i'ay rendu tout hommage.
Toutefois par le temps n'est changé mon courage,
 Et ie n'éprouue moins le pouuoir des amours
 Qu'alors que ie fu pris : car les tours & retours

LIVRE II.

Du changemẽt humain sont pour vn cœur volage.
Mais ce qui plus m'a fait constant en amitié
C'est que tu m'as aimé non moins que ta moitié,
Et qu'aussi de ta part tu n'as esté muable.
Quand la cause ne change on ne change l'effet:
Et pour faire en amour l'assemblement parfait
Il faut de mesme poix vne amitié semblable.

De se resiouir.

VNE horrible tempeste à ridé tous les Cieux,
L'Air menace de choir sur le champ pluuieux,
L'Aquilon Thracien les belles fleurs moissonne,
Et dans le bois feuillu grommelant il s'entonne.
Amis selon le temps prenons l'occasion,
Et déridons le front de toute passion:
Tandis que nos genoux verdissent en leur force,
Et que rire nous sied, de rire qu'on s'efforce.
Thyrsis verse du vin des coutaux Vandomois,
Ie veux tous mes soucis noyer à cette fois.
Soyons soyons ioyeux : Dieu clement de nature
Changera tout en mieux par heureuse auanture.
Maintenant il me plaist au giron me pancher
De quelque belle Nymphe, & là me defascher
Touchant les nerfs d'vn Lut coupable de ma peine,
A qui s'accordera sa voix d'vne Sereine.
Chiron noble Centaure à son grand nourriçon
Iadis chanta, prophete, vne telle Chanson:
Inuaincu fils mortel d'vne mere Deesse,
Tu ne dois pas mourir en ton païs de Grece:

I.vij.

ORIANE.

D'Assarace la terre & le flot Scamandrin,
Le glissant Simoïs t'attendent à ta fin.
Là t'est clos ton retour par vne destinee:
Les Destins y ont mis ta derniere iournee,
Et la blanche Tethys ne te ramenera,
Car deuant Ilion vn Dieu te domtera.
Ton mal donc enchantant & en beuuant soulage,
Ces plaisirs aux malheurs soutiennent le courage.

Pour des Iartieres.

DONQVES, Maistresse, assez de mille nœuds
Ne me lioyent vos beaux & longs cheueux,
(Cheueux nenny, mais soye la plus fine
Qu'on voye à nous arriuer de Messine)
Sans me vouloir plus en plus de rechef
Lier les piés comme m'auez le chef?
Quoy? pensez-vous que ces belles Iartieres
Faites à ret de vos deux mains ouurieres,
Ayent pouuoir de m'estraindre plus fort
Pour vous seruir iusqu'aux traits de la mort?
Rien ne sçauroit m'esclauer dauantage:
Vos beaux cheueux ont fourny de cordage
A ce Tyran qui me vint garrotter
Sans que ie peusse au destin resister:
Et ce lien captiue ma franchise
Si doucement qu'il ne me tyrannise.
O blons Cheueux, qui sans trop me gesner
Si gentiment sçauez m'emprisonner,

LIVRE II.

Cheueux plus doux que la plume d'vn Cygne
Qui dans le ciel ferez vn nouueau signe.
  Autour du bras ie porte vn beau cordon,
Fait de vos nœuds, c'est vn amoureux don,
Qui me plaist tant, que ie suis priué d'aise
Si mille fois ne le baise & rebaise.
Puis estant faict de vostre blanche main
Ce m'est vn don que ie ne pense humain.
Estimiez-vous, puis que mon ame est vostre,
Et ma Raison inuincible à toute autre,
Qu'en diuers lieux ie tourneroy mes pas
Si ne tramiez encor ces nouueaux laqs?
Vous vous trompez : mes pieds ne pourront suiure
Autre suiet que ce qui me fait viure.
C'est la Raison qui le Vouloir conduit,
Et puis le pié nostre volonté suit.
  Ils sont ourdis de fine soye eleüe,
Les couleurs sont blanche, incarnate & bleüe:
Le Bleu m'apprend qu'en vostre haut esprit
Rien de mortel, mais le ciel est escrit:
Le blanc nous montre en l'amoureuse prise
Qu'on doit tousiours garder la foy promise:
Et l'incarnat est vn signal certain
Qu'vn vray amour de flammes est tout plein.
Qu'heureux ie suis, si d'amitié parfaite
Vous égalez ma volonté suiette,
Ne pouuant rien sinon de moy penser,
Comme vous seule en moy pouuez passer.
  Quand l'autre iour i'abandonnay le Loire
De mes plaisirs oyez vn peu l'histoire.
Ie promenois & allois maniant

ORIANE.

Ore vn cheual en me desennuyant:
Or' ie leuois vn Lieure de son giste,
Faisant apres lascher vn Leurier viste:
Or' ie courois à l'ombrage des bois
Où vne Echo respondoit à ma voix:
Or' ie pressois dessous mes pas la riue
Qui tient du Loir la carriere fuitiue:
Mais ces plaisirs ne me donnoyent plaisir.
Le cœur blessé d'vn amoureux desir
Ne se plaisoit qu'à repenser sans cesse
Le iour heureux de reuoir sa Maistresse:
Nul passetemps ne le pouuoit tenir
Qu'il ne voulust prés de vous reuenir,
Tant fortement vne amoureuse chaisne
Tousiours esclaue à vos piés le retraisne.
La chaisne est longue, & ne sçaurois aller
Mesme où Gangés fait ses ondes couler,
Qu'elle ne tienne encor mon ame serre
Pour me remettre en la main qui m'enferre.
 Comme vn forçat infiniment faché
D'estre long temps en cadene attaché,
Mille moyens de s'euader desire,
Mais tout en vain, car son cep le retire:
De mesme en vain ie supplirois Amour
Rompre les fers qu'il m'a mis à l'entour.
Car sous vos loix il m'a voulu soumettre
Et sur ma foy l'Empire vous permettre,
Dont ses liens me captiuent si bien
Que ie me plais en vn si beau lien.

VN ADIEV.

VIDE mes pas amoureuse Maistresse,
Auec Amour, or' que plein de tristesse
Bien loing de toy ie m'absente d'ici,
Rompu de dueil, de peine, & de souci:
Ie sens desia s'aneantir ma force,
Et que de moy ne reste que l'escorce
Laissant ici ma pensee & mon cœur.
Restez en l'œil qui en fut le vainqueur:
Estre ie pense en vne fosse noire
Depuis qu'il faut que ie quitte mon Loire,
Et deuant moy campe vne obscure nuict,
Sortant du iour qui tout seul me reluit.
 I'auray du corps mon ame separee,
Ie sens desia qu'elle n'est asseuree,
Et qu'à l'adieu de ce triste depart
Elle s'en va loger en autre part,
Viuant sans plus lors qu'en tes yeux, Madame,
Elle se paist & nourrist de sa flame.
Sans ame, ô Dieu, pourray-ie respirer?
Veit-on iamais l'homme vif demeurer
Sans auoir l'ame au corps le corps mouuante?
O chers Amans, pleins d'amitié constante
Regardez moy! vous verrez l'amoureux
Estre viuant en plaisir langoureux,
Mesme sans ame, & sans cœur, & sans vie
Qui ont tousiours ma Maistresse suiuie:
Tel priuilege ha l'amoureux transi,
Viure en l'aimee, & ne viure qu'ainsi.

ORIANE.

Coutaux vineux, adieu plaines herbeuses,
Course de Loire aux riues sablonneuses,
Adieu maison de nos amours témoin,
Tousiours mon nom fay bruire en quelque coin,
A fin qu'on aye en si facheuse absence
Vne heure au iour de moy la souuenance,
Qui me sera bien suffisant payment
De mon gentil & gracieux tourment.
Adieu plaisirs, amoureuses blandices,
Adieu mon bien, mes plus cheres delices,
Adieu mon cœur, mon sang, mon souuenir:
Las! que pourray-ie, estant loin, deuenir?
Loin de tes yeux qui mon ame sustentent,
Et seuls tousiours seulement me contentent?
Soit qu'en la mer se plonge le Soleil,
Soit qu'il en sorte, il trouuera mon œil
Ne priser rien sa clairté coustumiere
Pour ne voir point ta celeste lumiere:
Car ie ne veux viure au monde sinon
Que pour loüer les graces de ton nom.
 Doncques adieu, prez, monts, taillis, & plaines,
Et vous chemins coupables de mes peines,
Que tant de fois i'ay frayé sous mes pas
Allant au lieu cause de mon trespas.
Adieu Maistresse, & tousiours te souuienne
De souhaiter que bien tost ie reuienne.

LIVRE II.

ELEGIE.

LYSE, mon cœur, ie vous pry ne pensez
Que la longueur de tant de mois passez
(De tant de mois qui me font des annees
Par vn Destin en tristesse tournees)
M'ait tant soit peu chasser le souuenir
De vos beautez qui m'ont peu retenir.
Sous vostre nom ie fay sonner les plaines
Et les rochers, vrais témoins de mes peines.
Combien souuent d'vne amoureuse voix
Ay-ie animé de vostre nom les bois,
Antres, coutaux, fontaines, & riuieres,
Leur racontant vos graces singulieres?
Ils m'ont ouy tant de fois vous nommer
Qu'ils sont contraints mesme de vous aimer.
Ie porte en l'œil comme blancheur insigne
L'Iuoire blanc de vostre col de Cygne,
Et i'imagine enfler vostre collet
Sous les soupirs de vos deux monts de laict:
Puis ie reuoy vostre ame non oisiue
Qui est par tout à toute chose actiue,
Et sens d'icy qu'vn destour de vos yeux
Remplit d'Amour les terres & les cieux.
Combien de fois renouuelant la gloire
De vos vertus, sur les riues de Loire
Ay-ie conté mes plaintes nuict & iour
Aux vents ailez que i'echaufois d'amour?
Et prié Loire en ses eaux sablonneuses
De vous porter mes larmes amoureuses?
Heureux son flot qui leche le chasteau

ORIANE.

Où de mon cœur repose le tombeau,
Flot paresseux qui de course plus lente
Passe par là, tant vostre œil le contente.
Le froid de l'eau qui luy est naturel
N'empéche Amour de luy estre cruel:
En maints endroicts son ardeur continue
Fait que lon voit son arene menue,
Et que desia les bateaux forestiers
Sont aggrauez sur les iaunes grauiers,
Bien que l'Esté les riuieres ne hume:
Car c'est de vous que ce chaud le consume.
 Le flot de Loire ainsin à vous courant
Vostre beau nom va tousiours murmurant,
Que tant de fois en me l'oyant redire
Il s'est appris & en sent le martyre:
Mais plus heureux ie l'estime que moy,
C'est que baisant il moindrist son ennoy,
Baisant, mignard, vostre belle demeure
Où loin de vous il conuient que ie meure.
Il voudroit bien vous pouuoir discourir
Que vostre feu le fait presque tarir,
Et qu'vn desir tellement le manie
Que son chemin & soymesme il oublie:
Mais il ne peut, seulement ce qu'il peut,
Comme se plaindre en murmurant, il veut.
Moy qui lointain ne vous sçaurois attaindre,
Par cet escrit suis contraint de me plaindre,
Iniuriant la Fortune & les Cieux
D'estre si fort sur mon aise enuieux,
M'ayant banni comme par vne enuie
De ce bonheur qui m'est plus que la vie.

Autant qu'on voit le Loire humilié
Sous le Chasteau dont il baigne le pié,
Autant ie suis sans tache d'aucun vice
Humble en tous lieux à vous faire seruice.
 Quand à foison le Pauot endormant
Abbreuueroit mon trauail vehement,
Il ne feroit dormir la peine dure
Que pour aimer & ne vous voir i'endure.
Plustost iront contremont les ruisseaux,
Plustost sous mer se paistront les oyseaux,
Que de mon cœur l'impression s'enfuye,
En qui le sort de ma gloire s'appuye.

IE laisseray le noir qui est vn témoignage
 A tous par le dehors de l'inuincible dueil
 Que ie souffre en mon sein, depuis que le cercueil
Enferme auarement mon plus riche heritage.
Mais ie ne puis laisser l'ennuy de mon dommage,
 Ma Nauire est rompue attainte d'vn escueil,
 Puis que sous le sepulchre est caché ce bel œil
Qui d'amour mutuelle enflamboit mon courage.
O iour, ô heure, ô mois sur tous infortuné,
 Où d'eternelle nuict se veit enuironné
 L'astre de ces beaux yeux escortes de ma vie!
Vous me serez tousiours merquez d'vn crayon noir,
 An, mois, iour & moment, où contre mon vouloir
 La Parque ma richesse & ma ioye a rauie.

ORIANE.

Amour se lamentoit, & sa mere éploree
  Dechirant ses cheueux ses plaintes redoubloit,
  Quand la perfection que ma Dame assembloit
  S'enuola dans le Ciel pour y estre adoree.
La Beauté gemissoit, & d'aspect égaree
  D'vn tenebreux manteau sa face receloit:
  Des trois Graces la voix par iniure appeloit
  La Mort cruelle aueugle, à mal faire asseuree.
L'Honneur & la Vertu crioyent de tout costé:
  Nostre Soleil esteint nous sommes sans clairté,
  La terre maintenant de lumiere est deserte.
Alors Nature mesme auisant son malheur,
  Ententiue aux effets de si iuste douleur,
  Quitta le soin du monde en témoin de sa perte.

FIN DV SECOND LIVRE.

LES AMOVRS
D'EVRYMEDON
ET DE CAL-
LIREE.

TROISIEME LIVRE.

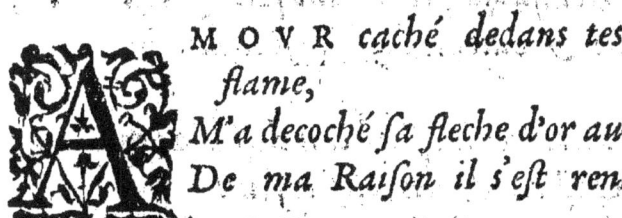AMOVR caché dedans tes yeux de flame,
  M'a decoché sa fleche d'or au cœur,
  De ma Raison il s'est rendu vain-
    queur,
Te subiugant les desirs de mon ame.
Mon sang bouillant au souphre qui l'enflame,
  D'Hercule sent la derniere chaleur:
  Mais te voyant s'attrampe ma douleur,
Et pour cela ton aide ie reclaime.
Si douce ardeur bouillonne dans mes veines
  Que d'autre feu iamais ne seront pleines,
I'en iure Styx non pariurable aux Dieux.
Car mon amour d'autant tout autre efface
  Que le Soleil les feux de ces bas lieux,
  Et que les miens de grandeur ie surpasse.

CALLIREE.

D'vn Miroir.

Pour connoistre les traits de vostre grand' beauté
   Ne croyez au miroir : de son crystal la glace
   Ne peut representer combien peut vostre face,
   Si bien au vif que moy par ses fleches domté.
Mirez-vous sur mes ans qui auoyent resisté
   Si long temps à l'Amour, méprisant son audace:
   Dessus toutes beautez vous emportez la grace
   Autant que par mon feu tout autre est surmonté.
Tant plus vn Chesne est dur & ferme de racine,
   Tant plus le vent épais qui d'haleine mutine
   L'éclate, rompt, abat, declare son pouuoir.
Et tant plus vne ville est d'assaut imprenable,
   Le Guerrier qui la prend tant plus est redoutable,
   Des forces & valeurs l'effect est le miroir.

Quand Nature voulut son beau chef-d'œuure faire,
   Elle fit Calliree, & des celestes feux
   Tirant l'or en tressa ses blondoyans cheueux,
   Et les rais du Soleil voulut son œil parfaire:
Oeil, luymesme Soleil qui sur la France éclaire.
   Puis rauit de la Lune au visage honteux
   L'argent qu'elle enflamba de rayons amoureux,
   Afin qu'aus plus grâs dieux sa face peust cõplaire.
En son beau sein poly prodiguement versa
   Les perles & rubis qu'au Ciel elle amassa.
   Quel Apelle sçauroit des beautez nompareilles
Peindre la moindre part? seule & rare beauté
   Celuy seul te peindra, qui peindra les merueilles
   De Dieu qu'on ne comprend en son infinité.

Ie puis

Ie puis tout & ne puis aller voir ma Maiſtreſſe,
  Maiſtreſſe de mon cœur qui me laiſſe & la ſuit
  Pour viure aupres du ſien, ſoit de iour ſoit de nuit
  Renforçant mes deſirs & le ſoin qui me preſſe.
Que ne puis-ie imiter la force changereſſe
  Du puiſſant Iupiter qui tant de formes prit
  Quand à cacher ſes faits Cupidon luy apprit?
  Que ne ſçay-ie les arts de Circe enchantereſſe?
Ie me transformerois ſi bien que tous les iours
  Ie paiſtrois mon deſir du fruit de mes amours
  Sans que l'œil enuieux eſpiaſt ma preſence.
Mes ſeruiteurs ont l'heur que ie ne puis auoir,
  Ie voudrois à leur bien eſchanger mon pouuoir:
  Ainſi de trop pouuoir ie n'ay point de puiſſance.

Au Penſer.

Traiſtre penſer nourricier de ma peine
  Qui tient captif mon triſte ſouuenir,
  Et ne permets mon cœur s'en reuenir
  Hors des priſons de ma douce inhumaine.
En vn inſtant ma playe ſeroit ſaine
  Si tu voulois : mais pour t'entretenir
  D'vn haut ſuiet il te plaiſt maintenir
  Ce mal qui rampe & va de veine en veine.
Tu viens touſiours ma playe égratigner
  Preſte à ſe clorre, & la fais reſaigner,
  Me retraiſnant malgré moy vers ma Dame.
De pis en pis tu rengreges mon mal.
  Tu deuſſes voir, ô fuitif deſloyal,
  Que tu te perds penſant perdre mon ame.

K.i.

GALLIREE.

CHANSON.

QVAND l'amour de Calliree
Brula d'vn double brandon
Le haut cœur d'Eurymedon,
Dedans l'émail d'vne pree
S'accompagnant de ses sœurs
Elle ramassoit des fleurs.
Au milieu de ses compagnes
Elle resembloit vn pré
De lis & roses pourpré,
Telle que sur les montagnes
Ou dedans vne forest
La sœur de Phebus parest:
Son ardeur qu'autre n'egale
Fit que son sceptre il laissa,
Et la grandeur abaissa
De sa Maiesté royale,
Puis ainsi pour luy conter
Ses douleurs, vint à chanter.
Le puissant fils de Cythere
N'espargnant hommes ny Dieux
Seme ses dards en tous lieux,
Et rien ne se peut deffaire
De ses traits doux & cuisans
Tost ou tard nous attisans.
Seul ie méprisois sa gloire
Farouche, comme vn Poulain
Qui ne veut mascher le frain,
Quand d'vne haute victoire

LIVRE III.

Voulant son char decorer
Son arc m'est venu tirer.
Iusqu'icy la Destinee
M'a gardé ma liberté
Pour ne me voir surmonté
Que de toy Nymphe bien nee,
Lors que plus libre i'estois
Et que rien ie ne doutois.
Mais ce Dieu de telle sorte
M'a captiué mon desir
Que des liens i'ay plaisir
Qu'à ton seruice ie porte,
Mes honneurs ne prisant rien
Au prix de l'heur d'estre tien.
La Maiesté ne s'assemble
A l'amour, mais t'obeïr
I'aime mieux, que de iouïr
De cent Royaumes ensemble.
,, On peut viure en ce seiour
,, Sans regne & non sans amour.
Douce seroit la iournee
Qu'auec toy ie passerois,
Alors ie souhaiterois
Qu'elle durast vne annee
Pour iouir de tes regards
Et de tes deuis mignards.
Apollon voulut bien estre
L'vn des petits pastoureaux
Qui les bœufs & les toreaux
D'Admete aux champs mena paistre,
Et puissant Dieu ne trouuoit

K.ij.

Remede en l'art qu'il sçauoit.
Belle à Venus resemblante,
 Vne seconde Pallas,
 Plustost le cours sera las
 De l'onde tousiours coulante,
 Que ie sois las d'estimer
 Tes beautez, ny de t'aimer.
Et si tu restes cruelle
 Ie lasseray ta rigueur
 Plustost que lasser mon cœur
 De t'estre à iamais fidelle:
 Le clair Diamant n'est tant
 Ferme que ie suis constant.
De tels mots fut acheuee
 La chanson de cet amant,
 Qui sentoit plus asprement
 La flamme non esprouuee,
 Qu'vn bois ensouffré, gommeux,
 Ambrasé de larges feux.
La Nymphe d'vn trait d'œillade
 Qui comme vn esclair sortit
 De l'œil senestre, aduertit
 Qu'elle deuenoit malade
 De mutuelle amitié,
 Par son chant meuë à pitié.
Ainsi la forte puissance
 Du Destin, peut allier
 Deux ames & les lier
 Alors que moins on y pense.
„ Toute Fortune ha son poinct
„ Qui caché ne se voit point.

LIVRE III.
ODE.

IOVR & nuict flambe mon cœur
 D'vne montagne de flame,
 D'vn Montgibel plein d'ardeur
 Qui boüillonne dans mon ame.
Tu maintiens en moy ce feu
 Qui iamais ne sera maindre,
 Que nulle onde tant soit peu
 Ne pourra iamais estaindre.
Ainsi la pierre qui vient
 Du Pont riuiere de Thrace,
 Au milieu des eaux maintient
 Son feu qui les eaux surpasse.
L'onde ne le peut tuer,
 Ny la chaleur allumee
 Ne la peut diminuer
 Bienque tousiours enflamee.
Tu fis vn lampron ardent
 De l'amoureuse chambrete
 De mon cœur tousiours gardant
 Vne lampe si segrete.
La meche où le feu s'esprend
 C'est ma vie languissante:
 L'espoir que mon ame prend,
 Est l'huile qui l'alimente.
Tu me l'espargnes souuent,
 Et souuent tu me la verses
 A grand flot, en abreuuant
 Toutes mes peines diuerses.
Si tu veux mon feu nourrir

CALLIREE.

Mets de l'huile par mesure
  Qui l'engarde de mourir
  Par son humide pasture.
Ne m'en donne trop, à fin
  Que ma flamme trop nourrie
  Ne s'estouffe prenant fin,
  Douce flamme de ma vie.
Ie l'appelle douce ainsi
  Pour flamber en ton seruice,
  Mais ne la permets aussi
  Languir sans l'humeur nourrice.

ELEGIE.

DOIS-IE sans lamenter de ce malheur me taire,
Qui rend à mon trauail toute chose contraire?
Ie me contrains d'aimer ce que ie n'aime point
D'Amour dissimulé qui mon ame ne poind.
Pour conseruer & vous & le feu qui m'allume,
Lequel plus ie le cache & tant plus me consume,
Toutefois sans m'aimer douteuse de ma foy
Vous ne croyez aux maux que pour vous ie reçoy:
Mais à tous il ne faut son vœu faire connoistre
Pource que l'heur n'est bon qui trop se fait paroistre.
,,   Le bien qui trop paroist est tousiours enuié
,, Et de cent yeux d'Argus à toute heure espié.
,, Les Neges sur vn haut és montagnes pendues
,, Sont plustost du soleil que les autres fondues:
,, Et le Sapin planté sur la croupe d'vn mont
,, Est plustost abatu par les vents que ne sont

« Les arbres d'vn vallon : pourtant ie dißimule
Par force, de bruler au feu qui ne me brule,
A fin qu'en vostre amour ie me puiße auancer
Sans que m'en destournant rien me vienne offenser.
Ce qui plus me tourmente est que ne voulez croire
Que seule sur ma foy vous auez la victoire,
Bien que par tous moyens qu'vn amant forcené
Des passions d'Amour ait oncq imaginé
I'aye assuré vos yeux de ma volonté serue
Et de ma loyauté que pour vous ie reserue.
Que si opiniastre en vostre cruauté
Vous ne donnez creance à ma fidelité
Et voulez l'asseurer par vne longue preuue
Par vn long fil de temps, ie crain que ie ne treuue
En si grande longueur la borne de mon iour
Impatient du mal que me liure l'amour.
Ainsi voit-on souuent vn soldat entre mille
Courageux à gaigner les rempars d'vne ville
En maint & maint assaut esprouuant sa vertu,
Par la suite des mois estre en fin combatu
Et vaincu de trauail, plustost perdre la vie
Que le cœur d'emporter la muraille assaillie.
Rien n'est si dommageable à l'ardente amitié
Qu'vne dame superbe & veuue de pitié,
Qu'vne preuue trop longue, & n'est ame si forte
Qu'vn malheur continu à la longue n'emporte.
Vn grand feu violant qui boüillonne au fourneau
Si tousiours on y iette vne abondance d'eau,
A la fin la froideur & l'humeur continue
Peu à peu l'amortist le consomme & le tue:
Pour le moins si meslant l'esperance à la peur,

K.iiij.

CALLIREE.

Le miel auec le fiel, le doux à la rigueur
Vous temperiez vn peu la peine que i'endure,
Ie ne craindrois si tost de la Parque l'iniure.
Ainsi les Medecins pour faire aualler mieux
Le ius d'Absinthe amer au pauure langoureux
Le temperent de miel, à fin que tel breuuage
Ne pique de son goust les léures au passage.
   Toutefois s'il vous plaist ma constance éprouuer,
Vous pourrez en amour vn Hercule trouuer:
Car tout ainsi qu'Hercule ayant l'ame indomtee
Sans iamais contredire au vouloir d'Eurysthee
Et de Iunon marastre, acheua ses labeurs
Surmontant la rigueur de ses deux commandeurs:
Ainsi maugré le Sort ie seray inuincible:
A mon bouillon d'amour possible est l'impossible,
Et moindre me sera la peine d'endurer
Qu'à vous de m'éprouuer, occire & martyrer,
Ne desirant que viure en vostre obeïssance,
Sous le commandement d'vne belle puissance.

ELEGIE.

LE Soleil en naissant fait resiouir le monde,
Et de ses rais luisans touche la terre &
   l'onde:
Malheureux est celuy qui ne voit le Soleil,
Et qui n'œillade point son rayon nompareil:
C'est vn Dieu tousiours beau pere de la ieunesse,
Par qui tout l'Vniuers s'affranchist de vieillesse.

Aussi vous retenant des beautez la beauté,
L'honneur & la vertu, douce de cruauté,
L'homme seroit mal-né, privé d'intelligence,
S'il n'estoit serviteur d'une telle excellence,
Et s'il ne regardoit le beau iour de vos yeux
Qui pourroyent faire honte à ce flambeau des cieux.

  Ie ne me vante heureux, bien que les Destinees
M'ayent par leur faueur mille graces donnees:
Mais ie me vante heureux, seulement pour auoir
Cette grace du Ciel que ie vous puisse voir,
Vous qui estes l'honneur des Dames de nostre âge,
De qui l'œil Paphien subiugue mon courage:
Oeil diuin qui pourroit les batailles domter,
Pour qui de son palais descendroit Iupiter
Se muant & cachant en cent metamorphoses
A fin de posseder la merueille des choses:
Et c'est pourquoy ie dy dessus tous fortuné
Pour estre de vos ans, le iour où ie fus né.

  Admirant vos vertus & beautez de ieunesse,
Ie ne chante que vous à toute heure sans cesse
Sans iamais me saouler : Ainsi le Rossignol
Parmy les bois fueillus d'amourettes tout fol
Caresse son amante en la fraische nuitee,
Decoupant sa chanson d'une voix écoutee:
,, On ne se peut tenir de plaindre son souci,
,, Ie ne me puis lasser de vous chanter aussi.

CALEIREE.
De la Volte.

TES yeux au cœur m'ont versé tant d'amour
Que ie languis soit de nuict soit de iour.
De tous Amans la poitrine enflamee
Ne sent sinon qu'vne chaude fumee
Au prix du feu qui me vient consumer.
De cent brasiers ie me sens allumer!
Comme en vertus tu parois admirable,
Nul autre amour n'est au mien comparable:
Celuy qui tient ceux du vulgaire épris
Tant seulement enleue leurs esprits
Vers le seiour où est leur origine:
Mais las! du mien la force est si diuine
Et du vulgaire il est tant eslongné,
De tant d'ardeur il est accompagné
Que seulement mon ame il ne transporte
Dedans le ciel, mais dauantage y porte
Mon corps leger, luy despouillant le faix
Qui charge icy les membres imparfaits:
Pource à bon droit on attache aux aisselles
De l'Archerot, vn double auiron d'ailes:
Et à bon droit on luy donne le feu
Des Elemens qui tient le plus haut lieu,
Montrant qu'il est d'vne nature promte,
Ardante, & viue, & qu'au Ciel il se monte.
 Comme l'Esté de flammes allumé
Et le Soleil de rayons tout armé
Frappant à plomb les terres alterees
Vont eleuant les humeurs attirees,
Et font subtile vne grosse vapeur
Dont s'allegist sa moite pesanteur.

Ainsi l'Amour au Ciel m'attire l'ame,
M'euaporant par sa gentille flame
Tout l'imparfaict du terrestre fardeau:
Il fait mon corps leger comme vn oyseau,
Et de la terre il dérobe ma plante
Me souleuant de son æle volante:
Ie vole en l'air transporté de plaisir
Pour toy mon cœur, mon sang, & mon desir.
 Hà que ie sens l'effect de son essence,
Quand aux flambeaux la Prouençale danse
Me fait iouir de ton corps ambrassé
Flanc contre flanc pres du mien enlacé!
Ie porte au dos des æles inconnuës
Qu'Amour m'attache & vole dans les nuës:
Mille flambeaux en quarré tous ardans
Vont à l'enui la volte regardans,
Et du grand feu qui brule mon courage
Font éclairer leurs lampes dauantage,
Cuidant ainsi le vaincre de clairté:
Mais ton bel œil par qui ie suis domté,
Puissant de faire vn iour de la nuict brune,
Augmente alors ma flamme non commune
Telle qu'on voit tant de feux allumez
Estre de honte à la fin consumez,
Ou bien d'Amour qui les brule, Maistresse,
Par tes beaux yeux: leur cire il ne delaisse
Que tout leur corps ne se perde écoulé
Ainsi que moy, qui viuant suis brulé
D'vn feu si grand qu'il ne lairra ma vie
Qu'elle ne soit en cendre conuertie.
 Donc en dansant i'ay le corps si leger

K.vi.

CALLIREE.

Que loin de terre au Ciel i'irois loger
Aigle d'amour, tant ma force amoureuse
N'est point vulgaire, ains haute & genereuse,
Si ta beauté me suiuoit parmi l'air :
Mais tout soudain mon vol se vient caler
Et retombant mes æles ie reserre
Voyant ton pié demourer sur la terre,
Qui toutefois, leger, ne cede en rien
A ce que dit le vers Virgilien
De la guerriere & superbe Camille,
Qui sur les bleds auec sa plante agille,
Eust peu courir sans les épics toucher,
Et sur la mer sans l'attaindre marcher.
Las ! que ferois-ie en cette maison haute
De Iupiter, si de toy i'auois faute ?
Et quel plaisir aurois-ie entre les Dieux
Sans le beau iour des astres de tes yeux ?
Ha ! tant s'en faut que monter ie voulusse
Au Ciel sans toy, bien que voler i'y peusse :
Que si i'estois l'eternel commandeur
Ie quitterois l'Olympe & ma grandeur,
Et descendrois sur la terre nourrice
Pour dedier mes ans à ton seruice.
Les biens, l'estat, ny la felicité
Des Immortels ne vallent ta beauté,
Et ie ne porte à leurs femmes enuie,
A leur nectar ny à leur ambrosie,
Pourueu qu'ici ie me paisse tousiours
De tes beautez, vray temple des amours,
Et qu'au nectar de ta bouche sacree
Ma léure soit tousiours desalteree.

LIVRE III.

La Deesse des bois ialouse de mon heur
A derobé la proye à ta meute aboyante,
Tant que la nuict bornant ta poursuite courante
A ravy loin de moy ce qui plaist à mon cœur.
Diane, ie te pry, ne garde ta rancœur,
Ne retien plus és bois le bien qui me contante,
Ou que ie porte au col vne trompe sonnante,
Et que par les forests ie suiue mon vainqueur.
Ce n'est pas d'auiourdhuy que tu portes enuie
A ceux qui vont suiuant vne amoureuse vie:
Et Leucone & Procris en donnent témoignage.
Ami quitte la chasse. Hé, ne vaut-il pas mieux
Entre-blesser nos cœurs du rayon de nos yeux
Que s'acharner au sang d'vne beste sauuage?

De l'Androgyne figuré par la danse des voltes.

DOVCE *Erato, qui dans le monde cours*
Y conduisant sans aucun artifice
Ton char tiré par de petits Amours
Nourris en Gnide, Amathonte, & Eryce.
Tu tiens en toy le pouuoir de Venus,
Par tes chansons tu flattes les pucelles
A qui les traits & feux sont inconnus
Dont Cupidon arme ses mains cruelles.
De là tu pris ton beau nom amoureux:
Vien Muse vien, & agence bien l'onde
De ton poil blond: Qu'vn Myrte auec ses nœuds
L'engarde au vent de iouer vagabonde.

CALLIREE.

Dy nous comment Cytheree inuenta
La volte où l'homme & la femme ambrassee
Tournent à bonds : Dy qui premier sauta
Pressant sa dame en ce point enlassee.

   Aux siecles vieux vn Androgyne estoit,
Ensemble masle & ensemble femelle,
Dont la figure en cercle se voutoit
Par vnion d'amitié non mortelle.

   Sur quatre pieds elle pouuoit marcher
Et de quatre yeux voyoit ce qui s'oppose:
De quatre mains elle pouuoit toucher,
De quatre oreille' escouter toute chose.

   Rien ne manquoit à la perfection
De ces deux VN : leur puissance estoit grande,
Leur esprit grand poussé d'ambition,
Et leur orgueil rien que grand ne demande.

   Hautains & fiers ils s'oserent vanter
D'aller au Ciel aux Dieux faire la guerre,
Pour en chasser par armes Iupiter
Et luy rauir sa foudre & son tonnerre.

   Comme autres fois les deux freres puissans
Ephialtés & Otus Aloïdes,
Qui les hauts Dieux allerent menaçans
Ayant l'audace & la force pour guides.

   De l'Androgyne estoit l'orgueil pareil:
Lors Iupiter en son throsne se plante,
Et fait venir tous les Dieux au conseil,
Pour ordonner de la guerre pressante.

   Du Ciel trembla son fondement voûté
Dessous les pas de la sainte assemblee,
Quand Iupiter d'vn parler redouté

LIVRE III.

Leur décourit sa colere troublee.

Dois-ie abyſmer, occire, foudroyer,
Perdre du tout cette race Androgyne,
Qui temeraire oſe nous guerroyer,
Comme iadis l'audace Geantine?

Il diſt ainſi : L'aduis des Immortels
Ne conſentit de foudroyer leurs teſtes.
Qui (diſoyent-il) baſtiroit des autels
Et des maiſons pour celebrer nos feſtes?

Bien toſt verrions nos honneurs ſe finir:
Si ne faut-il ſouffrir telle inſolence,
Mais aſprement la rompre & la punir,
Affoibliſſant de moitié leur puiſſance.

Lors Iupiter ſagement aduiſa,
A fin qu'aux Dieux il fuſſent plus vtiles,
Croiſſant le nombre, en deux les diuiſa
Et les rendit de force plus debiles.

Deliberant à leur ſecond orgueil
Partir encor cette moitié coupee,
A fin qu'apres marchant ſur vn ortueil
A cloche-pié leur iambe fuſt portee.

Comme l'on fend des œuues de poiſſon
Auec vn fil, pour confire en ſaumure,
Il les fendit en la meſme façon,
Par le nombril, merque de tel iniure.

Ainſi coupez moitié de ſa moitié
Qu'euſſent-ils fait ſans toy bonne Cythere,
Sans toy Cypris du monde l'amitié
A qui le rond de la terre obtempere?

Ils periſſoyent ſans ta promte merci,
Sans ta vertu, qui ſeule à ſoy reſemble!

CALLIREE.

Mais au besoing ton genereux souci
Vint r'allier mille moitiez ensemble.
    Là Cupidon ton fils t'accompagnoit,
Qui aux moitiez de se ioindre commande:
De toutes parts en vn les reioignoit
Ayant autour de ses freres la bande.
    Force, Ieunesse, auec le Ieu mignard,
Luy aiguisoyent ses fleches acerees,
Et bien souuent ils destrampoyent son dard
Au doux venin qni charme les pensees.
    Adonc Venus gaye d'vn tel enfant
De plus en plus se mesloit és courages,
Et dans son char pompeux & trionfant
Guidoit le frein de ses pigeons volages.
    Lors de bouquets ensleura ses cheueux
Et ordonna la Volte de Prouence,
Qui est encor du lien bien-heureux
De l'Androgyne vne douce semblance.
    Mars flanc à flanc premier elle ambrassa:
Luy tout rauy d'amour qu'elle luy porte,
Sans se lasser tout vn soir la dansa
Tournant, voltant, d'vne diuine sorte.
    Il se fondoit pres d'elle de plaisir
Comme se fond aupres du feu la cire:
Elle qui voit son amoureux desir,
Plus belle encor se fait de son martyre.
    D'vn art caché, risee, elle se plaist
De luy complaire, & tout expres luy montre
(Bondissant haut) vne gréue qui est
D'vn si beau tour que telle on ne rencontre.
    Tantost, finette, elle ouuroit son beau sein,

LIVRE III.

Riche des fleurs au mois d'Auril écloses,
D'œillets, d'iuoire, & de perles tout plein,
Tantost cachoit ses beaux lys & ses roses.

Elle mesloit au passetemps de Mars
Quelque rigueur, un petit inhumaine,
De mille traicts & de mille regards
Le retenant en liesse & en peine.

Ainsi Cypris à fin d'eterniser
Son grand bien faict eternité des hommes,
Voulut la Volte en ce poinct composer
Dont amoureux & bien-heureux nous sommes.

Amour apres de Cypre l'auança
En la Prouence à Venus agreable,
Où châque amant si bien s'y exerça
Que de leur nom se nomma Prouençale.

O volupté des hommes & des Dieux
Royne Venus, Erycine doree,
Fay que nos cœurs soyent tousiours enuieux
De rechercher leur moitié separee.

Apres cent ans ottroye moy qu'vn soir
Eurymedon auec sa Calliree
Dansant la Volte, au Ciel s'enuole assoir,
Pour estre honneur de la bande etheree.

Et qu'vn tel Signe éclaire en la faueur
Des vrais Amans chauds d'vne ardeur egale:
Mais qu'il flamboye en eternel malheur
Aux cœurs touchez d'amitié desloyale.

CALLIREE.
D'vne Fontaine.
Pour Marguerite d'Aquauiue.

VICONQVE *sois, Amant, que mesme*
  Dieu vainqueur
 Tient comme moy vaincu d'vne estrange
  rigueur,
Preste l'oreille au son de ma langue plaintiue,
Et entens comme vn feu m'attise en l'onde viue.
I'errois parmi les monts, les fleuues & les champs,
Ie portois l'arc vouté : de cris longs & trenchans
Les forests resonnoyent sous ma voix chasseresse,
Et d'æles en courant s'emplumoit ma vitesse:
Dans les manoirs fueilleux toutes les Deitez
Faunes, Satyres, Pans entournoyent mes costez:
Et Diane iamais, qui les siens fauorise,
N'aima tant Orion dont elle fut éprise,
Qu'elle me cherissoit : Ie brandissois les dards,
Et reuerois le Dieu commandeur des soudars,
Bref, i'vsois ma ieunesse en tout braue exercice,
Ennemi de paresse & de honte & de vice,
Y mettant mon estude auec telle vigueur
Que pour l'affection moindre estoit mon labeur.
 Tandis d'ardant courroux Venus fut attisee
Voyant qu'entre les Dieux ie l'auois méprisee,
Et pour vanger ce tort vint à la chasse vn iour:
Son espaule sonnoit sous le carquois d'Amour
Rempli des meilleurs traits qu'il se met en reserue,
Pour faire d'vn grand Dieu la raison toute serue.
A fin de me tromper elle emprunta la voix
De celle à qui par tout obeïssent les bois,
Et me vint rencontrer tout lassé de la Chasse,

LIVRE III.

Et conduisit mes pas en vn plaisant espace,
Espace bigarré de l'émail du Printemps
Où Flore & les Zephyrs hebergeoyent en tout temps:
Les prez y rousoyoyent de mainte goute clere:
Là s'habilloit de bleu l'Eclaire arondeliere,
L'Adiante non moite & le Gramen noüeux,
Et le Trefle y croissoient par les pastis herbeux.

Vne source y estoit d'eau viuement coulante
Iusqu'au fond sans limon comme argent sautelante:
D'odorantes couleurs ses bords estoyent garnis,
Là sentoit bon la fleur du beau sang d'Adonis:
Là rougissoit la fleur du sang d'Aiax éclose:
Là commandoit le Lys, là boutonnoit la Rose,
Là son pourpre odorant la Violette auoit,
Et celle qui se tourne au soleil s'y trouuoit.

Sur toutes se haussoit la ronde Marguerite
Dont le blanc incarnat mieux qu'autre fleur merite
A paroistre premiere en la prime saison,
Fleur qui m'a derobé mes sens & ma raison,
Fleur qui guarist la playe estant prise en breuuage,
Mais changeant sa vertu me naure dauantage.
Le rameau du Lierre en ceinture grimpé
Y tient le Myrte verd de nœuds enuelopé,
Et la Vigne ioyeuse ambrasse de main torte
Le haut Orme branchu qui rien qu'ombre n'apporte.

Au fond de la fontaine en lieu de blond grauois
Luisoit le Diamant qui honore les doigs:
Le Saphyr azuré, l'Hyacinthe, & encore
La pierre qui de verd sa robe recolore:
Agates & Rubis, riches d'vn lustre beau,
Et non pas les sablons iaillissoyent du ruisseau:

Dessus tout m'y plaisoit mainte perle pesante,
Ronde, claire, polie, à mes yeux reluisante,
Qui ne cedoit en pris aux perles que l'enclos
De la mer rougissante enfante dans ses flots.
Perle fille du Ciel, fille de la rousee,
Plus qu'autre ta beauté par moy sera prisee!

 Les Feres ne troubloyent ce ruisseau voyager,
Ny les troupeaux béllans, ny l'oiseau passager,
Ny l'homme qui conduit ses pas à l'auanture,
Sans plus les Deïtez hantoyent cette verdure.
Calliree y estoit pour me faire mourir,
Faisant la Marguerite outre saison fleurir.
Si tost que ie la vey flamboyante de grace
Et de rares beautez, vne frayeur embrasse
Tous mes sens esperdus, & ie n'eu le pouuoir
Tant ie fus estonné, presque de les r'auoir.

 Venus adonc qui veit l'heure bien opportune
Banda son arc plié comme vn croissant de Lune,
Me trauersa le cœur du trait le plus pointu
Et le moins incertain à montrer sa vertu :
Contre les Immortels luy sert telle sagette
Que l'arc obeïssant de sa corde ne iette
Qu'il ne rende soudain les blessez amoureux.
Apres qu'elle m'eut fait d'vn beau coup langoureux
D'vn vol s'euanouit en l'aerine plaine,
Comme se perd au vent vne fumeuse haleine,
Et s'enuola dans Cypre aise de mon tourment.
Cependant ie senti vn mal plus vehement,
Et logea dans mes os vn feu qui n'est pas maindre
Que l'Etnean fourneau qui ne cesse de geindre :
Vn grand ruisseau de flamme en mes veines boüilloit

LIVRE III.

Qui plus estoit contraint & plus me trauailloit.
  Côme vn peu de flameche vn chaume sec allume,
De petit vn grand feu s'elargissant consume
Ondeux comme vn torrent, tout le chaume leger:
Il craquette en l'ardeur qui le vient saccager.
Ainsin en vn moment la flamme commencee
M'embrasa tout le corps, le cœur & la pensee.
  Pour esteindre le feu qui m'alloit deuorant,
Tout plat ie m'accoudé sur le bord murmurant,
Et du creux de la main puisé l'onde azuree
Pensant que ma chaleur en seroit moderee,
Pour le moins si du tout elle ne s'esteignoit.
Helas! mais comme en l'eau ma bouche se baignoit,
Elle aualoit encor dauantage de flame,
Qui, soufreuse, asprissoit la fieure de mon ame:
Plus ie humois de l'onde & plus ie me perdois:
Non autrement que soufre en mes veines i'ardois,
Soufre, lequel enduit sur les torches de cire
La lumiere prochaine incontinant attire.
Qui eust pensé trouuer vn feu si vehement
En l'eau qui est contraire à ce chaud element?
Lors ie pensois en moy: Cette argentine course
Est-elle point semblable à l'Africaine source
D'Ammon, qui à mi-iour gelle par sa froideur,
Puis à l'aube & au vespre est boüillante d'ardeur?
Possible en autre temps elle sera gelee
Et me refroidira comme elle ma brulee.
Mais en vain i'attendois remede au mal d'aimer:
Car soit que le Soleil se plongeast en la mer,
Soit qu'il frapast le chef des Indiques montagnes,
Soit qu'égal il partist le iour par les campagnes,

CALLIREE.

L'eau viue me sembloit & de braise & de feu,
Et ma soif s'augmentoit tant plus i'en auois beu.
Ainsi le beau Narcisse amoureux de soymesme
Pour estancher sa soif en sentit vne extréme,
Vne soif amoureuse, & seulement la mort
Luy fit perdre la soif & l'ame sur le bord.

 Abusé que i'estois ie tâché de comprendre
La cause de mon mal! Qui pourroit se defendre
Des embuches d'Amour? Par les veines de l'eau
Il auoit respandu son souphre & son flambeau,
Sa fureur, son desir, son plaisir, sa tristesse,
Et tout ce qui guarist vn Amant ou le blesse:
Si bien que dés le temps que l'eau viue ie vy
Autre bien autre obiet, autre œil ne m'a rauy,
Et ne me puis lasser de contempler sa face,
Ny de la Nymphe aussi Deesse de la place,
Qui surmonte ses sœurs d'vn maintien releué,
Tel que l'arbre à Cybele en vn mont eleué.
Hippolyte guidant l'escadron effroyable
D'Amazones, portoit vne taille semblable,
Quand Hommace guerriere elle alloit rauageant
Les nations de l'Ourse, où Boré va logeant,
Ou quand du feu de gloire asprement allumee
Terrassoit à ses piés vne Getique armee.

 Dans le crystal de l'onde elle luist à trauers,
Comme on voit entre-luire ou les blancs Lys couuers
D'vn verre transparant, ou les images faites
D'iuoire bien poly, diuinement portraites:
Bref, tant d'aise me poind que ne me puis saouler
De voir ce qui mon cœur ne cesse d'affoler:
Ny le soing de Cerés, ny le souci de prendre

LIVRE III.

Le repos de la nuict en ma paupiere tendre,
Ny autre passetemps ne m'en peut retirer:
Mon soucy, mon plaisir, est de me remirer
En l'eau viue tousiours d'un lieu si delectable,
Et regarder son cours d'un œil insatiable.
　Ce qu'on escrit d'Hylas par les Nymphes tiré
Qui eurent de son teint le cœur enamouré,
Est qu'il sentit d'amour la peste bouillonnante
Aupres d'vne fontaine : où la beauté luisante
Des Naïades du lieu tellement le rauit
Qu'attaché par les yeux depuis il ne suiuit
Hercule le domteur des Monstres de la terre:
Et n'eut soing ny d'Argon, ny de courir conquerre
La toison Phryxeenne, estant comme ie suis,
Si captif, qu'il ne peut s'en retirer depuis.
O source d'onde viue, ô gloire des fonteines,
Source de mes plaisirs, & source de mes peines,
Source de mes pensers, source de mes douleurs,
D'où ie puise mon heur ensemble & mes malheurs.
L'onde qui se dérobe és veines de la terre,
Qui par chemins cachez les riuieres desserre,
Comparable à ce sang qui nos membres soutient,
Coulant & recoulant à la source reuient
D'où premier elle vint, & puis de là retourne
Encore en l'Ocean de tous fleuues la bourne,
Pour recourir apres en circulaires tours
Sans repos à l'endroit où commence son cours.
　Ainsi tous mes Pensers de cette eau viue naissent
Et s'écoulant en moy d'un long ordre ne cessent
De recouler apres à leur commencement,
Pour retourner encore en mon entendement.

CALLIREE.

De mesme les vapeurs qui de terre s'eleuent
Iusqu'au milieu de l'air, incontinent se creuent
En gresles & en pluye, & d'enhaut s'ecoulant
Vont au sein de la terre encor redeualant
Pour apres remonter : ce Penser qui domine,
Ainsi de moy à vous, de vous à moy chemine.

Amour trionfant du Contr'amour.

QVEL amour tant soit grand au mien se parangonne?
Quel amour loing du mien ne marche le dernier?
N'est-ce donc à bon droit qu'il porte vne couronne,
Vainqueur & triomphāt, de myrte, & de laurier?
Il triomphe du temps & de sa faulx trenchante,
Le Temps ne peut couper son lien eternel:
D'vne cause eternelle en soy tousiours viuante
Qui voudroit esperer qu'vn effect immortel?
Il foule sous ses piés la Fuscine à deux pointes
Du grand Roy dès Enfers, méprisant son effort:
Il a de tous ces deux les despouilles coniointes,
N'est-ce pas vaincre tout q̃ le Temps & la Mort?
Le Souci iaunissant la fleur de Cicoree
Preuuent qu'apres la mort l'amour ha ses effects:
S'il est en vne plante eternel de duree,
Faudroit-il en l'esprit qui ne defaut iamais?
Dessous la terre Alphee en son onde eternelle
Garde eternellement ses viuantes amours:
Car bien que nostre essence ailleurs se renouuelle,
L'amour comme celeste est durable en son cours.

Didon

Didon hait aux Enfers de haine violente,
　Encore son Enee, & signe qu'en mourant
　Ne meurt l'affection de l'ame non mourante,
　Sous les Myrtes là bas Amour est demourant.
Si iamais quelqu'un autre a gaigné tant de grace
　Que pour aimer il viue en l'immortalité,
　Il faut que maintenant il me quitte la place,
　Car le fini n'est rien où est l'infinité.
Donc Anteros en vain dedans ton onde noire
　Plonge le sainct flambeau qui m'allume le cœur,
　Et me presente en vain de l'oubliance à boire,
　Tu ne sçaurois noyer n'esteindre mon ardeur.
Mon amour ne redoute vn si foible aduersaire,
　Sans peur il passera les torrens Stygieux,
　Il sçait que nulle fin ne le pourra deffaire:
　Car sans commencement il est venu des Cieux.

Stances.

Pour estre bien aimee il faut aimer aussi:
　C'est vne antique loy par Nature establie,
　Et de tout ce qu'on pense & qu'on desire icy
　C'est la plus belle grace & la plus accomplie.
La Dame qui ne suit cette diuine loy
　Et conduit ses pensers sans elle à l'auanture,
　Outre qu'au nom d'ingrate elle expose sa foy
　Fait vn dépit aux Dieux, & fasche la Nature.
Et pourquoy pensez-vous que Venus est au Ciel,
　Sinon pour le secours qu'elle donna viuante
　A tous ses poursuiuans? sans enaigrir de fiel
　Le gracieux plaisir qui les ames contante?
Mille Nymphes encor de semblable valeur
　Reluisent dans le Ciel quad la nuict ted ses voiles,

L.i.

CALLIREE.

Qui d'auoir bien aimé receurent cet honneur
Que de leur feu d'amour il s'en fit des estoiles.
Celuy qui d'yeux fichez regarde au Firmament,
Il apperçoit encore aux estoiles bien cleres
Des scintilles d'amour qui brillent doucement,
Montrant bien qu'elles sont gratieuses lumieres.
Apperceuant de nuict qu'on dérobe & qu'on prend
Le plaisir amoureux par embuche secrette,
C'est lors que leur clairté plus de rayons épand
Pour conduire les pas au lieu de la retraitte.
Heureux alme plaisir, par toy l'excellent Dieu
Deploye ses beautez : L'Amour auec le Monde
Fait vne douce ligue, à fin qu'en chaque lieu
Le bien qui se desire à cette vie abonde.
Combien ha de bonheur celle qui l'entend bien
Sans se laisser tromper de la faulse Ignorance:
Elle ne plaint iamais la perte d'vn tel bien,
Qu'on ne peut reparer par aucune science,
Celle-là qui s'obstine auec la cruauté
A soy plus qu'à nul autre entrepréd mener guerre.
Les ieunes ans fuitifs emportent la beauté
Que fresle on voit casser aussi tost que du verre.

Chanson.

Combien que mon ame alors
Que ta beauté l'abandonne
Quittant le tombeau du corps
A l'instant la mort me donne.
I'ay toutefois de partir
A chaque moment enuie
Tant le retour fait sentir
D'aise, regaignant ma vie.

Ainsi mille fois le iour
Ie voudrois partir sans cesse,
Et puis retourner, Princesse,
Tant m'est plaisant le retour.

Autre Chanson.

Combien que mon cœur sente
Que rien ne me contente,
Et que rien ne m'est doux
Absent de vous :
De vous tenant la vie,
D'autre n'ayant enuie,
Si voudrois-ie, mon Cœur,
Iamais en ta presence
Ne venir, tant l'absence
M'apporte de douleur.

Tu me fais souuenir d'vn diligent Courrier
Qui haste son chemin s'il arriue qu'il voye
Vn Tronq ou vne Croix au milieu de sa voye
Pensant estre soudain au bout de son sentier.
Son pié comme son cœur se fait promt & leger :
Appercevant tel signe il est porté de ioye :
Mais apres il se fâche auisant qu'il fouruoye
Et qu'il est loin du lieu où il devoit loger.
Ainsi quand au premier Amour me fit poursuiure
Le signe des beautez où ie desirois viure
Mon desir esperoit d'y attaindre au besoin :
Ores en ramassant les restes de ma vie
Ie cognoy que mon heur n'estoit que fantaisie,
Et que loin i'estois pres, où bien pres ie suis loin.

Fin du troisieme Liure.

ARTEMIS.

QVATRIEME LIVRE.

Q VELLE beauté nouuelle à mes yeux se
presente,
Que iusques à ce iour le malheur m'a
caché?
Amour tu n'as encore Apollon em-
pesché
A chanter vn suiet qui si fort le contente.
Ie pensois par la France en beautez excellente,
Auoir diligemment le plus beau recherché
Quand depuis que mon œil aux vostres i'attaché
Tout autre souuenir de mon esprit s'absente.
Ores lisant mes vers honteux ie me repens
Qu'à loüer vos vertus ie n'ay passé le temps,
Pour voir de vos honneurs mes Cartes estofees:
Et ie dis à l'Amour: Or soyons glorieux,
Tu pendras à ton arc de nouueau cent trofees,
Et Cygne ie seray sur tous ingenieux.

I'ay cent fois desiré, de saincte ardeur épris,
　　D'enrichir vn bel Hymne, vne Ode, vne Elegie,
　　Du thresor des beautez qu'à mesure infinie
　　Le Ciel respand sur vous pour emporter le pris:
Mais la honte craintiue a mon desir repris
　　Pour n'en pouuoir escrire vne moindre partie,
　　Quand (outre la beauté qui foudain est rauie)
　　Ie pense à vostre Esprit le plus beau des Esprits.
Ainsi ie suis contraint d'imiter ce Timante
　　Qui voyant la douleur si grieue & si cuisante
　　D'Agamemnon marri de sa fille immolee,
Et ne pouuant la peindre en tableau de couleur,
　　Tint de ce Roy dolent la figure voilee,
　　Et peignit sans la peindre vne extreme douleur.

Ha! que de temps en vain despendit la Nature
　　A former le portrait d'vne si grand' beauté,
　　Puisqu'vn gentil esprit ne s'est point enfanté
　　Digne d'eternifer si digne creature:
Toute chose naissante vn long âge ne dure
　　Contre la faulx du Temps au trenchant indomté,
　　Et contre sa fureur bouclier n'est presenté,
　　Qui pare mieux ses coups qu'vne viue écriture.
Que ne sont au desir semblables les esprits?
　　Par moy si beau labeur se verroit entrepris,
　　Et ie pourrois au blanc de vostre gloire atteindre:
Si bien qu'vn autre nom iamais ne fut vanté
　　Qui ne portast enuie à vostre honneur chanté
　　Et nul autre Poëte à moy n'oseroit ioindre.

L.iij.

ARTEMIS.

Ie sors d'une mer trouble en un serain riuage,
   Mon esprit se verra du tout dessauuagé,
   Depuis qu'un neuf Amour a fait que i'ay changé
Auec los eternel un eternel dommage.
O genereux Pensers nichez en mon courage,
   Allez où maintenant mon cœur est engagé,
   Vers celle qui le rend de toutes estrangé,
Et l'oste d'auec moy pour le prendre en hostage.
Rapportez un à un tout ce qu'elle a de beau,
   De sainct, de precieux, de celeste, & nouueau,
   Pour en bastir une œuure excellente & hardie.
Aupres de l'Orient de sa neuue clairté
   Ie veux apprendre icy d'un vers inusité
   A fuir l'Occident de nostre courte vie.

On dit qu'Amour par les yeux finement
   Coule en nos cœurs & glisse dans nos veines,
   Qu'il brule & rend de poison toutes pleines:
Mais sa vertu nous combat autrement.
Il ne se fait par les yeux seulement
   Tyran des cœurs & des raisons humaines:
   Mais comme on dit des trompeuses Sereines,
Il prend l'oreille & puis l'entendement.
De vos vertus l'Idee & la merueille
   Premierement vint toucher mon oreille,
   Le sens commun soudain en fut épris:
Depuis i'ay dit, voyant vostre merite,
   En quel discours sçauroit estre compris
   Ce qui n'a point de terme ou de limite?

Du Discord accordant.

Toute chose naissante ha son commencement
 De principes divers en qualité contraire:
 Rien n'est simple icy bas, dont il est necessaire
 Que tout soit composé de contraire Element.
D'amie inimitié tout prend accroissement
 Et chacun avec soy loge son adversaire:
 L'effet que dans mon cœur amour a voulu faire
 En donne à mon esprit un certain iugement.
L'amour qui loge en moy s'engendre tout de mesme
 D'une froideur contraire à mon ardeur extréme,
 D'une qui n'aime poït et d'un qui n'est qu'amour.
C'est pour cela qu'on dit que Porus & Penie,
 L'un riche, l'autre pauvre enfanterent un iour
 Ce Dieu qui dans ce monde ha la force infinie.

Comp. de Teree.

Apres que mille traits tirez de tes beautez
 Ont souillé dans mon sang leurs pointures dorees,
 A fin que tes rigueurs fussent demesurees
 Et que muet ie fusse à tant de cruautez.
En ma langue tes dards se sont ensanglantez
 Imitant la fureur des superbes Terees,
 Et tout d'un mesme coup leurs pointes acerees
 M'ont le cœur & l'espoir & la voix emportez.
Mais comme Philomele en sa toile tissuë
 Découvrit à sa sœur la cruauté receuë,
 Sa fortune, son dueil, sa prison, son malheur.
Sur la toile des Sœurs d'une encre perdurable
 Ie peindray ta rigueur & mon sort miserable:
 Quel esprit, quel aduis ne trouve la douleur?

L.iiij.

ARTEMIS.

Si la nauire Argon reluist dedans les cieux,
   Montee au rang des feux hors des ondes liquides
   Pour auoir sillonné les campagnes humides,
   Hardie transportant les hommes demi-Dieux :
Si l'oyseau qui rauit Ganymede aux beaux yeux
   A passé les sept Ronds des Planetes lucides,
   Et flamboye là haut au clos des Hesperides
   Pour merque de son cœur noble & audacieux.
I'espere aussi reluire en la voûte diuine
   Auec l'Aigle celeste, auec Argon marine
   Si prix egal à soy mon desir peut auoir.
Car ie tente vne mer de cent beautez nouuelles,
   Puis vn Ciel, où l'Amour emplist & fait mouuoir
   (Ce que ie tien de luy) mes voiles & mes æles.

ELEGIE.

I'AVOIS en main la guerriere Iliade,
Quand l'Archerot d'vne forte tirade
Rompit mon sein & le cœur me chercha,
Et bien auant sa pointure y cacha.
Comme vn fer chaud (quand la venteuse gorge
De deux soufflets fait allumer la forge)
Sifle fumeux, alors qu'il est estaint
Dedans la trampe, où sa durté s'estraint.
Le Forgeron de tenaille mordante
Deçà delà tourne la masse ardante!
Ainsi le traict par Amour décoché
Au fond du cœur profondement fiché,
Sifle en mon sang où sa force il destrampe,
Sang qui luy sert d'vne trop bonne trampe
A mon malheur, helas ! ne s'estaignant,
Mais enflammé plus il s'y va baignant.
Quand cet Archer de flech e trop certaine

Eut entamé ma poitrine mal saine,
En me pinçant il me vint dire ainsi:
  Or chante moy ton amoureux souci,
Laisse les feux dont furent ambrasees
Des Phrygiens les murailles rasees:
Laisse les coups, les piques & les dards
De ces Troyens & Argiues soudars,
Laisse en repos de tant d'hommes la cendre,
Ne les fay plus assaillir ou defendre:
Mais chante moy la guerre & les discours
Que te donra le grand Dieu des amours,
Chante les feux qui te mettent en flame
Iettez en toy des beaux yeux de ta Dame:
Chante les traicts que ce Soleil vainqueur
De son bel arc t'enfonce dans le cœur:
Chante les nœuds de ces filets de soye
De qui tu es la bien-heureuse proye:
Chante tes pleurs coulans à grand randon
Quand tu n'auras que tout mal pour guerdon,
Non des Troyens les larmes miserables
Qui pour ton dueil ne seront proffitables.
Cette beauté qui seule est ton obiet
Pourroit fournir de bien ample suiet
A vn Homere, auec tant de matiere
Qu'on en feroit vne Iliade entiere:
Ce sont beautez qui place ne font pas
A celle qu'eut pour femme Menelas.
Pource ton ame est belle & ie l'estime
Trois fois heureuse & trois fois magnanime.
  Le Roy Priam & ces Princes vieillars
Estoyent un iour plantez sur les rempars,

L.v.

ARTEMIS.

Ils regardoyent les soldats de la Grece,
Et d'autre part la Troyenne ieunesse,
Sages Vieillars qui d'vn âge pareil
Quittoyent la guerre & seruoyent au conseil:
Pour conseiller leur voix estoit égalle
A ce doux bruit que pousse vne Cigalle
Quand elle chante assise sur le haut
D'vn arbrisseau sous le Midy plus chaud.
 Ces vieux Heros si tost qu'Heleine ils virent
Venante aux tours, telle parolle dirent:
On ne doit point reprendre les Troyens
Ny les Gregeois, d'auoir en cent moyens
Tant soustenu de malheurs & de peine
Pour emporter cette excellente Heleine,
Tant elle est belle, & se montre à nos yeux
Toute semblable aux Deesses des cieux.
 Si ces Vieillards au fort de leur martyre
Parloyent ainsi : Que te conuient-il dire
Toy qui es ieune, & te sens enflammer
Par les deux feux de ieunesse & d'aimer?
Qui n'es blessé d'vne beauté vulgaire,
Ains qui pourroit engrauer vn vlcere
Au fond du cœur des grandes deïtez,
Tant elle semble aux diuines beautez?
Ah! mais plustost les hautes Immortelles
Pour luy sembler me semblent estre belles.
Donques apres que tu auras souffert
Mille soucis pour le bien qui te pert,
Tu es heureux : Ne te vueilles reprendre
D'ainsi ton âge à la seruir despendre,
Mais dy toy Dieu si tu luy viens à gré,

Et ton écrit à elle consacré.

Amour toucha de tel son mon oreille:
Et moy qui croy ce qu'un Dieu me conseille
Suis resolu de tousiours endurer,
Tousiours seruir, mesme sans esperer
De mon labeur aucune recompense
Sinon l'honneste & courtoise apparance:
Lors que souuent par fauorable accueil
Vous daignerez me luire d'vn bon œil,
Et ne trouuer mon ame outrecuidee
S'elle est d'amour si hautement guidee.

ELEGIE.

LAS! que mon lict semble dur à mes os,
Ie me tourmente & vire sans repos,
Mon corps lassé, brisé, froissé n'endure
Dessus mon lict ny drap ny couuerture.
Au Ciel desia l'Estoile porte-iour
Vient annoncer du soleil le retour,
Et si de Styx la noire eau sommeillere
N'a distilé son onde en ma paupiere.
Tant que la nuict a esté longue, autant
Vuide de somne, vn Demon me tentant
M'a fait veiller: ma face toute bléme
Est le tesmoin de mon trauail extréme,
Mes yeux ternis & mon corps languissant.
Ainsi qu'on voit vn homme pallissant
Maigre, defait, sous l'accez d'vne fieure
Perdre à l'instant le vermeil de sa leure:
Deçà delà d'vn & d'autre costé

L.vi.

ARTEMIS.

Il tourne, il vire, en son lict, agité
D'inquietude & de chaleur ardente.
Cherchant le frais trop luy pese vne mante
Pour couuerture : & de piés & de bras
Il pousse, il iette, il renuerse les draps:
Mais c'est en vain que le chaud il euite,
Car cette fiéure en ses veines habite
Qui d'autant plus croist ses tizons ardans
Que la froideur la contraint au dedans.
Ainsi la nuict trop longue s'est passee
N'estant iamais ma paupiere abaissee.
Las ! c'est Amour, lequel s'est transformé
En la beauté de ton visage aimé !
Pour me liurer toute nuict la bataille
Il s'est vestu de ta diuine taille.
Son chef portoit tes mesmes cheueux longs
Qui desnoüez frapoyent iusqu'aux talons.
De son beau front la table fut garnie
De neige blanche également vnie:
Il resembloit vn Ciel bien éclairci!
Vn arc estoit la voûte du sourci:
Ses yeux iettoyent vne viue lumiere
A longs rayons : La Deesse écumiere
Montre son astre en ce poinct dans les cieux
Beau, large, clair, éblouissant les yeux,
Et de clairté deuance toute estoile
Qui de la nuict dore l'humide voile.
Son nez traitif estoit bien aligné,
De Rose estoit le Lys accompagné
Qui blanchissoit sur le teint de sa face:
Sa bouche estoit la bouche d'vne Grace

LIVRE IIII.

Qui conuioit en souriant d'aimer,
Pouuant le Ciel d'une haleine embasmer.
Hors de ses dents qui sont perles choisies
Sortoyent des mots remplis de courtoisies,
Mille doux ris estoyent de toutes pars
Campez autour, inuincibles soudars.
 Il prist ainsi les traits de ton visage,
Tout l'ornement de ton diuin corsage,
Et toute nuict à moy se presenta.
Loin de mes yeux le dormir s'absenta
Qui ne pouuoyent tant ce faux Dieu m'affole,
Estre soulez de reuoir cette Idole.
Comme il trompoit mes yeux de ce portrait,
Tandis au cœur il m'élança le trait
De tel effort, qu'outre en outre il entame
Mon cœur, mon sang, mes poulmons, & mon ame.
Il me redit encore tous les mots
Que tu disois au milieu des propos,
Les écriuant au fond de ma memoire:
Celuy qui n'aime assez ne sçauroit croire
Comme tousiours un amant se souuient
De tous propos que sa dame luy tient.
Ainsi depuis telle bataille forte
Tousiours au cœur & en l'œil ie te porte.
 Dedans l'esprit d'un homme Courtisan
De mainte fraude & malice artisan,
L'ambition n'est si auant emprainte
Ny l'esperance en sa poitrine fainte.
Toutes les nuicts encore & châque iour
Prenant ta forme arriue cet Amour
Roy des Demons, & iamais ne me laisse,

ARTEMIS.

Soit qu'en la mer le Soleil se rabaisse,
Soit qu'il ait fait moitié de ses trauaux,
Soit qu'il commence à guider ses cheuaux.
    Mais quand la nuict qui nourrist le grand nombre
Des soings mordans, couure la terre d'ombre,
En cent façons il se presente à moy:
S'il n'est ainsi, toutefois ie le croy.
Dois-ie ceder ou faire resistance?
Plus ie resiste & plus croist sa puissance.
    Comme vn luiteur bande tout son effort
Ses nerfs, ses bras contre vn autre plus fort,
Mais pour neant : car tant plus il s'efforce
Plus à l'enuy croist de l'autre la force
Qui le renuerse à ses piés abatu.
Ainsi d'Amour ie reste combatu.
    On voit souuent les torches allumees
Paistre la cire, autant plus enflammees
Qu'on les ébranle, & s'esteindre leur feu
Quand leur brandon çà & là n'est émeu.
Donc ie ne veux en m'efforçant d'estaindre
L'ardeur d'Amour qui ne peut estre maindre
L'esmouuoir trop, de peur qu'en l'emouuant
De plus en plus le feu s'aille eleuant.
Bien que si grande en est desia la flame
Qu'impossible est que plus grande m'enflame.
L'œil qui a veu comme Vulcan s'estend
Dans vn logis que tout autour il prend
D'vn grand brasier ondoyant d'estincelle,
Celuy a veu la flamme que ie celle
A l'enuiron de mon cœur s'espandant,
Qui s'est esprise, ô Belle, en regardant,

Regardant trop tes beaux yeux dont ie hume
Vn venin doux & rempli d'amertume.
　Dont ie confesse Amour estre vainqueur:
Mais en ce poinct ie flate mon malheur,
C'est qu'vn tel feu me brule & me surmonte,
Que de ma perte est louable la honte,
Ayant receu le coup d'vn si beau lieu
Que telle playe honoreroit vn Dieu.
” L'homme vaincu soulage sa ruine
” Quand du vainqueur la puissance est diuine:
” Et dauantage vn vainqueur gracieux
” Fait le dommage estre moins ennuyeux,
” Et bien souuent on trouue proffitable
” Estre vaincu d'vn vainqueur pitoyable.

Comparaison du Phenix.

Comme le seul Phenix au terme de son âge
　Amasse les rameaux du bois mieux odorant
　Ex forests de Sabee, à fin qu'en se mourant
Pour le moins d'vn beau feu se brule son plumage.
Ainsi ie fais amas voyant vostre visage
　De cent douces beautez que mon cœur va tirant:
　Puis i'en allume vn feu doucement martyrant
Qui me donne la vie en mon propre dommage.
La flamme du Phenix vient du flambeau des cieux,
　Et la mienne s'ambrase au soleil de vos yeux,
　Où ie commets larcin comme fit Promethee:
Aussi i'en suis puni d'vn mal continuel,
　Car Amour qui se change en vn Vautour cruel
　Me dechire tousiours d'vne main indomtee.

ARTEMIS.
De Phaëthon.

Qu'à mon oreille on ne chante la fable
   De Phaëthon, qui fut precipité
   Sous les brandons du foudre espouuantable,
   Pour auoir plus que ses forces tenté,
Ie guideray d'vn courage indomtable
   Le char d'Amour dans le Ciel emporté,
   Et si ie suis contre terre ietté
Si belle mort sera fort honorable.
Lors si ie suis par ton œil foudroyé,
   Vestu de flamme en vn fleuue noyé,
   La cause au moins sur ma tombe en soit mise:
Cy gist qui fut en amour genereux
   Que s'il n'atteint au but des bien-heureux,
   Il cheut pourtant d'vne haute entreprise.

D'vn homicide.

Si ie porte en mon cœur vne playe incurable,
   Vos yeux ont fait le coup, & vostre belle main
   Enfonce plus auant tousiours dedans mon sein
   Le trait de vos beautez qui m'est si redoutable.
Vous estes la meurdriere, helas inexorable!
   Si tost que ie vous voy le cœur me bat soudain:
   Tout mon sang se r'amasse en tel endroit mal sain,
   Et boüillant veut iaillir encontre le coupable.
Bien que mort & muet ie ne m'aille plaignant,
   Ie vous puis accuser par l'vlcere saignant
   Qui lors qu'en approchez decele vostre offense.
Ainsi quand le meurdrier vient approcher d'vn corps
   Que son fer a tué, le sang iaillist dehors,
   Et les esprits esmeus demandent la vengence!

LIVRE IIII.

En ce Chasteau deux grands Rois me commandent,
   L'vn est Amour du monde gouuerneur,
   L'autre mon Roy de la France seigneur
   Dont les vertus égal aux Dieux le rendent.
Deux beaux desirs en mon ame contendent,
   Et bien souuent en suspens est mon cœur
   Qui de ces deux doit estre le vainqueur,
   Tant mes esprits à les seruir se bandent.
Mais de mon Roy sage, sçauant, humain,
   Qui fait les grands de sa royale main,
   A mon labeur i'espere recompense:
Où rien d'Amour, fier tyran, ie n'attens
   Qu'vn desespoir, que perte de mon temps,
   Car c'est ainsi que les siens il auance.

Si c'est aimer auoir tousiours en l'ame
   Le souuenir d'vne seule Deesse:
   Si c'est aimer se pallir de tristesse,
   Mourir absent des beautez de sa Dame.
Si c'est aimer ne viure qu'en la flame,
   Si c'est aimer adorer ce qui blesse,
   Si c'est aimer ne repenser sans cesse
   Qu'à reuoir l'œil qui ma poitrine entame.
Si c'est aimer pour aimer se haïr,
   Et tout plaisir se déplaisant fuir,
   Chagrin, farouche ennemi de sa vie:
Loin d'vn seul bien s'estimer malheureux,
   Ayant sans plus l'ame en ce bien rauie:
   Si c'est aimer que ie suis amoureux.

ARTEMIS.

Cupidon desarmé.

Amour bandoit son arc comme vn croissant voûté
 Quand il veit ma Deesse: aussi tost qu'il l'eut veuë
 Il s'estonna vaincu: sa raison fut perduë:
Et luy qui domte tout par elle fut domté.
Ioyeuse elle connut l'effort de sa beauté,
 Et ietta dessus luy, tant qu'il fuist, sa veuë:
 Plus leger que le vent qui dissipe la nuë
Il fut, éuanowy, de son vol emporté.
D'auanture en fuyant tomba sa trousse pleine:
 Telle despouille fit ma Nymphe plus hautaine
 Comme ayant triomfé d'vn tel Dieu combatu.
Voyla d'où elle fait vne cruelle guerre
 Aux hõmes & aux Dieux: Amour ce pedant erre
 Solitaire & honteux d'armes tout deuestu.

En quelle Idee estoit l'exemple beau
 Dont la Nature emprunta ce visage?
 Entre les Dieux où viuoit cet Image
Qui des beautez est l'vnique tableau?
Quelle aux forests, quelle Nymphe dans l'eau
 Haute de port monstre vn pareil corsage?
 Pour emporter sur toute l'auantage
Quelle vertu n'enfante son cerueau?
Celuy ne sçait comme l'amour nous blesse,
 Comme il guarist, qui ne voit ma Deesse,
 La double sphere & le tour de ses yeux:
Qui ne la voit doux parler & dous rire:
 Bref il ne faut qu'apres elle on admire
 Tout ce qui naist en la terre & aux Cieux!

Si l'amant est diuin beaucoup plus que l'aimé,
   D'autant qu'il est raui d'vne fureur diuine
   Qu'amour excellét Dieu luy souffle en la poitrine,
   Que ne recherchez-vous vn bien tant renommé?
Haussez-vous auec moy d'vn desir allumé
   Iusqu'au Ciel bien-heureux dont il prend origine:
   Si vous suiuez, mon Cœur, où vostre œil l'achemine
   Nous trouuerons l'estat aux Dieux accoustumé.
Le grand Dieu souuerain les amans authorise,
   Et chef des amoureux de ce beau nom se prise,
   Ne commandât qu'aimer, & ne voulât qu'aimer.
Son amour vehement toute essence fait croistre,
   Et c'est ce qui le fait pour grand dieu reconnoistre,
   Faites vous comme luy pour Deesse estimer.

Ie desire chanter les louanges de celle
   Qui par ses doux regards & ris delicieux
   Egale mon bon heur à celuy des hauts Dieux,
   Tant elle a, ce me semble, vne grace immortelle.
Mais ie crain que ma voix debile ne soit telle
   Qu'il faut pour eleuer suiet si precieux,
   Et que tâchant la mettre en la voûte des Cieux
   Ie n'abaisse l'honneur de sa beauté si belle.
Que feray-ie? Il vaut mieux tenter si le bonheur
   Voudra faire égaler mon vers à son honneur:
» Le cœur ne doit manquer en louable entreprise.
» Puis l'instinct naturel nous fait croire aisément
» Cela que nous voulons & pensons ardemment,
» Et fortune tousiours aux hardis fauorise.

ARTEMIS.

Qui veut sçauoir combien peut la Nature
  Et l'admirer en ses œuures parfaicts,
  Vienne œillader l'excellent de ses Faicts
Cette diuine & belle creature.
Qui des vertus & des beautez a cure,
  Vienne ici voir ensemble leurs attraits,
  Vienne écouter la parole & les traits
D'vne Python faconde de nature.
Si doux son œil, si douce est sa parole,
  Qu'on deuiendroit aupres d'elle vne Idole,
Sans poux, sans voix en ecstase raui.
Il n'a rien veu qui ne l'a veu si belle,
  Vrayment Deesse en habit de mortelle,
  Qui me rauit si tost que ie la vy!

ELEGIE.

C'EST feinte que les Dieux eurent iadis blessee
Par les fleches d'Amour leur diuine pensee:
Car s'ils auoyent aimé, leurs cœurs seroyent épris
De tes ieunes beautez qui meritent le prix.
Si Iupiter celeste à qui tout obtempere
Vouloit le iugement des Deesses refaire
Me choisissant pour iuge, & Pallas, & Iunon,
Et Venus, s'en iroyent honteuses sans renom:
Leurs presens, leurs appasts ne tromperoyent de sorte
Que ta beauté ne fust sur elles la plus forte:
Par moy tu gaignerois la ronde pomme d'or:
Mesme dix ans entiers ainsi que fit Hector

LIVRE IIII.

Pour defendre ſa ville, & pour tenir Heleine,
Ie voudrois endurer vne inuincible peine:
Mais que dy-ie dix ans ? Ie voudrois à iamais
Guerroyer pour ton nom ſans demander la paix.
Alors que ie te voy, ie voy tout l'heur du monde,
I'ay tous les biens du Ciel & de la maſſe ronde:
Iouïſſant de l'éclair de tes Aſtres iumeaux,
Ie iouïs & du Ciel & de tous ſes flambeaux:
Le poil de tes cheueux qui tout le cœur m'enlace,
Toutes les toiſons d'or & toute ſoye efface:
Le blanc & le vermeil de tes membres polis
Fourniſſent en tout temps des Roſes & des Lis:
Lors que ie te ſalue & ie baiſe ta bouche
Du Coral & Cinabre il ſemble que ie touche.
Vn Iuoire poly fait l'aire de ton front,
L'Ebene tes ſourcils, deux beaux arcs qui me font
Tel comme ie te ſuis, m'ayant l'ame percee
A fin que ferme en toy s'arreſte ma penſee.
   Quand, Belle, ie te voy ſourire doucement
I'apperçoy mainte perle arrangee vniment:
Quand ta gorge de neige & ton beau ſein i'admire,
Ny marbre ny albaſtre alors ie ne deſire:
Tes bras iuſtement longs dont mes laqs ſont formez
Effacent de Iunon les bras tant renommez:
Ta longue & blanche main ce qu'elle touche honore,
Et meſpriſe la main de l'Indienne Aurore.
Certes quand ie contemple vn ſi diuin maintien,
Ton port qui me dérobe & du tout me rend tien,
Ie croy qu'en ſi beau corps ſe cache vne Immortelle,
Et que meſmes au Ciel ne s'en trouue vne telle,
Qui d'honneſte douceur iointe à la chaſteté

ARTEMIS.

Fais qu'on te doit seruir comme vne Deité.
  Pour apprendre du bien, toute Dame s'arreste
Au miroir des vertus dont ie suis la conqueste,
Qu'elle se mire en toy qui d'esprit curieux
N'admirant rien de bas te mets entre les Dieux,
Dont mon ame surprise a tousiours voulu suyure
Toy qui la peux occire ou bien la faire viure,
Qui seule me fais voir, ouir, sentir, parler,
Et peux ou m'atterrer ou me faire voler:
Mais qu'est-ce te louant que ie fais d'auantage
Sinon mettre du soufre au feu de mon courage?

Du Tanné.

Si i'aime le Tanné sur toutes les couleurs
  Ce n'est pas sans raison: l'Aigle qui tient l'orage
  Du pere Iupiter en a peint son plumage,
  Le tonnerre en a peint ses flambantes horreurs:
L'Amaranthe en a peint ses immortelles fleurs,
  Le Cedre en peint aussi son odorant branchage,
  La terre nourrissiere en a peint son visage,
  Mille pierres d'eslite en peignent leurs valeurs.
Infinis animaux en portent la teinture,
  C'est l'vne des couleurs qu'aime plus la nature:
  I'aime aussi le Tanné d'autant qu'il est témoin
De l'ennuy que i'endure en l'amoureuse guerre:
  Mais plus de ce qu'il plaist à celle qui m'enserre,
  Signe que mon ennuy luy fera quelque soin.

A vn Passant.

Errant de nuict si tu veux r'allumer
  Ta torche esteinte, ailleurs que dans mon ame
  Ne va cercher vne brulante flame
Pour d'vn beau feu le tien mort enflammer.
Ma flamme croist d'ardentement aimer
  Les yeux luisans d'vne trop belle dame,
  Qui rit des cœurs que son bel œil entame
Et prend plaisir de me voir consommer.
Approche & voy ma poitrine qui iette
  (Forge d'amour) meinte rouge bluëtte
  Deça delà sous mes soupirs venteux.
Pren de mon feu qui ne se peut esteindre,
  Si demourer sans du feu tu ne veux:
  Pour t'en donner le mien ne sera maindre.

De la fleur du Soucy.

Cueillez, pillez la iaunissante fleur
  Qui du Soleil autrefois fut amie,
  Que trop d'amour & trop de ialousie
Ont fait changer en si iaune couleur!
Du nez sans plus vous en sentez l'odeur,
  Et ie la sens auec la fantaisie,
  Si que ma face estant toute iaunie
Montre combien i'ay de soucis au cœur!
Le Souci double auecque sa racine
  Prend accroissance au fond de ma poitrine,
  Qu'Amour luymesme a planté de sa main!
Pleust aux bons Dieux qu'il eust enracinee
  En vostre cœur la douleur saffranee,
  Aussi auant que ie l'ay dans mon sein!

ARTEMIS.

Vous estes mon Phebus, mes Muses, mon Parnasse,
  Mon nymphal Helicon des Sœurs le mont natal,
  Mon laurier prophetiq, mon Pegasin crystal,
  De môter vers les dieux vous m'eseignez la trace.
Tousiours à mon esprit vostre angelique face
  Rapporte son obiet, & d'vn bonheur fatal
  Tout celeste me rend : vn aiguillon égal
  Aux fureurs d'Apollo fait que le Ciel i'ambrasse.
Si tous les hauts pensers que ie porte en mon cœur
  Animez par vos yeux se transformoyent en fleur,
  On n'y verroit depeint que vostre beau visage.
Vos discours, vos vertus me font deuenir tel
  Que ie ne prise rien le vulgaire mortel,
  Et plus ie pense en vous plus grand i'ay le courage.

De l'Amitié.

Nostre souuerain bien, nostre felicité,
  C'est l'heur d'vne amitié qui ne soit ordinaire:
  Il n'est point d'element plus qu'elle necessaire,
  Le Soleil n'est si doux aux moissons de l'Esté.
Ie l'estime d'autant qu'en la necessité
  Au milieu du naufrage où Fortune est contraire,
  Elle fait preuue à tous de cela qu'on doit faire,
  Et combat pour l'ami contre l'aduersité:
Ainsi les feux iumeaux paroissent au nauire
  Quand l'orage cruel luy montre plus son ire:
,, *Car le geste d'vn Dieu c'est aider en tourment.*
On n'auoit d'amitié parauant connoissance
  Qu'en songe, qu'en Idee, & par nom seulement,
  Sinon depuis qu'en vous elle a pris son essence.

Pour

LIVRE IIII.

Pour infinis respects il vous faut admirer
   Digne que vostre los tous les autres efface:
   Rien n'est egal à vous en cette ronde masse,
   Ny qu'on doiue à mon gré pres de vous adorer.
Mais ce qui me contraint de plus vous reuerer
   C'est que vous mesprisez de Cupidon l'audace,
   Et quittant des humains la trop commune trace
   Sur les pas de vertu voulez au Ciel tirer.
Ainsi Daphné la belle a merité la gloire
   De se voir transformee en l'arbre de victoire,
   Euitant d'Apollon la deshonneste ardeur.
Pour auoir surmonté toute rage amoureuse
   Sa verdeur est tousiours du temps victorieuse,
   Prix des hŏmes sçauãs, prix du guerrier vaĩqueur.

CHANSON.

LES Roses n'ont besoin de courõnes de fleurs,
Sans emprunter le fard de mille autres couleurs
   Elles sont assez belles:
Aussi tu n'as besoin d'ornemens precieux
Pour embellir ton corps qui surpasse des Dieux
   Les femmes immortelles.
Ton beau chef n'a besoin de paroistre vestu
D'vn voile blanc qui soit de perles tout batu:
   Ta charnure emperlee
Efface la blancheur des perles, & encor
Ta perruque doree oste le prix à l'or
   De soymesme empruntee.

ARTEMIS.

Tes leures où se fond vne manne du Ciel,
   Et ce diuin parler tout de sucre & de miel
     Harmonie celeste,
Peuuent sur tous mortels autāt qu'ha de pouuoir
   Venus, quand elle fait par le monde sçauoir
     La vertu de son Ceste.
Bien que les astres soyent le riche honneur des cieux,
   Ils rougissent de honte alors que de tes yeux
     Les soleils ils regardent.
Qui de tant de beautez ne seroit surmonté?
   Ceux qui voudront sauuer leur chere liberté
     Te regardant se gardent.

☙

Il me plaist d'imiter pour mon mal secourir
   Ce noble Phereen, qui mourant miserable
   D'vne vieille apostume autrement incurable,
Voulut par desespoir aux batailles courir.
Il vouloit par la mort son vlcere guarir:
   Mais le glaiue ennemi luy fut si proffitable
   Que viuant il guarit d'vne playe honorable.
Ainsi par desespoir ie veux viure ou mourir.
Ie veux au beau milieu des amoureux gensd'armes
   En la presse des feux, des fleches, & des armes,
   Receuoir ou la mort ou telle playe au cœur,
Qu'elle puisse guarir l'amoureuse apostume·
   Qui sans trouuer remede ardemment me consume:
» Vn clou pousse le clou, vn mal l'autre malheur.

L'autre iour que mon œil regardoit d'auanture
 Le vostre, & mon esprit voloit à l'enuiron,
 De vos almes regards ie deuins vn larron,
 Dont i'ay vescu depuis, heureuse nourriture.
Vos regards sont faillis, & l'ame qui endure
 Mourante sans appasts pleine d'affection,
 Me contraint retourner, & sans discretion
 En derober encor pour ma douce pasture.
Ie sçay bien que ie suis sacrilege & malin,
 De (mortel) derober vn bien qui est diuin:
 D'vn semblable larcin fut attaint Promethee,
Aussi contre vn rocher il pleura son peché:
 Et moy pour me nourrir d'vne œillade empruntee
 Contre vn roc de rigueur ie languis attaché.

Plein d'vn Desir qui vagabond me presse
 Me déuoyant de tout autre penser,
 Ie suy le bien que ie deurois laisser
 Vne sauuage & mauuaise Deesse.
Ce faux Desir en nul temps ne me laisse,
 Il me derobe, & ne le puis forcer
 Qu'estant le maistre il ne vienne chasser
 Tous mes esprits apres ce qui me blesse.
Il me contraint de me fuir moymesme
 Pour suiure en vain la Nymphe que trop i'aime,
 Que nous suiuons comme la nuë en l'air.
On peut en songe ainsi l'Idole prendre
 Qui deceuant les mains ne veut attendre
 D'vn qui la suit & la pense accoller.

M.ij.

ARTEMIS.

Pour toy ie suis mourant, & s'il ne t'en chault pas,
   Sans tréue nuict & iour la fieure continue
   Me ronge le cerueau sans qu'elle diminue,
Fieure qui me deseiche & me guide au trespas!
Ie languis tout d'amour! Et si pitié tu n'as
   Ie mourray, tant ie sens la maladie aiguë
   Qui me poind, qui me perd, qui me naure, & me
Et qui me fait hair le somne & le repas.   (tue,
Que n'estois-ie rocher à l'heure destinee
   Que premier ie te vey si gentile & bien nee?
   Ie serois sans amour, sans peine, & sans souci!
Que n'estois-ie sans yeux? ou que ta belle face
   N'auoit-elle perdu l'infini de sa grace?
   Ou bien que ne prens-tu mes tourmens à merci?

Ie sens, fiere Artemis, vne double chaleur:
   L'vne tient le dehors, l'autre au dedans me brule,
   Et me fait endurer vn pareil chaud qu'Hercule
Quand brulant il brula sa venimeuse ardeur.
Elle m'ard les poulmons, les veines, & le cœur,
   Esparse en tous endroits: l'exterieure est nulle
   Quand au Tropiq d'Hiuer le Soleil se recule:
L'autre en toute saison me detient en langueur.
Tu es plus (mon Soleil) que n'est celuy du monde:
   Quand il plonge en la mer sa longue tresse blonde
   Les hostes de la terre il n'echaufe qu'vn peu.
Mais combien que ie sois loin des rais de ta face
   Tousiours leur viue ardeur en moy passe et repasse,
   Et ie suis pres & loin vn deluge de feu.

LIVRE IIII.

Le Ciel, la terre, & l'haleine des vents
  Estoyent tenus d'un paisible silance,
  Et tout oyseau qui parmi l'air s'eslance,
  Et par les bois tous animaux vivans.
La Nuict menoit ses feux estincelans
  En son beau char : De Venus la naissance
  En son grand lict gisoit sans violance,
  Et doucement ses flots alloyent roulans.
Le doux Sommeil arrousoit toute chose,
  Non ma paupiere, ah ! elle ne fut close
  Tant que Phebé guida ses noirs chevaux.
Vostre portrait qui dans mes yeux seiourne,
  Qui comme il veut me tourne & me retourne,
  Me fit souffrir mille & mille travaux.

CHANSON.

IE ne me plains de la foible puissance
  Que ma Raison a eu pour sa defense :
  Mais ie me plains du vol de mon Penser
  Qui veut si haut ses ales avancer.
Ie ne me plains de ma Ieunesse promte,
  Ny du combat de l'Archer qui me domte :
  Mais ie me plains que ie ne suis égal
  A sa grandeur, cause de tout mon mal.
Ie ne me plains que mon œil à toute heure
  Noyé de pleurs, gemist, lamente, & pleure :
  Mais ie me plains de ma langue qui veut
  Celer mon mal, & mon œil ne le peut.

                    M.iij.

ARTEMIS.

Ie ne me plains que mon cœur ha la playe,
 Et d'vn bien feint qu'il sent la douleur vraye:
 Mais ie me plains que son mal luy plaist tant
 Que ce seul mal le peut rendre contant.
Ie ne me plains que mon cœur las de viure
 Me veut laisser comme traistre, & la suiure:
 Mais ie me plains que mon cœur estant sien
 Ie ne diray que son cœur sera mien.
Ie ne me plains d'vne si douce flame
 Que ses beaux yeux attisent en mon ame:
 Mais ie me plains que mon mal est venu
 De ses regards sans qu'il leur soit connu.
Ie ne me plains qu'il faut que ie souspire
 Et nuict & iour en si cruel martyre:
 Mais ie me plains qu'Echo seule me plaint,
 Et de pitié comme moy se complaint.
Ie ne me plains que sa beauté si grande
 Me tient captif & qu'elle me commande:
 Mais ie me plains venant à l'approcher
 Qu'elle est Meduse & ie suis vn rocher.
Ie ne me plains que ma playe est mortelle,
 Et qu'en l'aimant ie meurs pour l'amour d'elle:
 Mais ie me plains qu'elle ne sçaura pas
 Que son amour me cause le trespas.

LIVRE IIII.

O beaux cheueux, liens de ma franchise,
  Qui meritez d'accroistre dans les Cieux
  De sept flambeaux les astres radieux,
  Mieux que la chef qu'Egypte sauorise,
O gorge, albastre, où sa blancheur a prise
  Le Lys royal, non du laict precieux
  Qui alaitta le Dieu Mars furieux,
  Où mainte perle a sa beauté conquise!
O belle bouche, en qui tout l'Oriant
  A mis ses dons, prodigue, y mariant
  Les Diamans aux Rubis que i'adore:
O beaux propos qui naissez au dedans
  Et bref, Deesse aux yeux des regardans
  Iunon, Pallas, Venus, Dione, Aurore!

D'vne Tempeste.

Le vent, la pluye, & les vagues de Loire
  Fiers ennemis, forçoyent nostre bateau:
  L'air par son vent & Loire par son eau
  Du lac d'Oubly nous vouloyent faire boire.
Alors qu'Amour qui des siens hà memoire
  Dessus Amboise alluma son flambeau,
  Et nous sauuant d'vn si facheux tombeau
  Fit que vostre œil des ondes eut victoire.
Que si vostre œil comme vn Soleil bien clair
  N'eust serené les tempestes de l'air,
  Au fond de Loire auions perdu la vie.
Or voyez donc quelle force ont vos yeux,
  Puis que leur flamme est maistresse des Cieux,
  De l'air, des flots, des vents, & de la pluye.

M.iiij.

ARTEMIS.

Nostre Gabarre errante dessus l'onde
   Rouloit à peine : vn vent impetueux
   Coupant les flots en sillons tortueux
   Nous retenoit d'vne haleine profonde.
Iris versoit l'humeur dont elle abonde
   Les eaux de l'air : Vn Soleil radieux
   Vainquoit par fois l'orage pluuieux
   Par les rayons de sa lumiere blonde.
Ainsi ie voy le Ciel, le vent s'armer
   Contre ma nef en l'amoureuse mer,
   Et fust desia la proye du naufrage
Si ce n'estoit que vos beaux yeux souuent
   En ma faueur se font maistres du vent,
   De l'air, des flots, du temps, & de l'orage.

Le cruel Vent qui mon vaisseau repousse
   Sont vos Dédains opposez au deuant,
   Et mes souspirs encontre eux s'eleuant
   Font mille esclairs de tonnante secousse.
La Mer Amour, qui triste s'en courrouce,
   Et l'arc d'Iris en pluyes se creuant
   Ce sont mes yeux qui vont tousiours pleuuant:
   Scylle & Charybde est ta cruauté douce.
Ainsi ie fais vne comparaison
   Des deux vaisseaux où ie suis en prison:
   Mais l'vn auprés voit la riue de Loire:
L'autre amoureux de secours déuestu
   De tous costez des tempestes batu,
   Ne voit le port, & n'espere victoire.

Des Demons.

Tous lieux ont leur Demon (diuine sauuegarde
De leurs biés, fruits, bonheur, temperie, & santé:)
Et ny ville ny bourg, bourgade ny cité,
Ne sont sans la faueur d'vn Ange qui les garde.
Pource en tous les endroicts où vostre pié retarde,
Le Demon s'esiouist de voir son lieu hanté
D'vne si angelique & parfaite beauté,
Qui bienheure les lieux que son bel œil regarde.
Mais quand vous estes preste à quitter leur seiour,
Et que vos deus flambeaux vôt ailleurs faire iour,
Ces Demons bien-heureux de vostre iouissance
Amassent parmi l'air vn humide pouuoir,
Et font dessus la terre incontinent pleuuoir
Pensant par ce moyen retarder vostre absence.

Quand tes Cheuaux legers sont au coche attelez
Ioyeux de supporter vne charge si douce
D'vn pié qui poudroyant les sables au vêt pousse,
Soudain les rais du iour sont cachez & voilez.
Mais ces troupeaux de nuë en l'air emmoncelez
(Image de la nuict) ne sont de vapeur grousse
Que la terre ou le fleuue au lieu vuide repousse,
C'est Iunon qui nous rend les cieux emmantelez.
Iunon de qui le cœur brusle de ialousie,
Connoissant ta beauté dedans le Ciel choisie,
Tend la nuë au deuant, de peur que Iupiter
(Te voyant) soit vaincu d'vne amoureuse guerre,
Et vueille elle, les Dieux & l'Olympe quitter
Pour suiure de nouueau tant de beautez en terre.

M.v.

ARTEMIS.

Qui veut iouïr d'vne eternelle vie
  Faict immortel, ne recherche les Cieux
  Pour s'enroller en la troupe des Dieux,
  Et se nourrir d'immortelle ambrosie :
Mais qu'il contemple & la grace infinie,
  Et le beau sein, & la bouche, & les yeux
  De ma Deesse, où le Ciel curieux
  Mist de beauté la plus douce harmonie.
Qui ne la voit au monde ne voit rien :
  De son regard despend l'heur & le bien,
  Non des aspects de celeste influence.
Qui plus la voit plus il desirera
  De la reuoir, tant elle a de puissance !
  Mais comme à moy son œil luy suffira.

ELEGIE.

Qve n'ay-ie le discours, que n'ay-ie la parole
  Pour louer le diuin qui les dieux mesme affole ?
Que n'ay-ie sur le dos des æles pour voler,
A fin de m'auancer où ie desire aller ?
I'irois chercher le Ciel où mon esprit se guinde,
Et verrois dessous moy la region de l'Inde :
Ie courrois tout le monde à fin qu'en diuers lieux
Ie peusse contempler tout le plus precieux
Pour en faire à ma Nymphe vn present agreable,
Et dire qu'il n'est rien à elle comparable.
Les Cygnes blanchissans portent Venus au Ciel,
Et chantent deuãt elle vn chant plus doux que miel :
Moy Cygne ie souhaite eleuer son merite
Iusques au plus haut Ciel à fin qu'elle y habite,
Et que desia les Cieux la sçachent honorer
Comme celle qui doit vn iour y éclairer.

LIVRE IIII.

Les trois Graces qui sont de Venus chambrieres
Ont laißé leur maistreße, & sont or' coutumieres
De suiure en tous endroits ceste saincte Venus
De qui sont les Amours amoureux deuenus:
Aglaïe, Euphrosyne, & la ieune Thalie
L'accompagnent tousiours : Et par ce moyen lie
Ceux qui la viennent voir, & iamais vn n'y vient
Que de sa liberté plus ne se resouuient.

Le vœu de tes cheueux, ô blonde Berenice,
D'aupres du fier Lyon soudain s'euanouïße,
Fay place desormais aux treßes de fin or
De la Nymphe d'honneur : Toy Minoïde encor
Cede luy le present qui ton chef enuironne.
A son Laurier se doit mieux qu'à toy la Couronne.
Quittez luy vostre rang & luy faites honneur,
Puis qu'elle est entre nous Estoile de bon heur.

Vous freres Immortels Cygne-nez, Dioscures,
Qui tirez les vaißeaux hors des vagues obscures
Cachez vos feux de honte, esteignez-les deuant
L'astre qui nous paroist comme vn Soleil leuant.
Amour prend là ses feux & trouue de l'esmorche
Voulant bruler les Dieux pour allumer sa torche.
Mon esprit ne sçauroit, helas! de poinct en poinct
Deduire ses beautez : l'Infini ne se ioint.

Vn Peintre ou vn Graueur qui dãs quelq̃ medaille
D'vn Empereur Romain la pourtraiture entaille
Donne la seule face, & cela nous suffit
Pour reconnoistre au vray les beaux gestes qu'il fit.
Ses mœurs y sont merquez : Car tousiours le visage
Est comme le miroir de l'ame & du courage.
Ainsi ie laißeray les autres biens du corps

M.vi.

ARTEMIS.

Ayant dit seulement ce qu'on voit par dehors:
Et me faut confesser que son port assez montre
Que c'est vne Deesse à la prime rencontre.
Les petits Cupidons marchent tousiours deuant,
Et les Graces apres vont la Grace suiuant,
Souspirant les odeurs que l'Arabe moissonne,
Tresriche laboureur d'vne moisson si bonne.
    Soit que graue elle marche en differens attours,
En draps d'or ou d'argent, ô mere des Amours,
Quand tu vais en Paphos, Eryce, ou Amathonte,
Ta maiesté n'est telle, & rougis en de honte.
    Ainsi que Vertumnus qui d'habits tout diuers
S'accoustre, & rien sur luy ne semble de trauers,
Elle a mille ornemens, & pierres & dorures,
Et mille plaisamment luy seruent de parures,
De son ciel pour la voir Mars fust desia venu
S'il n'estoit de Venus malgré luy retenu:
Vn scofion luy sied bien serrant ses tresses blondes
Tresses pour enlacer & la terre & les ondes,
Vn scofion emperlé peint d'autant de couleurs
Que l'émail du printemps se bigarre de fleurs:
Vn carquan enrichi de mainte pierre fine
Que l'Indois trouue à tas en sa terre benine,
Entourne gentiment son beau col iuoirin,
Ornement, perle & prix de l'Indique butin.
    Le valeureux guerrier ne parle que de guerre,
L'Amant de la beauté qui sa poitrine enferre,
Comme moy qui ne cherche à mes vers argument
Que vous qui me donnez esprit & iugement,
Et non pas le troupeau des filles de Memoire,
Tirant de mon dommage vne eternelle gloire.

Pour vn Cupidon faict de verre.

Quiconque fut celuy qui premier inuenta
 Les amours composez de la fraisle matiere
 D'vn verre fait de pierre ou d'ales de fougere,
 Celuy des Courtisans l'Amour nous presenta:
Non le mien, que ton œil en ma poitrine enta
 Qui ne se peut casser ny en pieces deffaire,
 Combien qu'il soit hurté de la roche contraire
 Qu'en ton cœur contre moy la Nature planta.
D'indomté Diamant il est fait, non de verre:
 Il ne se peut ou rompre ou tailler de nouueau,
 Et fait que nul Aimant d'autre beauté nouuelle
N'attire point le fer qui ma poitrine enferre:
 Mais qui pourroit aimer vne chose plus belle,
 De Beauté le miroir & du Ciel le tableau?

Des Cheueux.

CES cheueux crespelus doux liens de mon ame,
 Que i'aime d'autant plus que mon plus grand
  malheur
 Vient de trop regarder le blond de leur couleur,
 Desnoüez me cachoyent le beau sein de Madame:
Lors mon cœur s'enuola dans cette blonde trame,
 Sautant comme l'oyseau sous l'ombreuse verdeur
 De branche en branche saute au gré de son ardeur,
 Et maintenant en vain vers moy ie le reclame.
Deux mains incontinent outre mesure belles
 Reserrerent les flots de leurs blondes cautelles,
 Et serrerent dedans mon cœur enuelopé.
Ie criay, mais mon sang qui se gela de crainte
 Feit estoufer ma voix sous l'estomac contrainte,
 Tandis il fut lié & n'en est eschappé.

     M.vij.

ARTEMIS.

Fleurs, campagnes & prez que vous estes heureux
   De iouïr des regards de ma douce inhumaine,
   Et de garder ses pas comme elle se promeine,
   Et d'ouïr de sa voix les accens doucereux!
Arbres & vous Lauriers de son nid valeureux,
   Que vous portez la teste en orgueil plus hautaine
   Depuis qu'vn tel Soleil de ses rais vous asseine,
   Coutaux combien par luy vous estes planturéux!
Doux païs, clairs ruisseaux, où sa beauté se mire,
   Qui prenez qualité de son teint que i'admire:
   Y a-til entre vous vn rocher si pourueu
D'insensible durté, qui la voyant si belle
   En ses veines ne sente vne ardeur immortelle?
   Hé, qui pourroit bruler aux rais d'vn pl⁹ beau feu?

N'ayant accoutumé de voir auparauant
   Qu'vne trouble splendeur, qu'vne beauté terrestre,
   Le Destin à mes yeux fit vn iour apparestre
   Ton front, siege d'hōneur, comme vn ciel s'eleuant.
Le Soleil n'est si beau de la mer se leuant:
   De mille rais aigus ton œil me sembloit estre,
   Tes cheueux où mon cœur ton esclaue s'empestre
   Estoyent pareils aux siens esparpillez au vent.
Vn si diuin regard me pleut de telle sorte
   Qu'il prit de mon penser & la clef & la porte,
   Me laissant vn desir qui iamais n'est repeu,
Desir qui me deuore & me poind d'vne enuie
   De recourir à vous pour y perdre la vie,
   Comme le papillon à la flambe du feu.

A vn Rossignol.

Doux Rossignol qui viens tous les ans dans ces bois
  A fin de lamenter sous l'espaisse ramee,
  Ie reconnois en toy ta plainte accoutumee
  Et les accens mignards de ta gentile voix.
Mais tel que l'an passé, helas tu ne me vois!
  La diuine beauté, la vertu renommee
  D'vne qui ne sçauroit assez estre estimee,
  A ma voile ont changé le doux vent que i'auois.
Tu auras desormais qui ioindra nuict & iour
  A tes accords plaintifs ses complaintes d'amour:
  En lieu que i'estois libre, ores depuis que i'aime
Tu me verras esclaue appresler à mon cœur
  Des soucis pour viande, & de l'œil mon vainqueur
  Me faire vn esperon & vn frain à moymesme.

STANCES.

Dv profond des Enfers tout noirci de tristesse,
  Rangé de mille ennuis mes plaintes ie t'addresse,
Ne vueille contre moy ta colere tenir,
Cesse de me tirer tant de traits de vengence:
Si tu veux prendre garde au grief de mon offense
  (O Deesse) comment pourray-ie soustenir?
Si tu es aux grands Dieux, comme ie croy, pareille,
  Helas! ne bousche plus à mes soupirs l'oreille,
Mon sein battu sçait bien comme ie me repens:
Mon lict est toute nuict detrampé de mes larmes,
Cent douleurs à l'enui me liurent des alarmes:

ARTEMIS.

Pour t'auoir offensé voila mes passetemps.
Mon œil est tout troublé, mon esprit ne repose,
Son peché l'importune & ne pense autre chose,
Mon cœur seiche d'ennuy comme vn pré tout fani.
Ie suis ainsi qu'Oreste agité de furie:
Mais tu peux deliurer de cet Enfer ma vie,
Et me remettre au Ciel duquel tu m'as bani.
Si Dieu, dont la puissance est si bonne & si haute,
Sans vouloir pardonner, vsoit à toute faute
D'vne telle rigueur, nul ne seroit sauué.
I'ay fait ce qu'vn pecheur en sō dueil deuoit faire,
Ie me suis repenti, & pour y satisfaire
Est-il pareil tourment à mon mal éprouué?
Vn autre m'a poussé dedans le precipice,
I'ay commis cet erreur, non guidé de malice,
Non par meschanceté que ie fuy de bien loin.
Commēt se connoistroit du grand Dieu la cleme̅ce
Si l'homme n'offensoit sa diuine puissance?
Ainsi de ta bonté mon crime soit témoin.
Ne detourne de moy la douceur de ta face,
Fay reluire sur moy le soleil de ta grace,
Que i'estime à mon dam, & que i'honore tant:
Autrement ie seray d'vne fortune egale
Auec ceux qu'on descend en la fosse infernale:
Mais quel gain de damner vn pauure penitent?
Ie n'offenseray plus! Non, que plustost ie meure
Ou que dés maintenant sans esprit ie demeure,
Ie ne veux vn esprit à son maistre nuisant.
Ie hay tout ce que hait ta beauté vertueuse:
Comment donc ne seroit mon ame malheureuse,
Tandis qu'à ta vertu ie seray deplaisant?

De mon esprit contrit ie te fay sacrifice,
  A me faire pardon ta beauté soit propice:
  En la balance soit ma faute d'un costé,
  Ta clemence de l'autre : à l'instant ie m'asseure
  Que ton cœur magnanime oubliera mon iniure:
  Vn peché n'est si grand fait contre volonté.
O l'honneur de nos ans vrayment tu es Deesse,
  Tu exauces mes cris, tu chasses ma destresse
  Comme Phebus souuent les nuages d'hyuer:
  Le cœur n'est genereux qui de pitié s'estrange:
  Aussi qui est celuy qui chante à Dieu louange
  Entre les tourmentez de l'abysme d'Enfer?
Or ie remerqueray d'vne noire teinture
  Le iour qui me fit choir en si triste auanture,
  Blanc me sera celuy qui m'en a retiré:
  Soit heureuse à iamais la sage Calliree
  Qui m'impetra pardon à l'heure inesperee,
  Bien d'autant infini que ie l'ay desiré.

ELEGIE.

ELVY qui longuement n'a bougé du So-
  leil,
  Cheminant sous l'ardeur de son char
  nompareil,
Quand il va s'eloignant de la blonde lumiere,
L'Ombre qui vient toucher l'aigu de sa paupiere
Et ses yeux tout remplis encore de beaux rais,
Luy rend vn iour blasard, tel qu'aux noires forests:
Tout luy semble obscurci de lueur effacee
Comme quand du Soleil la lampe est eclipsee:

ARTEMIS.

Les rais ont éblouy sa puissance de voir
Si bien qu'un autre obiet ne s'y peut receuoir.
Ainsi depuis le iour que ie laissay, Deesse,
Le Soleil de vos yeux, qu'ay-ie dit ? ie ne laisse
Quelque part que ie marche arriere vos beautez,
Ains d'esprit & de cœur ie suis à vos costez :
Depuis que l'œil du corps n'a veu vostre presence
Il a perdu de voir l'enuie & la puissance,
Car de vostre peinture il est si fort comblé
Qu'à toute autre figure il demeure aueuglé.
En vain autre suiet deuant mes yeux s'oppose,
Ie ne voy sinon vous, ie n'entens autre chose,
Et sans vous tout me semble vne infernale horreur.
   Ie passe iours & nuicts en l'amoureuse erreur,
Et ie doute souuent si ma douleur surpasse
Trop grande, vos beautez & vostre bonne grace :
Las ! que ie suis marry d'auoir tant retardé,
Et que plustost mon œil ne vous a regardé,
Vous que Nature a faite en perfection telle
Qu'en vous on reconnoist du parfaict le modelle.
Que si i'ay parauant d'autres amours suiui,
Cela m'a dauantage à vous aimer serui :
Tant plus en vne chose on a d'experience
Tant mieux on peut gouster ce qui est d'excellence,
Dont i'apperçois en vous tous les biens amassez
Qu'en parcelles le Ciel ailleurs a dispersez :
C'est pourquoy mon desir à vous suiure s'arreste,
Asseuré qu'autre main n'en aura la conqueste :
C'est mon dernier amour qui tousiours gardera
Le segret de mon cœur, & si bien fermera
Les portes, que iamais autre n'aura l'entrée.

Lors que vostre beauté de moy fut rencontree,
Et que sa douce fleche en mon ame coula
Tout autre pensement d'avec moy s'envola,
Toute autre foy donnee, & tout souci, de sorte
Que vous tenez du cœur & la clef & la porte,
Dedans moy ne restant aucune impression
Ny vestige de toute ancienne affection :
A fin que vous trouviez comme une blanche carte
Mon esprit qui iamais loin de vous ne s'écarte,
Pour escrire dedans vostre commandement
Que ie veux accomplir en tout fidellement,
Sçachant que ie ne puis avoir plus belle envie
Que d'employer pour vous mon service & ma vie.

En mes tourmens, ô trop ingenieuse,
 Nymphe trop belle & trop cruelle aussi,
 Qui de mon dueil n'as aucune merci,
 Pour ta grandeur un peu trop glorieuse,
C'est pour sembler d'Amour victorieuse,
 De passion, de travail & souci,
 Qu'egalement d'un modeste sourci
 Tu es à tous bravement gracieuse.
Tu retiens trop de la divinité
 D'un Iupiter que toute antiquité
 Nommoit à tort pere à tous equitable :
Il envoyoit aux mechans & aux bons
 D'un poix egal ses presens & ses dons,
 Et tu te plais à faire le semblable,

ARTEMIS.

Amour cruel enuieux de mon aise
   Par vos beautez me fait occire à tort:
   Quand ie me deulx, il double son effort,
Si qu'en mourant il faut que ie me taise.
Vos yeux luysans feroyent muer en braise
   Le Rhin glacé quand l'Hyuer est bien fort:
   Mais ce qui plus est cause de ma mort,
Plaire à autruy semble qu'il vous deplaise!
De diamant vostre cœur endurci
   Ne se peut voir de seruice adouci,
   Ny sang ny pleur ne le sçauroit dissoudre!
Aussi iamais ny pour vostre dédain,
   Ny pour semblant obscur & inhumain
   Ne doit changer qui s'est voulu resoudre!

De la Vertu.

Au dire des anciens maintenant i'ay creance
   Qui bien philosophans curieux de sçauoir,
   Amoureux de vertu firent tant leur deuoir
Que leur diuin esprit en eut la connoissance.
Ils disoyent que Vertu d'immortelle substance
   Ne se peut d'œil humain iamais apperceuoir:
   Mais que si prenant corps elle se laissoit voir
Nous brulerions d'amour voyants son excellence.
Depuis qu'elle a pris corps dedans vostre beauté
   Ie connois maintenant qu'ils ont dict verité
   Des ardans aiguillons dont elle pique l'ame.
Vous estes la Vertu, ie la dois admirer,
   Me bruler de son zele, ardemment l'adorer:
   Qui d'aimer la Vertu m'oseroit donner blâme?

Si ie suis maigre, iaune, & tout défiguré,
 Triste, pensif, resueur, sourd, muet, & sauuage,
 Que sert m'importuner auec tant de langage,
 Enquerant de quel mal ie me sens martyré?
Ce n'est douleur de corps, mais d'esprit egaré,
 Qui languist trop ardant apres vn beau visage,
 Apres vn bel esprit, merueille de nostre âge,
 D'où iamais mon penser ne se voit retiré.
O Penser deuorant ne suce plus mes veines,
 Ne me noye en la mer de tant & tant de peines,
 De tant d'estonnements ne trouble mes esprits:
Mais non, va, continue, aussi bien quelle chose
 Tant precieuse soit en l'Vniuers enclose,
 Mieux qu'elle, a merité que l'on en soit épris?

Ne m'aime point, disoit cette hautaine,
 A qui ie sers comme esclaue au vainqueur:
 Si de mes yeux tu t'enflammes le cœur
 Tu poursuiuras vne entreprise vaine.
Presagiant de sa gloire ma peine,
 Ie m'assurois de n'auoir que rigueur,
 Mais ne sçay quelle opiniastre ardeur
 Plus ie retire & plus à soy me meine.
De sa rigueur ne me vient que souci,
 De la seruir me vient plaisir aussi,
 Si bien qu'en elle est ma glace & ma braise.
Ainsi voit-on telle herbe s'eleuer
 Qui ha pouuoir de tuer & sauuer,
 Et mesme estoile estre bonne & mauuaise.

Mes pauures Yeux tandis qu'auez cet heur
De vous mirer dans les yeux de Madame,
La contemplant paissez vn peu mon ame
Qui desia plaint sa voisine douleur.
Ie sens desia qu'vne triste langueur
Pesante & morne, au departir m'entame:
Ia le regret de l'absenter me pasme,
Car la perdant ie pers aussi mon cœur.
Paissez-vous donc, mes Yeux, attendant l'heure
Qu'il conuiendra qu'en tenebres on pleure,
N'ayant la grace egale à mon penser:
Vn mont, vn roc peut empécher la veuë,
Mais le penser en trauersant la nuë
Ne trouue rien qui le peust deuancer.

CHANSON.

OR que le plaisant Auril
    Tout fertil
Donne aux Plaines la verdure,
Et Iupiter à son tour
    Fait l'amour,
Ie veux imiter Nature.
Voicy les iours de Venus
    Reuenus
Où fait l'amour toute plante:
La terre grosse produit
    Vn beau fruict:
Ores toute chose enfante.
Tout rit : iusqu'au fond du cœur
    Vient l'ardeur

Qu'en ce mois Venus elance.
L'vniuers de bout en bout
  Sent par tout
Sa chatouilleuse puissance.
Mille especes d'animaux
  Inegaux
Sur les campagnes bondissent,
Et de Cupidon poussez
  Insensez
De leurs femelles iouïssent.
Voyant le flambeau d'aimer
  Enflamer
Les cieux, la mer, & la terre,
Dois-ie mettre à nonchaloir
  Le vouloir
Du Dieu qui me fait la guerre?
Bien que iamais ta beauté
  N'a esté
Moins de mon cœur esprouuee,
Si est-ce qu'à ce doux temps
  Ie la sens
Plus en mon ame engrauee.
Mon feu croist en ce beau mois,
  Toutefois
Quand l'Hyuer nous viendra poindre
De violente froideur,
  Ma chaleur
Ne se pourra faire moindre.
L'âge du Printemps defaut
  Par le chaud,
Et l'Hiuer chasse l'Autonne

ARTEMIS.

Mais i'ay en toute saison
La prison
Où ta beauté m'enuironne.
Pour vn autre feu nouueau
Le flambeau
Qui m'échauffe la poitrine
Ne peut s'estaindre iamais:
Ie me pais
D'vne flamme trop diuine.
L'animal au feu naissant
Et croissant,
Tout soudain cesse de viure
S'il s'éloigne tant soit peu
De son feu:
Ainsi ie meurs sans te suiure.
En ce feu ie me nourris,
C'est mon ris:
Ma brulure c'est mon aise:
Mon plaisir, mon aliment,
Seulement
Ie respire en telle braise.

CHANSON.

La blanche Violette
En ce doux mois fleurist,
Mainte fleur nouuelette
De toutes pars blanchist.
Mais des printanieres couleurs
Mon Immortelle

LIVRE IIII.

Est la plus gentile & plus belle,
  La fleur des fleurs.
O belle fleur cause de mes douleurs,
  Mon Immortelle,
De ta beauté la fleur nouuelle
  Fait que ie meurs!
Maintenant la prairie
  Au Soleil se fiant
  Apparoist embellie
  D'vn émail variant:
Mais en vain, si le vermeil teint
  Du beau visage
Qui eleue au Ciel mon courage
  Les fleurs esteint.
    O belle fleur, &c.

Pour tistre vne couronne
  A son chef vertueux,
Où l'Amour m'emprisonne
  Au ret de ses cheueux,
Ie veux les thresors butiner,
  Qu'espand la terre,
Qui ialoux se feront la guerre
  Pour s'y donner.
    O belle fleur, &c.

Le blanc Lys & la Rose
  Voudront auoir l'honneur
Que leur moisson repose
  Sur ce chef de bonheur:
Au dessus d'elle on pourra voir
  Comme vne nuë
Qui verse vne pluye menuë,

ARTEMIS.

Ces biens pleuuoir.
 O belle fleur, &c.
Toute fleur amoureuse
 Voudra s'en approcher,
S'estimant bien-heureuse
 Telle Nymphe toucher,
Qui comme Aurore ha tousiours plein
 De cent fleurettes,
Où les amours font leurs cachettes,
 Son riche sein.
  O belle fleur, &c.
En elle prenant vie
 On les verra fleurir,
Et si Flore d'enuie
 Les contraint y perir,
Ainsi que moy languir leur plaist
 Pour telle face,
Qui le beau du Printemps efface
 Tant belle elle est.
  O belle fleur, &c.
Le doux Printemps ne dure
 Sinon trois petits mois,
Et l'estrange froidure
 Le perd souuentefois:
Mais iamais ne sera defaict
 Par le Boree
L'Auril de ma Nymphe admiree
 Tant est parfaict.
  O belle fleur, &c.
Il faut que ie confesse,
 Faisant comparaison,

LIVRE IIII.

Que ma belle Deesse
Vainq d'Auril la saison,
Bien qu'il aye le Rossignol
Qui son aimee
Courtise dessous la ramee
D'amour tout fol.
O belle fleur, &c.
Ce gay chantre rustique
Qui dans un verd buisson
D'une douce Musique
Decoupe sa Chanson,
S'il oyoit Madame chanter
Voudroit apprendre
Au tuyau de sa gorge tendre
A l'imiter.
O belle fleur, &c.
Donc le Printemps s'en aille
Au loin quand il voudra,
Le beau qui me trauaille
Iamais ne defaudra:
Ie voy le gracieux Printems
En sa presence,
Lors que i'endure son absence
L'hyuer ie sens.
O belle fleur, &c.

ARTEMIS.

Pour vn collier de Rubis.

Tant de cœurs de rubis que ta gorge d'albastre
   Ceint à l'entour de soy, c'est signe que ton cœur
   De mille & mille cœurs a triomphé vainqueur
Tenant mille captifs sous l'amoureux desastre.
La Nature souuent à plusieurs est marâtre,
   Mais prodiguant le tout qu'elle auoit de meilleur
   T'a donné ses vertus, sa beauté, sa valeur,
Qu'auec estonnement tout le monde idolâtre.
Ainsi les Empereurs en triomphe portoyent
   Le portrait des citez & peuples qu'ils domtoyent,
   Comme ton col perlé le collier de ta gloire.
Mais tu merites plus que ces Rois indomtez,
   Seulement ils forçoyent les rempars des citez,
   Où des cœurs inuaincus tu gaignes la victoire.

D'vn trop hautain desir qui mon esprit égare
   Ie volois emplumé dans le profond des cieux,
   Quand vn faux desespoir sur mon aise enuieux
Mes æles emplomba pour me faire vn Icare.
Il vouloit m'abysmer en l'Element barbare
   De la mer amoureuse, & ia presque mes yeux
   Se noyoyent en l'obscur du torrent Stygieux
Sans Amour qui des siens le courage rampare.
Il tourna son carquois en vn vaisseau de mer,
   Ses traits en auirons pour me faire ramer,
   Des cordes de son arc il en fit le cordage.
Son arc seruit de mast, de voile son bandeau,
   Il seruit de Pilote, & d'Astre son flambeau,
   Entre esperance & peur me sauuant du naufrage.

CHANSON.

SI le teint de ton beau visage
Est ensemble l'air & les cieux,
Et si les astres de tes yeux
Sont les flammes du feu volage,
En toy ie dy deux Elemens
Reprendre leurs commencemens.
Si mes deux yeux sont des fontaines,
Sont des riuieres : Si mon cœur
Brulé d'amoureuse chaleur
N'est rien que de cendre & d'areines :
En nous de ce grand Vniuers
Sont les quatre Elemens diuers.
Mais si ie suis l'eau & la terre,
Si tu es l'air & le feu roux,
Comment peut durer entre nous
Vne si longue & dure guerre ?
Voy tous les elemens entr'eux
Vnis de liens amoureux.
Si mon Sort & la Destinee,
Helas ! vouloit que nous fussions
Vn seul, vn tout, & que fissions
Vne essence bien ordonnee,
Ha ! que ce viure glorieux
Surmonteroit celuy des Dieux !

ARTEMIS

Quand ie nourris mon œil du regard de tes yeux,
   Quand mon oreille paist le miel de ta parole,
   Mortel des Immortels au nombre ie m'enrole,
Et ie ne porte enuie aux delices des Dieux.
D'autre bien ardemment ie ne suis enuieux:
   Cette felicité, ce plaisir seul m'affole:
   Mais quand auec tes yeux mon paradis s'enuole,
Vn camp de mille ennuis me poursuit en tous lieux:
Vn Penser acharné me tirace & deuore,
   Vne couleur de mort m'a face decolore,
   Mon ame laisse froid le tombeau de mon corps
Pour reuiure aux beautez dont elle fut rauie:
   Mais bien-heureux ie suis par tant de belles morts
   De reprendre si belle & si plaisante vie.

En ton honneur tout ce que i'auois beu
   Dans le crystal de l'onde Aganippide
   Estoit voüé, mais le Dieu qui preside
A ma fureur, dit que tu l'as deceu.
Ie ne veux plus me nourrir de ton feu,
   Cerche, Cruelle, vne autre Pyralide,
   Le froid me serue & non le chaud de guide,
C'est trop languir de mourir peu à peu.
Beauté n'est rien si elle n'est vantee,
   Ny la Vertu si elle n'est chantee,
   Tu me diras qu'autre te chantera:
Ouy, mais ton los volera dauantage
   Chanté par deux, & plus certain sera:
„ Car deux plus qu'vn vallent en tesmoignage.

Ingrate Main, ingrate quand i'y pense,
 Trois fois ingrate, ingrate mille fois,
 Bien que de lys & d'iuoire tes doigts
 Serrent mon cœur sous leur obeïssance.
De mon labeur est-ce la recompense?
 Est-ce le bien que rendre tu deuois,
 Pour n'estre ingrate, à la main, à la voix,
 Qui ont escrit & chanté ton essence?
Au departir, tant ie trauaille en vain,
 Ie n'ay baisé la blancheur de ta main,
 Non pas le gan, ah! tant s'en faut la bouche!
Le Pelerin qui se presente aux Dieux
 Quand il n'atteint à leur chef glorieux,
 Aumoins leurs piés ou leur autel il touche.

Du Soleil.

Bien que Phebus l'œil & l'ame du monde
 Guide son char fourchu de maints rayons
 Au Signe froid: toutefois nous voyons
 Dessus nos chefs luire sa face blonde.
Sa resplandeur qui n'ha point de seconde,
 Et prés & loin à toutes regions
 Esclaire au Ciel, si bien que nous croyons
 Qu'il est plus grand que cette masse ronde.
De tous costez se presente son œil:
 Ainsi le vostre au sien du tout pareil
 En tous endroits se presente ma guide:
Mais le Soleil de loin ne brule pas,
 Où plus de vous ie retire mes pas,
 Plus ie me trouue en la Zone torride.

N.iiij.

ARTEMIS.

D'vn temps fascheux.

Depuis vostre depart le bel azur des cieux
   Ne s'est point apparu dessus nostre contree:
   La face du Soleil ne s'est aussi monstree,
   Les nuages espais ombrageoyent tous les lieux.
L'horison obscurci d'vn voile pluuieux
   A rendu de ses pleurs la terre penetree,
   Et des Vents mutinez la bande rencontree
   A remué tout l'air d'efforts imperieux.
Ces pluyes & ces vents auoyent tiré naissance
   De mes pleurs & soupirs iettez en abondance,
   Le Ciel & l'air voulans témoigner mes malheurs.
Croyez donc mes tourmens, puisque le Ciel assemble
   Mon dueil en son visage, à fin qu'il me resemble
   Veritable tesmoin de mes longues douleurs.

Ie porte en l'œil ces penetrans regards
   Qui tressailloyent de lueur non commune
   Douce & cruelle, à fin qu'elle fust vne
   Auec les feux de Venus & de Mars.
De l'vn des yeux Venus lance ses dards,
   Et iamais astre hors des flots de Neptune
   Si bien laué n'alluma la nuict brune
   Estincelant de ses rayons espars.
L'autre œil de Mars ardant comme la foudre,
   Fier & cruel tourne mon cœur en poudre,
   M'ostant le bien que me donna le doux:
Ainsi esgal aux deux freres d'Heleine,
   En desespoir esperant à tous coups,
   Ie vy, ie meurs, en plaisir & en peine.

Comparaison des Monts.

Ie resemble à ces monts : ils sont demesurez,
  Mon haut desir s'égale à leur cime hautaine:
  De leur feste iaillist mainte source à fontaine,
  Et maints ruisseaux pleurās de mes yeux sōt tirez.
De rochers orgueilleux leurs flancs sont remparez,
  D'aspres & durs Pensers mon ame est toute pleine:
  Ils ont biē peu de fruicts, beaucoup de fueille vaine,
  Grande esperance i'ay, peu d'effects assurez.
En eux souffle des vents vne rage mutine,
  Maints soupirs enflambez sortent de ma poitrine:
  En moy se paist Amour cōme en eux les troupeaus.
Ils sont ferme plantez, mon amour est constante:
  Ils ont mille plaintifs de cent sortes d'oyseaux,
  Du malheur amoureux sans fin ie me lamente.

Quand i'engagé ma chere liberté
  A tes beaux yeux seigneurs de ma Pensee,
  Ie n'esperay de voir recompensee
  Ma peine dure en sa captiuité.
Ie connoissois l'orgueil de ta beauté,
  Et mainte voix par l'oracle auancee
  Prophetisoit que chant ny Panacee
  Ne guariroit le coup qui m'a domté.
Seur toutefois de mourir en misere
  Ie me suis mis és mains de l'aduersaire:
  Mais d'autant plus i'ay merité d'honneur:
,, Comme celuy sans espoir de victoire
,, Qui marche aux coups, merite plus de gloire
,, Qu'vn assuré de retourner vainqueur.

N.v.

ARTEMIS.

Apollon a laissé la toison Phryxeenne
   Du Mouton d'or, & tient les cornes du Taureau,
   Sous l'ombrage fueillu le bon Poëte oyseau
   Decoupe en doux fredons sa voix musicienne.
Le Zephyre mollet souffle vne douce haleine
   Tournant Boree en suite à son retour nouueau:
   Nous sentons reuenir le tiede Renouueau
   Riant de voir les fleurs de qui sa robe est pleine.
Amour et Mars font bruit: l'vn brûle feux et dards,
   Rets & chaisnes de fer: Le grād Dieu des soudars
   Fait bruire armets, boucliers, lances, piques, espee.
Ie veux suiure tous deux, enuieux de seruir
   Mō Maistre et ma Maistresse, à peine d'y mourir.
„ Vne si belle mort me sera grand trofee.

N'est-ce assez que ie brule, & que l'extreme ardeur
   Du feu qui me destruit deuient encor plus forte,
   Sans qu'vn vent de soupirs à chāque momēt sorte
   Pour en soufflant asprir & doubler sa fureur?
O Vent impetueux donne tréue à mon cœur,
   Cesse iusques à tant que ma flamme soit morte,
   Et permets qu'à mes pleurs soit ouuerte la porte
   Pour esteindre, noyer, & perdre ma chaleur.
Helas! que ie suis fol de penser auec l'eau
   De mes larmes, esteindre vn amoureux flambeau,
   Quand au milieu des flots sa brulante pointure
Fit ardre l'estomac du Prince de la mer!
   Sus sus soupirs soufflez, faites moy consommer:
„ Plus la douleur est grāde et moins longuemēt dure.

Pour surmonter l'ennuy de ma douleur,
  Et de tes yeux perdre la souuenance,
  I'ay longuement tant d'vne deffiance
  Que d'vn despit enuironné mon cœur.
Pour mon secours encontre ta rigueur
  Vn autre obiet me donnoit assurance,
  Et promettoit de brauer l'arrogance
  De tes beautez, cause de ma langueur.
Ie m'essayé par vne amour nouuelle
  De m'affranchir & me faire rebelle :
  Mais tel effort entierement est vain,
Si bien qu'il faut que tien ie meure & viue,
  Et seulement, ô malheur, ie me plain
  Que tu ne veux mon ame pour captiue.

D'œil serain ie ne puis masquer vne tristesse,
  D'œil triste ie ne puis vn ris dissimuler,
  Malade ie ne puis comme le sain parler,
  Et sain ie ne sçaurois feindre qu'vn mal m'oppresse.
Si iusques aux Enfers vn desastre m'abaisse
  Ie ne feins d'allegresse en Paradis voler.
  Double seroit le mal qui me fait escouler,
  Si ie ne le monstrois à l'heure qu'il me blesse.
Qui voudroit que Priam semblast estre ioyeux
  Voyant sa ville en sang, en feu deuant ses yeux ?
  Ou Pompee en Egypte au col sentant l'espee ?
D'autant moins vn Amant brulé d'affection,
  Qui de cent traits aigus la poitrine a coupee,
  Peut celer sa bouillante & dure affliction.

N. vi.

ARTEMIS.

LANSAC, pere d'honneur, de vertu, de bonté,
  Combien qu'en mille faicts paroisse ta belle ame,
  Elle se montre aussi quand tu ne donnes blasme
A celuy que l'Amour priue de liberté.
Amour dedans tes vers quelquefois est chanté
  Côme Dieu qui les cœurs d'vn beau desir entame,
  Et rien qu'à la vertu ses amoureux n'enflame:
Pource les Thespiens festoyent sa deïté.
Vne riche maison est bien plus honorable
  Et bien plus belle à voir, quand vn feu perdurable
  Reluist dans le foyer tressaint & sacré lieu.
Aussi l'homme sentant la chaleur amoureuse,
  Plus qu'vn autre diuin ha l'ame plus heureuse:
  Qui ne seroit heureux accompagné d'vn Dieu?

Sur l'Oracle Connoy toymesme.

Ne faites vostre iouë & vos beaux yeux portraire:
  Nul Peintre ne sçauroit en diuerse couleur
  Imiter vos beautez d'excellente valeur,
Que les Dieux ont voulu pour miracle parfaire.
Ne croyez d'Apollon l'oracle à vous contraire,
  Ne vous connoissez point, & fuyez le malheur
  Que predit Tiresie au garçon, dont la fleur
Fit Echo dedaignee en vne voix defaire.
Si vous vous connoissez, vn amour vous poindra
  De vos mesmes beautez, & quelque fleur prendra
  Naissance de ce corps de beauté si extreme:
Car Amour ne pouuant par autre vous domter,
  Côme Aiax ne se peut vaincre que par soymesme,
  Par vous mesme fera vous mesme surmonter.

A vn Peintre.

Oses-tu bien leuer la prunelle des yeux
  Et contempler les traits d'vne si belle face,
  Pour les vouloir contraindre en si petit espace
  Qu'vn tableau tiene en soy tout l'infini des cieux?
Retire tes couleurs, ô Peintre audacieux,
  Et le malheur d'autruy plus auisé te face.
  Tiresias sentit pour vne telle audace
  Son œil priué du iour du Soleil radieux.
Puis vn éblouïsson saisira ta paupiere
  Voyant tant de clairtez, si que ta main fautiere
  Rendra quelque portrait au sien tout inegal,
Gastant vne beauté que tout le monde prise:
» On doit selon sa force ourdir vne entreprise
» Et la quitter plustost que de l'acheuer mal.

CHANSON.

LE beau visage de ma Dame
  D'vne si blanche neige est teint,
  Et d'vne si vermeille flame
  Qui tousiours flambe & ne s'esteint,
Qu'Amour de ses beautez épris
Doute qui emporte le prix,
Et luy qui de tous est vainqueur
Vaincu se connoist en son cœur.
La flamme douce & amoureuse
  Esparse en son teint gracieux,
  Est dessus la branche espineuse
  Vne Rose éclatante aux yeux,
Qui découure le paradis
De ses boutons espanoüis,
Quand le Soleil haussant le iour

N iij.

ARTEMIS.

Laisse d'Orient le seiour.
Et sa blancheur estincelante
Apparoist telle que de nuict
La Lune sur l'eau non mouuante
De ses rais tremblotans reluit,
Scintillant à menus rayons
Lors que plus serain nous voyons
Le temps & le Ciel esclairci,
Chassant le nuage obscurci.
Ainsi la Beauté est si belle
A qui ie me trouue soumis,
Que ie ne la croy naturelle
Tant les Dieux luy furent amis:
Et le reste qui precieux
S'estime en la terre & aux cieux,
Ie pense sans estre deceu
Que ce n'est rien, ou c'est bien peu.

Ie t'appelle Artemis, aussi tu es, Deesse,
Digne d'vn si beau nom pour semblables effects:
Artemis tient vn arc redoutable aux forests,
Et l'arc de tes beaux yeux de me tirer ne cesse.
De sagettes & dards sa trousse est bien épaisse,
Tes regards decochez ce sont autant de traits:
Pour arrester sa proye elle a toiles & rets,
Le ret de tes cheueux eschaper ne me laisse.
Elle ha Chiens & Limiers, à fin de relancer
Sa queste destournee, & tu as mon penser
Qui vers toy me destourne & tousiours me relance.
Plus qu'elle toutefois il te faut redouter:
Car tu peux les humains comme tu veux domter,
Où seulement aux bois les bestes elle offense.

LIVRE IIII.   152

L'Aurore de la France auoit en ses cheueux
   Tressez mignardement au front & sur l'oreille
   Cent œillets colombins & mainte fleur vermeille
   Qui tiroyët leur beau teint de son corps bien-heu-
Quand mon œil s'eleua par trop auantureux (reux:
   Pour oser contempler du monde la merueille,
   Et lors comme mon cœur, ébahy, me conseille,
   Ie fey, non sans trembler, à basse voix ces vœux.
Donnez moy signe, ô Dieux, que cette grand' Deesse
   Reçoit en gré les vers qu'à son autel i'addresse.
   Ce dict, son chef doré laissa tomber soudain,
   Sans qu'elle l'apperceust, en terre trois fleurettes.
Soigneux ie les ramasse & les cache en mon sein
   Indigne de ce bien : car des fleurs si parfaites
   Ne meritent toucher vne mortelle main,
   Mais de trois belles fleurs deuenir trois Planetes.

O messagers du cœur mes soupirs enflammez,
   O larmes que de iour ie recele à grand' peine,
   O priere semee en infertile areine,
   O tousiours en un Tout mes Pensers enfermez!
O d'vn iniuste mal Plaints iustement semez,
   O desir que le frein de la Raison ne meine,
   O d'vn amour certain esperance incertaine,
   Qui cours ore à grands sauts, ore à pas reprimez!
Auiendra-til iamais que mon cruel martyre
   Et vostre long trauail s'allente & ne s'empire,
   Ou bien si l'vn & l'autre onques ne prendra cesse?
I'en ignore la fin : mais ie voy clairement
   Que ie puis de ma mort accuser seulement
   Auec peu de conseil trop peu de hardiesse.

ARTEMIS.

Vous faites plus de grace à vn autre qu'à moy:
  Ie le connois assez: Pource ie fay mon conte
  De couper le lien qui ma liberté donte,
Et chasser les tourmens que pour vous ie reçoy.
L'exemple de Cesar ores m'appelle à soy:
  Estre à Rome second comme luy i'aurois honte:
  Et i'aime beaucoup mieux q̃ l'Amour me surmõte
Où ie seray premier pour le prix de ma foy.
Sus donc, braue Dépit, accompagné des bandes
  Sur qui plein de fureur au besoin tu commandes,
  Fay toy vainqueur entier dessus tous les pensers
Que ma Dame auoit mis au fonds de ma memoire:
  Mais ainsi qu'Annibal ne t'oublie aux dangers:
,, *Il faut vaincre, & s'il faut poursuiure la victoire.*

Par vn dépit ie recouure l'enuie
  De mépriser toute captiuité:
  Car ie ne veux perdre ma liberté
Si quelque ret plus qu'humain ne la lie.
Heureusement elle estoit asseruie:
  Mais cette-là qui m'auoit enretté,
  Roine d'honneur, & roine de beauté,
Rauist son nom hors de ma fantaisie.
A toy Dépit qui m'en es aduenu,
  Autant qu'Achille au sien ie suis tenu:
  Le sien tarda neuf ans sa destinee,
Et pour iamais me sauuant de l'Amour
  Tu vas tardant la Parque infortunee
  Qui me feroit mourir cent fois le iour.

LIVRE IIII.

Ie qui auois rompu le lien de Cypris,
 Et de qui l'estomac se ramparoit de glace
 Pour aus flames d'amour ne laisser point de place,
 Maintenant ie rebrule & lié suis repris.
De vivre en liberté si i'auois entrepris
 Deuois-ie contempler vne si belle Grace?
 Que peut contre vn bel œil vne mortelle audace,
 Qui nõ destre vaincu mais de vaincre est appris?
Donc ie porte à iamais des chaisnes aimantines
 Que m'attachẽt au col deux belles mains marbri-
 Et toutefois, Amour, de toy ie ne me deulx, (nes,
Pourueu que la beauté qui mes veines enflame,
 Qui de silex cachez m'estreint & serre l'ame,
 Sente vn petit au cœur tes flammes & tes nœuds.

Ie te rens grace, Amour, & si te fay promesse
 De m'exposer encore aux peines & hazars
 Et troubles infinis qu'endurent tes soudars,
 Puisque i'ay entendu ces mots de ma Deesse.
Il ne faut en amour manquer de hardiesse,
 Venus pour tel effet a fauorisé Mars:
 Quelque responsse fiere ou changemens hagards
 Ne doiuent estonner vn cœur plein de ieunesse.
Elançans de ses yeux de beaux rayons ardans
 Elle dist ces propos, qui passant au dedans
 M'emplirent tout le sein de grandeur & d'audace.
Donc si doresnauant plus fort ie m'enhardis,
 Amour, excuse moy dessus vn tel aduis.
 S'elle est cause du crime elle en peut donner grace.

ARTEMIS.
CHANSON.

QVE me sert de voir tousiours
  La Deesse des amours,
  Si des ennuis la nuisance
  Augmente par sa presence?
Que me sert qu'en la voyant
  C'est vn Soleil flamboyant
  Qui me lance vn feu dans l'ame,
  Puis qu'elle n'a point de flame?
Que me sert de la chanter
  Si ie ne puis enchanter
  La rigueur de son courage
  Qui se rit de mon dommage?
Que me sert-il de choisir
  Vn si grand & beau desir,
  Puis qu'il ne peut sinon rendre
  Mon cœur & ma vie en cendre?
Que me sert ma fermeté
  Prisant louant sa beauté,
  Qu'à la rendre autant cruelle
  Et superbe qu'elle est belle?
Que me sert auoir les maux
  Des supplices infernaux,
  Si l'ombre des plaisirs vaine
  Seulement n'esteint ma peine?
Que me sert vouloir gaigner
  Le prix de la mieux aimer
  Puis que ma gentille audace
  Ne gaigne vn prix en sa grace?
Que me sert-il que ma main

LIVRE IIII.

N'escrit point d'autre dessain,
 Puis qu'elle ne veut escrire
 En son esprit mon martyre?
Que me sert de m'enfouïr
 En pensant m'évanouïr
 Loin des peines eternelles
 Puisque l'Amour ha des æles?
Que me sert-il de sçavoir
 Que ie trompe mon deuoir,
 Puisque par longue coutume
 I'ay nourri ce qui m'allume?
Que me sert que ma raison
 Sçait que l'Amour est poison,
 Puisque tant il me possede
 Qu'il est maistre du remede?
Que me sert dire à mon cœur
 Que i'esteindray son ardeur,
 Puis que la flambe moleste
 Qui le consomme est celeste?
Puis que c'est vn feu brulant
 D'vn bel astre estincelant,
 Vn feu non elementaire
 Qu'vn mortel ne peut defaire?
Donc, Chanson, fais vn serment
 Qui dure eternellement:
 Plustost finira le monde
 Que i'aye vne ardeur seconde.
Le Soleil fera la nuict,
 La Lune le iour qui luit,
 Plustost que mon amour sainte
 Soit ou finie ou esteinte.

ARTEMIS.
ELEGIE.

LES Graces aux beaux yeux, le Ieu frere
   d'Amour,
Les petits Cupidons reuolent à l'entour
De l'Aurore Françoise, & de promte al-
   legresse
Recueillent mille fleurs qu'enfante la Deesse.
Ainsi l'Aube doree enfleure le matin
De Lys, Roses, Oeillets, de Saffran & de Thym,
Tout rit à son leuer : La Nature qui serre
Ces fleurettes, repeint la face de la terre.
Mais ie suis seulement ainsi que le glaineur
Derobant les épics laissez du moissonneur
Quãd sa main dure estreint le blõd chaume et le pille
Pour le donner aux dents de la courbe faucille.
I'amasse curieux, les fleurs qui ont deceu
La main des Cupidons, des Graces, & du Ieu,
En tissant vn chapeau qui le chef t'enuironne
Digne pour ta vertu d'immortelle couronne.
» La Deité ne peut sa Deité celer :
Si de quelque nuage elle veut se voiler,
Son marcher la découure & sa claire apparance:
Enee eut de sa mere ainsi la connoissance.
On reconnoist les pas que Cerés a pressez,
D'épics embarbelez les champs sont herissez
Et d'espaisses moissons les campagnes iaunissent
Qui d'egale hauteur en Iauelots s'vnissent.
Le grand fils de Semele en Thyrses redouté
Paroist aux yeux mortels par son arbre inuenté,
Le Pampre grapelé reuerdist en sa trace,

Et le Lierre grené qui dans les murs s'enlace:
Les impies nochers connurent au milieu
Des vagues de la mer par tel signe ce Dieu.
Aussi par son chemin cette Grace gentille
Fait que d'vn tel émail le parterre s'habille,
Côme au marcher de Flore au Pritemps sont couuerts
Les forests & les prez d'habillements tous verds.
  Ayant donques cet heur qui est inestimable
D'estre en perfection aux Dieux mesme admirable,
Ne porte point d'enuie au pourpris florissant
Du Roy Phæacien, où maint arbre croissant
Ne denioit son fruict aux froideurs hyuernales,
Non plus qu'à la saison des chaleurs esteales:
Ne porte point d'enuie à ces filles encor
Qui gardoyent le verger luisant de pommes d'or.
  Adieu tous les iardins & les vergers antiques
Renommez tant de fois és fables Poëtiques
Qui n'ont tant de louange à bon droit merité,
Car le prix de ces vers depend de verité.
Mais se peut il vanter rien d'egal à l'Aurore,
Aurore qui ce siecle en sa vertu redore?
Qui nous donne en sa fleur vn eternel Printemps?
Iamais qu'en la voyant mes yeux ne sont contens,
D'autant qu'en ses beautez, à qui rien ne resemble,
Ie voy le plus parfait de toute chose ensemble.

ARTEMIS.

Que me sert discourant sur ma perte auiser
  Qu'on se mocque du mal qui trop me passionne,
  Et que d'vn fier dedain mō martyre on guerdōne,
  Et qu'vn Nom seulement on me veut refuser?
Las! que me sert moymesme à moymesme accuser
  De ce qu'aux loix d'Amour, vassal, ie m'abādōne,
  N'osant montrer le trait qui mon flanc éguillonne
  A l'œil où tous les iours ie vais le r'aguiser?
Que me sert de penser qu'il me vaudroit mieux faire
  Vn Ouurage qui peust à mon Prince complaire,
  Que d'obstiner mon cœur en telle vanité?
Que me sert de penser: Il faut que ie m'absente
  Pour effacer d'oubly le soin qui me tourmente,
  Puis qu'on ne peut forcer vne Fatalité?

Ie ne m'ose vanter d'aimer si hautement,
  Car mon æle de cire au Ciel ne peut attaindre:
  Et toutesfois Amour ne me sçauroit contraindre,
  Employant tous ses traits, d'aimer plus bassemēt.
I'ignore des Amans quel est le sentiment,
  Ie ne sçay si aimer est en esprit se plaindre,
  Si c'est vn chaud, vn froid, ce qu'ō admire craīdre,
  Et se taire & parler tousiours reueremment.
Ie ne sçay si aimer est vn Penser estrange
  Qui pour viure autre part son domicile change:
  Mais si l'amour est tel il domte ma raison.
Toutefois, ô malheur, il conuient que ie feigne
  D'estre libre en prison, & que ie me contreigne,
  Où ie ne suis captif, de feindre vne prison.

LIVRE IIII.

En vain tu me defens de porter imprimee
 Au tableau de mon cœur ton extreme beauté,
 Et de chanter ton nom en mon esprit planté,
 Chassant les beaux Pensers dōt mō ame est semee.
Si tu sçauois que vaut la fleche enuenimee
 Du grand archer Amour, ton orgueil indomté
 N'exerceroit sur moy tant d'inhumanité,
 Et souffrirois aumoins sans aimer d'estre aimee.
Que tu es ignorante en ce mal nompareil!
 Il ne reçoit iamais ny raison ny conseil :
 Au Dieu porte-bandeau son captif est semblable.
„ Celuy n'est forcené d'ardante passion
„ Qui se peut enchaisner auec discretion,
„ Et qui sçait discourir ce qui est raisonnable.

Mille flots amoureux incessamment roulans
 En mon esprit troublé, noyent mon premier aise,
 Et faut que ces torrens dans leurs riues i'appaise
 Qui serrez de contrainte en sont plus violans!
Le murmure des flots, leurs cours ammoncelans,
 Sur les champs rauagez, ne bruit de telle noise
 Que ce Chaos bouillāt qui dans moy ne s'accoise,
 Traisnant mille pensers l'vn sur l'autre coulans.
Et comme par les champs le débordé rauage
 Gaste des Laboureurs l'esperance & l'ouurage,
 Arrachant aux sillons la racine des blez.
Ainsi la cruauté, la beauté, l'arrogance,
 Ayans tous leurs efforts contre moy redoublez,
 Déracinent en moy de l'amour l'esperance.

ARTEMIS.

Ie suis pour trop aimer cause de ma langueur :
   Le brandon amoureux ambrase ma pensee,
   De fortes passions ma raison est blessee,
   Et si n'auez souci de ma lente douleur.
Vous ne daignez respondre à ma bouillante ardeur,
   Et ie la voy de vous sans égard mesprisee!
   Vous n'estes, ce me semble, assez bien auisee
   D'abandonner le vostre en proye du malheur.
Aimez ce qui vous aime, & rien que vous ne pense:
   De reciproque amour l'amour se recompense:
   Ruiner son Amant est-ce vn faict glorieux?
I'éprouue maintenant ce qu'on voit par coutume,
   Qui aime n'est aimé du bel œil qui l'allume
   Et c'est à fin qu'amour soit amer en tous lieux.

Le Sommeil ocieux attachoit ma paupiere
   Sur mes yeux enfermez d'vn repos mielleux,
   Quãd les rais d'Artemis, astre qui m'est heureux,
   Frapperent où i'estois trauersant la verriere.
Ie m'eueille soudain aux rais de ta lumiere,
   Et par deuotion i'adore tes saincts feux:
   Helas! pardonne moy si ie suis amoureux
   D'vne telle clairté des astres la premiere.
En vain tu porterois vn arc d'argent vouté,
   Et des rets bien-filez, si nul n'estoit domté
   Et lié dans les rets de ta diuine Essance.
Si tu peux de la mer les ondes émouuoir,
   Si tout cet Vniuers reconnoist ton pouuoir,
   Ferois-ie à ta grandeur, moy petit, resistance?

                                       Pein,

LIVRE IIII.

A du Moutier Peintre.

Pein, Du Moutier, ma Pallas, ma Deesse,
 Pein les esclairs qui brillent en ses yeux,
 (Yeux de Vesper au serain radieux)
 Dont l'vn guarit tout ce que l'autre blesse:
Pein ses doux ris, sa beauté vainqueresse
 Qu'on ne peut dire & qu'on admire mieux:
 Ah ! son esprit qui vole par les cieux
 Tout infini, ton artifice laisse:
Mais si tu veux peindre les passions
 Que m'ont causé tant de perfections,
 Ouure mon chef, fais-en l'anatomie:
Tu trouueras qu'Amour auec son traict
 En a tant peint dedans ma fantaisie
 Qu'à les depeindre on n'auroit iamais fait.

O Penser repensé, mon Paradis, mon mieux,
 Que tu repais mon cœur d'vne douce pasture
 Lors qu'au deuant de moy tu remets la figure
 De celle qui de France est le plus precieux!
O Penser repensé, tu me portes aux cieux
 Me peignant en Idee vne telle peinture!
 Rien si beau ne me semble en l'œuure de Nature,
 Et tu le peux iuger au rapport de mes yeux.
L'oubliance des maux est douce, mais encore
 Plus doux m'est le penser des beautez que i'adore,
 Que i'adore non seul, mais tout bon iugement.
Quant à moy, i'aime mieux repenser en ma Dame
 Que voir d'autres beautez: Aussi biē l'œil de l'ame
 Voit mieux q̃ l'œil du corps, & sans empeschement.

O.i.

ARTEMIS.

Ie suis perdu d'amour, helas cruellement!
  De mille tourbillons s'agite ma pensee:
  Ie suis comme vne roche en la mer courroucee,
  Que les vents & les flots battent horriblement.
Ie pensois estre au port de l'amoureux tourment
  Prest à pendre vn tableau de ma peine laissee,
  Quand vne grand' tempeste a ma nef relancee
  Ou ie ne voy que l'onde & que le Firmament.
Ie n'oy que flots & vents & tempestes rebruire,
  Et si dessus mon chef ne daigne plus reluire,
  Par ces obscures nuicts le bel œil d'Artemis.
Astres, quelqu'vn de vous en ma faueur flamboye:
  Tous les Dieux d'Ilion ne furent ennemis
  Quand la Grece assiegeoit les murailles de Troye.

ELEGIE.

Il ne faut, Artemis, que nos Muses te chantent,
  Ny d'vn los merité qu'aux siecles elles vantent,
Que tu vas surpassant toutes autres beautez,
Dont le païs François est plein de tous costez.
Leurs beautez ne sont point aux tiënes comparables,
Car la comparaison n'est qu'aux choses semblables.
Entre le Vuide & Plein n'est la proportion,
Ny entre l'imparfait & la perfection,
Ny entre l'infini & la chose finie,
Ny entre le diuin dont l'essence est vnie,
Et ce qui est mortel : Ie veux suiure l'autheur
Qui de Stagire estoit la gloire & la hauteur.

LIVRE IIII.

Auec ceremonie & grands honneurs encore
Il conuient (disoit-il) que les Dieux on adore,
Et n'appartient loüer leur haute deité:
Car outre la louange est leur infinité.
Mais l'amant embrasé d'vne viue estincelle
Que (bruslant dauantage) en ses veines il celle,
Comment frappé d'Amour qui le presse & le poind,
Pourroit-il s'engarder de ne celebrer point
Vos diuines beautez, & vos vertus ensemble
Où le thresor du Ciel en vn monceau s'assemble?
 Combien que ce resueur qui formoit l'Vniuers
Par l'entr'accrochement des Atomes diuers,
Voulust que les bons Dieux ne se donnassent peine
Ny soin dans leurs palais d'aucune affaire humaine,
N'estans iamais épris (comme nous croyons tous)
Des merites humains, ou touchez de courroux:
Toutefois il vouloit qu'à leurs deitez grandes
On addressast des vœux, on sacrast des offrandes,
Qu'on celebrast leur gloire en maint hymne sacré.
 Sa faulse opinion ores me vient à gré,
Et seduit de l'erreur de sa folle doctrine
Ie desire à tous ceux que ta beauté domine
Cette soudaine nuict dont Pallas aueugla
Le Deuin qui son bain par mégarde troubla.
Aux yeux de mes riuaux telle nuict ie souhaitte:
Et ne voulant souffrir que ta grace parfaitte
Vole par l'Vniuers celebre en autres chants
Qu'en ceux, que i'enuoiray tes vertus recherchans,
Ie m'enleue de terre, & ma figure ælee
Par les ales d'Amour tire au Ciel sa volee.
Ie touche ta louange, & pauure suppliant

O.ij.

ARTEMIS.

Ie t'esprouue Deesse, ah ! peu te souciant
De mes vœux inutils, & n'ayant connoissance
De la douleur que sent mon amoureuse offense,
Du tout égale aux Dieux qui n'ont point de souci
(Comme Epicure dit) des affaires d'ici,
Contens de leur repos sans que rien les tourmente,
Et vuide de souci ton aise te contente.

CHANSON.

ES yeux cause de ma langueur
Ne sentez-vous vostre malheur
Lors que d'une œillade attachee
Ebahis vous vous arrestez
A si angeliques beautez
Où la Deïté s'est cachee?
Ne sentez-vous que peu à peu
Ie fons comme la cire au feu,
Et que fontaines larmoyantes
D'eau vous deuiendrez un canal
Comme aux rais du flambeau iournal
Les neiges se voyent coulantes?
Si vous ne changez bien souuent
De lieu pour vous mettre au deuant
De si haut & diuin image,
Pour le regarder gardez-vous
De sentir que peuuent les coups
Décochez d'un si beau visage.
Car les lumieres de ses yeux
Autant qu'un Soleil radieux
Peuuent sur vous, vous pouuant rendre

Fontaine ou feu comme ils voudront,
Et nuls remedes ne vaudront
Pour de tel malheur vous defendre.
Maintenant ils lancent des dards,
Maintenant de grands feux espars
A l'enuiron de ma poitrine,
Fuyez la rigueur du destin
Si, perdus, ne voulez en fin
Qu'aueugle tousiours ie chemine.

Mon desir en amour, pauure Ixion, est tel
Que le tien violant, hautain & temeraire:
Aussi d'egal tourment i'ay senti le salaire
Cloüé sur vne roüe au supplice immortel.
Ie souffre en ces tourmens martel dessus martel,
Vn mal appuye vn autre : Et c'est mon ordinaire
De viure de soupirs, de larmes, & de taire
Qu'on me punist à tort ainsi qu'vn criminel.
Mon sort plus que le tien est encor miserable,
Tu ambrassas l'image à tes amours semblable,
De qui ton chaud desir appaisa sa fureur.
Ie ne puis ambrasser ny le vray ny l'image
De la saincte Beauté qui me tient en seruage,
Tant l'Image auec luy conspire à mon malheur!
O.iij.

ARTEMIS.

Quand ie la voy si doucement riante,
　En mon esprit i'imagine vn ruisseau
　Clair, argentin, qui rit dedans son eau
Tout sautelant de vistesse roulante.
Quand ie la voy mignardement parlante
　Flater son Chien d'vn gresle accent nouueau
　A mots coupez, ie pense ouïr l'oyseau
Qui de fredons mignarde son amante.
Quand ie la voy baiser folastrement
　Ce Chien heureux qui n'en a sentiment,
　Ie pense, ô Dieux ! est-il rien qui égale
Les doux plaisirs qu'elle pourroit donner?
　Mais que me sert tant d'aise imaginer
　Puis que ie suis aupres d'elle Tantale?

Discourant tout pensif sur tes aueugles faicts,
　Amour, ie dis iniure à ta deïté molle,
　Ie me repens d'aimer & suiure ton escolle
Puis que tes iugemens sont tousiours imparfaicts.
Qui te peignit enfant, il sçauoit tes effets :
　Tu remets en enfance vne ieunesse fole,
　Tu luy perds la raison, le discours, la parole,
Et l'homme qui est sage en sot tu contrefais.
Tu le rens estonné, resueur, & solitaire,
　Perdu de contenance au lieu plus necessaire,
　Et dans vn labyrinth tu le fais égarer.
Rien que malheur ne vient de languir à ta suite:
　Qui pourroit autre gain que dommage esperer
　En suiuant d'vn aueugle & enfant la conduite?

LIVRE IIII.

On peut assez, RACAN, mesme sans la nommer
  Sçauoir quelle beauté me semble la premiere.
  Qui ne peut discerner d'aupres d'vne riuiere
Dont l'espace est petit, l'infini de la mer?
Le Soleil radieux qui sans se consommer
  Nous allume les iours d'vne splendeur entiere,
  Se reconnoist assez aupres de la lumiere
Des flambeaus q̃ la Nuict fait au Ciel enflamer.
Possible tu diras que ie ne sçaurois estre
  Iuge entier, & qu'Amour m'empéche de cõnoistre,
  Trompé d'affection, la pure verité:
Non, non, l'oisiue ardeur d'vne petite braise
  Ne sçauroit échaufer de mon cœur la fournaise:
Mon œil ne s'éblouist deuant toute clairté.

Phebus dessus le poinct que la pure clairté
  De ma Dame reuint, laissa nostre Hemisphere,
  Honteux d'apperceuoir vne plus grand' lumiere,
Et fuyant confessa qu'il estoit surmonté.
Comme tous les flambeaux dorans l'obscurité
  Fuyent à l'arriuer de la splendeur entiere
  Qu'ameine le Soleil courant en sa carriere:
Ainsin il disparut voyant vostre beauté.
Du voile de la Nuict il affubla sa honte:
  Desormais plus tardif dessus nous il remonte,
  Si bien qu'auec raison il me fait confesser
Que deuant vostre gloire en ce poinct il est maindre:
  Il peut de ses rayons les estoiles estaindre,
Et seule vous pouuez son honneur effacer.

ARTEMIS.

Vn esprit importun souuentefois me tance,
   Et dit : Eslongne toy du brandon de Cypris:
   Ceux qui contre le vent des Aquilons aspris
   Endurcissent leur peau, luy font mieux resistance.
Se rendre opiniastre à porter vne absence,
   Desapprendre à tes piés le chemin bien appris
   D'aller où sans repos s'enuolent tes esprits
   Te fera moins sentir d'amour la violence.
Qui sort en temps glacé d'aupres du feu dehors,
   Par vn debat contraire ha sentiment au corps
   D'vne plus grand' froidure à l'enuiron cuisante:
Aussi partant du feu qui t'ambrase le cœur
   L'Aquilon des amours plus fort te violente.
   Le Demon dit ainsi, mais ie cede au vainqueur.

Sur vne Peinture.

La celeste Venus voyant vostre peinture
   Tiree au naturel de vos rares beautez,
   S'esbahit en disant : Quels hommes sont montez
   Au Ciel pour reconnoistre en ce poinct ma figure?
Lors que son fils Amour de diuine nature
   L'accompagnant luy dit : Nous sommes surmõtez
   Par celle dont tu vois les traits representez,
   Et nul ne la regarde exempté de blessure.
Tout cela dont tu peux les ames esmouuoir,
   Tout cela que ie puis n'egale son pouuoir:
   Mais le Peintre a failli, qui ses yeux n'enuironne
D'vn bandeau comme à moy, pour monstrer q̃ iamais
   Elle ne daigne voir les cœurs qu'elle a defaits,
   Destournant sa pitié de la mort qu'elle donne.

LIVRE IIII.

Comme cet Vniuers de tout temps n'a porté
   Qu'vn seul rare Phenix, qui mourant renouuelle:
   Ainsi de tous costez la terre vniuerselle
   Ne porte que vous seule vnique de beauté.
Comme aussi le Soleil flamboyant de clairté
   Seul esclaire par tout de lumiere immortelle:
   Ainsi les beaux rayons de splendeur tousiours belle,
   Luiront autour de vous auec l'Eternité.
C'est la raison pourquoy d'Amaranthe ie donne
   A vos perfections l'immortelle couronne.
   Heureux cent fois l'Amour qui dans le ciel volant
Se fait pour mieux reuiure à vos beautez defaire:
   Et comme le Phenix tousiours se va brulant
   D'vne flamme celeste & mon elementaire!

DIALOGVE.

D. *Pourquoy soupires-tu, gemissant tant de fois*
   D'vn œil triste abaissé, muet à ma parole?
R. *I'aime & le trop d'amour me rend cõme vn Idole*
   Priué de tous mes sens ainsi que tu me vois.
D. *Vaut-elle bien le mal que d'elle tu reçois*
   Et que ton ame entiere apres elle s'enuole?
R. *Amour entre les siens pour vn peu ne m'enrole,*
   Ie ne voudrois fournir à petit feu de bois.
D. *Est-il point de beautez aux siennes comparables?*
R. *Non: combiẽ qu'il en soit assez d'autres louables,*
   Ce sont de beaux attraits despourueus d'hameçon.
Où les Graces ne sont & ne font compagnie,
   C'est ainsi qu'vn appas qui seulement conuie
   Qui par faute de l'haim ne retient le poisson.
                    O. v.

ARTEMIS.

Personne n'aye peur de la fleche homicide,
   Que darde Cupidon, archer iniurieux:
   Il a tant decoché de traits imperieux
Contre moy, que sa trousse en reste toute vuide.
Personne n'aye peur de l'æle qui le guide,
   Immobile il ne peut voler en d'autres lieux:
   Depuis qu'il a foulé de piés victorieux
Mon estomach blessé, sa demeure est solide,
Il ne change de place, & à fin de tromper
Son desir inconstant, il a voulu couper
Les cerceaux inegaux de son leger plumage.
Si le frere d'Amour en vouloit faire autant
En celle qui me tient sous le ioug de seruage,
Quel homme, heros, ou dieu plus heureus et contãt?

CHANSON.

QVe sert de confesser par humble repentãce,
   Abaissant tes beaux yeux, deuant Dieu ton offense,
   Et tes pechez ainsi, puis que tu ne rẽds pas
Mon cœur pris en tes laqs?
Outre la repentance il conuient satisfaire,
Il faut rendre à l'autruy son auoir necessaire,
N'esperes autrement sans satisfaction
Prendre absolution.
Plusieurs ans sont passez que ta main larronnesse
Volant ma liberté s'en rendit la maistresse:
Si tu veux que le Ciel entende à ta clameur
Redonne moy mon cœur.

Il te conuient encor rendre toutes les fleches
La trousse & l'arc doré dont tu fais mille breches,
Les filets cauteleux, la flamme & le brandon
Rauis à Cupidon.
Toutefois dérobant à Cupidon sa gloire,
Tu ne fais qu'augmenter le nom de sa victoire:
Et ce n'est rien au prix de retenir à toy
Mon cœur dessous ta loy.
Que si le Confesseur du peché te deslie
Affranchissant ton ame, en cela ne te fie:
L'éclair de tes beautez l'a si bien ébloüy
Qu'il ne t'a point oüy.

∽

Somne leger, image deceptiue,
Qui m'es vn gain & perte en vn moment,
Comme tu fais escouler promptement
En t'escoulant, ma ioye fugitiue!
De tous Amans nul qui au monde viue
Ne receuroit plus de contentement
Que i'en reçoy, si mon bien seulement
Ne s'enuoloit d'vne ele trop hastiue.
Endymion fut heureux vn long temps
De prendre en songe infinis passetemps,
Pensant tenir sa luisante Deesse.
Ie te demande en pareille langueur
Vn pareil songe & pareille douceur:
„ *L'ombre du bien n'est pas grande largesse.*

O. VI.

ARTEMIS.
DIALOGVE.

D. Ie t'ay prié, Cupidon, mille fois
   Que de mon mal tu fisses la vengeance:
   Tu vas fermant ton oreille à ma voix
   Comme d'habits tout nud de preuoyance.
Si i'ay pour toy tant pris de patience
   Ne voudrois-tu pour moy de ton carquois
   Despendre vn trait encontre l'arrogance
   De ceste dure aduersaire à tes loix?
C. Hé, qu'y feray-ie? aussi tost que ie vise
   Contre son cœur, promptement elle auise
   Faire bouclier du tien mis à l'entour.
D. Tire à trauers: Ne m'espargne ta fleche,
   Pourueu qu'ainsi son cœur ait telle breche
   Qu'il reconnoisse & reuere l'Amour.

A vn Hyacinthe.

Digne d'amour, ô belle fleur éclose,
   Bel Hyacinthe, heureux est ton malheur:
   Si tu n'estois en l'estre d'vne fleur
   Tu n'aurois l'heur qui passe toute chose.
Vne deesse auec ses doigts de rose
   En son beau sein te met pres de son cœur,
   Et pour loyer te fait bien cet honneur
   Que de sa main souuent elle t'arrose!
Que tu dois estre & florissant & fier
   De la toucher, d'estre son prisonnier!
   Tant ne valloit ta feste solennelle!
En ton viuant tu fus aimé d'vn Dieu,
   Apres ta mort d'vne sage Immortelle
   Qui est sa sœur & qui regne en son lieu.

LIVRE IIII.

Quand ie repense à l'honneste regard,
  Au rire doux, à la parole douce,
  Au diuin port de celle qui me pousse
Dans les filets de l'amoureux hasard.
Quand son esprit ses graces me depart,
  Ie sens d'Amour vne extreme secousse:
  L'Archer n'a coup en sa terrible trousse
Qui perce mieux vn cœur de part en part.
Vn autre amour ne me pourra contraindre,
  Vn autre feu le mien ne peut estaindre:
  Ie ne crain plus receuoir d'autres coups:
Ie suis blessé d'vne si belle playe
  Que d'en guarir nullement ie n'essaye,
  Et ne voudrois, tant le martyre est doux!

A la Nuict.

Ialouse Nuict, nourrice de douleur,
  Qui nous rauis des couleurs l'apparance,
  Tens là courtine où mainte estoile danse,
Mon Artemis des tenebres n'a peur.
Tu n'as pouuoir d'estaindre la couleur
  De ses beautez belles par excellence:
  Celle du Ciel qui va par ton silence
Ne peut si bien illustrer ta noirceur.
A sa clairté l'Eclipse n'est connuë,
  Et si iamais elle ne diminuë
  A l'approcher du Soleil radieux:
Mais comme l'autre assure tout voyage,
  Ie voudrois bien que d'vn œil gracieux
  Elle assurast l'erreur de mon courage!

ARTEMIS.

Ie n'aime point d'amour dissimulee
 Et si ne veux faire l'amant transi,
 Qui blesme crie & demande merci
D'vn masque triste ayant l'ame voilee.
De vos beaux yeux la lumiere estoilee
 M'ard sans feintise, & ie voudrois aussi
 Qu'vn pareil feu vous allumast ainsi
D'vne fureur en l'esprit escoulee.
Ie ne craindrois le blasme d'inconstant,
 Et mon ardeur iroit tant augmentant
 Que les hyuers des montagnes Riphees
Ne la pourroyent esteindre tant soit peu.
„ Rien qu'à l'enui ne s'enflamme vn grand feu:
„ C'est à l'enui qu'on gaigne les trofees.

A la Nuit.

Pesante Nuit, gallope tes moreaux,
 Haste ton cours par l'humide carriere,
 Fay place au teint de l'Aube auant-courriere
Qui fresche sort du large sein des eaux.
Peu de plaisir me donnent tes flambeaux
 Quand ie ne voy ma plus grande lumiere
 Qui me tient l'ame esclaue & prisonniere
Brulante au feu de ses astres iumeaux.
Que dy-ie, Nuit à la face embrunie,
 De t'auancer plus ie ne te supplie,
 Car ie la voy des yeux de mon penser!
Ie voy sa forme & sa taille celeste
 Mais à mon cœur son cœur n'est manifeste
 Tant son orgueil me le fait eclipser!

Pour le iour de sainct Iean.

Tant de feux és carfours deça delà semez
  Pour fester de sainct Iehan la fatale naissance
  Vous rapportent aux yeux & à la souuenance
  Combien par vos beautez de feux sont allumez.
Les cœurs des mieux-voyãs soudain sont enflammez
  Comme vn soufre qui prẽd des flãmes la substance:
  Plus on boit vos regards, plus croist la violance,
  Aumoins si comme moy ils en sont consommez.
Cõme autour de ses feux chacun rit, saute, & chante
  Plus en plus s'esgayant tant plus le feu s'augmente
  Et monte en Pyramide à la voûte des cieux.
Ainsi plus vous voyez ma saincte flamme esprise
  Qu'vn soufflet de soupirs en scintilles attise
  Tant plº vous en moquez & vostre œil est ioyeux.

Pour la feste des Martyrs.

Ie resemble aux Martyrs en vous faisant seruice:
  Pour tesmoigner l'ardeur & le zele amoureux
  Qui les poussoit à Dieu pere des bienheureux,
  Ardemmẽt ils dõnoient leurs corps à tout supplice.
Ardemment ils offroyent leur teste au sacrifice
  Et plus ils enduroyent de tourmens furieux,
  Tant plus ils louoyent Dieu, se vantans glorieux
  De languir pour son nom en si braue exercice.
Ainsi plus vos rigueurs, vos desdains, vos mespris,
  M'exercent de tourmens pour lasser mes espris
  Et me tuer le cœur de cent morts inhumaines,
Plus ie suis glorieux & chante vostre los,
  Et si ie n'ay l'espoir d'vn celeste repos
  Cõme les saincts Martyrs, au loyer de mes peines.

ARTEMIS.

Quand ton aspect tes compagnes efface
   Et quand Amour en tes yeux est planté,
   D'autant que moins toute autre ha de beauté
Plus mon desir ses bornes outrepasse:
Ie benis l'heure & le temps & la place
   Que hautement mon œil fut arresté:
   Mon cœur depuis pour sa felicité
S'est retiré de toute chose basse.
Par là me vient vn penser glorieux
   Qui du vray bien me rend ambitieux
   Me souleuant à l'Idee immortelle:
Estant certain qu'il n'est rien de pareil
„   Dois-ie pas dire? Où reluist le Soleil
„   On n'ha besoin de lueur de chandelle.

De la Rose & de l'Oeillet.

Ie vous donne la Rose & cette fleur sanglante
   Qui du beau sang d'Aiax a rougi sa couleur:
   En vous offrant ces deux ie montre la valeur
De l'homicide Amour qui tousiours me tourmēte.
Pour son teint incarnat vne Rose est plaisante
   Mais son espine pique à l'entour de sa fleur:
   Amour arme tousiours d'vn espineux malheur
La fleur d'vne beauté plaisamment florissante.
Leur fueille & leur teint frais se perdent en vn iour:
   Vn Printemps peut borner les beautez & l'amour.
„   Car tout ce qui est beau guiere ne continuë.
L'œillet est le signal d'extreme cruauté:
   Par ses lettres tousiours Ai vous est presenté,
Criant vostre rigueur cruellement me tuë!

LIVRE IIII.

Tous les biens qu'à Pandore ottroyerent les Dieux:
 Tout le beau qu'inuenta l'artifice & Nature
 Le partissant en l'vne & l'autre creature,
 Est en mon Artemis excellence des Cieux:
Rien ne peut egaller le brandon de ses yeux
 Ny la moindre beauté qui sur elle demeure:
 C'est le camp de l'Amour: il s'y plate à toute heure
 Comme au lieu qui le rend tousiours victorieux.
Son celeste parler tant appris à bien dire,
 Sa grace, son maintien, son esprit que i'admire,
 Ses doux ris, ses beaux pas ne sont d'vne mortelle:
Nature ayant esté long temps en mal d'enfant
 L'engendra pour miracle heureux & trionfant,
 Puis comme ayant tout fait en rompit le modelle.

Dequoy, malade, ores me dois-ie plaindre
 Fors d'vn desir ardemment allumé
 Par qui mon cœur s'en va tout consumé
 Pour ne pouuoir si hautement attaindre?
Quelles couleurs doiuent les æles peindre
 De ce Desir, lequel est animé
 D'vn si bel œil de mille traits armé?
 Oeil qui les Dieux à sa loy peut contraindre?
De l'arc d'Iris les æles se feront
 A ce desir qui mon ame tourmente,
 Signe qu'en pleurs mon ame larmoyante
Fera noyer à ce desir les æles,
 Et qu'en apres les chaudes estincelles
 De mon soleil en feu la tourneront.

ARTEMIS.

Pour vne Resurrection.

Amour est le grand Dieu qui nos cœurs resuscite
   Apres que dedans nous il nous a faict mourir
   Pour en autre seiour vne vie acquerir
   Qui belle & glorieuse en bonheur se limite.
Ainsi voit-on des Grains la semence petite
   Mourir dessous la terre, & puis apres sortir
   Comme resuscitee, à fin de consentir
   Que l'amoureuse mort vn renaistre merite.
La peine & la sueur vont deuant la vertu:
   CHRIST se resuscita quand il eut abatu
   Du manoir infernal la maudite puissance:
Aussi domtant l'enfer de toutes passions
   Ie veux resusciter en vos perfections
   Et mourãt en mõ cœur prendre au vostre naissãce.

Tout fait l'amour, le soleil chaleureux
   Enceint la terre allongeant sa iournee:
   La terre aussi de fleurs encourtinee
   Se fait plus belle en regards amoureux.
Rien sans amour n'est ici plantureux
   En l'vniuers ne se voit chose nee
   Qui sans amour puisse estre fortunee:
   Mesme sans luy les Dieux ne sont heureux.
Vous qui portez l'amour en vostre face
   Face diuine & qui toutes efface,
   Montrez qu'à tort n'auez ceste beauté.
Autre que vous qui n'aura l'auantage
   D'auoir diuin l'esprit & le visage
   Seule se doit tacher de cruauté.

LIVRE IIII.

ELEGIE.

COMME un croissant dessus les moindres flames
Vous reluisez dessus les autres Dames.
On voit en vous tant de belles vertus
Que tous les cieux me semblent devestus
De leurs thresors & plus saintes richesses
Pour vous parer à l'egal des Deesses:
Puis vos valeurs ont assez merité
Que vous portiez le nom de deïté.
Mais de là vient la cause de ma guerre:
Tant de valeurs tiennent mon cœur en serre,
Le font sublim, hautement envieux
D'vn bien qui n'est brutal ny furieux.
Par là ie vole où des Dieux est le temple
A fin de voir en l'immortel exemple
Le beau du Beau dont l'esprit peut iouir
Et sans travail en luy se resiouir
Outrepassant d'humanité la reigle:
Ie veux suivant le naturel de l'Aigle
Accoutumer la pointe de mes yeux
Au vif esclair du soleil radieux
Sans cliner l'œil pour sa lumiere immense.
L'esclat des rais l'œil de l'Aigle n'offense:
Et comme il est le Roy de tous oyseaux,
Seul il peut voir le Prince des flambeaux.
  Ainsi ie dois voler outre la nuë
Par l'aviron d'vne æle non connuë,
Et contempler le Soleil de beauté
D'yeux attachez à sa divinité,

ARTEMIS.

Me deliurant de la masse grossiere
Du noir Chaos où l'ame est prisonniere.
L'homme n'est rien qu'vne confusion
S'il n'a l'amour pour sa perfection.
    Desirez vous que mon cœur ne vous suiue?
Ostez de vous vne grace naïue
Grace qui sied tant seulement à vous,
Grace qui vaut de commander à tous.
Mais autrement eschapper ie n'espere
Hors des liens qu'Amour a voulu faire.
» Qui veut donner au malsain guarison
» Soit pour le corps ou soit pour la raison,
» Doibt en premier la cause reconnaistre
» Puis la chasser à fin qu'il soit le maistre
» Dessus le mal sieureux & vehement.
» Vne santé ne reuient autrement
» Quand ou le corps ou l'ame est tourmentee.
» L'effect se perd quand la cause est ostee.

ELEGIE.

JAMAIS ie ne suis las de tousiours repenser
  En vos beaux yeux Tyrans dont ie me sens blesser,
Yeux de qui nuict & iour à par moy ie raisonne
D'autant que leur rayon iamais ne m'abandonne:
Car il est si auant fiché dedans mon cœur
Qu'il en sera tousiours, comme il est, le vainqueur.
Sont eux qui par les miens decocherent la fleche
Qui m'ouurit tout le sein d'vne amoureuse breche.

LIVRE IIII.

,, *On pense volontiers aux causes d'vn tourment,*
,, *C'est pourquoy mon penser y pense à tout moment:*
 Aussi vos yeux sont tels que ceux-là de Cythere
Qui est de Cupidon & des Graces la mere,
Et l'homme en l'estomach cacheroit vn rocher
Si de leurs doux regards il ne sentoit toucher
Iusques au vif son ame en passions perduë:
De là vient que ie fonds comme nege fonduë
Sous la tiede chaleur, & le mal accroissant
Fait que de plus en plus ie traisne languissant.
Se plaindre quelquefois r'ed vn mal beaucoup maidre,
Mais l'espoir me default voulant si haut attaindre
Puisque pour ennemy i'ay l'inegalité
Et que pour les mortels n'est la diuinité.
Du fils Dedalien la double æle de cire
Reprend l'audacieux lequel trop haut aspire:
La chaleur du soleil luy fondit les cerceaux
Des æles qu'il auoit pour trauerser les eaux:
De mesme ne suiuant la region moyenne
I'ay crainte d'imiter la cheute Icarienne.
 La race de Clymene auiourdhuy Phaëthon,
Ne voudroit de son pere estre le chareton,
Et n'oseroit guider en la haute carriere
Ethon & Pyrois à l'ardante criniere.
Mais à quoy ces discours? quand ma serue raison
N'escoute les malheurs ny la comparaison
De ces infortunez pour me rendre plus sage?
,, *Vn grand danger ne prēd l'homme bas de courage.*
Vaille donq mon desir: Il sera bienheureux
,, *qu'il arriue au but de son vol amoureux,*
,, *qu'il tombe noyé dans la marine plaine:*

ARTEMIS.

Le bon heur le rendra iouissant de sa peine,
Le malheur portera par le monde son nom.
„ Le desastre est heureux qui graue vn beau renom.
  Ainsi tout en suspens ie pense en vous ma Dame
Ayant du plomb aux pieds & des æles en l'ame,
Et en vn mesme instant l'esprit me vient hausser
Puis soudain la frayeur vient son vol abaisser.
  Qui conuient-il blasmer? l'Ame qui est diuine
Tousiours se resentant de sa belle origine
Fait bien de rechercher toute perfection,
Et ce qui vient du ciel son habitation.
Pourtant s'elle vous suit ne l'imputez à faute
Puisque son naturel n'est rien que chose haute,
Et que par ce moyen ie suis egal à vous.
  Que les premiers anciens veirent vn Siecle doux,
Quand Pyrrhe & son mary refirent nostre engence:
Sans estre separez d'aucune difference,
Libremēt par les champs l'vn l'autre on s'entr'aimoit
Où le bouillon d'Amour deux esprits enflammoit
Sans égard de richesse ou de la grande race.
O siecle fortuné, sous toy de place en place
Les amans se suiuoyent sans crainte ny soupçon,
Et mignardoyent l'vn l'autre en diuerse façon:
Où maintenant l'amour se demeine en contrainte
Et n'est plein que de soin, d'embûches & de crainte!
  Venus, bien que Deesse, abandonna son Mars
Pour suiure vn Pastoureau, ses Brebis, & ses parcs:
Et Angelique met en ialouse folie
Roland, pour vn Medor qui fait qu'elle l'oublie.
Les Dieux changeāt leur forme en mille corps diuers
Ont quitté bien souuent pour ce bas Vniuers

LIVRE IIII.

Leurs celestes Palais empruntant l'artifice:
L'vn se faisoit Serpent qui merqueté se glisse,
Et l'autre qui d'Amour ne pouuoit s'estranger
Daignoit bien se vestir de la peau d'vn Berger,
Et portant d'oliuier la champestre houlette
A sa fluste apprenoit les plaintes d'amourette
Pour adoucir son mal : Le grand pere du vin
En la grappe vineuse échangea son diuin
Pour tromper Erigone : Et le bruyant Neptune
Pour trouuer pres sa Dame vne heureuse fortune
Prit forme d'vn Cheual crineux & hannissant.
Tels sont les doux effets de ce Dieu si puissant,
De l'enfant de Venus, qui tousiours a saisie
Des petits & des grands la chaude fantaisie:
Qui sans egard assemble en vn ieunes & vieux,
Et reioint la mortelle à l'essence des Dieux.
  Imitant ces façons vous qui estes Deesse,
Deuriez vous abaisser iusqu'à ma petitesse,
Et vous persuader par ces contes plaisans
Qu'Amour peut rendre égaux deux partis differans.
Vsez de ce pouuoir qu'auez sur ma naissance:
A vous le commander, à moy l'obeïssance.

Vers Sapphiques mesurez & non rymez.

N ta prison tu me retiens, Amour, pris,
Douce prison, si la faueur de celle
A qui m'as donné desiroit me traiter
    Comme de raison.
Elle rit du mal que ie sens, n'aimant rien,
Blasphemant ton nom que i'adore tousiours

ARTEMIS.

Comme des plus grands que ie trouue par tout
  Faire ce qu'il veut.
Veux-tu sans vengence tenir ce mépris:
Endurer faut-il qu'vne telle beauté
Gaigne sur ton los, que la terre & les cieux
  Vaincre ne sçauroyent?
Crains-tu qu'au combat tu ne fusses vaincu:
C'est de peur vrayment que sa main ne t'oste
Fleches, arc, & feux : de là vient que son cœur
  T'estime bien peu.
Elle ha sur ton regne licence telle
Qu'elle va tâchant de rebeller encor
Mille grand's beautez que ton arc trionfant
  Pendroit à son prix.
Pauure Amour en fin tu seras le vassal,
Elle ton seigneur, tellement que verras
Ton estat perdu pour auoir suporté
  Tant de liberté.
„ Iustice est d'vn Roy la colonne ferme:
„ Puny son cœur, fay-le obeïr : car on voit
„ L'Empire estre vn rien si la iustice on perd,
„   Et l'obeïr fault.

LIVRE IIII.

Du mois de Ianuier.

Belle, voicy le mois de Ianus honoré,
　　Dont les Calendes font vn triste ou bon augure,
　　Selon qu'à nostre oreille arriue d'auanture
Soit vn facheux propos, soit vn mot desiré.
Si des commencemens l'augure est asseuré,
　　Pour le moins auiourdhuy ne m'apparoissez dure,
　　Et me dites bon an, à fin que ie m'assure
Que vos rigueurs auront vn cours plus moderé.
Ianus à son plaisir enuoyoit par la terre
　　Hors du Temple la paix ou la sanglante guerre,
　　Et du large Vniuers moderoit le contour.
Vous auez tout pouuoir dessus mon petit monde:
　　Mais ne soyez de guerre & d'alarmes feconde,
　　Car ie ne vous demande autre chose qu'amour.

Iupiter seulement de son cerueau n'enfante:
　　Pallas qui l'Oliuier autrefois inuenta,
　　De sa docte cerueille au monde t'enfanta
(Miracle de ce temps) si belle & si sçauante.
La Muse entre les Lys & les Roses naissante
　　Au milieu d'vn printems son giron te presta:
　　Phebus fut ton parrain: La Grace t'allaitta:
Amour mit en tes yeux sa fleche mieux perçante.
Le haut Ciel te donna, digne de ta grandeur,
　　Vn esprit genereux de celeste vigueur,
　　Qui rien, rien que diuin iamais ne se propose:
Et ie dy, te voyant Deesse de vertu,
　　En vn corps de beauté prodiguement vestu:
　　Elle, Beauté, Vertu sont vne mesme chose.

　　　　　　　P.i.

ARTEMIS.

Aumoins si ie tenois vn portrait de ta face
   Derobé par le Peintre, à fin qu'en vn tableau
   Ie peusse m'esiouir auec l'ombre du beau
Puis que du vray suiet les Dieux m'ostēt la grace.
L'ennuy que nul plaisir en l'absence n'efface
   Viendroit à s'adoucir, & mon triste cerueau
   Ne se distileroit d'vn mal tousiours nouueau
Qui me voyant passer, toutefois ne se passe.
Tu n'as voulu iamais, ô Cruelle, endurer
   Que ie peusse vers moy ta peinture tirer:
   Va va, ton port entier malgré toy me demeure:
Amour, Peintre, Poëte, & Graueur bien sçauant,
   A peint, escrit, graué ta beauté si auant
   Au tableau de mon cœur, que ie l'ay à toute heure.

Bien que ie sois trop long temps malheureux
   De voir ma peine ingratement perdue,
   Ma liberté dans tes cheueux pendue,
Ainsi me flate en mon chaud amoureux.
C'est grand honneur de viure langoureux
   Pour sa beauté d'Olympe descendue,
   Et si ie suis pour elle despendue
D'vn plus haut bien ie ne suis desireux.
Donc s'il te plaist tire en mon cœur, Madame,
   Traits dessus traits, & flamme dessus flame:
   Rien de ta main ne me sçauroit deplaire.
Ie ne suis pas resemblant au laurier,
   Plus on le brule & plus on l'oit crier,
   Plus on me brule & plus ie le veux taire.

Au Soleil.

POurquoy viens-tu ? Soleil, ne sçais-tu pas
Qu'on n'ha besoin de ta lumiere errante?
Autre Soleil demeurant icy bas
Iette sur nous vne clairté plaisante.
Guide autre part ta carrosse flambante,
Va te cacher : tourne arriere tes pas,
C'est ton meilleur d'euiter les debats
Qu'entre vous deux trop de beauté presente.
Au parangon tu n'auras qu'vne honte:
Mais si ton chef pres du sien ne s'affronte
On n'y pourra son iugement assoir.
Helas ! ie croy que tu viens sur la terre
Passionné d'vne amoureuse guerre,
Mieux reluisant à fin de mieux la voir!

Belles de fleurs, fraisches, vertes valees,
Coutaux deserts, & vous forests muettes,
Noires d'ombrage & de maisons segretes,
Tertres bossus, cauernes reculees:
Diuin troupeau de vous Nymphes meslees
Dans le courant des claires ondelettes,
Vous qui dansez sous les clairtez brunettes
Des astres beaux, par les nuicts estoilees:
Chantres oyseaux de couleurs bigarrez
Qui çà qui là sur les branches errez,
Faites honneur à mon Enchanteresse.
Y a-til bois, herbe, plante, ou rocher
Degarni d'ame, & tel qu'à l'approcher
N'ait sentiment que c'est vne Deesse?

ARTEMIS.

Ha! ie vous pren, ie vous trouue sans ver:
 Car ces couleurs qui seruent de peinture
 Au mois d'Auril, habillé de verdure,
 Ne se pourront en vostre sein trouuer.
Que ie me trompe! au milieu de l'Hyuer
 Malgré le froid & sa poignante iniure,
 Le doux Printemps mignon de la Nature
 En vostre sein ses beautez va sauuer.
Vos nouueautez contre les âges durent,
 Et sans fanir la mort elles n'endurent,
 Ayant tousiours de vos yeux le soleil.
Si vous auez plus qu'vn Printemps de grace,
 Eternisant sa beauté qui se passe,
 Se peut-il voir rien qui vous soit pareil?

Semblable au Lut est tousiours l'harmonie,
 Soit Lyonnois, ou soit Venetien:
 L'accord est fils du Lut musicien
 Qu'vn bon sonneur de douce main manie.
Comme les nerfs l'vn à l'autre il marie,
 Le son du Lut est bas, haut ou moyen:
 Et d'vn bon Lut tousiours on sonne bien,
 D'vn grand suiet grande est la poësie.
Donc qui pourroit, ayant tel argument
 Qui des vertus est le vray firmament,
 De vos valeurs dire vne Chanson basse?
Heureux celuy qui les Dieux veut chanter:
 Permettez moy que ie puisse attenter
 De celebrer ce qui les Dieux surpasse.

Le sainct troupeau des filles de Memoire
  Vous a choisi pour leur dixieme sœur,
  Pource qu'en grace,en sçauoir,en douceur,
  Et en discours vous egalez leur gloire.
Par leurs Chansons & par leur Lut d'iuoire
  Ces belles Sœurs,paradis de mon cœur,
  Vont suppliant qu'ayez en leur faueur
  D'vn pauure absent quelque peu de memoire.
De qui plustost vous faut-il souuenir
  Que d'vn amant,qui tâche maintenir
  Vostre sainct nom contre le temps labile?
Donc faites voir quel conte vous tenez
  De vos neuf Sœurs, & douce enterinez
  A mon proffit leur requeste ciuile.

Que ne reuient icy bas le Poëte
  Qui de sa Laure en Lauriers augmenta,
  Qui de beaux mots ses amours enchanta,
  Pour dire en vers vostre beauté parfaite?
De froide crainte est ma langue muëtte
  Quand ie reuoy l'œil qui me transporta:
  Mon cœur dés lors sa demeure quitta
  Volant apres ce qu'en vain il souhaitte.
Tu ne deuois,ô Ciel trop liberal,
  Tant de beautez donner à cette Dame,
  Ny de vertus,les causes de mon mal:
Ou tu deuois m'oster ce beau desir
  Qui trop ardent m'allume toute l'ame
  Voulant trop haut sa demeure choisir.
P.iij.

ARTEMIS.

Amour dressa contre moy l'embuscade
   Quand au premier si belle ie vous vey,
   Et qu'à mon œil de vos beautez rauy
Il sembla voir vne Nymphe Oreade.
I'ay tout l'esprit de tristesse malade,
   Et de penser en vos graces ie vy
   Depuis le iour que mon cœur a suiuy
Le doux accueil d'vne si douce œillade.
Ny mont, ny bois, ny murmurant ruisseau
   Ne vont celant vn visage si beau.
Que si quelqu'vn excellent comme Apelle
D'vne Venus les traits vouloit tirer,
   Il ne feroit son ouurage admirer
S'il ne suiuoit vostre Idee immortelle.

De la cruauté de Perille.

Cruel fut l'inuenteur de ce Toreau d'airain
   Où les hommes enclos, brulez, & miserables
   Ne iettoient que plaintifs à muglemës semblables,
Trauaillez d'vn tourment extreme & souuerain.
Ce maudit artisan entreprit ce dessain,
   Exprés, à celle fin que les pauures coupables
   N'émeussent à pitié les rigueurs execrables
Du Tyran Phalaris, par vn accent humain.
Tu es autant cruelle, & plus cruelle encore:
   A fin que ton secours en mes maux ie n'implore
   Tu me defens la plainte & les gemissemens
Craignant que la pitié n'esmeuue ton courage:
   Las, escoute mes cris! Tu serois moins sauuage
   Si tu voyois au vray l'Enfer de mes tourmens!

LIVRE IIII.

Quand vis à vis ie voy ma Pasithee,
   Grace admirable aux yeux de tous mortels:
   Ie pense viure entre les Eternels,
   Tant du plaisir mon ame est surmontee.
En Paradis ma vie est emportee:
   Les Dieux du Ciel en ecstase sont tels,
   Quand Iupiter seigneur de mille autels
   A deuant eux sa maiesté plantee.
Ie deuien foible, & comme vn tronc mes piés
   D'vne racine alors semblent liez:
   Ie ne sçaurois demesler ma parole:
En ses beautez ie me perds tout raui:
   Leur doux regard me trauaille & m'affole,
   Et si iamais ie n'en suis assouui!

Ie demandois au portier de l'annee
   Que la Cigongne au dos ne peut pincer,
   Que ie ferois pour heureux commencer
   Ce nouuel an par bonne destinee.
Ianus respond: Voy ta Nymphe bien-nee,
   Où les Amours se viennent amasser:
   Elle te peut iusqu'au Ciel auancer
   Et rendre icy ton ame fortunee.
S'elle te donne vn heureux an nouueau,
   Et que sur toy de son visage beau
   Vienne vn rayon qui tes yeux illumine,
N'ayes plus peur du Sort ny du Destin:
   Son doux souhait & son aspect diuin
   Dessus le Ciel & les astres domine.

ARTEMIS.

CHANSON.

VOICY le iour commençant le Caresme,
Fiere à qui plaist la tyrannie extresme,
 Allez au temple pour sçauoir
 Combien foible est nostre pouuoir.
Pour abaisser la mondaine arrogance
On dit à tous : Ore ayez souuenance
 Que de cendre vous estes faicts,
 Et qu'en cendre serez defaicts.
Si n'y croyez, vous le pouuez apprendre
De moy reduit par vos beautez en cendre,
 Tant l'amoureux feu s'allumant
 M'a saisi pour son aliment.
Puis que la fin est si vile & si basse,
A quoy vous sert tant d'orgueil & d'audace?
 Que sert de vous fier en vain,
 A beauté qui coule soudain?
Beauté du corps n'est qu'vne ombre legere,
C'est de l'Auril vne fleur passagere,
 Qui sur les arbres s'éleuant
 Tombe à l'assaut du premier vent.
Aime celuy qui t'aime, honore & prise:
C'est la grandeur d'vne ame bien apprise
 De mettre en mesme égalité
 La douceur, grandeur, & beauté.
Ainsi se fait le grand Soleil parestre
D'autant petit, que plus on le voit estre
 Hautement leué dans les cieux
 Pour éclairer en ces bas lieux.

LIVRE IIII.

ELEGIE.

QVAND ie vais discourant & des yeux &
d'esprit,
Sur les perfections qu'en toy le Ciel
escrit:
Quand i'admire l'honneur de ta race, & encore
La splendeur de beauté qui ton visage honore,
Et tousiours nous estale vn Printemps verdissant,
Vn beau iardin d'Amour de roses florissant:
Quand i'admire les arts que Phebus & Minerue
Auec leur gratuité te donnent en reserue:
Quand i'admire le ris de l'Amour gracieux,
Et le Ceste puissant de sa mere aux beaux yeux,
Et la douce Pithon de ton diuin langage
Qui flechist comme il veut des oyans le courage:
Et quand i'admire encor le doux philtre odorant
De ta léure, au baiser les ames attirant,
Ie suis tout diuisé d'opinions estranges:
Egaré ie me perds en diuerses louanges,
Et demeure confus auisant deuant moy
Tant d'images parfaicts qu'en esprit ie reçoy.
La boete de Pandore en mille biens feconde
N'auoit tant de presens pour embellir ce monde,
Si bien que ie m'escrie : Ha! nouuelle beauté,
Heureux astre nouueau, nouuelle deité,
Voyant tous ces beaux dons auec telle accordance
Et tel consentement s'vnir à ton essence
Tu merites vn Dieu : Tu es digne d'auoir
Iupiter aussi grand & tel qu'on le peut voir
Quãd des hõmes et dieux monarque il ueut paresfre,

P.v.

ARTEMIS.

Et non pas tel qu'il est lors qu'il change son estre
Par tromperie en Or, en Cygne, ou en Taureau.
 Telle religion en saisit mon cerueau,
Qu'à ton nom i'ordonnois par deuote allegresse
Des honneurs tout diuins comme à vne Deesse:
Humble ie te sacrois vn autel solemnel,
Vn feu purifié veillant & eternel,
Et ma honte, adorant auec sainctes prieres
Ton astre, tes vertus, tes graces singulieres,
Me defendoit tousiours de n'estre ambitieux
A rechercher d'Amour la Nymphe egale aux dieux:
Ma honte ne souffroit que ma seule esperance
Abusast par desir d'immortelle substance,
Veu qu'entre nous l'augure est du tout inegal:
Mais Amour qui se plaist à nous faire du mal
S'en rit, & se glissant sous ma tendre poitrine
Qui prit contre son gré cette charge diuine,
M'eleua temeraire auec ses ælerons.
Il fait que tout de feu ie fuy les enuirons
De la terre, affectant d'vn voler peu modeste
Estre le compagnon de la bande celeste.
 Ainsi mon cœur suiet est contraint de porter
La Deesse qu'en vain i'ay tasché reietter:
Que ferois-ie à cela? Quel moyen, quel remede
Contre Amour insensé qui de fureur excede?
Mais tu dois m'excuser d'estre ton amoureux.
Ne voit-on pas les serfs esclaues malheureux,
Retenir pour soulas en leurs dures miseres
Les mouuemens d'esprit libres & volontaires,
L'amour & le courroux, la haine & la douleur?
Tellement qu'on ne peut faire qu'à leur malheur

LIVRE IIII.

La douce liberté ne laisse quelque trace
De soy tant desiree en toute humaine race?
Quiconque s'assortist vn amoureux transport
Où le ioug, les flambeaux, les augures, l'accord,
Soyent iustement egaux : Celuy-là ne peut dire
Qu'il aime & qu'il en sente vn gracieux martyre.
Mais quiconque eleué par vn courage grand
Combien qu'il soit mortel, furieux entreprend
D'vn sacrilege Amour sur les hautes Deesses,
C'est celuy qui d'Amour sent au vray les angoisses:
Celuy aime vrayment qui roulant des genoux
Va prendre & ambrasser sans cesse à tous les coups
L'autel d'vne Deesse & sourde & implacable:
Qui ne fuit abhorrant l'obiet impitoyable
Des cœurs palles humains qui pendent tout de rang,
Et ne craint les posteaux pleins de glaçons de sang.
Quiconque ose verser son sang pour sacrifice
Est pris, aime vrayment : l'Esperance nourrice
Veille tousiours en luy, & la rage aigrissant
S'y mesle auec vn pleur & souci maigrissant:
Pauureté de raison, & la suite plus forte
Du Dieu leger-volant à l'abandon l'emporte.
  Si iadis Orion a payé son defaut
Pour auoir aspiré en quelque lieu trop haut,
Toutefois telle chose excellemment hardie
A esté maintefois à plusieurs impunie:
Car Iupiter est iuste, & pere tout clement,
Recors de ses larcins, pardonne au fol Amant.
Las ! on dit qu'Ixion épris de sa Maistresse
Forcené de fureurs, paya sa hardiesse,
Et qu'en forme de nuë ambrassant son desir

P.vi.

ARTEMIS.

Fit les demi-Chevaux naistre de son plaisir.
Mais bien que ces plaisirs pour estre faux different
Des vrais esbatemens où les heureux prosperent,
Ie ne refuse point les peines d'Ixion,
Pourveu que i'vse aussi de sa condition,
Desirant, comme il eut, l'Idole d'vne nuë
Où ta sainte beauté de moy soit reconnuë.
Car les songes fuitifs qui me viennent de toy,
Et l'ombre des plaisirs que par là ie reçoy
Me sont beaucoup plus chers, que si la iouissance
De la grande Iunon me venoit en presence.

Quelqu'vn loüra les yeux de celle qui le domte,
  Vn autre les cheueux, vn autre le beau sein,
  Sein blanchissant d'iuoire, autre dira la main:
  Ici ie ne mettray telles beautez en conte.
Combien que la beauté (que i'adore) surmonte
  Toute autre la plus rare, vn esprit souuerain
  M'a beaucoup plus gaigné que ce qui est humain,
  Reuerant le diuin qui iusqu'au ciel nous monte.
Vn parler eloquent fontaine de sçauoir,
  Vne action honneste, vn gracieux pouuoir
  Retiennent ma franchise esclaue & prisonniere.
Que si l'esprit pouuoit respondre également
  A la bonté de telle & celeste matiere,
  Ie bastirois vn œuure egal au Firmament.

Quel Demon charmera la fierté naturelle
 Qui bannist loin de vous l'amoureuse douceur?
 Ie me perds de martyre : Et vostre mauuais cœur
 N'a pitié de me voir en misere mortelle.
Aucun secours ne vient de vostre ame rebelle,
 Et mon penser qui passe à trauers la rigueur
 De vostre orgueil amer, trouue tant de langueur
 Que foible il ne peut suiure où son desir l'appelle.
Le dedain & mespris du grand Dieu des Amours
 Sont les rocs perilleux qui rompent tout le cours
 De mon penser heureux au milieu du voyage:
Ie seray donc pareil au pauure Pelerin
 Qui tout las & debile est failli de courage
 En l'aspreté d'vn mont où dur est le chemin.

Du Rosne & de la Sosne.

Solitaire & pensif ie m'allois égarant
 Sur le bord de la Sosne, ainsi qu'vn lac, dormante:
 Puis sur le pont du Rosne où d'ardeur violente
 Il est prest d'ambrasser ce qu'il va desirant.
Le Rosne impetueux de roideur va courant
 A trauers mots & rocs, boüillone, & se tourmente
 Roulãt au gré d'Amour: La Sosne froide & lente,
 Desdaigneuse, s'arreste, & se va retirant.
Ha! Dieu, ce dis-ie alors, que cet amoureux fleuue
 Me represente bien les tourmens que i'espreuue,
 Et les boüillons d'amour dont ie suis agité:
Que la Sosne au contraire en son cours me figure
 Le tranquille repos d'vne beauté trop dure
 Qui mesprise l'amour d'vn courage indonté.

ARTEMIS.

A l'Ange qui presente les trois fleaux au Roy Dauid.

Bon Ange, s'il te plaist enuoyer tout ensemble
   Les trois fleaux du ciel à quelque grand pecheur,
   Peste, famine, guerre : enuoye dans son cœur
   Le poison de l'amour qui tous ces maux resemble.
La Peste d'vn chaud mal en l'amoureux assemble
   Mille cruelles morts de fieureuse langueur :
   La Faim d'vn beau desir fait mourir de rigueur :
   La Guerre d'vn bel œil fait q̃ de peur on tremble.
Amour par ses effets m'a pressé bien auant :
   Car sa peste, sa faim, & sa guerre souuent
   M'ont fieureux, affamé, guerroyé, mis en cendre :
Que si l'on doit choisir le moindre mal au choix,
   I'aimerois beaucoup mieux elire vn de ces trois,
   D'autãt qu'on peut biẽ d'eux, non d'Amour se de-
                                            (fendre.

L'ardent feu coutumier de mon embrasement
   Ne va diminuant par les courses tournees
   Ny des iours, ny des mois, ny des longues annees,
   Mais plus que d'ordinaire il prend accroissement.
Hé, comment faudroit-il, veu que son aliment
   Qui vient de vos vertus, de vos graces bien-nees,
   De vos perfections par tous les Dieux ornees,
   Sans iamais defaillir augmente infiniment?
On parle des iardins du Roy de Phæacie
   Où mille arbres diuers nourrissiers de la vie
   Produisoiẽt de nouueau tous les iours quelque fruit :
Et le iardin heureux de vostre Image belle
   Nous produit chacun iour quelque beauté nouuelle,
   Mais de là vient le feu qui ma santé destruit.

LIVRE IIII.

CHANSON.
Vers Feminins.

IE veux mourir, le malheur m'y conuie:
Il est besoing qu'en mon esprit i'inuente
Quelque moyen pour faire plus contente
La Dame ingrate à qui desplaist ma vie.
O belle ingrate, il me faut satisfaire
A ton dedain qui me fait iniustice,
Et toutefois allant au precipice
Du regne obscur, moins de trauail i'espere.
I'espere auoir là bas moins de souffrance:
Car à la fin ta beauté sans égale
Viendra toucher à la butte fatale
Pour y sentir du feu la violance.
Là conuiendra que ton esprit descende
En la prison horrible & tenebreuse
Pour éprouuer la flamme dangereuse
Qui m'ard le cœur sans que rien me defende.
Tu ne pourras euiter cette braise
Changeant de place, & lors toute suiette
N'auras à ieu par subtile defaite,
Ce beau tourment qui me change en fournaise.
Lors bien-heureux, ô douceur amoureuse!
I'adouciray le tourment de ma peine,
Le temperant de la douleur certaine,
Que souffrira ton ame dedaigneuse.
Double sera le rigoureux martyre,
Double le mal & l'angoisse plus forte
Qui te viendra de ma dépouille morte,
Dont maintenant tu ne te fais que rire.

ARTEMIS.

L'on pourautant que tu donnes, Cruelle,
   La mort, helas ! à celuy-là qui t'aime
   Plus ardemment que ses yeux, ny soymesme,
Tout attrempé d'une amour eternelle.
L'autre pourtant que tu seras sans cesse
   Auec celuy qui deplaist à cette heure,
   Tant qu'il conuient pour te plaire qu'il meure
A fin qu'il vainque en mourant ta rudesse.
O que mon feu, mes tourmens, & ma plainte
   Me seront doux ! que mon mal sera maindre
   Quand ie verray celle qui me fait plaindre
Estre en ces lieux, où ie seray, contrainte!

☙

Donc tousiours tant de maux ? Iamais ne prédra cesse
   Le grand trauail d'esprit dont ie suis tourmenté,
   Boüillonnant de fureur à toute extremité,
Vne mer de soucis me suiuant à la presse ?
Tantost iusqu'aux Enfers la tempeste m'abaisse,
   Tantost m'eleue au ciel : Iamais vaisseau porté
   A la merci des vents ne fut tant agité,
Et si mes cris en vain à Neptune i'addresse.
Il est plus que certain que la venteuse mer
   En l'escume engendra la Deesse d'aimer,
   Et que par le Chaos Amour vint en lumiere.
Car les paures Amans troublez de passion
   Sans trouuer le repos d'vne seule heure entiere,
   Sont tousiours en tourmante & en confusion.

LIVRE IIII.

Celuy qui sans témoin se deult & se lamente
   Sent de vrayes douleurs : & celuy qui ialoux
   Se dépite en soymesme, allumé de courroux
   Quand autre plus que luy d'vne faueur se vante.
HARPIN, ie suis ainsi : la rage vehemente
   De l'aspre Ialousie entame à tous les coups
   Mon cœur, lors que d'vn œil & d'vn sourire doux
   I'apperçoy que ma Dame autre que moy contente.
Le plus grief de mon mal c'est lors que ie luy voy
   Liures, chansons, papiers d'vn autre que de moy:
   Ie tremble d'y penser, i'en ay la face morte.
A l'heure peu s'en faut en ce mal violent
   Que ie ne brise tout, comme faisoit Roland:
   Mais soudain le bon sens me reuient faire escorte.

Parer ses vestemens, ses Pages & Coursiers,
   Des heureuses couleurs qui vous sont agreables:
   Se faire le guerrier de vos beautez aimables,
   Defendre vostre gloire és Tournois coutumiers:
Ce sont ieux & plaisirs qui viuent iournaliers
   A grãd peine vn seul iour, et ne sont plus durables
   Qu'vne fleur ia cueillie: ains tombent, miserables,
   Comme vne vile charge, au bout des ieux entiers.
Mais porter vos honneurs aux bouches Immortelles,
   Et faire que Pegase enleue sur ses æles
   Vostre Image là haut dessus le Firmament:
Ce sont biens eternels qui feront que tout âge
   Vous nommera d'amour le bel astre & l'image,
   Escorte de tout digne & vertueux Amant.

ARTEMIS.

La Lyre & le doux chant d'Amphion & d'Orfee
   Qui furent renommez pour doctement sçauoir
   Les plantes à pitié, les roches émouuoir,
   Possible emporteroyent sur ton cœur le trofee:
Mais ie ne les ay pas pour te rendre eschaufee
   Du brasier de pitié & d'amoureux deuoir:
   Toutefois au defaut ie te pry receuoir
   Les soupirs allumez de mon ame estoufee.
Reçoy ma face blesme & mes yeux tout mourans,
   Vrais témoins des ennuis qui me vont deuorans:
   Et si iadis l'effet d'vne douce harmonie
A peu mouuoir les bois, les Rocs sans amitié
   Et les Tigres cruels: que mon amere vie
   Et mes soucis mortels t'esmeuuent à pitié.

Compar. du corps des Planetes.

Comme les feux du Ciel errans en leur voyage
   Font plustost ou plus tard leur propre mouuement,
   Selon qu'il est permis ou par éloignement
   Du mobile premier, ou par le voisinage.
Ainsi tous les suiuans du petit Dieu volage
   Font leurs propres effets à force ou librement,
   Selon qu'ils sont trainez par son rauissement,
   Et que plus ou que moins chacun est en seruage.
Ie le connois par moy qui n'ay point d'action
   Propre à moy, mais entiere à sa deuotion:
   Car ainsi que l'Estoile à l'enuiron du Pole
Tousiours stable apparoist sans plonger sous la mer:
   Aussi tousiours mon ame apprise à bien aimer,
   A l'entour de ma Dame & non ailleurs s'enuole.

LIVRE IIII.

Quand ie la voy, folastre, ambraser sa cousine
D'vn geste si mignard qu'il rauiroit les Dieux,
Puis soudain luy presser la leure & les deux yeux
Du baiser odorant de sa bouche pourprine,
Mon Dieu, pensé-ie en moy, quelle douceur diuine!
Venus ne garde rien de si delicieux:
Seulement d'y penser ie vole dans les cieux:
Et le trait du baiser me coule en la poitrine!
Ie te pry deuant nous épargne ce Baiser,
Ces doux languissemens, ces mots de mignardise,
S'il te plaist épargner l'aise de nostre vie!
Assez tes yeux de feu nous peuuent embraser,
Assez de flamme au cœur par ta beauté s'attise
Sans nous bruler encor d'vne si belle enuie!

Des couleurs de la Lune.

Te reuoyant au ciel de nouueau paroissante
Tu me fais, claire Lune, ardemment souuenir
De celle qui me peut en clairté maintenir
Comme tu donnes iour à la Nuict brunissante.
Selon que ta lueur est palle ou rougissante,
Ou blanche, tu promets la saison à venir:
Aussi ie connois bien quel ie puis deuenir
Selon que ma Deesse est colere ou riante.
Palle tu fais la pluye: & rouge t'eleuant
Tu brasses, parmi l'air l'orage d'vn grand vent:
Blanche, tu fais le temps serain & delectable.
Ma Deesse fachee en moy fait eleuer
Vn orage venteux, vn pluuieux Hyuer:
Riante, elle me fait au Printemps comparable.

ARTEMIS.

Ceux qui ont dict que l'extreme beauté
   (Pource qu'elle est de chacun poursuiuie)
   Ne se trouuoit de chasteté suiuie,
   Ont à plaisir ce mensonge inuenté.
Vous qui tenez serue ma volonté
   Qui seule auez puissance sur ma vie,
   Auec ces deux mon ame auez rauie.
   Du chaste & beau qui ne seroit domté?
Pourtant le feu qui mon courage enflamme
   Est tout diuin, comme venant, ma Dame,
   Des saincts flambeaux qui sortent de vos yeux:
Il brulera tousiours en ma poitrine:
» De l'immortel ce qui prend origine
» N'est point suiet au sort iniurieux.

La manne & le doux laict qui nourrirēt ma Dame,
   Pleuuoyent en son berceau de la table des Dieux,
   Et firent cette neige & ce teint gracieux
   Qui dans mon cœur esclaue allument vne flame.
Amour ne va tirant que de sa gentile ame
   Les plus grandes douceurs & biens delicieux
   Dont il peut alaitter l'espoir ambicieux,
   Et l'affamé desir qui delecte & enflame.
Amour aussi tousiours veut que mon pensement
   Ne soit que d'elle seule : & veut que seulement
   Ie parle & chante d'elle en diuerse maniere:
Toutefois ie ne puis conter le million
   De ses biens, ny attaindre à sa louange entiere,
   Mais par l'ongle ie fay connoistre le Lyon.

D'vn Nœu.

Amour tirant vn de tes beaux cheueux,
  Me garrotta d'vne pareille sorte
  Qu'vn prisonnier qui la chaisne supporte
  Estant serré d'vn million de nœuds.
De mon malheur ie n'estois soupçonneux
  Et m'en moquois tant i'auois l'ame accorte,
  Car ie pensois luy rompre de main forte
  Facilement ses liens amoureux.
Mais ie voy bien que ie ne puis enfraindre
  Ces fermes nœuds, & qu'il me faut complaindre
  Pour tout secours, à iamais attaché.
Voila comment ma liberté rauie
  Ne pend sinon d'vn fil comme la vie,
  Et si Clothon ne le verra tranché.

L'agreable vigueur de si belle lumiere
  Me rit tousiours en l'ame, & le Sens de mes yeux
  N'apporte à l'Intellect rien de si precieux,
  Ny chose autant que vous rare excellète, et chere.
Quand Nature vous fit, à fin de se complaire
  Et montrer aux humains son art ingenieux,
  Elle n'épargna rien, si que ne pouuant mieux
  Vostre beauté luy sert maintenant d'exemplaire.
La nege, l'incarnat, la splendeur & les traits
  Qui font les autres corps pleins de cét mille attraits
  Sont empruntez des Lys, des Roses, des Planetes
De vostre sein poly, de vostre teint vermeil,
  De vos yeux estoilez compagnons du Soleil:
  Elles sont vos rayons, leur lumiere vous estes.

ARTEMIS.

Devant mes yeux tousiours revient la grace
   De la beauté qui me sceut enfermer
   Dans le Dedale & labyrinth d'aimer:
   Vn tel obiet instamment me pourchasse.
Amour volant me trouue en toute place,
   Et faux sorcier n'a si bien sceu charmer
   Qu'en mon desir i'apperçoy transformer
   Tout ce qui vient au devant de ma face.
Il fait bien plus : Ce maudit enchanteur
   M'a tellement enchanté tout le cœur
   Et tous les Sens par vne force extréme,
Qu'alièné d'imagination
   Et transformé par son impression
   Ie suis ma Dame, & ne suis plus moymesme.

Celuy qui ne sçait point comment l'aueugle Amour
   Nasquit de la splendeur d'vne Angelique face
   En vn beau paradis fleury d'vn long espace,
   Qu'il voye la beauté qui me donne le iour.
Qu'il voye la Deesse où mon cœur fait seiour,
   Les beaux yeux, le visage, & le ris & la grace
   De celle qui d'vn coup me r'allume & r'englace
   Heureux & malheureux par vn different tour,
Il sçaura comme vn cœur à la premiere veuë
   S'emplist de hauts pensers & d'ardeur inconnuë
   Et d'amoureux desirs qui blessent doucement:
Il sçaura quelle estoit Venus en sa puissance
   Quand aux iardins du ciel elle donna naissance,
   Et sçaura d'où le monde a pris son ornement.

Du leuer du Soleil.

Vne Nymphe celeste, honneur de tout le monde,
Abandonnoit sa couche, & le pere du iour
Sortoit aussi du sein de l'humide seiour
Affublant de fin or sa longue tresse blonde.
Ioyeux il commençoit sa course vagabonde :
Mais voyant les beautez qui pouuoyent à l'entour
Redorer l'vniuers sans qu'il y fist retour,
Honteux il se cacha sous la nuë profonde.
Le soleil de vos yeux remplis de deïté
Esblouit les rayons de sa grande clairté
Ainsi qu'il esblouist des humains la lumiere.
Ores il prendra garde à ne se resueiller
Sinon lors qu'il verra vos beaux yeux sommeiller,
Ou tout voilé de honte il fera sa carriere.

L'esclair de vos beaux yeux est si diuin & saint,
Que le sein où il touche incontinent s'allume
D'vn feu tousiours veillãt qui point ne se cõsume,
Nourri par vn Gardien qui le reuere & craint.
Le vent impetueux par vn autre contrainte
Ne va de tel effort, ny le trait qui s'emplume
Pour voler dãs les Cieux : La Gõme & le Bitume
Ne prennẽt si tost feu que vostre œil nous attaint.
Heureux ambrasement! d'où vient qu'vne belle ame
Se vante de durer en tres-ardente flame
N'estimant qu'à tel prix son immortalité!
O palme non ouye! O nouuelle victoire!
» Quel plus riche trophee & trionfe de gloire
» Qu'estre victorieux par le vaincu chanté?

ARTEMIS.

D'vn Flambeau.

Ce flambeau tout en feu qui reluist deuant nous
  Enflammé par les rais de vostre claire veuë,
  Est signe que ie porte vne flamme inconnuë
  Qu'allumēt en mō cœur vos yeux cruels & doux.
Ie ne me puis garder pourtant d'estre ialoux
  De l'heur qu'ha ce flambeau: son estincelle émeuë
  Par l'autheur de sō mal aumoïs daigne estre veuë,
  Et vous ne voyez pas que ie brule pour vous.
Puis la chaleur qu'il sent manquera toute entiere
  Si tost que luy faudra le corps de sa matiere
  Où ie nourris & garde vne lampe eternelle.
Helas voyez mon feu, vous en aurez pitié,
  D'autant que de vos yeux il est vne parcelle.
  La partie & le tout se doiuent amitié.

Mille graces du Ciel, mille amours font leur ny
  Sur vos mille beautez: Pourtant ie vous appelle
  Vn Paradis d'amours, & vous estes si belle
  Que l'esprit n'est heureux lequel en est bany.
Ie gouste seulement en ce bien infiny
  Vne odeur qui m'est saincte, & la force en est telle
  Qu'elle me fait vn Dieu, comme l'herbe nouuelle
  Par qui Glauque mortel aux Dieux se veit vny.
Mais quel Dieu fera naistre vne si puissante herbe
  Que vous en soyez douce autant qu'estes superbe,
  Méprisant ce Demon qui premier vint au iour?
Vous estes par effect au soleil resemblante:
  Plein de feux il ne sent la chaleur violante,
  Aussi pleine d'amours vous ne sentez l'amour.

Vous

Comparaison des Parthes.

Vous me faites penser aux Parthes bataillans
   Qui fuyans le combat d'vne course legere
   Dardoyent infinis traits décochez en arriere,
Et souuent par la fuite estoyent les plus vaillans.
Ainsi lors que l'Amour auec ses assaillans
   Descend pour batailler contre vous ma Guerriere,
   En fuyant vous iettez mainte fleche meurdriere
Et mille traits de feu brulans & trauaillans.
Amour en est blessé & tous ceux qui le suiuent,
   Tellement qu'à vos piés cent chaisnes les captiuent
   Comme guerriers conquis aux belliqueux hazards.
Auisez quel triomphe orneroit vostre gloire
   Si vouliez faire teste & tourner vos regards!
   Le monde tout entier seroit vostre victoire.

Tous les flambeaux du ciel empruntent leur lumiere
   Du Soleil, fors que deux qui parent vostre front:
   Au contraire plus clair vos estoiles le font
   O celeste beauté trop belle & trop altiere!
Ie voy souuent l'horreur d'vne tempeste fiere
   Ombrager ses rayons quand les nuages vont,
   Où souffrant tel escorne il n'est à l'heure pront
   De rendre ny le ciel ny la terre bien clere:
Lors soudain vos beaux yeux ardans & scintilans
   Dissipent le nuage & les vents turbulans
   Et deseichant la pluye vn beau temps font reluire.
Mais helas! d'où me vient que l'Astre nompareil
   Qui double la clairté des rayons du soleil
   Me veut tousiours aueugle en tenebres conduire?

                              Q.i.

ARTEMIS.

Vous me blasmez souuent que i'estois tout sauuage,
  Dédaigneux en propos, quand de premier abord
  I'auisé vos beautez qui me donnent la mort:
  Las c'estoit mõ Démon beaucoup plus q̃ moy sage!
Mon Ange preuoyant en vos yeux mon dommage,
  Et que deuiez changer le repos de mon sort
  Vouloit que de vos traits ie fuisse l'effort
  A fin de ne tomber en eternel seruage:
Mais Amour conspirant contre ma liberté
  Qui veit que pour luy seul ie restois indomté
  S'accosta d'Apollon que d'enfance i'adore:
Tous deux au mesme instant tirerent tant de coups
  Qu'outré de toutes parts ie flechy deuant vous
,, Où l'hõneur des vainqueurs ma seruitude honore.

De la Iaünisse.

Ceux qui ont l'arc d'Iris au teint de leur visage
  Et de palle saffran la couleur ont aux yeux,
  Peignent de leur iaunisse & mal contagieux
  Tous les obiets trouuez au deuant du passage.
Pource que loin des corps meint atome volage
  De la poison meslee en leur teint venimeux
  Coule, & gaste l'image opposé deuant eux,
  Si biẽ qu'il est attaint d'un tout pareil dommage.
Ainsi de l'un à l'autre une contagion
  S'insinue aisément auec impression:
  Toutefois, ô malheur! i'esprouue le contraire.
Tu m'inspires le mal de l'amour qui me poind
  Sans en estre malade, & ie me voy deffaire
  Par un venin qui vient d'une qui ne l'a point.

Ie commencé de pleurs à vous faire seruice:
  Car vos iustes douleurs en mes vers ie pleuré
  Triste augure à l'amour où depuis i'ay duré
  Sans que vostre rigueur en rien me soit propice.
Toutefois ie ne puis qu'en moy ie ne benisse
  L'an le iour le moment le palais honoré
  Et la ville royale où vaincu i'adoré
  La beauté qui vaut biē qu'vn dieu mesme lāguis-
Ha ! combien de soupirs enfans de ma douleur (se.
  Ont depuis échauffé les vents de leur ardeur
  Sans pouuoir échaufer le froid de vostre glace!
Encore i'ay grand peur, si le couronnement
  En tout œuure despend de son commencement,
  Qu'en fin mon gain sera, larmes, cris, & disgrace.

De la Main.

O belle & blanche Main qui seule peux tenir
  Du chariot d'Amour au triomphe les brides
  Quand chargé de victoire & despouilles humides
  Il veut de ses hauts faits le monde entretenir.
O belle Main qui peux regir & maintenir
  Son sceptre florissant : Main qui sur luy presides,
  Main qui peux decocher ses fleches homicides
  Qui sans toy ne pourroyent à leur butte auenir.
Main chere, douce Main, Main pareille à l'Iuoire
  Et à la Neige cheute en vn haut promontoire:
  Main digne d'enserrer tout ce Globe mondain.
Belle Main, ie te pry, touche vn petit l'vlcere
  Que ta forte puissance au cœur m'a voulu faire:
  Si tu m'as sceu blesser tu me peux faire sain.

Q.ij.

ARTEMIS.
Du Sein.

Quand sur vostre beau sein de neige blanchissant
Ie tien mes yeux fichez d'une veuë arrestee,
Mon ame de merueille est si bien transportee
Que pour m'en diuertir rien n'est assez puissant.
Ie pense contempler au ciel resplendissant
L'espace lumineux de la voye laittee,
Et dy que sa blancheur de vous est empruntee
Non du nombre d'estoile infiny paroissant.
Encore tout ainsi que nostre ame eternelle
Sortant du Ciel descend en sa prison mortelle
Par le chemin laitté de lumieres tout plein:
Ie croy qu'il n'est point d'ame en ce monde funeste
Qui puisse remonter à la maison celeste,
S'elle ne peut tousiours contempler ce beau sein.

Des biens de l'Aurore.

La rosee & les fleurs dont la terre s'honore,
Les perles dont la mer se donne vn riche pris,
La manne & la lumiere au celeste pourpris
Sont les dons precieux de l'Indienne Aurore.
Mais bien que ie vous chante & seule vous adore,
Bien qu'à vous aimer seule assez ie sois appris,
Vous ne me donnez rien que courroux que mépris
Que haine que dédains par qui ie me deuore.
Il semble qu'il vous plaist vous monstrer seulement
Deesse par esclairs & par l'estonnement
D'un tonnerre effroyable: appaisez vostre guerre.
Iupiter foudroyant sans darder icy bas
Ses traits rouges de feu, pourtant ne laisse pas
D'estre estimé le Dieu du ciel & de la terre.

De la vie eternelle.

Voir le grand Dieu qui n'eſt rien que ſplendeur
  Source de tout, c'eſt la vie eternelle:
  On ne ſçauroit d'vne choſe plus belle
  Souhaiter voir plus heureuſe grandeur.
Auſſi celuy qui trouue tant d'honneur
  Que contempler voſtre face immortelle
  Et de vos yeux la diuine eſtincelle
  Ne peut auoir vn plus diuin bonheur.
Tous lieux obſcurs priuez de la lumiere
  Du grand flambeau qui toute choſe eſclere
  Sont pleins d'effroy, ſombres & refroidis:
Et celuy-la qui ne ſent voſtre grace
  Eſt malheureux quelque choſe qu'il face,
  Loin du Soleil & loin de Paradis.

Or que de vos beaux yeux le ſoleil ne m'éclaire
  Et que ie ſuis abſent du temple de mes vœux,
  Ie ne ſuis pas pourtant eſchappé de vos nœuds:
  Car vn autre lien ne me ſçauroit complaire.
Sans fin le doux Penſer fidelle ſecretaire
  De mes affections, nous aſſemble tous deux
  Repreſentant ſa Dame à l'eſprit amoureux,
  Et nul autre ſuiet ne l'en ſçauroit diſtraire:
Touſiours il eſt porté vers mon ſouuerain bien.
  Car il ſçait qu'apres vous ie n'eſtime plus rien,
  Et pour vous ſeulement ie veux mourir & viure.
Ah! Penſer ſolitaire & ſegret meſſager
  Que n'ay-ie non l'eſprit, mais le corps ſi leger
  Que ie peuſſe en tous lieux, comme tu fais, la ſuiure?

Q.iij.

ARTEMIS.

D'vne Comete.

Alors qu'vne Comete en rayons cheueluë
De nouuelle lumiere apparoist tout soudain:
Pource que telle ardeur ne vient iamais en vain
Elle tourne vers soy des Nations la veuë.
La Raison des mortels de toutes parts esmeuë
En menace l'Estat d'vn Prince souuerain:
Chacun doute de Mars vn orage inhumain:
On sent mille frayeurs pour sa flamme apparuë.
Ainsi quand le beau feu de vos ieunes beautez
Enflamme de rayons le Ciel de tous costez
Il tire à sa lueur tous les yeux de la terre.
Incontinent tous ceux qui ce miracle ont veu,
Sentent mille frayeurs & de mort & de guerre
Et sont tousiours en fieure en prison & en feu.

I'estois par bon destin dans le palais des Cieux,
Et ie vey ma Deesse au monde venerable
Pleine de mille éclairs, tellement admirable
Que sa viue splendeur m'en esbloüit les yeux.
Toutefois obstiné d'vn desir furieux,
Chassant l'ebloüisson qui m'estoit dommageable,
Ie l'admiré long temps, comme assise à la table
Elle se repaissoit en la troupe des Dieux.
Alors tout insolent ie disois en mon ame:
Ie suis biē plus heureux maintenāt que ma Dame,
Puisque i'ay ce plaisir de repaistre mon cœur.
Par les fruicts de la terre elle est ici nourrie,
Où voyant sa beauté qui du monde est l'honneur,
Ie boy le doux Nectar, & mange l'ambrosie.

Qui voudra voir çà bas comment Dieu l'on se rend,
  Comment tourne là sus l'ordonnance des Spheres,
  Si les estoiles sont gracieuses & fieres,
  Si un Soleil allume & chaleur il ne sent:
Qu'il estende sa veuë où mon ame se prend
  Aux clairtez de vos yeus autāt douces qu'altieres,
  Qu'il voye vos façons paisibles & seueres,
  Qu'il oye vos discours où Pithon mesme apprend.
Il verra des grands Dieux le maintien & les gestes,
  Et s'il verra sortir mille flammes celestes
  D'vne neige qui froide ambrase mille cœurs:
Il sçaura comme Amour arreste nos Pensees,
  Puis comme de fureur il les rend élancees,
  Bref, comme il distribue & l'heur & les malheurs.

Soucy, qui te nourris de toute deffiance,
  Et qui, tousiours croissant, augmentes en vigueur
  Quād plus forte est la crainte, à fin que ta rigueur
  Trouble l'estat d'Amour d'une triste apparance:
Puis qu'en si peu de temps ta dure violance
  Mesle en mon doux plaisir toute amere douleur,
  Retourne vers Cocyte, & sortant de mon cœur
  Dans l'horreur des Enfers sur toymesme t'élance.
Passe-là sans dormir & sans repos les nuicts,
  Ronge toy despité d'un orage d'ennuis,
  Non moins pour un soupçon q̄ pour chose certaine.
Ie ne veux plus ta chaude & ta froide poison,
  Ny le nom qui faisoit que ie vinois en peine:
» Sçauoir sa maladie apporte guarison.

ARTEMIS.

D'vne Comete.

Alors qu'vne Comete en rayons cheueluë
   De nouuelle lumiere apparoist tout soudain:
   Pource que telle ardeur ne vient iamais en vain
Elle tourne vers soy des Nations la veuë.
La Raison des mortels de toutes parts esmeuë
   En menace l'Estat d'vn Prince souuerain:
   Chacun doute de Mars vn orage inhumain:
On sent mille frayeurs pour sa flambe apparuë.
Ainsi quand le beau feu de vos ieunes beautez
   Enflamme de rayons le Ciel de tous costez
   Il tire à sa lueur tous les yeux de la terre.
Incontinent tous ceux qui ce miracle ont veu,
   Sentent mille frayeurs & de mort & de guerre
   Et sont tousiours en fieure en prison & en feu.

I'estois par bon destin dans le palais des Cieux,
   Et ie vey ma Deesse au monde venerable
   Pleine de mille éclairs, tellement admirable
Que sa viue splendeur m'en esbloüit les yeux.
Toutefois obstiné d'vn desir furieux,
   Chassant l'ebloüisson qui m'estoit dommageable,
   Ie l'admiré long temps, comme assise à la table
Elle se repaissoit en la troupe des Dieux.
Alors tout insolent ie disois en mon ame:
   Ie suis biē plus heureux maintenāt que ma Dame,
   Puisque i'ay ce plaisir de repaistre mon cœur.
Par les fruicts de la terre elle est ici nourrie,
   Où voyant sa beauté qui du monde est l'honneur,
   Ie boy le doux Nectar, & mange l'ambrosie.

De vous ie ne me plains, beaus Yeux qui m'aués pris,
Ny de mon Cœur auſsi qui ne fit reſiſtance,
Puis qu'entre les hōneurs q̃ l'Amour nous diſpenſe
Perdre ſa liberté c'eſt vn ſouuerain prix.
Penetrant en mon cœur à voſtre gloire appris,
Vous pouuez découurir le doux feu qui m'offenſe:
Et comme tout rangé ſous voſtre obeïſſance
De riche pauureté i'entretien mes eſprits.
Mais il me deult beaucoup que cela qui m'enflame
Eſt vne dure glace, & que l'arc qui m'entame
N'employe contre vous la force de ſes traits,
Si le flambeau du monde échauffant eſtoit glace,
Si comme vous auare il eſpargnoit ſes rais,
Il n'auroit en tous lieux tāt d'hōneur ny de grace.

De l'Ocean.

Combien que l'Ocean plein de diuinité
Reçoiue le tribut des ruiſſeaux & fontaine,
Bien que fleuues & lacs ſe roulent en ſa Plaine
Le reconnoiſſant pere à leur eternité:
Pourtant il n'eſt touſiours ſuperbe ou dépité,
Touſiours encontre l'air il n'enfle ſon haleine,
Et batant ſes deux bords touſiours il ne forcene,
Et n'abyſme touſiours le Nauire emporté.
Mais l'orgueil impiteux de tes beautez altieres
Ocean de beauté, s'accroiſt de mes prieres,
Et du tribut des pleurs & ſoupirs que i'eſpans:
Si bien que deſſus moy s'exerçant ton Empire
Ta cruauté ſans tréue agite, roule, & vire
En tempeſte d'amour la file de mes ans.

Q.v.

ARTEMIS.

Contre vn Masque.

Ha ! que ie hay ce masque à toute heure ennuyeux
   Qui nous cache le iour de vostre beau visage,
   Tout ainsi que la nuict de son humide ombrage
Dérobe le beau iour que nous donnent les Cieux.
Ie voudrois, si i'estois assez audacieux,
   Blasmer la blâche main qui nous fait cét outrage,
   Et ce penser qui croit faire trop d'auantage
   Lors que vous permettez vos beautez à nos yeux.
„ C'est grande pieté que de donner la vie,
„ Et la vie n'est rien que lumiere infinie,
„ Lumiere est la beauté qui dessus vous reluit:
Faites donc resplandir vostre beauté celeste,
   Comme vn nouueau Soleil au monde manifeste,
   Et iettez loin de vous ce qui porte la nuict.

Artemis, qui te plais au nom de Parthenie
   Vierge des monts & bois : dont la diuinité
   En la bouche des Dieux encore a merité
   Qu'on te nomme à bon droict la Deesse Vranie:
Puis que de tes vertus la bande est infinie,
   Tu merites d'auoir l'ordre & l'infinité
   Des saincts noms honorez d'vn & d'autre costé,
   Selon que tes effets font honneur à ta vie:
Mais si tu prens plaisir à ces noms glorieux
   Comme sœur d'Apollon & la fille des Cieux,
   Sois autant que tu dois à nos cris fauorable.
Qui veit iamais le Ciel s'irriter de fureur
   Contre ceux qui d'amour reuerent son honneur?
„ L'Enfer mesme prié n'est point inexorable!

Des Perles.

Vne Conque de mer reçoit sa nourriture
 De celeste rosee, & montre tout soudain
 Si le Ciel estoit nuble ou s'il estoit serain
Par son enfantement qui tient de sa pasture.
Ainsi tous mes pensers, ô lueur blanche & pure,
 Qui nourrissent de vous & nō d'autre leur faim,
 Montrent en leurs concepts que i'écris de ma main
Si vous fustes vers eux ou seraine ou obscure.
Les perles sont alors de prix & de beauté
 Quand le Ciel les regarde auec serenité:
 S'il tonne & s'il éclaire elles ne sont point belles.
Ainsi quand vostre aspect ioyeux se laisse voir
 Vous faites mon esprit de beaux mots conceuoir,
 Et i'appren le contraire en vos façons cruelles.

Fontaine de tristesse, ô froide Ialousie,
 Serpent dont le venin empoisonne vn bonheur,
 O peste des amours, ô sorciere d'erreur,
Qui dérobes, maudite, à mille cœurs la vie!
Fiere beste sauuage, ô charbon de l'enuie,
 Qui nous tires du sein toute aimable douceur:
 Queux où l'Amour aiguise et trepe son malheur,
Vent qui troubles le Ciel de toute fantaisie:
Flamme obscure d'Enfer qui flambes tristement,
 Et qui luis d'autant moins q̃ tu crois grandement,
 Croissant par les soupirs d'amoureuse tourmante:
Si ton pere l'Amour par toy va perissant,
 Te faut-il pas nommer la Vipere mechante
 Qui sa mere soudain fait mourir en naissant?

Q.vi.

ARTEMIS.
Pour la Toussaints.

On prie pour les morts à ce iour de Toussaints
   A fin qu'ils soyent receus à la gloire supréme,
   Deliurez des tourmens & de la gesne extréme,
Où les feux violens ne sont iamais esteints.
Priez donques pour moy, amis qui n'estes feints,
   Me voyant comme mort tout priué de moymesme,
   Sans ame, sans esprit, transi, malade, & blesme,
Et tâchez de m'oster des feux où ie me plains:
Tâchez de m'affranchir des liens qui me serrent,
   Et des fers allumez qui durement m'enferrent
A fin que desormais seulement Dieu ie chante.
Ie ne demande plus viure dans la prison
   Où l'Amour tient les siens captiuez de raison,
Faisant que loin du Ciel pour la terre on s'absente.

D'vn Voile.

Comme l'on voit sortir du voile d'vn nuage
   Le rayon du Soleil, & se montrer plus beau:
   Ainsi de vos beautez i'apperçoy le flambeau
Sortir hors de ce voile esclairant dauantage.
Et comme le Soleil parfaisant son voyage
   Attire des vapeurs ceintes en vn monceau:
   Nos Pensers despouillez du terrestre fardeau
Sõt haussez par vos yeus au ciel de vostre Image:
Puis de là sont montez où vostre heureux esprit
Pour informer ce corps tant de vertus apprit,
   Où son chant & son nom vous transmit Vranie.
Donc ne voilez iamais vostre visage saint
Si vous l'auez de Dieu, qui dedans vous est peint
Pour esueiller nos cœurs à sa gloire infinie.

Des Astres.

Si Venus, Cassiope, & la vierge Erigonne,
  Fõt plus d'hõneur au ciel que l'Hydre ou le Serpẽt,
  Ou bien le Scorpion ou le Dragon rampant,
  Pourquoy ne croyez-vous le cõseil qu'õ vous dõne?
Voulez-vous obscurcir par cruauté felonne
  Le gracieux Soleil qui de vous se respand,
  Veu que toute beauté, tant soit belle, despand
  De la vostre qui est l'Idee & la Couronne?
Si ie demeure esteint, vous irez dans le Ciel
  La main teinte de sang, & le cœur plein de fiel,
  D'orgueil tousiours armee, & sourde à ma priere:
Puis en me voyant mort, chacun meu de pitié
  Vous dira : Cruel Astre, ô Deesse trop fiere,
  Que tout loyal Amant te porte inimitié!

Aux Mânes de Petrarque.

Petrarque, voicy l'air tranquile pur & beau
  Où Laure t'ambrasa d'vne beauté tresbelle,
  Et t'inspira dans l'ame vne autre ame nouuelle
  Par qui tu t'es rendu pareil au Renouueau.
Tes beaux vers t'ont vestu du celeste manteau
  De la gloire diuine, & ta Laure immortelle:
  Pource à moy tout brulant d'amoureuse estincelle
  Inspire de tels vers qu'ils m'ostent du tombeau.
Que tes Mânes de nuict aupres de moy se tiennent,
  A fin que le bel air de tes chants ils m'apprennent,
  Pour chanter la beauté qui n'a pareille à soy.
Si ma Muse passoit la tienne de faconde
  Autant que ta Maistresse à la mienne est seconde,
  Quel Myrte, quel Laurier seroit digne de moy?

ARTEMIS.

A son Cœur.

Va t'en d'icy mon Cœur: suy les pas de ma Dame
   Qui s'enfuyant me laisse en tenebres & dueil:
   Si elle te reçoit d'vn fauorable accueil
Retourne, & du plaisir fais en part à mon ame.
En brulant montre luy que tu n'es rien que flame:
   Dy que de grosses pleurs ie baigne mon linceuil,
   Attaché dãs vn lict qui m'est comme vn cercueil,
Tant sa douce beauté iusqu'au trespas m'entame.
Dy luy que ie ne puis de rien m'entretenir
   Elongné de ses yeux, que d'vn doux souuenir
   Lequel de ses vertus me raconte l'histoire:
Dy luy que ie voudrois pour payer mon émoy
   Que tous les iours vne heure elle pensast en moy,
   Et que ce prix d'amour me seroit trop de gloire.

DIALOGVE.

Où sont tant de beautez que le Printemps auoit,
   Ornement des iardins & des molles prairies?
   Où sont toutes les fleurs des campagnes fleuries?
   Où est le temps serain qui les cœurs esmouuoit?
Où est le doux plaisir qui dans l'ame pleuuoit
   Durant les ieunes mois? par qui les fantaisies
   Des esprits genereux celestement nourries
   Admiroyent les effets que Nature pouuoit?
R. Ces beautez maintenant mortes dessus la terre
   Viuent en Artemis, qui les garde & les serre
   Pour embellir ce Tout de mille biens diuers:
La face du Printemps de là se renouuelle,
   Le Soleil y emprunte vne clairté plus belle,
   Et c'est le Paradis de ce grand Vniuers.

Quand le Soleil ardant veut vn chemin choisir
  Qui l'absente de nous : s'il ne se montre guere,
  Si du tout nullement à la terre il n'éclaire,
  Les humains par espoir moderent leur desir.
Mais aprés qu'il rétourne & qu'il ne fait plaisir
  De ses rayons luisans : la terre nourrissiere
  Et tous les animaux qui aiment sa lumiere
  Pensent que le Chaos vient le monde saisir.
Ainsi quand ta lumiere estoit de nous lointaine,
  Ne la voyant du tout i'eprouuois moins de peine,
  Pource que la distance empéchoit seulement :
Mais ore qu'elle est prés & que son œil se cache,
  Vn Chaos plein d'horreur l'esperance m'arrache,
  Et si le desir croist pour croistre mon tourment.

Comparaison d'Acteon.

Ie resemble au Chasseur qui vit la beauté nuë
  De la chaste Diane extreme en cruauté :
  Car il fut par ses chiens en pieces emporté,
  Et luy cousta bien cher vne si belle veuë.
Ah ! qu'vn homme souuent sans y penser se tuë,
  Et que i'ay cherement vn plaisir acheté,
  Puisque en cent mille parts me tranche ta beauté
  Qui iamais pour mon bien ne deuoit estre veuë.
Le penser, le desir, l'esperance & la peur
  Sont les amoureux chiens qui m'assaillent le cœur
  Me dechirans les flancs d'vne importune presse.
I'ay beau crier aux chiens : Helas ! épargnez moy,
  Vostre maistre ie suis : pour leur responce i'oy,
  On ne voit qu'à tel prix vne grande Deesse.

ARTEMIS.

Compar. sur le Rosne.

Lors que de toutes pars cent riuieres ie voy,
   Cent torrés, cent ruisseaux dans le Rosne s'épandre,
   Cela de vos honneurs l'honeur me fait apprendre,
   Et que vostre beauté donne aux autres la loy.
Le Rosne est vn Monarque, & se nomme le Roy
   Des fleuues qui s'en vont en sa riue descendre:
   Il fait que tous leurs noms au sien se laissét prédre,
   Et perd leur renommee acquerant tout à soy.
Ainsi toutes beautez qui pres la vostre viennent,
   O Roine de beauté, sans louange deuiennent
   Et leur nom sous le vostre est soudain abysmé.
Bref, vous estes la mer des beautez non vulgaires
   Qui vo⁹ doiuët leur Estre, et vous sont tributaires:
   Et rien s'il n'en depend n'est digne d'estre aimé.

Compar. des Vapeurs.

Phebus attire en l'air mainte vapeur obscure
   Par ses rayons ardans, & tout soudain qu'il l'ha
   L'abandonne en pillage aux vents deçà delà,
   Si bien qu'elle retombe en pluye ou gresle dure.
Vous attirez ainsi d'vne lumiere pure
   Mon espoir iusqu'au ciel où mon cœur s'enuola:
   Puis vous l'abandonnez aux soupirs estant là
   Qui tournent sa vapeur en autant de froidure.
Retomber me deplaist : mais ie suis plus faché
   De ce que vous laissez vostre honneur empéché
   Par ma plainte qui pert de vos beautez la veuë.
Tout ainsi que la pluye en retombant épais
   Empeche du Soleil tellement les doux rais
   Qu'ils ne peuuent passer à trauers de la nuë.

LIVRE IIII.

Si l'Amour auoit mis par moy dans vostre cœur
 Tel brasier que par vous ie sens auec outrance:
 Vous auriez mon martyre en telle souuenance
Qu'il me souuient de vous & de vostre valeur.
Peut estre ces soupirs, ces plaintes de douleur
 Que frappé de la mort ie verse en abondance,
 Tourneroyent à pitié vostre rigueur immense,
Si bien que de mon dueil i'emporterois honneur.
Vous n'oubliriez ainsi ny ma foy, ny la peine
 Qui presque furieux à son gré me promene,
 Tant elle me trauaille & m'afflige d'amours.
Mais sans fin vous diriez comme moy sorpirante,
 Alors que ie serois lointain de vous absente:
 Pourquoy n'es-tu, mō Bië, aupres de moy tousiours?

O beau visage où par art & cautelle
 Amour cachoit ses fers & ses douleurs,
 Comme un Serpent se cache entre les fleurs
Et vne épine en la rose nouuelle!
O Paradis où mon bien se recelle!
 Ie n'auisois ces feux pleins de chaleurs,
 Ces dards, ces nœuds, qui se rendent vainqueurs,
Brulant, naurant, nouant vne ame belle.
Il n'est celuy lequel n'en fust trompé
 Autant que moy qui n'en suis échapé:
 On sent la playe & ne voit on les armes
Qui font au cœur la blessure auancer.
 Que puis-ie donc sinon dire & penser
 Que tes beautez blessent comme les charmes?

ARTEMIS.
Des Charmes.

Tel que le froid Serpent qu'vn Sorcier bien appris
   De ses charmes contraint d'aller où il le meine:
   Et tel qu'est le chasseur sur la Libyque areine
Auisant vn Lyon dont palle il est surpris.
Tel s'agite mon cœur priué de ses esprits,
   Delaissé de son sang qui de crainte soudaine
   Tremble à l'heure qu'il voit la cause de sa peine,
Toutefois roule aux piés de celle qui l'a pris.
Amour en se iouant auprés du lieu l'attire
   D'où il voudroit fuïr, à fin que le martyre
   D'vn feu tousiours nouueau l'ambrase sans pareil:
Aussi ie connois bien que ie n'estois que glace
   Au pris du grãd brasier qui ma poitrine ambrasse,
   Mais que peut faire vn cœur encontre le Soleil?

Des Oliuiers.

Voyant de tous costez les Oliuiers espais,
   Arbres de qui Pallas heureusement se vante,
   Ie prins vn bon augure au mal qui me tourmente,
Et pensois qu'ẽn amour i'eusse trouué la paix.
Ma Dame est loin, disois-ie, & d'Amour les effets
   Me donneront repos tandis qu'elle est absente:
   Mais il est aduenu tout contre mon attente,
Car loin ie sens plus fort la force de ses traits.
SVRGERE, à qui Pallas a donné son Oliue
   Et tous ses arts qui font qu'auec les Dieux on viue:
   Voilà comme ie suis guerroyé d'vn doux soin.
Que me sert la distance, ou le change, ou la force
   Quãd toute autre beauté de ma flãme est l'amorce,
   Et qu'Amour est vn Dieu qui brule pres & loin?

Des Pensers.

Les pensers de mon cœur tirent incessamment
   Devers vostre beauté qui leur sert de pasture,
   Ainsi que toutes eaux d'eternelle nature
   Coulent devers la mer qui est leur Element.
I'ay cent fois essayé pour finir mon tourment
   De destourner leur cours à quelque autre avâture:
   Mais telle violence vn moment ne s'endure
   Qu'il faut qu'elle obeïsse au premier mouuement.
Ie puis donc comparer l'onde de mes pensees
   A quelque gros torrent de vagues entassees,
   Qu'on violente au cours qu'il a voulu choisir.
Quoy qu'on face on ne peut destourner son passage:
   Car empoulé de flots & boüillonnant de rage
   Il rompt tous les obiets, & roule à son plaisir.

Mon ame tellement en vos beautez s'oublie,
   Dedans soy retiree à fin d'y mieux penser,
   Que les Sens assoupis ne peuuent dispenser
   Rien de leur action qu'Amour leur a rauie.
Il semble que la mort tous mes esprits delie:
   Aussi vostre beauté ne peut moins offenser
   Que de cent mille morts, si douces à blesser
   Qu'on s'imagine viure en la celeste vie.
Le funeste Cyprés que vous portez ainsi
   Sur vostre diuin chef, nous montre bien aussi
   Que le trespas est gain de ceux qui vous regardent:
Faut il dont ne vous voir pour fuïr le trespas?
» Mouron, mouron plustost: Les vaillãs se hasardent
» Pour viure auec honneur, ou bien ne viure pas.

ARTEMIS.

D'vn Oyseau captif.

L'oyseau qui vagabond franc de captiuité
  S'enuole par les champs de l'aërin espace,
  Et prend diuersement sur les arbres sa place
Ne preuoit les liens guettans sa liberté.
Prisonnier à la fin il se sent arresté
  Où de gemissemens il pleure sa disgrace:
  Toutefois en sa plainte il trouue tant de grace
Qu'on sustente sa vie & qu'il est contenté.
Ainsi ie m'enuolois tout libre de pensee,
  Sans preuoir l'embuscade à mon ame dressee:
  A la fin ie suis pris d'où ie ne puis sortir.
Mais bien qu'en mes soupirs ma guerriere ie chante
  De chansons qui pourroyent les marbres conuertir,
  Ie ne puis rien auoir qui mon desir contente.

CHANSON.

LOIN de ta lumiere,
Themis mon amour,
Viure ie n'espere
Ny voir vn beau iour:
Les plaintes funebres,
Les noires tenebres
Seront ma clairté.
  Bien ie me puis dire
  Enfer de martyre
  Loin de ta beauté.
La terre amoureuse
Sa grace destruit
Quand la flamme heureuse
De l'Esté s'enfuit:

Ainsi ton absence
M'oste l'esperance
De felicité.
  Bien ie, &c.
 Ces hautes pensees
Qui viuoyent en moy
Seront effacees,
Ainsi que ie voy
Les fleurs & les herbes
N'estre plus superbes
Par l'obscurité.
  Bien ie, &c.
 Mon eclipse brune
Sent l'effect pareil
Que souffre la Lune
Perdant le Soleil:
Car de l'opposite
Qui mes yeux limite
Ton iour m'est osté.
  Bien ie, &c.
 Aux antres où i'erre
Ie dy mes secrets,
Tant qu'il n'y a pierre
Si dure aux regrets
Qui mon dueil ne plaigne,
Et pour moy ne daigne
Rompre sa durté.
  Bien ie, &c.
 Mes larmes qui mouïllent
L'herbe en mon chemin,
Tristement la soüillent

ARTEMIS.

D'vn amer venin :
Le troupeau champestre
Qui s'en vient repaistre
De mort est domté.
      Bien ie, &c.
  Les plus tristes plaintes
De tous les Amans
Sont parolles feintes
Pres de mes tourmens,
Et rien ne sustente
Mon ame mourante
Que ton nom chanté.
    Donc ie me puis dire
    Enfer de martyre
    Loin de ta beauté.

Sur la naissance d'Artemis.

I'ay descouuert cent fois auec experience
  Que tu dois aux cailloux ta generation,
  Et que tu es du temps que fut Deucalion
  Qui des premiers mortels repara la semence.
Alors tu estois pierre & d'vn Dieu la Prudence
  A gardé iusqu'icy ta transformation
  Pour bienheurer ce siecle en ta perfection
  Et monstrer aux humains de beauté l'excellence.
La chair couure tes os : vn Printemps ieune & beau,
  Oeillets, Roses & Lis couurent ta douce peau :
  Amour en ton visage & dans tes yeux se serre,
Il gouuerne ta grace & ton diuin maintien :
  De l'antique origine il ne te reste rien
  Las ! sinon que ton cœur est demeuré de pierre.

LIVRE IIII.

L'Aigle fier, le Pegaſe autheur de l'Hippocrene,
 Le Sagittaire promt, le cœur du Scorpion
 Par qui iuſqu'à la mort fut attaint Orion
Naiſſoyẽt ſur l'Oriẽt, quãd tu pris forme humaine.
La Lune au Ciel monta de noirceur toute pleine:
 Le moindre Chien plongea dans la mer ſon rayon,
 Les aſpres Aquilons quittans leur region
 Glacerent toutes eaux de leur trenchantẽ haleine.
Or ſi tu as receu couſtume & qualité
 De ces Images froids & remplis de fierté,
 Ta naiſſance te fait froide & fiere de meſme,
Promte à fraper, & promte à fuir tout ſoudain:
 Donc en vain ie te ſuy & pour neant ie t'aime
 Puiſque le Ciel cruel s'oppoſe à mon deſſain.

ELEGIE.

PARLANT de vo° il faut que ie m'eſſaye
 De ſoulager la chaleur de ma playe
 Et que ie tâche à me rendre acquité
 Du los parfait qu'en auez merité:
Eſtre muet à vous louer i'ay honte,
Et toutefois quand vos graces ie conte
Et les efforts de ſi ieune beauté,
Deſſous le faix ie me ſens ſurmonté,
Et peu hardy mes aiſles ie reſerre,
Reconnoiſſant que ie ne puis de terre
Leuer au ciel voſtre nom glorieux
Si de luy meſme il ne volloit aux cieux.
Quand on n'a veu ſinon que des riuieres
Et le coulant des courſes fontanieres,

ARTEMIS.

Alors qu'on vient dessus la haute mer
Son infiny menace d'abysmer.
 Ie pourrois bien à mon souhait attaindre,
Si mon pouuoir au desir n'estoit maindre,
Et si mes Sens en leur conception
Parangonnoyent vostre perfection.
Chaud toutefois d'vne amoureuse audace
Il m'est seant que ce bonheur i'ambrasse,
Puisque Deesse ainsi que font les Dieux
N'auez qu'esgard au cœur deuotieux
Qui pour Deesse icy vous a choisie
A fin qu'en terre il viue d'ambrosie.
 Parmy les bois en solitude assis
Tout chatouillé des amoureux soucis
Plein de charbons tout rougissans de flame
Vostre nom seul me frappe au fond de l'ame.
En vous chantant c'est chanter de l'Amour
Pere du monde & lumiere du iour,
D'autant qu'en vous tout entier il se trouue
Et sa puissance en vos regards s'esprouue:
Car c'est le ciel où luisent les beautez
Comme les Feux sur Olympe escartez:
Et c'est le ciel des valeurs non petites
Qui plaisent plus, plus elles sont redites.
De toutes pars où vous iettez les yeux
L'air se fait calme & l'æther gracieux.
 Qui a point veu la grande Cytheree
En vn tableau diuinement tiree
Par le pinceau du Peintre ingenieux,
Chef-d'œuure faict d'vn art laborieux?
Cent Cupidons volent à l'entour d'elle,

Aux

LIVRE IIII.

Aux vns se pend vn Carquois sous l'aisselle
Ceint en escharpe : vn autre au poing fermé
Va secouant vn brandon allumé :
L'vn courbe vn arc à la corde retorse
Duquel il tire & semble qu'il s'efforce:
Vn autre espand les moissons du Printemps,
Baise Venus : Le Ieu, les Passetemps
Et les trois Sœurs compagnes de Cyprine
Font alliance à la tourbe enfantine.
La pomme y est present du beau Pâris
Et les pigeons de Venus fauoris,
Roses, œillets, & toute la peinture
Qui donne lustre à la prime verdure.
   Telle se voit la Nymphe qui me plaist
Qui de Nectar à longs traits me repaist
La contemplant comme vne chose saincte:
Ie suis heureux d'auoir senti l'attainte
De ses beaux yeux estoiles de mon cœur,
Et tout rauy i'ay plus qu'vn autre d'heur:
D'autant qu'Amour me rend cela visible
Qu'aux yeux mortels de voir est impossible.
Car me purgeant de l'humaine obscurté,
Il me fait voir vostre diuinité
Et mille amours qui vos pas enuironnent:
Vos longs cheueux pour buisson ils se donnent
Volans ainsi que parmy les rameaux
Volent en l'air cent especes d'oiseaux.
De vos cheueux apres ils se descendent
En vos regards où pareils ils se rendent,
A ces Ardens en vn flambeau reduits
Qui sur les eaux errent durant les nuits.

R.ý.

ARTEMIS.

Là bien campez comme en seure retrette
Tirent par ieu mainte aiguille segrette
Au fond du cœur de tous les regardans:
Ceux qui s'en vont de vos miroirs ardens
Sans auoir beu des flammes pour breuuage,
Sans vous laisser leur ame pour hostage
Soyent asseurez de toute liberté,
Et qu'vn harnois, à l'espreuue, indomté,
De bonne trampe, emmure leur poitrine
Contre les dards les plus forts d'Erycine.
  Cher Apollon confesse tout honteux
Que de rien tel ne fus onc amoureux:
Leucothoé, Clymene, ny Clytie,
Ny la Pucelle en laurier conuertie
Dont tu brulas en l'antique saison,
Ne te plairoyent à la comparaison.
  Mais tout ainsi qu'vne seule Arondelle
N'ameine pas ceste douceur nouuelle
Du beau Printemps qui les mois attiedist:
Aussi le corps qui ieunement verdist,
Pour le poly de sa taille bien faite
Pour son beau teint n'ha la beauté parfaite,
Si l'vnion du feu spirituel
Ne l'embellist d'vn lien mutuel,
Sainct Feu, larcin du sage Promethee
Par qui nostre ame au ciel est remontee.
Mesme les Dieux ne sont pas seulement
Loüez d'auoir de beauté l'ornement,
Ains leur esprit & leur sçauoir encore
Est ce qui fait que tant on les adore,
Et seulement ils sont nommez Esprits:

LIVRE IIII.

Car de l'esprit ils emportent le prix.
    Iupiter vint en supreme puissance
Pour son esprit excellent en prudence,
Et les Demons ne sont qu'esprits legers
Que son Empire ha pour ses messagers:
Minerue aussi passe toute Deesse
Pour son esprit d'excellente sagesse.
    Celle qui tient par vniques accords
Les deux beautez de l'esprit & du corps,
De Iupiter vrayment tire son estre:
Telle que vous que le Ciel a fait naistre
Belle sans pair, & dont l'heureux esprit
Dés le berceau toute science apprit,
D'où vient qu'auez en saincte reuerence
Les sainctes Sœurs qui donnent la science
Present du Ciel aux ames precieux
De qui le port n'est iamais ennuyeux,
Rien ne pouuant les volontez attraire
Tant que ce Bien d'Ignorance aduersaire.
,, Si la science aux yeux se laissoit voir
,, Quels feux en nous feroit-elle émouuoir?
    Pource iadis les sçauantes Serenes
Pour attirer d'Vlysse les carenes
Luy promettoyent à fin de le tanter
Tous les effects & les causes chanter
De ce qu'enclost la Masse vniuerselle:
Vous m'attirez par la chaisne tresbelle
De ces beautez, & ie desire aussi
Qu'oyant mes vers preniez de moy souci,
Et que le miel de leur chant vous attire
A resentir que pour vous ie soupire,

R.ij.

ARTEMIS.

D'vn Iardin.

Conduit par le Démon qui preside à mon ame
Lent ie me promenois au milieu d'vn iardin,
Et là i'accomparois à l'Aube du matin
L'Aurore qui mon cœur de ses rayons entame.
I'accomparois l'odeur de sa bouche de basme
A l'haleine des fleurs, à la senteur du thym:
Et son sein reluisant enflé d'vn beau tetin
Aux Lis dont la blancheur d'vne rose s'enflame.
Aux arbres bien plantez sa taille i'egalois
Et par comparaisons mon mal ie consolois
Qui d'vn si beau suiet me sembloit beaucoup maidre.
Mais vne grand' douleur mes sens vint assaillir,
Ie pouuois du Iardin toutes les fleurs cueillir,
Aux beautez que i'ay dict ie ne sçaurois attaindre.

De Pâris.

Si le beau Phrygien qu'on esleut pour iuger
L'excellente beauté de trois grandes Deesses,
Choisit plustost qu'honneurs, empires & richesses
Le doux aspect d'Helene en riuage estranger:
Quel miracle? Et qui peut egal plaisir songer
Au regard des beautez dont nos ames tu blesses?
Le monde n'ha thresor qu'ainsi tu ne delaisses
Comme l'ombre d'vn bien imparfait & leger.
Le Ciel t'a fait descendre en cette terre basse
Pour embellir le monde au soleil de ta face:
Mais y a-til victoire ou telle royauté
Qu'on puisse apparier, ou qu'on voulust eslire
Plustost que triomfer du prix de ta beauté
Puisque t'estre suiet est souuerain empire?

Puisque rien ne me vaut en fuyant me distraire
De vos yeux enchanteurs, d'où sortit le regard
Qui comme vn prompt, ardent, & enuenimé dard
Me rendit foible & lasche à fuïr l'aduersaire.
Puisqu'il n'est point de lieu si vague & solitaire
Où deuançant Amour ie n'arriue plus tard,
Puisque pour tournoyer courant de part en part,
Sa fleche n'est moins ferme au profond de l'vlcere :
Ie me retourne à vous & ie veux seulement
Armé d'humilité, me faire l'aliment
Et la butte des rais que vostre œillade tire :
Car si en lamentant & brulant ie connois
Que vous plaigniez mõ mal en passãt quelquefois,
O doux ambrazement, ô gracieux martyre !

Si Cupidon rompoit des chaisnes qui me lient,
Mille & mille par iour, ie ne serois osté
En mille ans des liens, tant ie suis garroté
De chaisnons infinis qui les siecles desient.
La beauté, la valeur, où mes esprits s'oublient,
Qui pour vous loin de moy mon cœur ont emporté
Sont de telle vertu, qu'en ma captiuité
I'ay peur que les Destins à sortir me conuient.
O liens bien-heureux, chaisnes de Diamant
Qui m'estreignez le cœur, serré si doucement,
Que ie crains liberté plus que d'Enfer les voiles !
Puis que par vous contant ie respire le iour,
En tel nombre croissez de moy tout à l'entour
Qu'il ne reluise au Ciel si grand nombre d'estoiles.

ARTEMIS.

Quand ie voy les beautez d'vne bande choisie
   Qui marche auecque pompe & superbe appareil,
   Ie dy vous regrettant: De mes yeux le soleil
  Surpasse bien l'honneur de cette compagnie.
Comme durant la nuict de noirceur embrunie
   Quand Phebus se repose au giron du Sommeil,
   Tous les flambeaux du Ciel ne font un iour pareil
  Que luy seul tout rempli de splendeur infinie.
Ainsi toutes beautez ensemble ne font pas
  Tant de iour que vous seule, ornement d'icy bas,
  Encore c'est alors que vous estes absente.
Aussi ie ne les cherche & ne voy leur clairté,
  Sinon comme on se sert en temps d'obscurité
  Par faute du Soleil, d'vne matiere ardente.

I'ay cent fois comparé les deux grands luminaires
   Auec toy, mon Soleil, & ne me suis deceu:
   Car les mesmes effets qu'en eux i'ay apperceu
  Viuent en tes beautez au monde necessaires.
Ces flambeaux tournoyans de courses ordinaires,
   Sans faillir à leur ordre ou chemin tant soit peu,
   Animent l'Vniuers d'vn proffitable feu,
  Et s'ils n'ont point trauail de toutes nos affaires.
Dieu les a mis au Ciel en merueilleux pouuoir,
  Comme à nos yeux aussi miracle il te fait voir,
  A fin que des mortels tu polices la vie,
Viuifiant les cœurs, animant les esprits:
  Et si aucun trauail ton ame ne soucie
  Pour l'aise ou le tourment de ceux que tu as pris.

Sur vne Maladie.

Le sentiment de mal iusques aux Dieux s'auance,
   La Lune & le Soleil indomtez aux labeurs
   Le montrent par Eclipse ou change de couleurs,
Et l'Vniuers se sent de telle violence.
Vous qui estes celeste & diuine d'essence,
   Souffrez en vostre corps caterres & douleurs,
   (Bien que vous florissiez de beautez et d'hóneurs)
Et le monde s'attriste au mal qui vous offense.
O Poëte Apollon inuenteur du sçauoir
   Qui chasses les tourmens, montre ici ton pouuoir:
   Ne faut-il pas qu'vn Dieu la Deesse guarisse?
C'est elle qui maintient tes vertus & ton nom,
   Et en la guarissant tu ne gardes sinon
   Que toute ta puissance au monde ne perisse.

Compar. d'vne Fleur.

Comme en vn beau iardin s'aduise qu'vne fleur
   Qui est de trop de pluye & d'humeur abondante
   Panche à bas de son poix, & perd cóme mourante
Son odeur gracieuse & naïue couleur:
Elle ne retient plus de ce ioyeux honneur
   Dont le cœur des Pasteurs & Nymphes se contente
   Qu'vn petit demourant, qui conserue l'attente
De la reuoir encore en sa prime valeur.
Mais si le doux Soleil plein de lumiere viue
   Doucement l'échauffant en ses fueilles arriue,
   Elle redeuient belle au rayon de son feu.
Ainsi i'ay apperceu vos beautez immortelles
   S'esuanoüir de vous, fuyantes peu à peu,
   Puis retourner à vous plus cleres & plus belles.

ARTEMIS.

I'ay veu souuentefois l'eau pleine de froidure
   Amolissant la chaulx la contraindre à boüillir,
   I'ay aussi veu le fer souuent faire iaillir
   D'vn caillou dur & froid vne estincelle pure.
Considerant ces corps, refroidis de nature,
   La semence du feu dedans eux recueillir,
   Et pour se prendre à toy le feu tousiours faillir,
   Plus que fer & caillou tu sembles froide & dure.
Par les eaux de mes pleurs amollir ie ne puis
   La chaulx de ta rigueur si dure à mes ennuis,
   Ny la faire boüillir du chaud qui me consomme:
Le fuzil martelant de mes plaintes n'a peu
   Du caillou de ton cœur arracher aucun feu:
   Or ie laisse à peser comme il faut qu'on te nomme.

Pour vn Image de l'Annonciation.

Quand est-ce que le Ciel ardant à mon bonheur
   D'vn Ange m'enuoyra la lumiere immortelle,
   Qui messager heureux m'apporte la nouuelle
   Qu'Amour, esprit du mõde, a domté vostre cœur?
Et qu'autant que ie sens pour vos beautez d'ardeur
   Vous sentez dans le sein sa diuine estincelle?
   Et qu'auez despouillé l'affection rebelle
   Pour obeir aux loix de sa douce fureur?
Amour, vole trouuer ma Deesse, & la change
   A ta deuotion: Desia tu es vn Ange,
   Ayant le dos ælé comme les Anges font:
Ton origine est prise en la voûte celeste:
   Il y va de l'honneur que les hommes te font,
   Triompher de son cœur seulement il te reste.

Braue Penser, qui né de la beauté
Prens du desir & de beauté pasture:
Puis t'enuolant bien loin de ma figure,
Te vas bruler à l'œil qui m'a domté.
Autour du corps ton vol est arresté
Sans que iamais entrer il s'auanture
Sous sa poitrine aussi blanche que dure,
Neige en blancheur, Diamant en durté.
Tu as assez la puissance connuë
De sa valeur qui se montre à la veuë,
Et de ses yeux qui scintillent d'esclers:
Tâche à ce coup penetrer dans son ame:
Là sa beauté qui par dehors t'enflame
Se voit plus claire entre ses beaux pensers.

Ce qu'on voit trop n'est admiré.

Pource que les Mortels sont coutumiers de voir
Flamboyer à tous coups les estoiles nuitales,
Et le Soleil orné de clairtez liberales,
Ils n'estiment merueille vn tel & tel pouuoir.
Seulement pour miracle ils veulent receuoir
Les mondaines beautez au celeste inegales,
Rubis & Diamans, perles Orientales,
Et n'admirent le Ciel qui nous les fait auoir.
Cela ne m'aduient pas, contemplant la merueille
De vos perfections, ô beauté sans pareille
Soit pour les biës du corps, soit pour les biës d'esprit:
Car tant plus ie vous voy, tant plus ie vous admire,
Dont le feu de vos yeux qui mon ame surprit
Ne va diminuant, mais tous les iours empire.

R.v.

ARTEMIS.
De l'Ame.

Noſtre ame tient de ſoy ſon mouuement reiglé,
  Eſtant de tous humains la meilleure partie,
  Immortelle de ſoy, de ſoymeſme éclaircie,
Mais noſtre corps ſans elle eſt morne & aueuglé:
Le flambeau iournalier en ſoymeſme aſſemblé
  Tient de ſon propre feu ſa ſplendeur infinie:
  Mais la Lune reluit de lumiere rauie,
Et ſon corps par Phebus de rayons eſt comblé.
Ainſi reluiſt de ſoy voſtre beauté ſupreſme,
  Source de la lumiere & de la beauté meſme,
  D'où meſme ſon beau luſtre emprunte l'Vniuers:
Reluire ie ne puis ſinon par voſtre flame,
Ny conceuoir (diuin) mille argumens diuers.
Car vous eſtes touſiours mon Soleil & mon ame.

En partant d'Auignon.

Depuis que i'ay laiſſé voſtre fiere beauté
  Ie n'ay veu que rochers aſpres & ſolitaires,
  Et le Roſne ſuiuy de fleuues tributaires
Qui le long de ſes rocs à val eſt emporté.
Les rocs qui m'emmuroyent d'vn & d'autre coſté
  Mettoyent en mon penſer vos rigueurs ordinaires:
  Le Roſne figuroit de mes yeux les riuieres
Qui ſe roulent aux piés de voſtre cruauté.
Mais pour monſtrer combien voſtre rigueur ſurpaſſe
  Leur ſauuage durté, ie vous diray leur grace,
  Et comme de pitié leurs cailloux ſe fendoyent:
Quand ie pouſſais au vent mes plaintes effroyables.
Touſiours auec Echo mon dire ils accordoyent,
Et vous n'accordez point à mes cris lamentables.

A la Sosne.

Tu coules lentement au but de ta carriere
Vers cette mer qui fend de ses flots écumeux
Le millieu de la terre : & ton cours paresseux
Tient plus forme d'estang que de prompte riuiere.
Ie ne resemble à toy : car ma course est legiere,
Retournant au seiour qui loge, bien-heureux,
Mon plus souuerain bien: & l'obiet m'est fascheux
Qui retarde mes piés si longuement arriere.
Ie hay les gros cailloux és montagnes trouuez:
Ie maudi les chemins de pluye trop lauez
Qui tardent nos cheuaux de voler par la voye.
Sosne, si tu roulois comme ma volonté
Qui mes ardans pensers à son desir enuoye,
Tu n'aurois fleuue egal à ta legereté.

De deux Soleils.

Empedocle mettoit deux Soleils differans:
L'vn estoit cette pure & premiere substance
Du feu qui loin de nous a pris sa demeurance
En l'Hemisphere plein d'Antipodes errans.
L'autre estoit ce Phebus clair de rais apparans
Qui visible à nos yeux nous montre sa puissance:
Toutefois qu'il tiroit de tel feu sa naissance
Comme on voit des miroirs par emprunt eclerans.
Or ie veux, comme luy, deux Soleils estre au monde,
Et cestuy-ci flamber d'vne clairté seconde
Qui renaist tous les iours dessus nostre Horizon.
Ie n'accorde pourtant qu'il tire sa lumiere
Du feu qu'il asseuroit luire en l'autre Hemisphere,
Mais de vous, mon Soleil, beau sans comparaison.

R. vi.

ARTEMIS.

Angelique beauté, nourrice de ma vie,
    Rendez cette lumiere à mes yeux vos captifs,
    Que leur ont envahi vos regards fugitifs,
    Me donnant la douleur de l'amante Clytie:
Si vous causez en moy l'excez de frenaisie
    Qui me gaste les sens de langueurs maladifs,
    Qu'à me donner secours vos yeux ne soyent tardifs
    Et par le chef du mal qu'elle soit adoucie.
Le Soleil ne luist moins, ou ne haste son pas
    Plus viste à l'Occident, quand il voit icy bas
    Vne petite plante à son cours se contraindre.
Et quand l'œil d'vn mortel va là haut regardant
    Les flãbeaux de la nuict, le Ciel n'est moins ardant
    Et ne fait allumer vne lumiere maindre.

A Hercule.

Hercule, si ton chef iadis a maintenu
    Le Ciel, & tout l'amas des estoiles humides:
    Si ton sein a porté le fruict des Hesperides,
    Or' devien envieux du bien qui m'est venu.
I'ay plus grandes beautez dessus moy soustenu:
    Phebus leur obeïst, & les spheres lucides
    Tâchent de les seruir: Elles sont homicides
    Des grands noms que tout âge onques a reconnu:
Ie te diray comment de tel heur ie m'honore:
    Le pié vint à glisser au beau corps que i'adore
    Si bien que demi-courbe il menaça de choir:
Tout tremblant & blesmi i'accouru vers la belle,
    Et soustins doucement cette charge immortelle:
    Suis-ie pas glorieux d'égaler ton pouuoir?

En quel mont & verger Amour a-til rempli
Ce teint de neige viue & de Roses heureuses?
En quelle mer eut-il les perles precieuses
Qui forment ce parler de graces accompli?
De quels iardins a-til les pommes recueilli
Qui sement ce beau sein d'odeurs si gracieuses?
De quel astre a-til pris les flammes amoureuses
De ces yeux Angeliqs qui m'ont l'ame assailli?
Quelle Musique a faict de ce chant l'harmonie?
D'où vient d'autres beautez l'excellence infinie
Qui bastissent vn corps outre mesure beau?
En somme quel grand Dieu, quel effort de Nature
Au monde ont peu creer si belle Creature,
Qui sur la terre cree vn autre Ciel nouueau?

De l'Accoutumance.

Des maux que ie reçoy vous prenez nourriture:
Mais ie suis cõme Hercule inuincible aux labeurs,
Et plus vous estes prompte à forger mes malheurs,
Moins se lasse mon cœur de suiure l'auanture.
Ie suis tant familier aux tourmens que i'endure,
Ie suis tant coutumier de souffrir vos rigueurs
Que sans plus rien sentir ie porte mes douleurs,
D'autant que la coutume est vne autre nature.
Ceux qui sont habitans pres les bouches du Nil
Des fleuues eternels le plus grand & fertil,
Ainsi n'oyent le bruit des eaux precipitees
Qui les ont essourdez d'vn long estonnement:
,, *L'oreille n'entend point les voix trop escoutees,*
,, *Vn mal continuel oste le sentiment.*

ARTEMIS.
Au Dieu des Vents.

Que veux-tu faire, Æole, auec la compagnie
 De tes Vents furieux armez de soufflemens
 Qui font trembler le Ciel & tous les Elemens?
 Ie te supply reuolle aux antres d'Æolie:
Assez des vents d'Amour i'ay la teste estourdie:
 Ils donnent à mon corps infinis tremblemens,
 Et mes ardens soupirs leur seruent d'alimens
 Qui pour les mieux nourrir me font bruler la vie:
Mes soupirs sont causez d'ardente passion,
 Et tes vents sont aussi d'vne exhalation
 Qui, chaude, du Soleil en l'air est attiree.
Comment resisterois-ie à deux si grands efforts?
» C'est assez pour auoir l'ame desesperee
» Qu'estre assiegé de mal & dedans & dehors.

Madame quelquefois foudroyant de ses yeux
 Eslance dessus moy son œillade si fiere,
 Que ie dis : A fuir si ie retarde guiere
 Amour verra ma fin, de mes ans glorieux.
Mais me considerant debile & soucieux
 Deuant vn tel éclair, Elle retire arriere
 Les pointes de son œil, qui brulent de maniere
 Que le foudre du Ciel n'est si pernicieux.
Quel esprit rare & cher pourra bien faire entendre
 Ce que i'ose à grand peine à mon penser apprêdre?
 Qui pourra iusqu'au Ciel cette grace enuoyer,
A fin que l'Empereur de la voûte celeste
 Reçoiue tel exemple, & par vn si doux geste
 Apprenne la pitié quand il veut foudroyer?

Comme le Ciel s'enuole roidement
    Apres son ame en tous endroits presente,
    Pour le plaisir auquel il se contente
    A l'approcher de son commencement.
Ainsi mon Cœur en tout son mouuement
    Court apres vous, & iamais ne s'absente
    De ce desir qui son cours violente,
    Et le rauist par son rauissement.
Vn patient que la fieure alteree
    Brule par tout de soif demesuree,
    Veillant, dormant, ne songe que ruisseaux
Et que glaçons veuz en diuerse place:
    Aussi mon Cœur au milieu de ses maux
    Ne pense rien qu'en vostre bonne grace.

De l'Aigle.

L'Aigle pour essayer ceux qui sont de sa race
    Presente ses petits au Soleil radieux:
    Et si quelqu'vn d'entr'eux ne tient ferme les yeux
    Il l'arrache du nid, & le tue en la place.
Mon cœur est coustumier d'auoir la mesme audace
    Sur mes pensers volans aux suiets amoureux:
    Car soudain il occist celuy qui dédaigneux
    Ne regarde l'obiet que son esprit ambrasse.
C'est vn obiet diuin qui les yeux éblouïst,
    Qui fait que deuant luy tout autre esuanouïst
    Comme vn fleuue se perd où la mer se rencontre.
Ie suis donc bien-heureux & mes pensers aussi
    Puisqu'en le contemplant nous reuerons ici
    Tout cela qui plus rare en l'Vniuers se montre.

ARTEMIS.

Vn feu de paſſion extreme ſans meſure
  Ne s'appaiſe au regard qui paſſe viſtement:
  Et l'aiſe fortuït d'vn tel contentement
  Recompenſe bien mal vne peine qui dure.
Tout ce malheur aduient, pource que la pointure
  Et le feu dont Amour me geſne durement
  Ne vous ont pas touché la robe ſeulement,
  Tant s'en faut que le cœur en ſente la bleſſure.
Amour pluſtoſt que moy vous deuoit attaquer,
  A fin que ne peuſſiez de ſes rets vous moquer,
  Que libre vous nommez des toiles d'araignee.
Certes il a montré qu'il eſtoit né ſans yeux,
  Et qu'il eſtoit enfant, puis qu'il a dedaignee
  Cette palme où giſoit l'honneur plus glorieux.

De Clauézon en Dauphiné.

Ce lieu bien aëré, & ce Chaſteau baſti
  Sur la croupe d'vn mont plaiſant & ſolitaire,
  Retire mon penſer des traces du vulgaire,
  Et me plaiſt pour m'auoir de ma Dame aduerti.
I'y voy maint Eſcuſſon en tous lieux mi-parti
  De Clefs, & de la Croix au Chreſtien ſalutaire:
  Vne Nymphe qui peut aux Celeſtes complaire
  Y fait que de l'Amour le poignard eſt ſenti.
Puis ie dy, contemplant ces beautez accomplies
  Et ces Clefs & ces Croix peintes en armoiries,
  Où eſt celle qui tient la clef de mon ſalut?
Qui ſe plaiſt toutefois au mal qui me ruine?
Ainſi depuis qu'Amour pour voſtre me voulut,
Ny mon œil, ny mon cœur riē que vous n'imagine.

Du Myrte.

Le Myrte bien-heureux à Venus est voüé
Qui mere des Amours & de Beauté s'appelle:
Sa fueille ha la verdure en tout temps immortelle,
Autant que le Laurier des guerriers auoüé.
Pour les meilleurs parfums son fruict est dedié,
L'haleine se confit d'vne douceur nouuelle
A celuy qui en masche: Il rend la peau plus belle,
Et de mille autres biens merite estre loué.
C'est donc à vous qu'il faut offrir si chere plante,
A vous que la beauté pour son principe vante:
Qui d'amitié pouuez animer les cailloux,
Et de qui le beau corps souffle vne douce haleine:
On presente à Cerés les épics de la plaine,
Le Myrte se dedie à Venus & à vous.

Pour vn Image de Pasteurs.

Heureuse est des Pasteurs la fortune champestre:
L'Ange les fauorise, & dés que l'ornement
De la ronde machine eut son commencement,
Le Ciel a faict en eux ses miracles parestre.
Loin de l'ambition qui aueugle son maistre,
Libres parmi les champs en libre eslongnement,
Premiers ils ont appris des cieux le tournement,
Et considerant tout nous ont tout fait connaistre.
Ils ont premiers d'Amour les mysteres chanté,
Passionnez au trait d'vne extreme beauté,
Tirant mesme du Ciel les Deesses puissantes.
Sois-ie ainsi fauori de la faueur des Cieux,
Et puissé-ie flechir de plaintes languissantes
Celle qui peut domter les hommes & les Dieux!

ARTEMIS.

Amour preste la main à mon vaisseau fragile
   Que ma Dame combat de mépris orgueilleux:
   Il s'arreste au milieu des rochers perilleux
De sa cruauté dure à mes vœux indocile.
Vne grieue douleur de tristesse fertile,
   Vne somme d'ennuis & de pensers fascheux
   Le chargent tellement, que la Mort auec eux
Monarque s'en fera, si tu es inutile.
Dédain ha le timon, Fureur la voile emplist,
   Vn Trauail ennemi les rames affoiblist:
   Mes Soupirs sont les vẽts, les ondes sõt mes larmes.
Vn orage d'orgueil m'obscurcist la clairté
   De mon astre, & ie voy venir de tout costé
   Morts, martyres, tourmẽs, peines, feux, & alarmes.

Du flus & reflus de la mer.

On trouue l'Ocean d'vne suite ordinaire
   Continuer son flus & reflus tous les iours:
   Par le Septentrion se commence son cours,
Et l'Occident apres le repousse au contraire.
Ce miracle se donne à la vertu Lunaire
   Qui selon qu'elle est pleine ou qu'elle est en decours,
   Et selon qu'elle monte ou descend, fait les tours
Et retours de la mer auec soy se parfaire.
Artemis, tu retiens le nom & la vertu
   De cet astre eternel de lumiere vestu:
   Car i'éproue sur moy que ta grandeur est telle:
Tu peux comme il te plaist deçà delà mouuoir
   La mer des passions que tu me fais auoir,
   Selon que ta clairté paroist douce ou cruelle.

LIVRE IIII.

Durant tout le chemin de nostre longue absence,
 Rochers, fleuues, torrens, pluyes, vents, & frimas,
 Rebelles & dangers ont poursuiui nos pas:
Mais tout mal finissoit par vostre souuenance.
Toutefois quand ces maux à par moy ie balance
 Auec tant de rigueurs que vous ne laissez pas
 Pour m'occire tousiours d'vn millier de trespas,
 Il n'est malheur si grād qui beaucoup mois n'offē-
Pour m'affranchir de vous ie deusse auoir appris (se.
 Toute rebellion des rebelles esprits:
 Ie me deuois apprendre à estre variable
Et rude aux traits d'Amour des rochers & des vĕts:
 Et ie deuois noyer és pluyes & torrens
 Les charbons amoureux de ma fieure incurable!

De la Rigueur.

Ce n'est assez d'auoir la taille belle,
Et resembler à Venus l'immortelle,
Comme elle vint sur le mont Ideen
Pour estonner le pasteur Phrygien,
Et conquerir cette pomme dorée
Qui se deuoit à la plus honorée.
Ce n'est assez d'enflammer à l'entour
Le Ciel ioyeux des rais de vostre iour:
Ce n'est assez de ietter mille flames
Et mille traits pour saccager nos ames:
Ce n'est assez, Deesse, de sçauoir
Qu'on est heureux alors qu'on vous peut voir.

ARTEMIS.

Toute beauté qui fierement dedagne
L'humanité pour fidelle compagne,
Reste inutile & demeure sans prix:
Par la douceur s'animent les esprits,
Aucune fleur ne se trouue agreable,
Bien qu'elle soit de couleur delectable,
Si de sa force elle n'enuoye au cœur
En respirant vne douce senteur.
Aussi iamais vne Dame arrogante
Fille d'orgueil, ne se monstre plaisante,
Bien que toute autre elle excede en beauté
S'elle n'y ioint l'humaine priuauté.
   Lucrece dit que la liqueur mielleuse,
Comme le laict, est tousiours doucereuse
Pour auoir pris d'Atomes ronds & doux
Son Estre tel que nous sentons aux gousts:
Et que l'Absinthe ha contraire nature
Rempli de forte & d'amere pointure,
Pour estre fait d'atomes plus crochus
Qui de leurs haims reuéches & fourchus
Tranchent nos sens, & d'vne rude entree
Vont efforçant la chose rencontree.
Pareil reproche est conuenable aussi
Pour la beauté reuéche à la merci:
C'est que le Ciel d'atomes l'a forgee
Tels que sont ceux dont se forge vne espee,
Atomes durs, aspres, hameçonnez,
Qui pour tuer ont esté façonnez.
   Autant qu'on voit la rigueur d'vne scie
Qui d'vn bruit aspre à nos oreilles crie,
Estre inegale aux accords & doux sons

Flatans nos cœurs d'agreables chansons:
Autant se voit vne parole douce
Qui touche aux sens, qui les flate & les pousse,
Estre excellente, & du tout surpasser
Celle qui vient nostre oreille offenser.
Donc rien de beau, n'est point beau, ce me semble,
Si la douceur à beauté ne s'assemble.
 Le doux Printemps est beau pour les soupirs
Que doucement engendrent les Zephyrs:
Et tousiours belle on nomme la iournee
Où des grands vents la troupe mutinee
Ne souffle point, & la terre ne sent
L'eau qui de l'air sur elles redescend:
Le marbre est beau pour sa superficie
Douce au toucher, reluisante & polie:
La soye est belle & se fait rechercher
Pour estre prime & douillette à toucher:
Donc toute Dame à l'amitié rebelle
N'a merité louange d'estre belle.

EPIGRAMME.

I'ay creu tousiours & tousiours le veux croire,
(Et vostre race en donne assez de foy)
Que vous aimez les filles de Memoire,
Donc ie vous pry souuenez vous de moy.

ARTEMIS.

Maintenant que l'ardeur des iours Caniculaires
   Succe les corps mattez, le preuoyant Pasteur
   Hors des chāps découuerts s'enfuit en la fraicheur
Ou des antres moussus ou des bois solitaires.
Là parmi les ruisseaux & sauuages repaires
   Où ne peut auenir l'excessiue chaleur,
   Il refait son troupeau malade de langueur
Moyennant le doux vent des Zephyrs salutaires.
Mais quel air quel seiour me pourra guarantir
   Du grand chaud que me fait vn bel astre sentir
   Puis que d'vne froideur telle flamme i'attire?
Puisqu'entre les Lauriers où pour aide ie cours,
   L'ombre porte vn Soleil, & le vent qui respire
   Allume plus en plus le soulphre des amours?

L'iniustice en vn prix ha beaucoup de pouuoir!
   Elle rompt des muets le plus estroit silence.
   Ce Samien Athlete en sert d'experience
Qui ne peut endurer qu'on faulsast le deuoir.
Vn contraire party taschoit à deceuoir
   Au sort d'vn ieu sacré ceux de sa connoissance,
   Quand luy qui parauant estoit muët d'enfance
Parlant tout hautement fit la fraude sçauoir.
Si tel fait luy rompit le lien de sa bouche
   Que dois-ie faire au tort qui de si prés me touche
   Voyant d'autres amans receus à mon souhait?
Tant que ie vous ay creu de l'amour aduersaire
   Ie me suis donné loy de souffrir & de taire:
   L'outrage ne veut plus que ie sois le muet.

LIVRE IIII. 204

Le vagabond Vlysse auprés de Calypson
  Receut tant de faueur (souueraine liesse)
  Que mortel miserable aimé de la Deesse,
  Sur toutes ses beautez il fit vne moisson.
Toutefois à la table estant son nourrisson
  Il prenoit son repas en differente espece:
  L'Ambrosie & Nectar repaissoyent sa maistresse,
  Son viure se regloit à l'humaine façon.
Que mon sort est contraire à celuy-la d'Vlysse!
  Ie gouste de tous mets & de chacun seruice
  Qu'on offre à ma Deesse où elle veut manger.
Mais toutes ses beautez sont loin de ma puissance
  Autant qu'entre le ciel la terre a de distance:
  Tu me peux, ô Deesse, en Vlysse changer.

Iamais les grands Romains n'eurent tant de lãgage,
  Tant d'aduis differens sur la destruction
  De la ville ennemie à leur contention,
  Qui debatoit contr'eux du monde l'heritage.
Ie m'escrie souuent: Sus destruisons Carthage,
  Perdons ce qui nous tient en crainte & passion,
  Puis au rebours ie dy: Sans telle ambition
  La rouille mangeroit l'acier de mon courage.
Ainsi differemment ie flotte en cent discours:
  I'inuoque quelquefois la haine à mon secours,
  Et son feu pour bruler l'hydre de mes pensees:
Mais tout au mesme instant à vous ie suis rendu,
  Car amour qui me veut pour chanter ses trophees
  Me dit: Tu te perdrois si tu n'estois perdu.

ARTEMIS.

Quand se pourra-til dire, ô celeste guerriere:
  Artemis a laissé ses dedains & rigueurs ?
  L'amour & la pitié sont demourez vainqueurs,
  Elle a rompu l'acier qui la rendoit si fiere?
Quand se pourra-til dire ? Il faut que lon espere.
  Les fruicts qui sont amers en fin deuiennēt meurs,
  Les neges, les glaçons, les hyuers, les froideurs
  Ne sont tousiours aux champs & n'ont l'ãnee en-
Las ! on ne verra point tes rigueurs se passer ! (tiere.
  O Deesse tu dois & genner & chasser:
  De tes noms retournez telle est la prophetie:
Pour gesner & chasser ton œil est tout puissant:
  Tu chasses en gesnant, tu gesnes en chassant,
  Et ton regne d'amour n'est qu'vne tyrannie.

FIN DV IIII. LIVRE.

MESLAN-

MESLANGES.

CINQVIEME LIVRE.

ODE
CONTRE L'AMOVR.

VYEZ d'Amour l'inconstante nature
Qui fait ses traits aux volages sentir,
Dõt au premier si douce est la pointure,
Dont nous sentons trop tard le repentir.
Amour corrompt la fantaisie,
Qui de telle peste saisie
Rend l'esprit vaincu furieux :
De la raison se faisant maistre,
Comme enchanteur fait apparaistre
Mille fantômes à nos yeux.
Ne logez point ce Sorcier, ce Protee,
Qui feu-leger, aueugle, enfant, oyseau,
Change tousiours de figure empruntee
Et ne se plaist qu'en vn suiet nouueau :
Qui, fier, en nostre sang se bagne,
Que tousiours la fraude accompagne:
Voyez la fille de Minos

MESLANGES.

Que Thesé laiſſa ſur le ſable,
Ingratitude deteſtable
Pour recompenſe d'vn repos!
Fuyez, fuyez cette cruelle beſte
Deuant qu'elle ait les ongles & les dents,
Deuant qu'elle ait vne entiere conqueſte
Pour vous ronger de mille ſoins mordans!
 Ses ongles ſont la Ialouſie,
 Maint ſoupçon, mainte reſuerie:
 Il faut ce Serpent eſtouffer
 Quand petit en nous il s'engendre:
 C'eſt vn fait d'Hercule entreprendre
 Que pouuoir de luy trionfer.
Si quelqu'vn dit qu'il eſt peint de viſage,
Beau de couleurs dont on eſt attiré:
Le Sphinx Thebain auoit vn tel plumage
D'or iauniſſant & d'azur peinturé.
 Ainſi qu'Iris la nuagere
 Bigarre ſa robe legere
 Aux rais du Soleil oppoſé:
 Amour ſe déguiſe en cent ſortes
 Pour deceuoir les moins accortes
 Dont l'eſpoir eſt mal auiſé.
Amour deſtruit en ſa priſon nos vies,
Et bien ſouuent l'Amante enuelopant
Au labyrinth de voyes mal ſuyuies,
Le fil d'eſpoir au ſortir va coupant.
 C'eſt affranchir vne Andromede
 Que pouuoir y donner remede.
 Qui tel Sphinx pourroit ſurmonter
 Qui tant de Pucelles deuore,

  Plus qu'Oedipe il auroit encore
   Dequoy sa memoire augmenter.
En mesme temps deux mouuemens contraires
Ne sont en vn : Toutefois en amour
Forçant Nature & ses loix ordinaires,
Aimer, haïr sont ensemble seiour:
  Ensemble fuïr & poursuiure,
  Ensemble en vn mourir & viure,
  Ensemble espoir & desespoir,
  Ensemble crainte & assurance,
  Ensemble ioye & doleance,
  Ensemble tenir & n'auoir.
Ensemble Amour veut prier & veut mordre,
Se courroucer, ensemble auoir pitié,
Ensemble veut & l'ordre & le desordre,
Ensemble veut le tout & la moitié:
  Veut commander, faire seruice,
  Ignorant, sçauant en malice:
  Qui (voyant telles passions)
  Dira qu'amour n'est vne rage
  Imprimant en nostre courage
  Diuerses perturbations?
Chassez l'Amour lors qu'encore il est tendre,
Sans y penser il glisse dans nos cœurs:
Quand il est creu l'on ne s'en peut defendre,
Ses traits sur nous demeurent les vainqueurs.
  Il accompagne la ieunesse,
  Il raieunist en la vieillesse
  Logeant aux neiges des cheueux:
  Et les morsures amoureuses
  Iusqu'à la mort sont venimeuses,

S. ij.

MESLANGES.

Tant ce venin est dangereux.
Témoins en sont mille Amantes & mille
Serues des loix de l'enfant dereglé.
Et qui n'a leu mainte histoire fertile
Des maux qu'a fait ce petit aueuglé?
  Qui n'a veu la tragique histoire
  Où ce tyran sous l'onde noire
  Tant de Ieunesse a fait plonger?
„ Heureux heureux qui du riuage
„ Voit les autres dans le naufrage,
„ Et sage euite ce danger!

De l'Inconstance.

ACCVSE qui voudra les hommes incon-
stans
  Qui ne peuuent garder leur amour qu'vn
  printemps,
Ie les veux excuser : par vraye experience
Ie sçay que le peché ne vient de leur costé,
Mais des Dames qui sont pleines de volonté,
Giroüetes en l'air, siege de l'Inconstance.
Le Peintre qui peignit l'enfant au dos ælé
  Deuoit peindre vne femme au visage voilé,
  Aux deux flâcs emplumez, nō vn fils de Cythere:
  Pour montrer que la femme est sans discretion,
  Qu'elle aime sans choisir tout par opinion,
  D'erreur, d'aueuglement, & d'audace la mere:
Mais il n'eust fallu peindre vn tel Image nu:
  Car son courage est double, aux amans inconnu,
  Couuert, dissimulé, tout masqué de feintise,
  Ioyeux d'en voir plusieurs en sa chaisne captis

Pour en tirer plaisir selon ses appetis,
 Et fait si bien que l'vn de l'autre ne s'auise.
Si l'Amant est muable alors qu'il apperçoit
 Que d'vne feinte amour sa Dame le deçoit,
 I'approuue sa façon : tel que luy ie veux estre:
Si la Dame est legere il faut estre leger,
Si elle fait l'estrange il s'en faut estranger.
,, Vn seruiteur loyal doit ensuiure son maistre.
Le soigneux Iardinier apres auoir planté
 L'arbre d'vn bon terroir en saison apporté
 Qu'il vouloit faire honneur de tout son iardinage,
 N'accuse que la terre, alors qu'il ne produit,
 Ingrat de son labeur, fueille, ny fleur, ny fruit,
 Et l'arrachant le plante en vn autre bocage.
Ainsi quand vn Amant ne se voit proffiter
 Aux auances d'Amour, il se doit dépiter
 Et soudain arracher son amitié plantee:
 Loing du clos infertil il doibt planter ailleurs
 Tãt que Venus luy donne autres destins meilleurs
 Dont sa peine à la fin puisse estre mieux rentee.
L'Inconstante est semblable à ce Chamæleon
 Animal Indien, qui charge vn million
 De couleurs en son corps à chaque momẽt d'heure:
 Il reçoit la couleur de ce qu'il peut toucher
 Mais ne la garde guere : & pour ne se facher
 La femme en vn suiet longuement ne demeure.
Elle est du tout pareille à ce vague Element
 De l'eau qui sans couleur glisse legerement
 Empruntant le seul teint de la terre où il passe:
 Ainsi sans se grauer aucune impression
 La femme sçait vestir diuerse affection
S.iij.

MESLANGES.

Selon qu'elle rencontre, & tout soudain l'efface.
Mais qui pourroit fonder sur vn fondement tel
 Incertain & mouuant, vn amour immortel?
 Le vent n'est si leger que leur foible pensee,
 La neige ne se fond sous le tiede Soleil
 Si tost que leur faueur: Leur amour est pareil
 A la vitre pour rien en cent pieces froissee.
L'Amour ne croist iamais s'il ne se voit suiui
 De son frere croissant en grandeur à l'Enui,
 Honneste Enui l'autheur des choses les plus belles
 Qui leue les esprits iusqu'au temple des Cieux:
 L'Amour & contr'Amour se doiuët en tous lieux
 Freres accompagner comme deux Paralleles.
Les indices certains d'vne amoureuse foy
 C'est faire pour l'aimé tout ce qu'on veut pour soy:
 Mespriser tout au prix de la personne aimee:
 N'estre heureux si tousiours on ne l'oit ou la voit:
 Telle d'Hero l'ardeur en Leandre viuoit
 Plus ardente en son cœur qu'vne torche allumee.
Ainsi en bien aimant ie voudrois estre aimé,
 Que le cœur de l'aimee au mien fust transformé
 Le serrant bien estroit d'vne chaisne inuisible:
 Qu'elle sentist plaisir quand ie serois present,
 Qu'elle sentist douleur quand ie serois absent,
 Et que telle amitié demeurast inuincible.

Pour defendre l'Inconstance.

NE blasmons desormais des femmes le courage,
Comme ignorant aueugle inconstant & volage,
Ne les accomparons aux ondes ny au vent,

LIVRE V.

Ny au cryſtal qui prend la premiere figure
Qui ſe preſente à luy : Nous leur faiſons iniure,
Car la loy de nature elles vont enſuiuant.
Tout ce qui eſt compris ſous le rond de la Lune
Ne dure en meſme eſtat : C'eſt vne loy commune
A tout ce qui reſpire en l'air & ſous la mer
Et ſur la Terre mere : Et n'eſt pas choſe eſtrange
Si tout en ces bas lieux ſe change & ſe rechange
A fin que l'vn mourant puiſſe l'autre animer.
Toute choſe qui prend en ce monde naiſſance
Tend à l'âge fleury d'vne forte accroiſſance,
Puis perdant ſa vigueur en la vieilleſſe vient.
Rien n'eſt ſi grand ici qui n'ait ces interualles
L'vn à l'autre liez par diſtances egalles,
Et rien en meſme poinct ferme ne ſe maintient.
La faulx du Temps goulu trâche tout & conſomme,
Empires, et Chaſteaux, Villes, Citez, et l'Homme :
Il eſt vray que le Genre & les Eſpeces ſont
Touſiours en l'Vniuers, & que iamais le monde
N'eſt vuide d'Animaux, d'vne ſuite feconde :
Mais les Indiuidus ſe perdent & s'en vont.
On voit touſiours marcher des hommes ſur la terre
Et des fleurs qu'en Auril ſon riche ſein deſſerre,
On voit mille poiſſons noüer entre les eaux,
On voit mille cheuaux henniſſans par la pree,
Mille oiſeaux balancez d'vne aile diapree,
Mais les vieus en mourãt dõnent place aux nou-
Ceſtuy-cy ceſtuy-là retourne au premier eſtre (ueaus.
Qu'autrefois il auoit parauant que de naiſtre :
Ainſi le nom d'Amour & ſes effets diuers
Sont touſiours immortels : car ſa vigueur diuine

S.iiij.

MESLANGES.

Maintient, regist, soustient du monde la machine
Et ce qui hume l'air en ce bas Vniuers.
Mais l'amour qui s'engendre en nostre fantaisie
Amour particulier dont nostre ame est saisie
Ainsi qu'il naist, se meurt : comme la passion
Qui d'autre cause en nous tourne, vient & repasse:
L'vne dure long temps, l'autre soudain s'efface
A fin de receuoir nouuelle impression.
La mort de vieille amour fait naistre vne nouuelle,
Ainsi tout ce qui vit au monde renouuelle
Sans que rien soit perdu : les choses seulement
Changent de place & forme, & file à file coulent
Ainsi que les ruisseaus des grands fleuues s'écoulēt
Vne onde hastant l'autre en l'humide Element.
On voit maintes amours qui le long âge endurent,
Ainsi que des mortels on voit les vns qui durent
Plus q̃ d'autres ne font, pour l'accord des humeurs:
Et comme en nos tableaux les peintures tirees
Les vnes longuement se gardent colorees,
Car elles vont suiuant la force des couleurs.
Autant sont les effets & les choses durables
Que les causes ne sont diuerses ny muables:
Autant que la beauté qui nous cause l'amour,
Autant que les vertus, les honneurs & la grace,
Autant que la constance en nos Dames ont place,
Autant fait en nos cœurs Cupidon son seiour.
Ce qui met plus d'espace à sa grandeur parfaire,
Met aussi plus long temps à sa force deffaire
Cõme les vieus Ormeaux, les Chesnes & Noyers:
Ainsi les amitiez qui sont long temps à croistre,
Qui leur perfection plus tard font apparoistre

LIVRE V.

Durent contre les ans & contre les dangers.
Toutes les passions en nos ames conceües
　Suiuent les quatre humeurs: les fieures sont aigues
　De l'amāt eschaufé d'vn sang ieune & boüillant,
　Et l'amoureux pressé de la melancholie
　Muet ronge son cœur, se tient à sa folie
　Pour viure en la beauté qui le va trauaillant.
Mais encor nulle amour ne se verra si forte
　Que la longueur du temps à la fin ne l'emporte:
　Tout passe, & le passé perd à nous sa saison.
　L'Inconstance est constante, & le Soleil qui tourne
　Sans cesse au Zodiac, en vn lieu ne seiourne,
　Ains repasse & reuient de maison en maison.
Hé! comment nostre amour seroit elle immortelle
　Quand mesme en Iupiter l'amitié n'est pas telle?
　Il ne monstre en ses faits rien que mutation:
　Venus mere d'Amour qui tant aima le change,
　Nous apprend ne trouuer cette coustume estrange
　De vestir bien souuent nouuelle affection.
Des beautez d'Adonis elle ne fut éprise
　Ou de Paris sans plus, mais du pasteur Anchise:
　Et rompoit à tous coups aux vieux amis la foy
　Tournant legerement ailleurs sa fantaisie;
　Si celle qui d'Amour les affaires manie
　Aime le changement qui forcera sa loy?
La Nature se plaist en cent diuerses choses,
　Tantost elle produit violettes & roses
　Tantost iaunes espics, belle en diuersité:
　Qui ne veut point faillir doit suiure la Nature:
　On ne se paist tousiours d'vne mesme pasture:
　Rien ne donne plaisir tant que la nouueauté.

S.v.

MESLANGES.

STANSES.

La flamme qui bruloit au temple de mon
 cœur,
 Que ie voulois garder comme diuine &
 saincte,
Sans que l'eternité la veist iamais estainte,
Est morte à ceste fois au plaisir du malheur,
Si bien que maintenant par la tempeste obscure
Plein de doute & d'effroy ie cours à l'auanture.
Hà Dieu quelle tristesse empoisonne mon sein!
 Est-il quelques douleurs à mes douleurs égales?
 Quand le feu s'estaignoit au Temple des Vestales
Tel dueil ne se menoit par le peuple Romain:
Et ce malheur ne vient que d'vne ingratitude
Qui paye de rigueur ma longue seruitude.
O feminin cerueau double feint & leger,
 Forgeron de malice, artisan de mensonge,
 Qui te plais à donner pour le vray bien vn songe,
Qui te plais en vn temps cent contraires loger:
Pourroit-on asseurer vne amour bien entiere
Sur vn suiet basty de si fresle matiere?
I'ay publié ton nom par les peuples François,
 I'ay chanté tes vertus & tes beautez encore
 Tant de fois en tous lieux que rien ne les ignore:
Les Fleuues, les Rochers l'ont appris de ma vois,
Echo dans les forests autre nom ne peut dire
Et toutefois vn autre ha l'heur que ie desire!
Où sont tous ces desdains & ces mespris d'amour
 Qui te rendoyent heureuse admirable et plus belle?

Où est ce cœur hautain, ce courage rebelle
Qu'hôneur & la vertu gardoiēt pour leur seiour?
O que grand est d'Amour l'empire & la puissāce
Si ton cœur genereux luy rend obeissance!
I'eusse patiemment en seruage duré
Si belle opiniastre à tout desir contraire
D'egale chere à tous il t'eust pleu satisfaire
Sans qu'vn autre se veist dauantage honoré:
Ie ne veux plus seruir celle qui n'en fait conte:
Enfin la patience ignore telle honte.
Toutefois puis qu'Amour nous peut seul animer
Tandis que la matiere encore est preparee
Seiche du feu passé qui l'auoit deuoree,
Ie veux d'vn autre feu de rechef m'allumer.
Vne lumiere morte esteinte de naguiere
Se r'allume soudain pres vne autre lumiere.
Mais ie veux que mon feu soit tiré d'vn soleil
Plein de clairté celeste, & non materielle,
Afin que mon ardeur luisante pure & belle
Ne semble point changer, mais vn feu tout pareil:
Le Phenix nous apprend à ne laisser la vie
Que d'vne belle mort d'eternité suiuie.
Mon cœur sera le Vase au Soleil opposé:
Les rayons biens vnis où l'ame tient le centre
Feront l'air plus subtil qui dans les poumōs entre,
Et mon cœur à l'instant sera tout ambrasé.
Ainsi, brulant Archer, i'ay voué de te suiure:
Car mourir auec toy c'est en mourant reuiure.

S.vi.

MESLANGES.

A Monsieur de MORVILLIER.

D'ITAQVE la petite & sterile & pierreuse
Sortit ce grand Vlysse ornement des Gregeois,
Qui n'auoit son pareil en eloquente voix
Ny à donner conseil d'vne affaire douteuse.
Ainsi du petit BLOIS vne ame vertueuse
Vn autre grand Vlysse est né vne autrefois
Pour luire comme vn Astre au conseil de nos Rois
Et conduire à bon port vne entreprise heureuse.
Toute terre ne peut toute chose apporter,
Mais heureux le païs qui t'a peu enfanter,
Car te portant il porte auec soy toute chose.
Les païs ne sont pas de leurs enfans l'honneur
Qui ont meinte vertu dans leur poitrine enclose,
Mais ils sont des païs la gloire & le bonheur.

A Monsieur de VILLEROY
Secretaire d'Estat.

A vertu que le Silence
Plonge au fleuue d'Oubliance
Ne differe que bien peu
De la paresse auilie.
Vne flamme enseuelie
Ne monstre point vn beau feu.
Il faut que ma Carte blanche
Contre l'oubly te reuanche:
Tes labeurs ne seront teus
Et la dent iniurieuse
De Ialousie enuieuse

Ne rongera tes vertus.
Car tu honores la Gloire
 Qui des filles de Memoire
 Vient à la posterité:
 Et tu m'estimes un Cygne
 Tel que ie puis & suis digne
 Durer en l'eternité.
Le Meonien Homere
 A pris la place premiere:
 Mais les Pindariques vers
 Et les menaçans d'Alcee
 Ne sentent pas effacee
 Leur memoire à l'Vniuers.
Encore le Ieu soupire
 Qu'Anacreon sur sa lyre
 Dit, comme Amour commanda
 Et la chaleur amoureuse
 Qu'à la touche harmonieuse
 La Lesbienne accorda.
Les hommes viuront encore
 Que par moy Phebus honore
 Malgré l'âge & le malheur:
 D'argumens ie seray riche,
 Car la France n'est en friche
 Encor d'hommes de valeur.
Entre lesquels ta lumiere
 Nous apparoist, coutumiere
 D'estre un Phare aux vertueux:
 Et ta face liberale
 Dit que ton ame loyale
 Vainq le dol ambitieux.

MESLANGES.

Ton cœur dans le Ciel s'arreste,
   Rien ne te plaist que l'Honneste
   Souuerain Bien de par soy:
   Tu reiettes l'auarice
   Racine de la malice,
   Peste de la blanche Foy.
Le nom d'Heureux ne se donne
   Iustement à la personne
   Qui possede de grands biens:
   Cette gloire est mieux seante
   A celuy qui se contante
   Qui ne les estime siens.
Qui sage sagement vse
   Des presens de grace infuse
   Qu'il a du celeste sort:
   Qui porte vne extreme haine
   A la fallace qui traine
   Cent façons de faire tort.
Tel pour son Prince & Patrie
   Ne craint hasarder sa vie,
   Et ne les aime à demi:
   Tel en vn temps necessaire
   Ne retiue point à faire
   Ce que requiert son ami.

Pour rencontrer sur ton nom VILEROY,
   Et tes effets en vn seul mot comprendre,
   En lieu d'vne L il ne faut qu'vn C prendre,
   Et ton vray nom ce sera Viceroy.
Vne grand part des affaires du Roy

Sont en ta main : car tu les sçais entendre,
Et si tu as la grace de te rendre
Sans vice ou dol d'vne loyale foy.
Tu as encor vne ame si royale,
Qu'elle est à tous de faueur liberale
Comme ta main & ta parolle aussi,
Et mille cœurs telle vertu surmonte :
Donc autrement te nommer i'aurois honte
Que Viceroy : Car vn Roy fait ainsi.

Sur vn liure de Masquarades que luy dedioit P. de Ronsard.

Comme la Masquarade en vn Tournoy ioyeux,
Belle feinte de Mars, le soing de l'esprit chasse
Et d'affaires d'estat l'impression efface,
Qui font l'homme pensif d'vn suiet ennuyeux.
Ainsi ce petit Liure offert deuant vos yeux,
Image du plaisir qui trop viste nous passe,
Remettra deuant vous des iours heureux la grace,
Retirant vostre esprit du soing laborieux.
Il ne faut pas tousiours l'vn des Atlas de France
Soustenir le grand faix des choses d'importance :
Il faut, mon VILLEROY, se donner du plaisir.
Les Abeilles tousiours ne sont en leurs ruchettes
A faire le doux miel, mais vont à leur desir
R'amasser quelquefois la douceur des fleurettes.

MESLANGES.

Par ton Estat chacun reconnoist bien
   Comme tu tiens une authorité grande:
   Mais d'Apollon qui l'homme recommande,
   Chacun ne sçait que tu es le soustien.
Chacun ne sçait que pour souuerain bien
   Tu n'aimes rien que des vertus la bande,
   La vertu mesme: & c'est ce qui commande
   A ton RONSARD de te donner le sien.
Il ne pouuoit addresser son ouurage
   A nul seigneur meritant dauantage:
   Tu ne pouuois d'un plus digne sonneur
Prendre ce don: Ainsi l'or qui enchasse
   Le Diamant, luy donne plus de grace:
   Le Diamant est aussi son honneur.

A Monsieur le Mareschal de Retz, sur son voyage allant querir la Royne ELIZABETH.

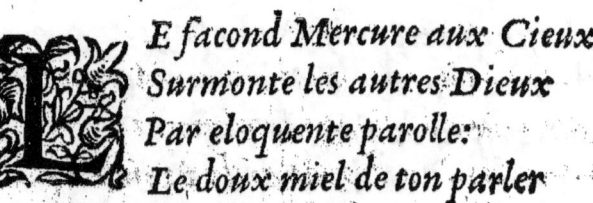

E facond Mercure aux Cieux
Surmonte les autres Dieux
Par eloquente parolle:
Le doux miel de ton parler
Qui vient en l'ame couler
Rendroit une pierre molle.
Mercure est le Truchement
   Du diuin commandement
   De la souueraine Bande:
   Et seul tu as ce bonheur
   D'auoir les secrets du cœur
   De ce Roy qui nous commande.

LIVRE V.

Pource ayant ce vray renom
 Va querir nostre Iunon
 Dans la guerriere Alemagne,
 Que CHARLES heureux & grand
 D'vn lien nuptial prend
 Pour sa fidelle compagne.
Il ne pouuoit mieux choisir
 Pour amener son desir
 Que ta sage compagnie:
 Tu seras en chasque lieu
 Receu comme vn demi-Dieu
 Par toute la Germanie.
Le Dieu du Rhin à mi-corps
 Poussera son chef dehors
 En longue barbe chenuë,
 De mainte Nymphe suiui:
 D'aise il sera tout raui
 Pour ton heureuse venuë.
Que ne suis-ie aussi heureux
 Comme ie suis desireux
 Pour toy de mourir & viure?
 I'iroy voir le Rhin cornu
 De tant de peuples connu,
 En tous lieux prompt à te suiure.
Mais le Destin ne veut pas
 Qu'humble ie suiue tes pas
 En vn si lointain voyage:
 Aumoins de vœux i'empliray
 Le Ciel, qu'ainsi ie priray
 Ne pouuant rien dauantage.
Que dispos ioyeux & sain

MESLANGES.

Voyes le peuple Germain,
Et la Beauté qui t'y meine:
Et que gaillard & ioyeux
Tu retournes en ces lieux
Qu'ambraſſe le cours de Seine.
Que montagne ny rocher
Tes pas ne puiſſent facher,
Ainçois qu'ils te facent voye:
Que de l'Hyuer l'aſpre temps
Se rechange en vn Printemps
Qui ſur toy des fleurs enuoye.
Que la poſte des cheuaux
Vole ſoudain, comme oyſeaux
Qui d'æles legeres fendent
Le vuide eſpace de l'air,
Et que tel comme vn éclair
En Alemagne te rendent.
Que tu conduiſes ici
(De noſtre Roy le ſouci)
Vne Royne belle & ſage
Qui porte au deſſus du front
Toutes les Graces qui font
Bien-heureux vn mariage.
Qu'hoſteſſe en toute ſaiſon
Se loge dans ta maiſon
La faueur hereditaire,
Que te montre noſtre Roy,
Recompenſe de ta foy
Et de ta charge ordinaire.

A Monsieur de LANSAC.

LANSAC, mille vertus te rendent honorable
　Aux yeux de l'Vniuers : Tu as connu les cœurs
　Des peuples Boreans, les façons & les mœurs
　Des citez où Phebus ses beaux cheuaux estable.
Tu as veu les deserts d'Afrique inaccostable :
　Bref toutes nations : Tu es l'appuy des Sœurs
　Qui tousiours ont bagné ta race en leurs douceurs,
　Et tout pour illustrer ce Royaume admirable.
Par honneste labeur les heures deceuant
　Tu vas tousiours nos Rois fidellement seruant,
　Digne d'estre nommé le bonheur de nostre âge.
Tu merites vn los qui vole iusqu'aux cieux,
　Et ta vertu m'incite à dire dauantage :
　Mais sage tu ne veux que l'on t'egalle aux Dieux.

A M. BRVLART, Secretaire d'Estat.

TE donner, mon BRVLART, de belle Poësie
　C'est aux Corinthiens enuoyer de l'airein,
　C'est enuoyer de l'eau dedans l'humide sein
　De Tethys, c'est donner des fleurs à la prairie.
Infinis de ta race ont eu l'ame saisie
　Des fureurs d'Apollon : Ils ont de main en main,
　Heritage immortel d'vn esprit plus qu'humain,
　Gardé si beau thresor dedans leur fantaisie.
Qui ne sçait des Bourdins & Brulars le sçauoir,
　Et comme ils n'ont iamais oublié leur deuoir
　Pour bien seruir les Roys d'vn fidelle courage ?
Donc tu n'as de Ronsard ce liure sans raison :
　Car enuoyer des vers en ta docte maison,
　Ce n'est que les remettre en leur propre heritage.

MESLANGES.

LE SONGE D'VN PESCHEVR,
A Monsieur de SOVVRÉ.

LE bon Demon qui au Sommeil preside,
Par deux portaux hors de sa grotte humide
Fait ici bas tous les Songes sortir
Que faux ou vrais il nous veut departir.
L'vn tout de corne est la secrette voye
D'où ce Dieu lent les vrais Songes enuoye:
L'autre reluist d'iuoire blanchissant,
D'où le faux Songe en nos cœurs va glissant.
Ores ie veux te remettre en memoire
Vn Songe faulx de la porte d'iuoire,
Tel que souuent Morphee en fait auoir
Aux sens trompez d'imaginé vouloir.
 La Pauureté, soucieuse, reueille
L'homme au trauail, & sage le conseille
De ne donner aux membres ny aux os
Ny à l'esprit vn moment de repos.
Elle a trouué les arts & la science:
Elle est tousiours pleine de diligence:
Car le souci ne laisse sommeiller,
Mais importun nous presse de veiller:
Et tant soit peu si le dormir assomme
Dessus les yeux les paupieres de l'homme,
Incontinant ce soing qui le poursuit
Le vient troubler : puis le Somme s'enfuit.
 Deux bons Vieillards qui sur l'eau poissonneuse
Cherchoyent leur vie en peine souffreteuse,

LIVRE V.

Lors que Phebus ses raits alla cacher,
Firent des licts (à fin de se coucher)
Auec des ioncs & tentes de fueillage
Dessus le bord du murmurant riuage.
Ils reposoyent sur les fueillars sechez:
Tous leurs labeurs pres d'eux estoyent couchez,
Tous les outils de leur mestier humide,
Tout ce qui sert dessus l'onde liquide
Cannes, paniers, lignes, nasses, filets,
Prisons d'ozier, & labyrints de rets,
Tramail quarré, plomb pesant, rouges tuiles,
Cordes, liege, à ce trauail vtiles,
Bref mille engins, couuertures & peaux,
Mantes, bonnets, vestement & chappeaux.
   De ces Pescheurs tel estoit l'equipage,
Et tel en tout leur plus riche heritage:
Entre eux logeoit la pauureté sans plus,
Ils n'auoyent rien qui leur fust superflus:
Et leur voisin c'est la mer qui repousse
Leur dur taudis, d'écumeuse secousse.
Le Chariot qui en tenebres luit
N'auoit attaint de son cours la minuit,
Quand le souci des peines coutumieres
A ces Pescheurs déferma les paupieres:
Ils s'exhortoyent l'vn l'autre pour chanter
Quand l'vn des deux ainsi va raconter.
Le premier Pescheur.
   Ceux, compaignon, mentent bien qui asseurent
Qu'au temps d'Esté les nuicts courtes ne durent
Quand les longs iours éclairent aux humains:
I'ay desia veu dix mille songes vains,

Et si encore, celle là qui rameine
Le blond Soleil, d'Orient est lointaine.
O que des nuicts le cours est spacieux!
Le second Pescheur respond.
C'est le labeur qui te rend soucieux
Faisant sembler leur carriere plus lente:
Mais ie te pry, dy moy, qui te tourmente?
Le premier.
Sçais-tu iuger des songes, qui souuent
Viennent de nuict les hommes deceuant?
Ie te voudrois faire part de ma ioye
Comme en peschant commune est nostre proye.
Vn doux songer s'est à moy presenté,
Que ton esprit bien experimenté
Sçaura soudain par bon aduis comprendre,
Pour en apres ma fortune m'apprendre.
Celuy sçait bien des songes deuiner
Qui peut sçauant les faicts imaginer,
Qui ha l'esprit comme demi-Prophete
Pour discourir d'vne chose secrete,
Qui ha le chef pourueu d'entendement,
Le cœur colere & prompt à mouuement.
Le second Pescheur.
Hé, que feroit quelqu'vn aupres des ondes
Couché dessus les fueilles vagabondes
Sans receuoir le sommeil oublieux,
Sinon iuger des Songes gracieux
Nous deceuans par diuerses figures?
Malgré le sort des tempestes obscures
Dans le Palais on trouue à trafiquer,
Et le grand Cerf enseigne à pratiquer.

LIVRE V.

Mais compagnon, dy moy, quelle mensonge
A pris tes yeux au milieu de ton songe?

Le premier Pescheur.

Quand du trauail pesamment assommé
Ie pris le somme en mon œil enfermé,
Ie n'estois plein qu'à sobre suffisance:
(Car en soupant, si tu as souuenance,
Nous épargnons:) Or en dormant ie vey
Vn tel obiet que i'en fu tout rauy.
Il me sembloit que dessus vne roche
I'estois assis auecques mon haim croche
Pour épier les poissons dessous l'eau,
Et qu'à mon haim s'en accrochoit vn beau.
Le chien dormant songe au pain bis qui entre
A gros lopins de sa gueule en son ventre,
Et moy Pescheur ie songeois au poisson.
Il me sembloit que pris à l'hameçon
Pendilloit vn de la troupe nageante,
Se debatant d'ecaille sautelante:
Son sang couloit, & de son battement
Faisoit plier mon pescheur instrument.
Lors ie voulu tous mes efforts estendre:
Car ie craignois que ie ne peusse prendre
Ce beau poisson, qui sautant se batoit
Contre mon haim dont le fer l'emportoit.
Puis repensant en sa playe saigneuse
Ie demandois: Plein de douleur ireuse
Poisson blessé, me voudrois-tu happer?
Quand ie le vey ne pouuoir échapper
I'estends la main, ie le prens, ce me semble,
Et mets à fin le combat tout ensemble.
Dessus le bord ce poisson ie tiré

MESLANGES.

Dont tout le corps sembloit estre doré:
Si que voyant son écaille dorée
I'eu peur qu'il fust vne chose sacree
A Amphitrite, ou que Neptune encor
Le tint sacré comme vn riche thresor.
Tout doucement ma gauche main y touche,
Et au poisson i'osté l'haim de la bouche
A fin que l'or ne s'y tint accroché,
Puis sur la riue en l'herbe le couché.
Lors ie iuré de iamais n'apparoistre
Le pié sur mer, ains la terre connoistre
Pour commander au metal radieux:
Le doux Sommeil s'enuola de mes yeux.
De tel serment ie n'ay l'ame asseuree,
Craignant faulser ma promesse iuree:
Assure donc, ie te pry mon penser.

Le second Pescheur.

Ah! n'ayes peur, & ne pense offenser
Les puissans Dieux : Ta belle fantaisie
Est chose vaine & pure tromperie:
Si tu n'as pris le beau poisson doré
Par nul des Dieux aussi tu n'as iuré.
Que si veillant tu ne fais l'exercice
(Dessus la mer de ton âge nourrice)
Comme soulois : Tu seras en danger
D'en'auoir rien bien souuent que manger
Auec tout l'or qui t'a frappé la veuë:
Mais si au vray ta dextre s'euertuë
En ton mestier de faire son deuoir,
Espere alors force poisson auoir
Pris en tes rets par veritable prise:

Voyla

Voila comment chaque Pescheur deuise.
 Souuent ainsi i'empongne un songe vain,
Mais le solide échappe de ma main.
Ie te supply, fay que mon Songe sorte
L'vn de ces iours par la certaine porte,
Et mon espoir à la fin contenté
En lieu du faux trouue la verité.

DE LA FIDELITE.

POVR admirer ce qui est de plus rare
Ne sois marri si mon vers accompare
Ton naturel au naturel du Chien:
 Exemple à tous, sur tous il ha le bien
D'estre fidelle au maistre qui l'estime:
Il suit ses pas, & d'vn cœur magnanime
Il l'accompagne és aueugles dangers,
Et moins ne sert aux Princes qu'aux Bergers.
 Quelques anciens pour la signifiance
D'vn Magistrat rusé de vigilance
Peignoyent vn Chien: pourtant à gré reçoy
Si ie reuere en sa forme ta foy.
Souuent les chiens voyant tuer leur maistre
Ont leur amour & vertu fait connaistre
Mourant pres d'eux, ou l'heure ont recherché
Pour accuser l'homicide caché.
 Tel fut celuy que l'on estima digne
De faire luire au Zodiaque vn signe,
Quand il montra le corps Icarien
Qu'auoit occis l'yurongne Athenien.

MESLANGES.

Tel est le Chien de celle qui pourchasse
Durant la nuict des vistes Cerfs la chasse
Sans qu'au trauail on la puisse lasser:
Le grand plaisir qu'elle prend à chasser
Porte ses piés, & cent Nymphes compagnes
Par les buissons & dessus les montagnes.
Quand ce bon chien ne chasse par les bois,
Quand de la trompe il n'entend plus la voix
Qui l'animoit à la course legere:
Lors sans laisser Diane forestiere
Sied à ses piés, les oreilles dressant,
Et tout dispos en soy va repensant
S'il receura de sa vierge Deesse
Le mandement ou la parole expresse.
 Ainsin Iris a gaigné le renom
D'estre loyale à sa grande Iunon:
A la seruir elle est si bien apprise
Qu'au pié du throsne elle est tousiours assise,
Et de son siege onques elle ne sort.
Si le Sommeil qui toute chose endort
Pressant nos yeux d'vne æle Acherontide,
Clost la paupiere à Iris Thaumantide,
On luy voit bien sa teste vn peu pancher
Sous le dormir: mais c'est sans detacher
Ses tallonniers ny sa belle ceinture:
A fin que preste à la chose future
Quand sa Iunon luy fera mandement
Elle obeisse & volle promptement.
 Ce bref discours qu'ici ie te propose,
Tend à ta gloire & non à autre chose:
Car tout cela qu'en ces mots i'ay conté

Se doit donner à ta fidelité,
Pais que ton cœur est si bien à ton maistre
Que plus toymesme il ne veut reconnaistre.

ELEGIE.

C'EST maintenant qu'en seruage il faut
viure,
C'est maintenant que ie ne suis deliure
Des forts liens tissus des fortes mains
Qui font captifs les Dieux & les humains:
I'ay pour neant conserué ma franchise,
Me deffiant qu'elle ne fust surprise.
Comme vn Guerrier eschappé des perils
(Où maints soldats vaillamment sont peris,
Soulans de sang la fiere Destinee)
Trouue à la fin sa derniere iournee,
Lors que sa force & son cœur indomté
Ne doutent rien d'vn ny d'autre costé:
En son beau sang la campagne se laue
Où le vainqueur l'enchaisne & fait esclaue.
Ainsi i'auois mille perils trompé
Et Cupidon n'auoit enuelopé
Dans ses filets, mon ame vagabonde.
I'ay voyagé par les trois parts du monde,
I'ay veu la mer d'où leue le Soleil,
Et i'ay veu l'onde où l'attend le sommeil,
Et mille biens dont les hautes louanges
Font esbahir les nations estranges,
Les y tirant par vn desir de voir

T.ij.

MESLANGES.

Qui des païs la grandeur veut sçauoir,
I'ay enduré mainte dure fortune
Dessus les flots, royaume de Neptune:
I'ay enduré mainte fortune aussi
Dessus la terre, en proye de souci,
Soit voyageant és regions diuerses
Soit en suiuant Bellone & ses trauerses.
  Tous ces malheurs helas! i'ay surmonté
Pour estre en fin de deux beaux yeux donté,
Yeux qui me font vne guerre cruelle
Cruelle autant qu'elle semble nouuelle.
Tous les trauaux auparauant connus
Ne me sont rien pres de ceux que Venus
Me fait souffrir. Vne amoureuse peine
Plus que nulle autre est de misere pleine:
Mais la beauté qui cause mon tourment
Vault bien le mal que ie souffre en aimant.
  Helas! comment m'eussé-ie peu defendre
De tant de rets que l'amour me vint tendre,
De tant de traicts qu'il me vint decocher,
De tant de feux qui vindrent m'eschaufer
En m'allumant les veines & le foye
A fin qu'en cendre à la longue il m'enuoye?
Souuent le Lut animé de ses doigts
Sonne si doux qu'il tireroit les bois
Ainsi qu'Orphé: mesme quand elle accorde
Sa belle voix aux fredons de la corde
Chantant dessus le mal que Cupidon
Fait aux humains auec son doux brandon:
De telle grace on dit que Calliope
Touche le Lut au milieu de sa trope

Et qu'elle sçait si doucement chanter
Qu'elle adoucist l'ire de Iupiter.
Quelle Serene a ravy mon courage?
Non, ie n'ay veu en mon lointain voyage
Rien de si rare ou si digne de prix
Qui tint mes sens autant qu'elle surpris.
  Ha! cachez-vous Miracles de la terre,
Le large mur qui Babylone enserre,
La Tour de Phare, & de l'Egyptien
La Pyramide, & de l'Ephesien
Le Temple sainct, & par Artemisie
Le monument fait au Roy de Carie,
L'Idole grand de Iupin foudroyant,
Et du Soleil à rayons flamboyant
Le grand Colosse, assis en l'heritage
Qu'il prist des dieux quand ils firent partage.
  Vous n'estes plus Merueilles merueilleux,
(Bien que soyez ouurages orgueilleux)
Au parangon de l'insigne chef-d'œuure
Où tous ses biens la Nature descœuure:
Entre les sept le huitieme elle fait,
Mais d'autant plus que les autres parfait
Qu'ils sont bastis d'vne morte matiere
Et cestui-cy d'immortelle & entiere.
  Or les Amans sont pris diuersement,
Les vns sont pris par les yeux seulement
Ou par les traicts d'vne gentille face,
Ou par l'instinct d'vne plaisante grace:
Autres sont pris auec de longs cheueux
Blonds & subtils frisez de mille nœuds,
Ou bien sont pris par vne voix qui chante
                                T.iij.

MESLANGES.

Si doucement que l'oreille elle enchante:
Les vns aussi sont des biens combatus,
Autres mieux-nez se prennent des vertus.
   Ainsi l'Amour peut en mille manieres
Tenir à soy les ames prisonnieres.
Mais pour me prendre, Amour non aueuglé
N'a seulement en ma Dame assemblé
Vn ou deux Biens : mais en elle il assemble
Toute sa force & tous ses traits ensemble.
   Comme vn iardin beau de mille couleurs
Qui reluisant nous chatouille les cœurs
(En mille fruits & mille biens superbe)
Plaist à nos sens plus que ne fait vne herbe
Ou vne fleur : Ainsi plaist la beauté,
A qui i'engage & rends ma liberté,
Plus que nulle astre : Et pource ie me donne
A son amour qui le cœur m'enuironne,
Me confessant de tout poinct bienheureux
D'estre captif en ses rets amoureux.

De mesler le vin auecques l'eau.

Quand l'Indien auorton de Semele
  Tout foudroyé du ventre se sauua,
  Lors que sa mere à son dam esprouua,
  De son amy la maiesté cruelle:
Bacchus mouroit de meurdriere estincelle,
  Mais le troupeau des Nymphes arriua,
  Qui de ce Dieu les flammeches laua,
  Plongeant son corps en leur onde eternelle.

LIVRE V.

Pource Denys qui tousiours se resent
De ce bienfait qu'il receut en naissant,
Aime les eaux & les Nymphes ensemble:
Doncques celuy qui boit les vins ardans
Comme d'vn foudre il se brule au dedans
Si à Bacchus les ondes il n'assemble.

En l'honneur de Bacchus, Au sieur de la Possonniere.

IL ne se faut esmerueiller
  Si lon voit MARIN batailler
  De pieds, de bras & de ceruelle,
  C'est le Thebain fils de Semele
Qui de son Thyrse raisineux
A frappé son cerueau vineux.
Hé! mais qui pourroit resister
  Contre ce Dieu qui peut domter
  Le cerueau des hommes plus sages?
  C'est luy qui hausse nos courages
Qui les combats nous fait gaigner
Et tous les hazards dedaigner.
L'effroy n'assault iamais le cœur
  Où se campe ce Dieu vaincueur:
  O Bassare domteur des Indes
  Bien haut mon courage tu guindes,
Ie ne veux estre despité
Contre toy comme fut Penthé.

MESLANGES.

Ie ne resemble aux Nautonniers
   Qu'au milieu des flots mariniers
   Tu fis fendre les eaux marines
   Les vestant d'escailles Dauphines,
   Ains tousiours i'honore le vin
   Où gist ton mystere diuin.
Ce n'est moy qui mets à mespris
   Ceux qui de ta fureur épris
   Celebrent tes sainctes Orgi
   Ie voy les Bacches eslourdies
   Euan Iach Iach crier
   Et tes triomphes publier.
La Lune n'acheue le mois
   Qu'en ce fertile Vandomois
   On ne te celebre vne feste:
   Chacun donne au tour de sa teste
   Le Lierre & le Pampre aussi
   Et te nomme Chasse-soucy.
Aussi l'on dit que tu passas
   Le long du Loir, & que laissas
   Ton beau nom à la Denystere
   Voisine de la Possonniere,
   Et commandas que les raisins
   Chargeassent les coutaux voisins.
La Possonniere de Posson
   Se surnomme, non du poisson
   Qui des RONSARDS nomme la race:
   Aussi l'on dit qu'en ceste place
   Tu beus tant que tu chancelois
   Et là demeurer tu voulois.
Posson, poinson tout begayant

Tu la nommois en tournoyant,
Et c'est cela qui me fait croire
Que tel nom luy donnas de boire,
De boire non les claires eaux
Mais les vins & vieux & nouueaux.
Là tout le camp qui te suiuoit
Beuuoit sans fin & rebeuuoit,
Tellement qu'il laissa respandre
Tout le plant de la vigne tendre
Qu'il portoit, & au desloger
Oublia de s'en recharger.
Pource meint coustau reuestu
S'y voit de ce bon plant tortu,
Et en l'honneur du porte-lierre
De Bacchus on vuide meint verre,
Le louant d'estre l'inuenteur
D'vne si celeste liqueur.
Semeleen, Thyoneen,
O deux fois né Bœotien,
Preste-nous à la proche annee
Plus grande & meilleure vinee,
Donne que d'icy à cent ans
Ie gouste de tes doux presens.

Contract de Mariage.

A Dorade en mariage
Veut auoir le pucelage
De la Voye, & ia conçoit
L'espouser quoy qu'il en soit:

MESLANGES.

Mais il a perdu l'enuie
De prendre si laide amie,
Et pour rien ne veut auoir
Femme si hideuse à voir.
Or voyant qu'elle le presse
De iouïr de sa ieunesse,
Il veut faire paction
A telle condition.
Tu me donras mon espouse
(Dit-il) ce sac qui repouse
Plein d'or de ducat choisi
En quelque coffre moisi.
Tu me donras d'auantage
Mille francs en heritage
Dont ie sois entretenu
A iamais du reuenu.
Hé que pourrois-tu moins faire?
Quand au Cyprien affaire,
Tu ne prendras ton deduit
Auec moy, fust-ce la nuict
De nos nopces la premiere:
Ie tiendray ta chambriere
Que par mon commandement
Tu m'enuoiras prontement:
Ou si i'ay belle maistresse
Ie l'accolleray sans cesse,
Et ne troubleras nos ieux
De ton caquet outrageux,
Quand d'vne langue mignarde
Me donnera fretillarde
(Moy en son giron assis)

Mille doux baisers lascis.
Ie ne veux qu'en mesme couche
Ta chair à la mienne touche,
Et quand souper nous irons
A part nous nous assirons,
Si bien que la robe tienne
Ne pourra toucher la mienne.
 Peu souuent me baiseras,
Encor tu né le feras
Si à moy ie ne t'appelle:
Comme vne espouse nouuelle
Tu ne viendras m'appaiser
De quelque humide baiser:
Mais comme vne vieille mere
Baise vne vieille commere.
 Ie vendray tous tes ioyaux,
Tes bagues & tes anneaux,
Tes demi-ceints, & encore,
Dorade, ce qui redore
(Par ton feu mari donné)
Ton corps more bazané:
Bref ie veux faire & defaire,
Me complaire & te desplaire.
Si dans le contract tu peux
Endurer ce que ie veux,
Tu trouueras, bonne Dame,
Qui te prendra pour sa femme.

T.vi.

MESLANGES.

Pour le Sieur d'AMOVRS, amoureux d'ANNE l'HOSPITAL de Cheneuiere.

MOVR dans vne Cheneuiere
Armé de sa trousse guerriere,
M'aguettoit, à fin qu'au passer
Il vint dessus moy s'élancer.
Là d'vne chanvreuse filace
Tissut le lien qui m'enlace,
La corde & tranche-file aussi
De son arc qui me naure ainsi :
Ie marchois sans aucune crainte
De voir ma franchise contrainte,
Quand de rechef il me tira,
Et de son fer me deßira
A l'endroit du cœur la poitrine
Où la playe en auant chemine.
Puis saillant de ce Cheneureau
Sur mes yeux ietta son bandeau,
Et mains & bras en mille sortes
Me garrotta de chaisnes fortes :
Me disant, Ie te veux mener
A l'Hospital, & te donner
Vne belle prison heureuse,
Où D'AMOVRS ton ame amoureuse
Sera contente : n'ayes peur,
Ie ne t'vseray de rigueur
Puisque de mon nom on t'appelle,
Et que tu n'as esté rebelle
A mon Sceptre en tes ieunes ans.
Ie respons en mots gemißans :

LIVRE V.

Pourquoy enfant de Cytheree
As-tu de ta fleche aceree
Mon cœur de rechef outragé
Qui tousiours à toy s'est rangé
Suiuant ton enseigne estofee
D'infini signalé trofee?
Pourquoy tes fleches despens-tu
Contre vn qui ne t'a combatu?
Ce te seroit plus grande gloire
D'auoir d'vn rebelle victoire.
Me veux-tu remettre en prison
Ores que ie suis tout grison,
Trop foible à porter les allarmes
Que tu donnes à tes gensdarmes?
Et que i'estime plus grand mal,
Tu me menes à l'Hospital.
 Amour d'vne parole douce
Me dist: D'AMOVRS ne te courrouce,
L'HOSPITAL dont hoste sera
Ton cœur, si heureux te fera
Que tu n'auras point d'autre enuie
Que d'y passer toute la vie.
Adonc ie suiuy ce grand Dieu
Et ie trouué de ce beau lieu
Si plaisante la demeurance
Qu'auec toute perseuerance
Ie veux en si heureux malheur
Y viure & mourir seruiteur.

AT. vij.

MESLANGES.

Le Misogame, ou Qui hait le Mariage.

ETTE aux vents tes soupirs, verse aux
ondes tes pleurs,
Pousse au loin tes ennuis, appaise tes dou-
leurs,
Chasse tous les pensers de la Dame cruelle
Qui s'est moquee ainsi de ton amour fidelle,
Qui t'a si longuement d'vn faux espoir deceu,
Pour qui tant de trauaux en vain tu as receu.
Tu n'es pas le premier que leur traistre malice
A trompé laschement en payment de seruice:
Ce n'est que leur coutume, & leurs malins esprits
A piper & tromper sont de nature appris.
  Vne femme apporta bien & mal en ce monde
Dans la boete qui fut de tous les deux feconde:
Mais faisant tout malheur sur nos chefs écouler
Laissa les biens du Ciel au Ciel s'en reuoler,
Et retint seulement ceste faulse Esperance
Qui deçoit en aimant nostre perseuerance.
  On dit que Promethee (esprit ingenieux)
Déroba finement le diuin feu des cieux,
Deceuant Iupiter qui s'arme de la foudre:
Lequel ne sceut en fin pire conseil resoudre
Qu'enuoyer ici bas vn autre feu vangeur,
30 Et ce feu c'est la femme engeance de malheur.
  Vulcan le forgeron fit de pasteuse argile
(La poitrissant en l'eau) cette femme fragile,
Il luy souffla d'vn homme & la force & la voix,
Fit son visage beau, bien aimable & courtois,
Tout semblable à celuy des hautes Immortelles,

LIVRE V. 224

Et des rares beautez des honteuses pucelles:
Maint œuvrage divers de Minerve elle apprit,
De la blonde Venus mainte grace elle prit
Et les desirs fascheux dont les hommes se rongent,
Et les soings qui suivis l'vn de l'autre s'allongent.
L'homicide d'Argus, Mercure voyager
Fit les trompeuses mœurs en son ame loger,
Luy bailla le mentir & les deuis friuolles:
Apollon luy fit part de ses belles parolles.
Son corps fut à l'entour par les Graces paré
De maint riche ioyau, de maint carquan doré:
Les Saisons de l'annee estans ses chamberieres
La couurirent de fleurs & couleurs printanieres:
Mars luy donnant l'orgueil de cruauté l'arma,
Et du nom Grec apres PANDORE on la nomma,
Pource que tous les Dieux vn present luy donnerent,
Dont tant de malheurtez au monde foisonnerent.
 Iupiter l'envoya par son courrier en don
Au sot Epimethé, qui receut le guerdon
Du larrecin du feu, & n'eut pas souuenance
Qu'autrefois Promethé luy auoit fait defense
D'accepter les presents du fils Saturnien.
Apres l'auoir receu trop tard il conut bien
Qu'il tenoit son dommage en repentance vaine:
Car les hommes deuant souloyent mener sans peine
La file de leurs ans: Depuis ils vont passant
Leurs iours en mille ennuis soudain enuieillissant.
 Donc heureuse pour toy pense la destinee
Qui tranche le lien du promis Hymenee:
Vieillesse & mariage en effet ne sont qu'vn,
Nous les voulons tous deux par vn desir commun:

MESLANGES.

Puis quand nous les tenons en nostre iouissance
Faschez nous en sentons vne aspre deplaisance.
Si du ioug des maris tu estois arresté
Repentir te feroit frere d'Epimethé,
Bien que tard connoissant que ta vie fatale
Seroit au labyrinth d'vn recourbé Dedale.
    La femme est vne mer, & le mari Nocher
Qui va mille perils sur les ondes chercher,
Et celuy qui deux fois se pionge au mariage
Endure par deux fois le peril du naufrage.
Le haut son enroüé des clerons & haubois,
Tant de bruit d'huis ouuerts, tant de confuses voix,
Tant de feux esclairans comme à des nuicts obscures
N'est-ce vn commencement de tempestes futures?
Cent tempestes il faut à toute heure endurer
Dont la mort seulement peut l'homme retirer.
Soudain au mésme instant qu'vne espouse on a prise
On est si bien lié qu'on pert toute franchise.
L'homme ne peut rien plus faire à sa volonté:
La riche auec orgueil force sa liberté,
La pauure rend du tout sa vie miserable,
Car pour vn il conuient en mettre deux à table.
    Celuy qui laide femme ha dedans sa maison
N'ha plaisir auec elle en aucune saison:
La belle seulement au mari ne peut estre,
Les voisins comme luy tâchent à la connestre.
Elles passent le iour à se peindre & farder,
Elles ne font sinon leur face regarder
Au crystal d'vn miroir conseiller de leur grace,
Depites si quelque autre en beauté les surpasse.
Puis quand le mal Ialoux enfanté de Soupçon

LIVRE V.

Vient troubler leur courage en diuerse façon,
Lors éprises du feu d'ardante Ialousie
Sont pires qu'aux Enfers la plus noire Furie:
De leurs cris aiguisez elles remplissent l'air,
Elles font çà & là force plaintes voler,
Regardant de trauers leur œillade est felonne,
On voit peint seur leur face vn effroy de Gorgonne.
Bref, la Dame espousee est vn malheur tresgrand,
Et celuy qui au sort vne meilleure prend
Ne tire plus qu'vn autre en cela dauantage
Sinon qu'il est fourni d'vn plus petit dommage.
   Cet animal resemble à ces bastons à feu
Qui n'estans point fourbis se roüillent peu à peu
Et seruent mal vn maistre : Ainsi que la campagne
Fertile en beaux épics, rien apporter ne dagne
Alors que son gueret du soc n'est renuersé:
S'il est trop longuement en paresse laissé
Il ne produit que ronce & mauuaises racines,
Qu'hyeble, qu'aubifoin, que chardons & qu'épines.
Ainsi la femme engendre & noises & debats
Si son desir ardant ne tente les combats,
Et si l'homme souuent en son champ ne s'exerce
Labourant & semant d'vne peine diuerse.
   La mer, le feu, la femme auec necessité
Sont les trois plus grands maux de ce monde habité:
Le feu bien tost s'esteint, mais le feu de la famme
Soudain, brulant, ardent, iamais n'estaint sa flame:
Elle brule de soin, nous faisant desseicher,
Et fait vieillesse promte en ieunesse approcher.
   Le Fils Saturnien qui peut de toute chose
Iouïr à son plaisir comme son cœur dispose

MESLANGES.

Bienheureux de tout poinct, maistre de tous les dieux,
Encores n'a-til pas sa Iunon aux beaux yeux
Libre de fascherie : Et cette fiere espouse
Esmeut mille debats, de son mari ialouse.
Qui ne sçait les trauaux qu'à Latone elle offrit,
Et combien de fureurs l'Inachide en souffrit ?
Et maint autre qu'auoit doucement ambrassee
Ce Dieu par qui la foudre est d'enhaut elancee,
Qu'aigrement punissoit de Iunon le courroux ?
Pourtant Homere escrit que Iupin à tous coups
La bannist hors du ciel, & qu'il la tient penduë
Bien souuent au milieu de l'air & de la nuë.
Ainsi dans les Palais d'or & d'argent garnis
Arriuent comme ailleurs des debats infinis :
Et bref qui veut passer en misere son âge
Forgeron de son mal s'embarasse en mesnage.

 Hermites, qui grisons en cheueux mal pignez
De grands rochers sans ame estes accompagnez,
Qui ne vous disent mot, qu'heureuse est vostre vie
Si elle est comparee à cette tyrannie !
Que vous estes heureux, Chartreux, qui consommez
Loin d'elles vos beaux ans en vn cloistre enfermez,
Qui ne les voulez voir & relauez la place
Comme contaminee où leur allure passe !
Si vous ne goustez point aux plaisirs de Venus,
Aussi vous sont les cris & soucis inconnus
Qu'on souffre en mariage, & n'auez à toute heure
Vn malheur au costé qui pendu vous demeure
Cinquante & soixante ans : Et toutefois à fin
Que nostre genre humain ne prenne entiere fin,
Ains l'vn succede à l'autre, il faut qu'on se marie.

O Dieux qui vous paissez d'immortelle Ambrosie
Que vous vendez bien cher cette immortalité!
Il falloit que de vous l'enfant fust acheté
Par presens attachez aux piés de vos Images:
Ou puis que de nous seuls vous receuez hommages,
Et que seuls nous dressons des temples & autels
Pour dire vos honneurs: vous deuiez Immortels
Nous bien-heurer vn peu plus que les autres bestes
Qui n'adorent vos noms de solennelles festes:
Et tout à coup nous faire en grandeur paroissans
Comme les Myrmidons dans les Chesnes croissans,
Sans contraindre nos iours à ce mal necessaire,
Necessaire d'autant qu'on ne s'en peut defaire.
 Les oyseaux par les bois sont plus heureux que nous:
Ils se vont mariant seulement au temps doux
Vne fois l'an sans plus en la saison nouuelle,
Tout le reste volans bien loin de leur femelle,
Bien loin de leurs petits, libres parmi les champs
Et parmi les forests ioyeuses de leurs chants!
 Or celuy qui voudra d'vn enuieux courage
Ma fortune outrager, d'Hymen sente la rage:
La Concorde iamais n'approche de son lict,
Les Eumenides sœurs trois filles de la Nuict
Le seruent à la chambre auec vn œil farouche,
Et luy dressent l'appreft de sa premiere couche:
Et qu'au soir de la nopce en lieu de gais flambeaux
En branlent de fumeux arrachez des tombeaux:
Sur le haut de sa chambre vn Chahuan se plante,
Et d'vne longue voix en effroy l'épouuante.
 Telle de mon haineux soit la punition:
Vne femme, ains Megere, horrible passion,

MESLANGES.

Enceinte de serpens à l'entour de la teste,
Bruyante plus aigu qu'vne noire tempeste,
Le rende furieux comme Oreste agité,
Et qu'il soit en ce poinct sans repos tourmenté.

Pour vne Masquarade de Pionniers.

AMES vous pourriez trouuer pis
Que nos pales bien emmanchees,
Nous sommes assez bien fournis
Pour besongner à vos tranchees.

Sans pionniers on ne peut prendre
Ny rampars, ny villes, ny tours,
Et d'effet si voulez l'apprendre
Nous sommes Pionniers d'amours.

Nous sommes si bons à la guerre
Pour miner, saper, & trancher,
Qu'en fin nous faisons raz de terre
La forteresse trebucher.

Tousiours auecques la besoche,
La tranche, le piq, le hoyau,
Nous faisons si bien vne approche
Que nous renuersons le Chasteau.

Nous portons dessus nos échines
Nos ferremens bien retroussez:
Car il faut de grosses fascines
Pour bien recombler vos fossez.

LIVRE V.

Pour mesme sujet.

OVR le respect de vos douces fontaines
J'appelle ingrat quiconque n'y soumet
Tout ce qu'il ha de puissances humaines,
Puisque d'honneur elles ont le sommet.

Toute la vie en elles se commence,
   Rien ne verroit sans elles le Soleil:
Là se retient des hommes la semence
   Qui defaudroit sans tel bien nompareil.

O grand douceur de vos fontaines viues
   Dont le pouuoir tend à l'infinité:
Si tant de biens deriuent de vos riues
   Est-il grandeur que n'ayez merité!

Fontaines, mer de nos biens & liesses,
   Celuy vrayment qui ne vous donne pas
Tout ce qu'il tient de vos cheres largesses
   Se peut bien dire ingrat sur tous ingrats.

CE Dieu Bacchus qui est si furieux
   Qu'il faut lier en tonneaux sa furie,
Chasse bien loing les ennuis de la vie
   Par son nectar chaleureux & ioyeux.
Mais ce bel or luisant & precieux
   Mieux qu'il ne fait perd la melancholie:
Ne l'ayant point ie n'ay point eu d'amie
   Pour resiouir ny mon corps ny mes yeux.
Tousiours Cypris vn amoureux dédeigne

MESLANGES.

Si l'or sacré ne luy fournist d'enseigne,
 Pource Venus eut le surnom doré.
Chere Cypris, qu'on appelle doree,
 Vrayment ce nom t'est fort bien demeuré
Puisque ta grace à l'or est mesuree.

EPIGRAMME.

Gellia m'a raui par la fleur de son âge,
 Et en la regardant ie me fonds peu à peu
 (Comme la cire fond & se consomme au feu)
Tant les rais sont ardans que tire son visage.
Que si son teint est noir, est-il plus noire chose
 Que le teint d'vn charbon? toutefois sa couleur
 Quand auec le soufflet on luy donne chaleur
Reluist comme vn bouton d'vne flambante rose.

A Gellia.

Rien n'est pesant sur le dos de la terre
 Tant qu'vne femme inutile à tout bien:
 Trop le connoist celuy qu'vn fort lien
Mis en prison soubs Hymenee enserre.
Comme vn Freslon armé d'aiguillons erre
 Deçà delà, puis sans amasser rien
 Mange d'autruy le trauail & le sien:
Ainsi la femme au mari fait la guerre.
Tant n'est la Guespe ennemie du raisin,
 Ny au bergeail le moleste Cusin,
 Quand de moissons la campagne est feconde:
Et la Chenille auec cent piés gastant
 L'honneur des bois, aux fueilles ne nuist tant
 Que leur malice est nuisible à ce monde.

Epigramme à elle mesme.

Que te sert tant de fois par vœux soliciter
  Saincte Anne, qui preside aux coûches de Lucine?
Que te sert tant de fois sainct René visiter
  Ambrassant son pilier pour te mettre en gesine?
Tu ne dois, ce me semble, à ces vœux t'arrester
  Si le bruit est certain qui court parmi la ville:
  Chacun dit qu'il n'est point de femme plus fertile,
Et qu'à tous les momens tu ne fais que porter.

Sur la voix d'vn Chantre du Roy.

VN iour COVSIN en differente sorte
  Vne Chanson fortement entonnoit:
  L'air de son chant à l'entour resonnoit,
  Chant gracieux qui les ames transporte.
Quand vne Dame en amours bien accorte
  Vint à douter si cela qu'il portoit
  Pour engendrer, egal de force estoit
  Et de grosseur à sa voix bonne & forte.
Tousiours l'épreuue est iuge de l'effet
  Dist lors COVSIN: Ie l'ay vif & refait,
  C'est vn pilier de Dorique merueille.
En ton giron reçoy cette grosseur,
  Il te sera de plus grande douceur
  Que ma Chanson n'est douce à ton oreille.

MESLANGES.

TA face Iuifue & ton œil furieux
 Qui de trauers deçà delà regarde,
 Ton gros chapeau, ta parolle hagarde,
Montrent aſſez ton cœur audacieux:
Ton vray meſtier, vilain malicieux
 Dont l'ignorance au Palais ſe bragarde,
 Eſt d'epier le bien qu'vn pauure garde
Et l'arracher en vn plaid factieux.
Quoy? penſes-tu que ta ſotte impudence
 Ne ſentira les traits de la vengeance?
 Et que iamais tu ne ſeras reprins
Des malheurtez où ton ame eſt adeſtre?
 Mais tu deurois, eſtant ſi mal appris,
 Encore vn coup mener les Vaches paiſtre.

D'vn Vieillard amoureux.

IL eſt deſia tout voûté de vieilleſſe,
 Son poil blanchiſt de negeuſe couleur,
 Sa bouche exhale vne forte vapeur,
Et ſa botine en Iuillet il ne laiſſe:
Vne calote en doubleures épeſſe,
 Vn grand chapeau luy gardent la chaleur
 De ſon chef blanc, & pour aller plus ſeur
D'vn gros baſton s'appuye ſa foibleſſe.
Du Sphinx Thebain s'eſt l'Enigme tout fait,
 Et ſi d'Amour au cœur il a le trait
 Tout ſoupirant pour vne belle Heleine:
Il me rend ſage, & ne veux plus douter
 Quand ce reſueur s'engaige à telle peine
 Qu'aimer ne vaille autant que radoter.

Le roux

Pour vn Cocu.

Le roux Chameau de bosses montueux
Comme les flots bossus & tortueux,
Fit autrefois cette folle demande
A Iupiter qui tout peut & commande.
Vueilles, Seigneur, qui toute chose peux,
Me prester aide & entendre mes vœux:
Fay moy sortir ainsi que droites bornes
Dessus mon front, les pointes de deux cornes.
Le Cerf leger qui n'est pas si puissant,
En ha le chef superbe & menaçant:
Rien ne me sert ma taille belle & haute
Si desarmé de ces cornes i'ay faute.
Il dist ainsi : Mais il fut debouté
De sa requeste & le Dieu despité,
L'enlaidissant dauantage à merueilles
Appetissa sa teste & ses oreilles,
Pour n'auoir pas en sa folle oraison
(Contant de soy) demandé la raison.
Braue Cocu, ta priere ordinaire
(A ce qu'on dit) est bien tout au contraire:
Te deffiant de ta femme à tous coups
Et de toymesme, auec vn soin ialoux
Tu ne permets reposer ny la Lune,
Ny les Demons que le charme importune.
Le Ciel tousiours est trauaillé par toy
Pour t'asseurer de ta femme la foy,
Non cette foy qu'elle doit à l'Eglise
Mais pour ton lict qu'elle t'auoit promise.
Entre les Dieux Concile s'est tenu

MESLANGES.

Si tu deuois tousiours estre cornu,
Et chacun d'eux a dict en l'assemblee
Que ta ceruelle estoit bien fort troublee
Puisque ignorant tu ne demandois pas
Vn bien permis à plusieurs d'ici bas:
Pourtant qu'au double ils vouloyent que la Plante
En cornichons sur ton chef renaissante
Prist auantage, & qu'elle dureroit
Tant que ta femme aux yeux belle seroit.
Iupiter mesme emprunta le plumage
D'vn beau Cocu, quand l'amoureuse rage
Luy fit chercher le doux ambrassement
De sa Iunon qu'il aimoit ardemment.
  Sois donc Cocu, & ne cuide pas rompre
L'antique loy qui ne se doit corrompre,
Tu es venu pour l'accomplir ici,
Et ce qui doit moderer ton fouci
C'est qu'infinis sentent ta maladie.
,, Moins fache vn mal souffert par compagnie.

Pour vn Laurier planté par M. de RONSARD en vn lieu nommé Croix-val.

Strophe.

DAPHNE' fille de Penee
Qui en plante fus tournee
Pour te sauuer d'Apollon,
Qui sans cela t'eust attainte
(Bien que legere de crainte)
Tant il sentoit l'aiguillon
D'Amour qui ses piés vestoit

D'vne æle qui le portoit.
Crois belle plante sacree
Dont Apollon se recree,
N'ayant son amour changé,
Bien que changee en racine
Soit ta beauté, qui diuine
Auoit son cœur outragé.

Antistrophe.

Apollon garde ta plante,
Fay-la croistre verdissante
Pour ton Ronsard couronner.
Ta bonté ne soit marrie
Si la fueille ton amie
Vient son chef enuironner:
Las tu n'en seras ialoux,
Tu fauorises sur tous
De tes presens le Poëte
Qui n'est que ton interprete
De ta fureur inspiré,
Qui pour l'amour de toymesme
L'honneur de cette fueille aime
Dont tu es enamouré.

Epode.

Possible CHARLES grand Roy
Te cueillera de son doy
Pour en tistre vne Couronne
Dont le chef il enuironne
Du Poëte & sa trompete,
Quand il aura de Francus
Chanté les trauaux vaincus,
La Franciade parfaite.

MESLANGES.
Strophe.

Donq, Laure, ton pere oublie:
Bien que loin de Thessalie
Tu ne sois au plaisant lieu
Que de tous costez enserre
Vne forest en qui erre
L'eau de Penee au milieu,
Pere qui dans vn rocher
Fait son antre rechercher
Par maint fleuue qui arriue
Dans le cloistre de sa riue
Accompagnant sa grandeur
Iusqu'en la plaine salee,
Qui prend l'onde amoncelee
D'vne longue & longue erreur.

Antistrophe.

Bien que Tempé tu ne voyes
Pleine d'ombrageuses voyes
Qui pallissent au dedans
D'vne lumiere blafarde,
Où l'obscur des bois engarde
Du Soleil les rais ardans:
Car iusqu'en ce val les bois
D'Orphé suiuirent la voix.
Pourtant faut que tu te vantes
La plus heureuse des plantes:
Si tu n'as les grandes eaux
De ces superbes riuieres,
Tu as les courses legeres
De petits & doux ruisseaux.

Epode.

Infinis arbres te font
Compagnie, qui se sont
Arrangez sous l'harmonie
D'vne Lyre mieux suiuie
Que ne fut celle d'Orphee:
Mesmes les rochers au son
Du Vandosmois nourriçon
Sentent leur ame échaufee.

Strophe.

Ici tu as pour voisine
La grand'forest de Gastine
Nourrice de Chesnes vieux,
Qui droits Dodone surmontent
Et sans nœuds iusqu'au Ciel montent
D'vn sommet audacieux.
Tu es en vn beau valon,
Qui d'vne croix ha son nom,
Lieu sacré qu'vne Duchesse
Augmenta de sa richesse,
Vœu pour son mari sauué,
Qui comme vn Cerf il pourchasse
Tomba sans mal sur la place
Où ton tige est engraué.

Antistrophe.

Ici dedans ces valees
Sont mille Nymphes celees,
Et mille Dieux forestiers,
Qui auec les arbres naissent,
Et font qu'en hauteur ils croissent
Comme par toy les Lauriers:

Mais leurs cheueux sont perdus
En Hyuer mal defendus,
Où ta verte cheuelure
Ne craint du froid la brulure.
C'est Phebus qui a voulu
(Soulagement de ta perte)
Que tousiours elle fust verte
Comme son chef cheuelu.
Epode.
Lauriers aussi haut croissez
Que ces bois, & ambrassez
Ma teste de vostre gloire,
A fin qu'vn iour la memoire
De mes ans soit florissante
Autant que vous serez verds,
Et que dureront les vers
Du Poëte qui vous plante.

ELEGIE.

DONC c'est en vain que ma douce frâchise
S'est garantie en tous lieux d'estre prise.
En mille endroicts au loin i'ay voyagé
Sans que mon cœur y restast engagé.
I'ay veu Paphos, Amathonte, & Eryce,
Cypre qui fut de Venus la nourrice,
Où les beautez leur origine ont pris:
Et c'est pourquoy l'immortelle Cypris
Qui de beautez embellist tout le monde,
Prist sa naissance en la Cyprienne onde.

LIVRE V.

I'ay veu l'Asie, & en tous ces endroits
Mille beautez non indignes des Rois:
Et si l'appast de ces belles Sereines
N'a peu gesner mon cœur de telles peines
Ny dans mon sang telle flamme verser.
Ainsi contraint il me faut confesser
Que leurs attraits & graces admirables
A tes beautez ne sont point comparables.

Sur les autels des celestes puissans
Ie ne fay vœu ny ie ne brule encens
Pour obtenir ou Royaume ou Empire
Ou des Palais de Marbre & de Porphyre:
Mais ie les pry m'ottroyer tant de bien
Que desormais tu sois mienne & moy tien
Ensemble vnis par le nœud d'Hymenee:
Que de mes iours tu sois accompagnee,
Que nous puissions assembler nos desirs
Et nos douleurs ensemble & nos plaisirs,
Et qu'en ton sein ma vie se delaisse
Quand à sa fin tombera ma vieillesse.

Mais que te sert d'ainsi couler tes ans
Sans sauourer d'amour les passetemps?
Il nous faut mettre en la fleur de nostre âge
Dessous le ioug du sacré mariage:
Pource Hymené se peint en iouuenceau
Brusque & puissant, pareil au renouueau,
Ayant le teint comme vn bouquet de rose
Qu'auec des Lis vne fille compose.
Quand mille maux nous viennent assaillir
En la vieillesse, on ne sçauroit cueillir
Les fruits d'amour ny les douces blandices

V.iiij.

MESLANGES.

Que Venus donne à ses ieunes complices.
 Or s'il te plaist que ie passe mes iours
Auec les tiens : ie iure les amours,
Ie iure encor par les iumelles flames
De tes beaux yeux : ie iure par nos ames
Et par l'esprit qui tient tout en vigueur
Que tu seras maistresse de mon cœur
Au poinct dernier autant comme en la vie.
Mais si des mains la Grece m'est rauie
Que ie pretens : ie foule Hymen au pié
Sans que iamais ie l'implore à pitié,
Car à son nom ie veux estre contraire
Si maintenant ie n'y puis satisfaire.
 Preste, Iunon, ta faueur à mes vœux,
Et toy Venus, Paphienne, qui peux
A ton plaisir changer nos fantaisies
En cent façons de ta fureur saisies:
Frappez le cœur de ma maistresse, à fin
Qu'en mes amours ie trouue heureuse fin,
Ou de mon ame arrachez la sagette
Toute trampee au sang de ma deffaitte:
Qu'en vain mon temps ne soit plus consommé,
Que plus ie n'aime ou que ie sois aimé.

LIVRE V.

Diuine est ta beauté qui le monde redore,
Diuine est ta vertu dont ie sens les effects:
On adore les Dieux à raison des bienfaits,
Et pour ces trois ensemble il faut que ie t'honore.
Quãd vn grãd feu d'amour vn pauure amãt deuore
Nauré comme ie suis de mille & mille traits,
Pour flechir la beauté qui l'enueloppe aux rets
Il implore à secours ce que plus il adore.
Mon vœu ne s'est à toy vainement adreßé
Pour me voir en faueur pres Madame auancé:
L'espreuue en donne foy : Pourtant ie te dedie
Mon seruice mes ans mon ame & mon pouuoir,
Estimant d'autant plus ce Bien faict à ma vie
Qu'en la neceßité moins i'y auois d'espoir.

ELEGIE.

Iusqu'icy i'ay vescu guidé par Esperance
Par amitié constante & par obeïssance,
Et tout ce qu'vn amãt peut faire de deuoir
Pour acquerir la palme en ce qu'il veut (auoir
Ie l'ay fait, trop fidelle, auec songneuse peine,
Et si ma recompense est encore incertaine.
Donc auray-ie semé pour ne recueillir rien?
Donc qu'vn autre moißone & mõ fruit et mon bien?
Donc le champ où i'ay mis toute ma seruitude
Ne me voudra payer que d'vne ingratitude?
Donc vn autre moins digne & qui n'a merité
Sera de mon desir malgré mroy contenté?
Que fais-tu Iupiter? esclate le murmure
D'vn Tonnerre ensoufré sur la teste pariure

MESLANGES.

Qui traistre me rauist le gain de mon labeur
Et tourne mon amour en ardente fureur.
Si pour moy tu ne veux en prendre la vengence
Ie lascheray la bride à ce mal qui m'offense,
Et guidé de transport de rage & de tourment
Ie monstreray que vaut de tromper vn Amant
Vn Amant desdaigné qui n'a plus belle enuie
Que perdant sa maistresse aussi perdre la vie.
Seulement pour te voir cette clairté des Cieux,
Maistresse mon soleil, est plaisante à mes yeux.
Nous ne sommes premiers que la dure Fortune
D'accidens malheureux en Amour importune:
Car tousiours ou l'enuie ou quelque autre malheur
Assaillant les Amans empesche leur bonheur,
Toutefois la Vertu demeure vainqueresse
Quand la fleche amoureuse egallement nous blesse.
   Helas! pauure abusee, helas! tu ne sçais pas
Quels sont les hameçons, les attraits, les appas,
Qui ont fait oublier la parolle promise
A celle qui retient sous le ioug ta Franchise.
Tandis que des tiens mesme elle reçoit plaisir,
Diuerses volontez viennent à la saisir
Qui luy durent autant que ce plaisir luy dure
Et le nouueau venu tousiours prend l'auanture:
Puis rechange & rechange encore mille fois
Plus muable que vent qui effueille les bois.
   Ioyeuse de se voir de plusieurs courtisee
A cause du respect de ta beauté prisee
Seconde Penelope! elle allonge tousiours
Pour sa commodité, la trame des amours.
Mais tu peux si tu veux vser de ta puissance:

Rien ne sçauroit forcer d'Amour la vehemence,
Et si de Cupidon le feu touche à ton cœur
Nul effort violent n'en sera le vainqueur.
I'atteste de ma part les blancs Lis & les Roses
Qui sont au paradis de ton beau sein encloses
Qu'autant qu'auec ce corps mon ame restera
Du feu de tes beaux yeux elle s'enflamera.
Le marbre sera chaud & froid sera le foudre
Deuant qu'autre dessein puisse le mien dissoudre.

Sur le sixieme & septieme des poëmes de P. de RONSARD.

FAict nouueau mesnager, mon RONSARD, ton plaisir
N'estoit que rebastir & reigler ton mesnage,
Planter, semer, enter, aimer le iardinage
Et la vie Rustique auant toutes choisir:
Quand Phebus despité de voir son Lut moisir
(Qu'à toy son nourriçon & Phenix de nostre âge
Cōme à l'hōneur de Frāce il donnoit en partage,)
De longue fieure quarte entreprit te saisir.
Adonc pour enchanter ce froid & chaud martyre,
Tu reprins en tes mains la bien-sonnante Lyre
Que tu auois pendue au croc sans mouuement:
Lors ton ame soudain esprise d'harmonie,
En trois mois nous versa ces flots de poësie
Doux fruit (qui le croira?) d'vn si aigre tourment.

V. vi.

MESLANGES.
Sur sa Franciade.

Avtant que la Trompette ame du belliqueur
 Passe d'vn son hardy la Musette rurale,
 Autāt RONSARD ta Muse à qui riē ne s'egale
Des vieux & des nouueaux te sacre le vainqueur.
Pan quitteroit sa fluste, & du Thebain sonneur
 L'ode tant renommee en ses monts de Menale
 Pour escouter les sons de ta chanson royale
Et ton vers de Fracus et de CHARLES l'honeur.
Qui dira maintenant si par toute l'Europe
 Florist le chœur diuin des sœurs de Calliope
 Que l'autheur de leur estre est le grand Iupiter?
Hé! qui n'entend crier les Muses par la France?
 De nous il ne te faut, Saturnien, vanter:
 RONSARD pere certain nous a dōné naissance.

Qui m'oser a nier l'antique opinion
 Du Samien vieillard, si docte il considere
 Reuiure dans Ronsard Virgile auec Homere
Qui semblables ne font qu'vne entiere vnion?
Trois vnitez en tout font la perfection,
 Et pour la poësie en ces trois vn parfaire
 Il falloit ce troisieme au nombre satisfaire
Vainqueur de la Romaine & Grecque nation.
Celuy qui veut au vif nous portraire les Muses
 Et les saintes fureurs par Apollon infuses
 Et le Dieu Delien qui les poëtes fait,
Bref qui veut en tableau tirer la poësie
 Deesse qui du Ciel tombe en la fantaisie,
 Qu'il tire de Ronsard seulement le portraict.

Sur la Bergerie de REMY BELLEAV.

Qvel Demon t'enseigna de tout la connoissãce,
 Belleau divin esprit, l'vn de ces vieus guerriers
 Qui l'honneur du François auancerent premiers
L'egallant à la Grecque & Latine eloquence?
Qui peut mieux imiter d'Homere l'excellence
 A bien chanter amour armes & cheualiers.
 Pasteurs pescheurs nochers & tous autres mestiers
Dorant ses doctes vers de toute experience?
Courage, bon Entelle au labeur indomté,
 Tu ne seras iamais des Darés surmonté,
 Biẽ qu'ils soyẽt chauds d'vn sãg q̃ la ieunesse dõne:
Ains vainqueur gangneras la palme & le toreau,
Et seras desormais ainsi qu'vn grand Ormeau
 Lequel de meint trophee honore son Autonne.

Le Peintre est le mieux-né qui plus naïuement
 Sçait imiter le vif des formes naturelles,
 Et les faisant reuiure en ses couleurs nouuelles
Leur donne mieux qu'vn autre vn embellissement.
Le Poete est plus diuin qui plus diuinement
 Represente à nos yeux toutes choses mortelles
 Les mysteres du Ciel & les sciences belles,
Comme on voit en ces vers bastis si doctement.
Venus fut si bien peinte en vn tableau d'Apelle
 Qu'il sẽbloit qu'il eust veu le corps de l'imniortelle:
 Et le sçauant BELLEAV en sa belle peinture
Depeint si bien Neptun, Venus, Diane, Mars,
Qu'il semble auoir connu ensemble tous les arts,
 Tous les mestiers du monde, & secrets de nature.

MESLANGES.

A R. Garnier sur ses Tragedies.

TV seras maintenant plus que iamais hardie
Et sans plus regretter ton ancien honneur
Sophocle & Euripide, à ce tragique Autheur
Tu donneras ton prix, sanglante Tragedie.
GARNIER dont la poitrine est d'Apollon munie,
Des Grecs & des Romains nous passós la grandeur
En genereux sçauoir, autant que leur valeur
Par la gloire de France est maintenant finie.
Entre Athenes & Rome incertain demouroit
Qui la Palme tragique en fin possederoit:
Mais tu as assoupi ceste ancienne noise
Te iettant au millieu de ce braue debat,
Et seul tu es resté maistre de ce combat
Cachāt sous toy la Muse & Romaine et Gregeoise.

Pour vn Liure d'Escrime.

A Bon droit, Saint Didier, s'addresse ton ouurage
(Presēt digne du dieu qui cōmāde aus soudars)
A CHARLES nostre Roy plus valeureux que Mars
Qui fait hōte aus guerriers les pl⁹ grās du vieil âge.
Tout ce que d'vn bel art tu veux mettre en vsage
Pour vaincre du combat les incertains hasards,
Ce Prince comme vn Dieu maistre de tous les ars
L'ha de son naturel comme propre heritage.
Or tu merites plus de gloire, & de laurier
Que celuy qui trouua des armes le métier,
D'autāt que le sçauoir vaut mieux que l'ignorāce,
Et que l'ordre vaut mieux que la confusion,
Et d'autant que par art & docte experience
Tu ranges Mars douteux à ta suietion.

Pour chanter aux Roys.

RIONS tous, le Roy boit:
De forte haleine
Vuider ores se doit
La Tasse pleine.
Elisons quelque Roy
  Qui aime à boire.
  Le vin chasse l'esmoy
  De la memoire.
Amis en ce repas
  Beuuons sans tréue:
  Nous n'elirons là bas
  Vn Roy de féue.
Aux Louures aussi bien
  Qu'aux maisonnettes
  La Mort n'épargne rien
  De ses sagettes.
»   Il ne nous faut nourrir
» Longue esperance:
» On voit souuent mourir
» Qui sain n'y pense.

A la Santé.

MEchante Ficure n'as-tu
Assez RONSARD abatu
Pere aux François de la Lyre?
Ia la Lune quinze fois
A recommencé le mois.

Depuis qu'il traisne en martyre.
Apollon est enuieux
Sur son renom glorieux,
Ou bien n'ha plus de puissance,
Puis qu'il permet la rigueur
D'vne si triste langueur
Perdre l'Apollon de France.
O venerable Santé
De qui le nom est chanté
En toute place & contree,
Chasse la Fieure dehors
Et te loge dans le corps
De la personne sacree.
Il fera par l'Vniuers
Dessus l'æle de ses vers
Voler ta louange écrite:
Dira comme deuant toy
Tout chagrin & tout énoy
Vire son dos à la fuite.
Il peindra de cent couleurs
Ton merite & tes valeurs
Et tes faueurs singulieres:
Dira que les immortels
N'ont que par toy leurs autels
Pleins d'offrandes & prieres.
Celuy que tu viens saisir
Ne sent aucun déplaisir:
Le pauure auec toy s'égaye
Et s'estime autant heureux
Qu'en biens vn Roy plantureux
Qui diuers plaisirs essaye.

LIVRE V.

Ny Roys ny Princes terriens
   N'ont plaisir en leurs grands biens
   Sans toy, Santé venerable:
   Leurs festins & mets pompeux,
   Leurs viures & vins fumeux
   Sans toy ne plaisent à table.
Ha! que Myscelle fit bien
   T'elisant n'estimer rien
   De Syracuse la dîme:
   Plus que l'argent redoublé
   Que quiert l'auare aueuglé,
   Belle Santé, ie t'estime.
Donc vien, auance le pas,
   Allege ses membres las.
   Que tardes-tu? viens en haste:
   De toy rens-le iouïssant,
   Et le fay raieunissant
   Plus sain qu'vn Crotoniâte.

D'vne Amante infortunee.

Vɪ suit d'Amour les trauerses douteuses
Il est pendu dessus les eaux venteuses
Comme vn Nocher, dont la nef balançant
Va haut & bas sur l'onde s'elançant.
Tantost l'effroy d'vne noire tempeste
Tourne sur luy pour saccager sa teste:
Tantost le vent l'attache à vn rocher,
Tantost le fait pres du haure approcher:
Puis tout soudain en arriere le pousse
Suiet au flot qui s'enfle & se courrouce.

MESLANGES.

Qui met sa nef dessus les vistes flots
D'Amour douteux ignorant de repos,
Court tout de mesme une estrange fortune
(Qui haut qui bas) au gré de son Neptune.
   Vous qui voguez en cette fiere mer
Exercitez aux tourmentes d'aimer,
Oyez comment une apprentiue sage
A doucement euité le naufrage.
Malgré les vents de l'amoureux effort
Sa nef sauuee a regaigné le port.
   Vne amiable honneste & ieune fille
D'âge mineur, de bien riche famille,
A qui iamais le destin ne permit
Voir celle-là qui sur terre la mit,
Alloit croissant (sous son pere nourrie)
Comme la fleur d'vne moite prairie,
Tendre, mignarde, & qui deuoit vn iour
Estre la gloire & d'Honneur & d'Amour.
Tandis son pere encores de verd âge
Fut reblessé des rais d'vn beau visage,
Et de rechef d'amour époinçonné
Remit son chef sous le ioug d'Hymené:
Il se ioignit sous heure fortunee
A vne Dame en grande maison nee
Qui au printemps de sa ieunesse estoit,
Et comme luy tant d'Estés ne contoit.
„   *L'Archer aussi coutumier de surprendre*
„ *Le mol esprit d'vne ieunesse tendre,*
„ *(Qui d'autant plus se laisse deceuoir*
„ *Qu'elle n'a pas pratiqué son pouuoir)*
Fit sur la fille vne entiere conqueste.

LIVRE V.

Par les beautez d'vn amoureux honneste
Qui donnoit lustre à sa ieune beauté
Par ses vertus & son honnesteté.
 Tant luy reuint de cet amant la grace
Que dans son cœur il auoit trouué place,
Et son esprit tousiours en luy veilloit:
Sa belle mere aussi luy conseilloit
Luy remonstrant quel seroit l'auantage
S'elle estoit iointe à luy par mariage,
Et tel aduis luy augmentoit l'espoir
Qu'en mariage elle pourroit l'auoir:
Mais d'autre part le pere de la belle
Qui ne sçauoit qu'au fond de la moüelle
Le feu d'Amour elle portoit enclos
Qui luy sechoit secrettement les os:
Sans enquerir si quelque ardeur l'offense,
De la lier auec vn autre pense.
 Et comme on voit que les peres ont soin
Des biens mondains plus qu'il n'en est besoin,
(Bien que iamais vne ame bien gentile
Ne va brulant apres chose si vile)
Pour la pouruoir & mettre opulemment
Luy trouue seul vn mari promptement
Dont la maison & grandeur de noblesse
Passoyent bien loin des autres la richesse.
Ainsi le pere vn mari apprestoit,
Et ce qui plus son dessein augmentoit
C'est qu'il estoit de sa femme le frere:
Ce mariage il tâchoit à parfaire
A fin qu'il vist les grands biens separez
Des deux maisons ensemble incorporez.

MESLANGES.

» O qu'aujourdhuy la femme non auare
» (Si lon en trouue) est vn oyseau bien rare!
» La Femme engage au gain sa liberté
» Plus volontiers qu'à l'honneste beauté.
Mais cette fille en son ame ne cache
Trop belle & ieune, vne si laide tache:
Elle aime mieux qu'vn thresor plantureux
Vn seruiteur plein de cœur genereux:
Pourtant celuy que luy cherche son pere
Par ses façons ne luy pouuoit complaire:
Tantost il tient à beaucoup, puis à rien,
Tantost à peu qu'on n'estreint ce lien.
 L'amant outré d'vne amoureuse playe
Par maint voyage & maint voyage essaye
Monstrer combien son amour est en feu
Pour acquerir la fille peu à peu:
Tout affollé d'elle il se passionne,
Et comme il voit que sa beauté fleuronne
De plus en plus croissant comme à l'enui,
De plus en plus il est aussi raui:
Si plus en plus elle apparoissoit belle,
Plus il sentoit d'amoureuse estincelle:
Enfin l'accord qui estoit demy faict
Se veit rompu sans que rien fust parfaict.
 Comme vn Pigeon qui a fuy l'attainte
De l'Esperuier se resiouist sans crainte
Apres auoir d'auenture euité
La faim du bec qui l'a presque emporté:
Ainsi pensant qu'elle seroit deliure
De ce fascheux qu'elle craignoit de suiure,
Hors son esprit le dueil elle chassoit:

LIVRE V.

De mille vœux le Ciel elle emplissoit,
Et supplioit sa deuote priere
Iuste en son cœur n'estre mise en arriere:
Elle prioit les bons Dieux engarder
Que tels accords ne peussent s'accorder.
 Vne partie aduint de sa demande:
Le poursuiuant à qui l'amour commande
Fut par son pere autre part accordé,
Lors cette fille eut l'esprit debordé
D'extreme ioye: en plaisirs elle noüe
Et des hauts Dieux la puissance elle loüe
Comme voyant accomplir son souhait:
Mais le destin n'estoit pas satisfait.
 Le patient qu'a tourmenté la fieure,
Quand elle sort au dessus de sa leure
Et que l'accez deux fois ne luy reuient,
Pense, ioyeux, que la santé le tient,
Douce Santé de toute chose amie:
Il cuide loin sa triste maladie
Et qu'en repos elle l'ait delaissé:
Mais tout soudain il se ressent pressé
Plus que iamais, de la chaleur ardante
Qui le saisist du chef iusqu'à la plante.
Ainsin aduint à celle qui pensoit
(Quand le malheur pour vn temps la laissoit)
Que sa douleur du tout fust consommee.
Son vain plaisir se perdit en fumee!
Au rang des morts le pere du seigneur
Que cette fille auoit à contre-cœur
Fut arrangé dedans la fosse ouuerte
Et de sablon sa teste fut couuerte.

MESLANGES.

A donc le fils maistre de son vouloir,
L'accord promis mettant à nonchaloir,
Rompt cet accord, quitte sa fiancee:
Amour qui vif luy blesse la pensee
Le fait encore à celle retourner
De qui la grace il ne sçauroit gaigner.
    Comme vn bois sec tout soudain se renflame,
Si tant soit peu l'on resouffle sa flame:
Ainsi le feu qui auoit enflamé
Ce pauure amant, fut soudain r'allumé.
Elle qui voit son attente trompee
Et de rechef sa vie enuelopee
Dans les filets, & qu'elle n'ha ny sœur
Mere ou parens pour dire son malheur,
Ayant sans plus l'appuy d'vne marâtre:
Elle ne peut au mal opiniâtre
Sinon auoir seule pour tout secours
Incessamment à ses larmes recours.
Elle gemist, pleure, crie, & lamente!
Tandis l'Amant qu'vne fureur tourmente
Auec presens à force la poursuit.
Plus la poursuit & plus elle le fuit:
Plus de l'aimer luy oste l'esperance,
Plus à la suiure est sa perseuerance:
Sentence amere, ah! quand il faut aimer
Vn mal-plaisant qu'on ne peut estimer!
Le pere veut desormais qu'elle n'vse
De langueur feinte, ou remise, ou excuse,
Ains que ce nœu vistement soit estraint.
    La fille lors que la douleur contraint
Pour deceler le trauail qui la touche,

De telle plainte ouurit sa belle bouche:
  Mon pere, las! qui m'estes seul resté
Pour mere, frere, & sœur, & parenté,
Qui doucement tousiours m'auez nourrie,
A ce besoin épargnez moy la vie.
Par vous i'ay veu la lampe du Soleil,
Changez, mon pere, à ce coup de conseil
Et vostre fille encores laissez viure.
  Les grosses pleurs se voyoyent entresuiure
Qui de ses yeux à goutes ruisseloyent
Et sur sa face en ondoyant couloyent:
Son seul recours & ses plus belles armes
N'estoyent sinon qu'ardens soupirs & larmes:
A iointes mains elle prioit ainsi.
De ses douleurs le pere n'ha merci:
Ny ses soupirs à pitié ne l'emeuuent,
Ny ses doux mots émouuoir ne le peuuent:
Il est pareil au rocher qui n'entend
La pauure nef qui contre luy se fend.
Il la menace, il se fache, il la tanse,
Et veut sans plus que sans aucune instance
Elle s'appreste à ce qu'il a voulu,
Que tout ce fait est ferme & resolu
Et qu'il ne faut qu'autre espoux elle espere.
  Quand elle ouït cette sentence amere
Plus que deuant, témoings de ses douleurs,
De ses deux yeux fit deux torrens de pleurs,
Pleurant ainsi comme fait Philomelle
Qui de Teré plaint la rage cruelle.
  Tousiours ne souffle Aquilon ce fort vent
Qui des hauts pins la teste bat souuent,

MESLANGES.

Et toutefois sans repos est pressee
La Damoiselle en tristesse laissee,
Plus elle fuit & tant plus on la veut,
Car volontiers on veut ce qu'on ne peut.
 Comme l'Amour qui la raison transporte,
Tire l'amant en differente sorte,
Il court, il va pour le pere advertir
Qu'à son vouloir il n'a peu convertir
L'opiniastre, & que nulle parolle
Tant douce soit ne la peut rendre molle.
Le pere adonc retourne en sa maison,
D'ire & fureur perdant presque raison:
Il prend sa fille & malgré son envie
A ce mari tout soudain la marie.
 Ainsi ny pleurs, ny regrets, ny soupirs
(Dont s'engendroyent mille petits Zephirs)
Ny, larmoyant, de vœux tout le Ciel fendre
N'eurent pouvoir en rien de la defendre,
Ny à son mal angoisseux secourir.
Alors contrainte à vivre & à mourir
En mesme chambre avec ce facheux homme,
Et connoissant qu'en vain elle s'assomme
Puis que du pere y estoit le plaisir,
Elle donna la bride à son desir
Et prist l'arrest d'vne vieille prudence
Armant son cœur de toute patience.
 La Cyprienne & la grande Iunon,
Le Dieu Thalasse estant leur compagnon,
Dont la puissance aux espouses preside,
En ce lien leur seruirent de guide.
Deuant l'autel en grand solennité

S'entr'engagea

S'entr'engagea des deux la volonté:
Au soir tous deux un mesme lict presserent,
Et par amour l'un l'autre s'ambrasserent.
    Qui a iamais dedans l'obscurité
D'une forest veufue de la clairté
Porté ses piés? souuent il se desuoye
Dans le carroy d'une trompeuse voye:
Car meint chemin se trauersant en croix
Le fait errer en l'espesseur des bois,
Et la forest est si longue & profonde
Qu'il ne voit point l'orizon de ce monde:
Douteux comment il en doiue saillir
Il est contraint à la fin de faillir.
    Ainsi d'Amour la forest bien obscure
Est fort profonde & pleine d'auanture,
Et qui ses piés y porte bien auant,
Dans l'espesseur va ses yeux deceuant,
Et vagabond erre tousiours en crainte
Trouuant sa voye à cent chemins contrainte:
Dans la forest bien souuent il se pert,
Et de pasture aux Lyonnes il sert,
Si quelque Dieu qui les ames inspire
Du labyrinth soudain ne le retire,

X.i.

MESLANGES.

Sur la diuersité des Religions, A Monsieur de PIMPONT.

DOSte PIMPONT que les sçauātes Sœurs
Ont alaitté de leurs sainctes douceurs,
En ce dur tēps que veux-tu que ie chāte?
Quel son rendra ton oreille contante?
Dedans mon vers te peindray-ie les traits
Que les Amans sur leur face ont portraits?
Te conteray-ie, imitant Hesiode,
Des Laboureurs les œuures & la mode?
Ou chanteray-ie à tes seueres loix,
Heureux lien des peuples & des Rois,
Vn chant qui tasche à leur honneur apprendre
Que rien ne doit sans elles se defendre?
 Las! ie ne puis: car la Rebellion
Faisant manteau d'vne Religion
A mis en fuite Amour & ses flammeches,
Si qu'en leur place on ne voit plus que meches
Que harquebuse & que boullets tonnans,
Fers acerez sur l'enclume sonnans.
On ne voit plus les Bœufs par la campagne,
Ores elle est pour les Cheuaux d'Espagne:
Le Soc ouurier de sillonner les champs
Tourne sa forme en des glaiues tranchans.
La Preud'homie & la droite Iustice
Volent au Ciel fuyans nostre malice,
Et plus icy ne se maintient la Foy:
Car on n'ha point ny de Dieu ny de Roy.
 D'où vient, PIMPONT, que le vice execrable
Rend (creue-cœur!) la France miserable?

Cela ne vient que des Opinions
Qui font ici tant de contagions,
Qui Terre & Ciel virent à la renuerse
Nous bastissant religion diuerse.
Les Ours cruels ne font la guerre aux Ours,
Et les Vautours sont amis des Vautours:
Mais auiourdhuy l'homme à l'homme n'accorde,
Et des Serpens meilleure est la concorde.
Chacun se noye au deluge des eaux,
Et laissant l'arche est pasture aux Corbeaux:
Car les mechans à bien faire inutiles
Troublent l'estat & le repos des villes.
Pareils malheurs du temps des Albigeois
Vindrent troubler l'vnion des François:
Pareils malheurs les sectes Arriennes
Firent camper és terres Asiennes.
Là IESVSCHRIST fait place à Mahomet,
Et le Chrestien que le malheur soumet
Sous telle Gent, est estimé semblable
A quelque chien ou beste irraisonnable.
N'a-t'on pas veu le Turc depuis deux ans
Espouuanter les mers de combatans,
En plus grand nombre ou que sable ou que gresle
Qui tombe aux champs çà & là pesle-mesle,
Voulant baigner au sang des porte-croix
Ses arcs, ses traits, & ses cheuaux Turquois?
Considerons la gent qui sous Moyse
Aux sainctes Loix estoit si bien apprise:
Considerons l'histoire des Hebrieux:
Veit-on iamais hommes plus furieux
Plus acharnez aux batailles meurdrieres

MESLANGES.

Pour repousser des erreurs estrangeres?
N'ont-ils vouly toute chose hazarder
Fortune & vie à fin de s'en garder?
Sans espargner nulle ame, leurs épees
Au sang haineux estoyent tousiours trampees
Si que par tout l'image de la Mort
Accompagnoit un si sanglant effort:
Tant faisoit mal l'opinion marâtre
Qui se rendoit contre eux opiniâtre!
   Mais qui ne sçait (chose horrible!) combien
De monstres eut pour Dieux l'Egyptien?
Et quantefois exercé de furie
Mit en pillage & ses biens & sa vie?
Ils se tuoyent pour leurs impuissans Dieux
Sans cœur, sans mains, sans oreilles, sans yeux,
Qui tant s'en faut qu'ils peussent reconnestre
Vn tel bien faict qu'ils ignoroyent leur estre,
Et ne pouuoyent, foibles, se reuanger
Quand on vouloit leurs feintes outrager.
   Vn peuple auoit pour Dieu le Crocodille:
Et lon craignoit dedans vne autre ville
L'Ibis qui paist son ventre du Serpent:
Et le Poisson qui les eaux va coupant
Fut reueré par d'autres villes fieres.
» Autant de peuple autant sont de manieres!
En maints endroits les Chats & pesants Bœufs
Estoyent priez d'vn million de vœux.
D'vn Oignon Dieu la venerable teste
Oyoit ailleurs prieres & requeste:
Ailleurs le Chien gardien de la maison
Des supplians écoutoit l'oraison.

En autre lieu la Cheure on vouloit craindre:
L'homme adoroit ce qui luy estoit maindre,
Et pour l'honneur des animaux grossiers
Se machinoit dangiers dessus dangiers,
Sans elever son ame tant divine
Devers l'esprit qui en est l'origine.
L'vn demandoit pour son Dieu cestuy-ci,
L'autre vouloit vn autre Dieu aussi,
Si bien qu'entre eux l'inimitié iurce
Les irritoit d'ardeur demesuree.
 Mais il ne faut pour mon dire approuuer
Qu'en nos citez des exemples trouuer:
Chacun trompé des heretiques charmes
Porte en la main les parricides armes.
Hé Dieu du Ciel! permettras-tu iamais
Que parmi nous vienne habiter la Paix?
Et les malins exerçant les malices
De leurs forfaits n'auront dignes supplices?
Ils sont de proye & de sang affamez,
D'Ire à mal-faire en fureur allumez
Sans obeïr à la saincte Nature
Qui nostre bien egallement procure,
Trois quatre fois heureux si la suiuions!
Elle commande & veut que nous pleurions
Quand nostre amy tombe en quelque disgrace,
Quand vn Pupile est mangé de sa race,
Quand l'innocent ou le pauure affligé
Sans demerite à la mort est iugé.
Le naturel commande aussi qu'on pleure
Quand nous voyons que d'vne vierge meure
Le corps s'enterre, & que sous le tombeau

X.iij.

MESLANGES.

L'enfant est clos en sortant du berceau.
Cette Nature enuers nous non auare
Par la Raison des bestes nous separe
Donnant à l'homme vn genereux esprit
A fin que seul toute chose il apprit
Apte à tous arts, habile à tout connestre
Mesme le Ciel qui luy donne son estre.
   Le Createur qui les bestes pancha,
Dedans leurs corps seulement attacha
Le sensitif, mais en celuy de l'homme
Qui du Facteur l'image se renomme
Logea l'esprit, le sens & la raison:
Sous ces guidons nul mal nous ne faison:
A tous humains nous voulons prester aide
Et d'eux aussi nous empruntons remede.
Par ce moyen les hommes égarez
Se sont ensemble és villes retirez
Laissant des bois les sauuages repaires
Et les manoirs des antres solitaires.
Car se voulant l'vn de l'autre asseurer,
En mesmes Forts s'en vindrent demeurer,
Et sous le son d'vne mesme trompete
Prindrent signal de combat ou retraite
Suiuans vn Chef, & dessous mesmes clous
Et gons de porte ils s'enfermerent tous.
Lors seulement ils ne faisoyent carnages
Que de Lyons & de bestes sauuages,
Où maintenant l'vn à l'autre ils sont Loups
Tant l'Ignorance aueuglez les rend fouls!
Nous en voyons que la fureur allume
Plus que le fer qui se bat sur l'enclume.

De l'Orient iusques au mont d'Atlas
On oit voler d'Europe les éclats:
D'armes par tout fourmille l'Alemagne,
D'armes se vest la belliqueuse Espagne,
La France geint sous le faix du harnois,
Et l'Ocean sous les vaisseaux Anglois:
Bref nostre Europe est toute ceinte d'armes
Ne voyant rien que rapine & gensdarmes.
  Ainsi contraint d'vne iuste douleur
Que chacun prend de sa triste malheur,
Ie vais pleurant nos trop longues miseres
Maudits effets d'Opinions legeres:
Et de ces pleurs ie te fais vn present
Sçachant combien ton cœur est déplaisant
De voir la France en ce poinct deguisee
Par les siens mesme au pillage exposee.

A luymesme, sur son Virgile.

IE prens plaisir quand la Muse
  Ses doux presens ne refuse
  Aux cheris mignons des Dieux,
  Et quand leur laurier se donne
Pour immortelle couronne
Aux fronts leuez dans les cieux.
Ceux ont l'ame plus diuine,
  Qui boiuent l'eau crystaline
  Que Pegase fit sortir,
Et qui bouillants de ieunesse
S'yurent au cours de Permesse
  D'vn hydropique desir.

MESLANGES.

Ils voyent peintes en l'onde
  Toutes les œuvres du monde
  Et l'ordre qui s'entresuit,
  Comme sous l'eau transparante
  Se voit la lumiere errante
  Des flambeaux veillans la nuict.
Ceux qui par les chansons belles
  Des neuf sçauantes pucelles
  Ne se sentent esmouuoir
  Ne sont qu'enfans de la terre,
  Et le Prince du tonnerre
  Pour siens ne les daigne voir.
Tu n'es tel, tesmoin ton liure
  Qui mort te fera suruiure,
  Où de bien polis discours
  Tu montres quel agreable
  Rend vn liure perdurable
  Contre la lime des iours.
Ton ame aussi tres-actiue
  Au corps ne se tient captiue:
  Mais échappant sa prison
  Discourt & cherche les causes
  Du naistre de toutes choses
  Par le vol de la raison.
Heureux qui les peut connaistre,
  Et par là se faire maistre
  Des vains épouuantemens,
  Comme toy sçauant & sage
  Qui n'estonnes ton courage
  Des humains estonnemens.

LIVRE V.

A Monsieur de PIBRAC.

ELVY n'a merité de voir le iour des cieux
Qui tasche d'effacer le nom de ses ayeux
Et perdre leur memoire : ignorant que la race
De nous chetifs mortels ainsi qu'vn vent se passe,
Et que nous ne pouuons ou dire ou faire rien
Que premier nos Maieurs n'ayent fait aussi bien.
L'Ordre auecques le Temps en vn lieu ne seiourne,
Ains tousiours renaissant en sa suite retourne,
Et rameine auec soy les mesmes actions
Et de pareils Estats mesmes mutations,
Et tous les siecles d'or, d'argent, d'airain, de cuiure,
Reuiennent & reuont ne cessans d'entresuiure.
Tout ce qui ha sur soy le Lunaire flambeau
Est suiet à changer & se faire nouueau,
Mais son Superieur n'esprouue rien d'estrange,
Toutefois sans mouuoir mouuant tout il le change:
Le sage qui connoist & garde au souuenir
Le passé, le present, & ce qui doit venir
Ne s'estonne de rien : ny l'éclat du tonnerre
Ne le peut effrayer, ny l'effroy de la guerre.
De tous ces changemens il fait comparaison
Aux Saisons qui de rang rameinent leur saison:
Car tout ce qui aduient sont choses coutumieres.
Mais viuans reuerons la cendre de nos peres,
Et pensons que là bas nous tomberons comme eux
Accablez sous le faix du tombeau tenebreux,
Et que ceux qui des vieux esteignent la memoire
Meritent de mourir sans regret & sans gloire,

X.v.

MESLANGES.

Indignes du nom d'homme & de respirer l'ær:
C'est la loy de nature & rompre & violer,
Et c'est oster la vie à qui nous l'a donnee.
Ceux qui de cet erreur ont l'ame enuironnee
Commettent parricide, & font encore pis
D'autant que de nos ans la gloire c'est le prix:
Et que rauir du corps vne Essence mortelle
N'est tant que dérober vne vie eternelle
Qui nous reste en mourant, & nous console alors
Que l'ame se seppare & s'estrange du corps.
Car heureux est celuy de qui la renommee
Laisse apres son trespas vne bonne fumee
Vn bon parfum aux lieux esquels il a passé,
Soit vn grand Empereur qui son bras a lassé
A soustenir vn Sceptre en force souueraine,
Soit vn bon Laboureur qui guide par la plaine
Ses Bœufs & sa charrue : Et si tout bien conté
Le monde & ses effets ne sont que vanité,
Vn Songe qui dormant nous semble vne grand' chose,
Et si tost que le iour nostre œillade a declose
Nous ne trouuõs plus rien qu'vne ombre qui s'enfuit,
Et voyons que c'estoit vn fantosme de nuict.
De l'hier auiourdhuy n'est aucune parole,
Au nombre de mille ans ia passez il s'enrole,
Ou bien au rang de ceux qui ne furent iamais,
Voila comme s'en vont dessous l'oubly nos faicts.
    Ainsi ie discourois en lieu de solitude
Sur les enfans tachez du mal d'ingratitude,
Ou blasmans ou taisans les gestes des Anciens:
Et ie l'adresse à toy mon PIBRAC, qui soustiens
Leurs actes vertueux, tresfidelle à ton maistre

HENRY, qui tō seruice & tes mœurs sçait cōnestre,
Qui t'aime pour te voir de tache non souillé,
Mais de mille clairtez comme vn astre habillé.

METAMORPHOSE DES
Païsans Lyciens.

A Monsieur de SENEÇAY.

EN ces beaux mois enfance de l'annee
Où la chaleur au sang est retournee,
Où les buissons çà & là sont couuerts
Et les sillons de nouueaux habits verts,
Du doux Soleil serain est le visage
Et le vieil temps renouuelle son âge:
Tout raieunist, & maint lascif troupeau
Bondist folastre au long d'vn clair ruisseau,
Ou sur le Plain des campagnes herbues,
Ou sous l'horreur des forests cheuelues.
Les emplumez bien appris à voler
De mille accords semblent adoucir l'œr
Quand la rosee a la terre mouillee
Deuant que l'aube encor soit éueillee:
Puis vont chanter sous les fueillars épais
Quand le Midy fait qu'on cherche le frais,
Ou quand la nuict en sa courtine sombre
Redonne aux fruicts l'humidité de l'ombre.
De tous oyseaux plaisante est la chanson
Qui font musique en different buisson:
Mais l'enroüé de la voix grenouilliere
Marescageuse, hideuse, coutumiere,
D'auant-crier la pluye ou le beau temps,

X.ui.

MESLANGES.

Me rompt l'oreille en ce ioyeux Printemps.
Ie sçay pourtant qu'aux hommes elles seruent.
Cuites en huile & sel elles preseruent
De ce venin que les Serpens nous font:
Pour les tendons vtiles elles sont.
Leur cendre enduite incontinent arreste
Tout flux de sang : quand de quelqu'vn la teste
Perd les cheueux & le poil du menton,
Il luy renaist vn nouuelet cotton
Dessus la ioüe, & sur sa teste nuë
La cheuelure est soudain reuenuë
Si de leur cendre auec la molle poix
Il veut frotter les lieux vuides de poils.
Vne personne est soudain allegee
Du mal des dents, douleur presque enragee,
Lauant sa bouche en leur decoction
Propre remede à telle passion.
,, Ainsi de Dieu nulle chose n'est vaine,
,, Et tout profite à nostre race humaine.
Mais ie ne puis estimer toutefois
Le vilain cry de leur mechante voix,
Qui haut coüace au fond des eaux dormantes
Des lacs ionchus ou Mares croupissantes.
Elles t'ont peu quelquefois ennuyer
Quand tu voulois aux liures t'employer:
Pource auec moy vien écouter leur fable
De qui i'appren pour n'estre leur semblable,
Que nul ne doit se plaire, iniurieux,
A mal parler ou s'attaquer aux Dieux.
 Latone vn iour eut la gorge alteree
Seiche du chaud de l'ardeur etheree

Quand le Midy les campagnes bruloit,
Par sa chaleur qui à plomb devaloit:
Puis ses enfans avoyent toutes sucees,
Haves de laict, ses mammelles laittees.
   Adonc passant par les prez nourriciers
Pastis herbus des Lyciens chevriers,
Elle avisa de bien loin d'avanture
Au creux d'un val une grand' Mare obscure
Où les Pitaux tiroyent le ionc moelleux
Et l'herbe amie aux marets limonneux.
Elle approcha, & (sa face abaissee)
Des deux genoux a la terre pressee
En avançant la teste, pour puiser
La liqueur froide & sa soif appaiser:
Mais les mechans de la rustique tourbe
La vont chassant de cette rive courbe.
   Pourquoy, leur dist la fille du Titan,
M'engardez-vous de boire en cet estan?
L'eau est commune à toute creature
Pour en user, & la mere Nature
A fait cet air & ce Soleil commun,
Qui donnent vie & lumiere à chacun:
L'onde qui coule au vouloir de Neptune
N'est pour un seul, mais à chacun commune,
Et toutefois ie requier humblement
Que me donniez ce public element.
Pour me laver ie n'en fais point demande,
I'estancheray ma soif qui est si grande
Que pour parler ma bouche est sans humeur,
Ma gorge seiche & cuite de chaleur,
Et ma voix foible à peine trouve issuë
Pour mettre hors ma volonté conceuë:

MESLANGES.

Plus que Nectar vn trait d'eau me sera,
Et si de vous Latone se dira
Tenir la vie, aussi tost que l'enuie
De ma grand soif par l'eau sera rauie.
Hé! ces petits qui pendus à mon sein
Tendent leurs bras & leur petite main
En suppliant, par pitié vous flechissent
Et de vos cœurs la rigueur amollissent.
 Lors ces petits de fortune tendoyent
Leurs petits bras comme s'ils demandoyent.
Qui au blandir de la pauure Deesse
N'eust amolli de son cœur la rudesse?
Eux toutefois s'efforcent d'empécher
Qu'elle ne puisse à la mare toucher,
Et d'auantage enflez de fiere audace
Luy vont iettant mainte folle menace
Y adioustant des mots iniurieux
Si loin de là ne s'ostoit de leurs yeux.
Adonc Latone à bon droit irritee
Perdit sa soif par la colere ostee.
Car la Deesse à l'heure plus ne veut
Les supplier, indignes, & ne peut
Pour sa grandeur auec parole douce
Leur reblandir, mais à eux se courrouce,
Et dans le Ciel ses deux mains éleuant
De maudissons les alla poursuiuant.
 Que puissiez-vous, ô race malheureuse,
A iamais viure en la mare bourbeuse!
De la Deesse arriue le souhait:
Car auiourdhuy sa demeurance fait
De ces Paisans la tourbe irreuerente

*Au creux des lacs pleins de bourbe gluante.
Tantost sous l'onde ils plongent tout leur corps,
Tantost la teste ils allongent dehors,
Tantost sur l'eau menant les piés ils noüent,
Tantost sur l'herbe en sautelant ils ioüent,
Puis dans le gouffre ils s'en vont resautant,
Et par coutume encor vont s'ebatant
A quereller d'vne langue vilaine:
Chacun sous l'eau s'efforce à toute haleine
De dire iniure au voyager passant,
Et le maudit sans cesse coaçant.
Et leur temps dure autant que la verdure
Viue en six mois méprise la froidure.
,, Qui n'a respect à l'honneur des hauts Dieux
,, Non moins qu'au ciel, en terre est odieux.
,, Donc comme a dit la Lyre de Pindare,
,, Iamais ne soit ma langue si barbare
,, Qu'elle blaspheme & nomme folement
,, Quelqu'vn des Dieux vicieux ou gourmand.*

Sur les miseres de France.

LA Noblesse perist auec la Populace,
En tous endroits s'estend la dure coutelace,
Le fer n'épargne aucun, & les temples sacrez
Sont enyurez du sang des hommes massacrez:
Rien ne sert au Vieillard l'honorable vieillesse
Pour garder qu'vn voleur de son sang ne se paisse,
Et l'auare Soldat ne se repent d'auoir,
Méprisant toutes loix, oublié son deuoir,
Sur le sueil de la vie on rompt les destinees
De l'enfant au berceau du glaiue assasinees.

MESLANGES.

Les petits Innocens quels crimes ont ils faicts
Qu'aussi tost qu'il sont nez, aussi tost sont defaits?
Mais helas! c'est assez de pouuoir à cette heure
Mourir, car auiourdhuy la mort est la meilleure.

A monsieur de RIEVX.

REtenant constamment les preceptes d'Horace
En ce marché public du Theatre terrien,
Tu regardes couler soit le mal soit le bien,
Sans te donner trauail comme le tout se passe.
Peu d'hommes ont du Ciel ta naturelle grace,
Tu ne loges l'Enuie, & tu n'admires rien,
Ny les pompes des Roys, ny leur drap Tyrien,
Ny toutes ces grandeurs que le trespas efface.
Aussi rien ne peut rendre vn mortel bien-heureux,
Tant que ne douter rien & n'estre desireux,
Et n'admirer les tours de la rouë inconstante.
Ie t'admire sans plus : car loin du Courtisan
Tu n'es point de mensonge ou de fraude artisan,
Et ta façon les Dieux & les hommes contante.

Amour fuitif, du Grec de Moschus.

LA Cyprienne à longs cris appeloit
Son fils Amour qui vagabond voloit,
Qui çà & là d'vne æle passagere
Se deroboit, mauuais fils, de sa mere.
C'est mon fuitif : qui me l'enseignera
Baiser Venus son salaire sera :
Mais si quelqu'vn garroté me l'ameine
Vn nud baiser ne payera sa peine.
On peut connoistre aisément ce garçon

Par maint signal à luy voir la façon:
Sa chair n'est blanche, ains à du feu semblable:
Son œil aigu, de flamme espouuantable:
Il ha, malin, le parler attirant
De sa pensee & du cœur differant:
Le miel sucré détrampe sa voix douce,
Mais asprement, reueche, il se courrouce
Quand vne fois il se sent irrité.
Iamais trompeur il ne dit verité,
Ains en iouant à mal faire il s'applique
Et sur chacun sa ieunesse pratique.
Il a la teste espaisse de cheueux,
Le front hautain impudent orgueilleux!
Petite main, toutefois bien à craindre
Qui peut fort loin, bien que petite attaindre:
Iusques là bas dedans l'Enfer glouton
Son coup certain a sceu vaincre Pluton.
Son corps est nud, mais sa double pensee
Est bien couuerte & bien entrelassee.
Il est ælé, car ainsi qu'vn oiseau
Va voletant de rameau en rameau:
Deçà delà vers les hommes il volle
Et non moins qu'eux les femmes il affole.
Sous l'estomac son vol se va nicher
Et bien souuent on ne peut l'arracher.
Son arc petit, petite est sa sagette,
Et toutefois iusqu'au Ciel il la iette.
Le long du dos pend son carquois doré
De traits amers & poignans ramparé,
De qui souuent plein de rigueur extreme,
Cruel ingrat, il trauerse moymesme:

MESLANGES.

De son flambeau petit mais nompareil
Il va brusler iusqu'au Ciel le Soleil.
Quiconque soit qui le prendra, le lie,
Et n'ait pitié quoy qu'il lamente & crie:
Mais garde bien que de luy si rusé
Mesme en riant ne se trouue abusé.
Si de baisers il veult faire caresse,
Fuy son baiser de peur qu'il ne te blesse,
Dessus sa léure vn venin est semé.
Que s'il te dit, ie veux tout desarmé
T'abandonner les armes dequoy i'vse,
N'y touche point, tous ses presens refuse:
Tous ses presens sont affinez au feu,
Et qui les prend en est tousiours deceu.

Complainte d'vne Dame trompee.

LAS! falloit-il que i'eusse experience
Que l'amoureux n'ha point de conscience
Veu que le Ciel luy permet de mentir
Et Iupiter a bruit de consentir
Aux faulsetez de tout Amant pariure,
Pource qu'il suit son antique nature?
Ie deuois croire à tant d'exemples vieux
Par qui s'apprend que les hommes & Dieux
Trompent ingrats, nostre race innocente:
I'eusse eu dedain de ta langue mechante!
Le fils d'Anchise abandonna Didon:
Thesé laissa, cruel, à l'abandon
Son Ariadne en vn desert sauuage
Pour y seruir aux Tigres de carnage,

LIVRE V.

Mal connoissant le bien d'elle receu.
On list aussi Birene auoir deceu
La belle Olympe au visage celeste.
De tels galans mainte histoire nous reste
Dont ie pouuois assez coniecturer
Qu'au faux semblant ne se faut assurer.

 Qui a point veu comment vne Ienisse
(Deuant qu'au ioug son col elle flechisse)
Fuit le labeur qui semble trop pesant
Porté du Bœuf sous le faix languissant?
Tant seulement en la verte prairie
Broute les fleurs, & rien ne la soucie.
Ainsi long temps en ferme liberté
De tous liens deliure i'ay esté,
Et me moquois des peines langoureuses
Que vont souffrant les folles amoureuses:
Mais à la fin Amour m'a fait sçauoir
Quel est son trait, sa flamme, & son pouuoir,
En me grauant dans le profond de l'ame
Vn inconstant que iustement ie blâme.

 Trois ans entiers de moy fut desireux
Vn qui feignoit estre fort langoureux,
Sans qu'il me fist chanceler de courage
Pour incliner à suiure mon dommage:
Mais regardant que vaincre ne pouuoit
Il s'auisa des ruses qu'il sçauoit
Disant ainsi : Qui ne sçait de prouësse
Gaigner vn fort, qu'il vse de finesse.

 Ce déloyal au parler gracieux,
De feintes pleurs ayant mouillé ses yeux
Estant masqué d'vne feinte tristesse

MESLANGES.

En cent façons assiegeoit ma simplesse
Et pareils mots tiroit en soupirant.
   Pour vos beaux yeux, helas! ie vais mourant,
Et si de moy ne vous plaist auoir cure,
D'vn vray rocher vous serez la figure:
On n'a point veu de si forte rigueur
Qu'vn trait de temps n'amollist en douceur:
Rien n'est si dur qu'vne roche hautaine,
Rien n'est si mol qu'vne viue fontaine,
Et toutefois le rocher abbreuué
Est peu à peu de telle onde caué.
Il ne faut estre en ce poinct obstinee
Contre l'autheur de toute chose nee.
Quand par orgueil m'aurez laissé mourir
Ne daignant point mes langueurs secourir,
Sera-ce honneur d'auoir osté la vie
Au cher ami qui son sang vous dedie?
   De tels propos il m'alloit deceuant,
Et mille encor il mettoit en auant
Que la douleur, l'horreur & le martyre,
Et le dépit m'empêchent de redire.
Cil qui peignit Amour comme enfant nu
N'auoit d'Amour le naturel connu:
Car son discours iamais rien ne decelle
Du mal qu'il couue en son ame cruelle:
Loin de son dire il bannist verité
N'ayant en soy nul penser arresté:
Pour telle cause on luy donne des æles
Signe certain qu'Amans ne sont fidelles
Deçà delà cherchans parti nouueau,
Pauures de sens & vuides de cerueau.

O déloyal plein d'vne ame trop molle
Où est l'effet de ta feinte parolle
Qui promettoit vn accord immortel?
Iamais n'en fut ny ne sera de tel,
Ce disois-tu: Mais va t'en Giroüette
Au sifflement du premier vent suiette.
Ie le sçay trop: vrayment l'homme iamais
Ne sçauroit viure vne seule heure en paix.
Car de l'acquis iamais ne se contente:
En l'incertain il met sa folle attente
Et son desir incessamment poursuit
Ce qui le passe & dont il n'ha le fruict.
 Comme vn Chasseur qui haletant pourchasse
Vn Lieure viste, & iamais ne se lasse
De le courir qu'il ne le voye pris,
Puis le tenant il le met à mépris,
Et derechef d'vne iambe plus viste
En court vn autre elancé de son giste.
Ainsi se voit vn grand nombre d'Amans
Attester Dieu, faire mille sermens
De ne vouloir que leur Dame poursuiure,
Qu'ils ne pourroyent en absence suruiure,
Qu'elle est leur cœur, leurs delices, leur bien,
Qu'ils sont heureux d'estre en si beau lieu.
Ils sont masquez d'vn malade visage,
Ils sont piteux de voix & de langage,
Et se pasmans, disent, I'attens la mort
Pour exposer tous mes trauaux à port.
De leurs deux yeux vn torrent se distille,
Leurs chauds soupirs ne sortent que par mille:
Mais tout ce faict ne tend qu'à deceuoir.

MESLANGES.

Car auſſi toſt qu'ils ont acquis pouuoir
Ils vont hayant ce qu'ils nommoyent leur vie.
L'homme n'eſt rien que fard & piperie.
Pource apprenez à l'exemple d'autruy
Ne vous fier aux hommes du iourdhuy,
Et ne croyez leurs langues flatereſſes
Bien que mourans vous nomment leurs Deeſſes.
Quand l'Oiſeleur chante plus doucement
Il prend l'oyſeau beaucoup plus aiſément,
Contrefaiſant la voix de ſon ramage:
Et les Amans pour mettre en leur cordage
Nos volontez, empruntent par dehors
D'un Cygne blanc & l'accent & le corps,
Mais au dedans ſecrettement habite
L'amer venin de la froide Aconite.
 Ne dit-on pas lors que les Dieux aimoyent
Qu'en autre corps touſiours ſe transformoyent?
L'vn d'vn Belier veſtoit la peau friſee,
L'autre doré ſe fondoit en roſee
Et de ſa Dame empliſſoit le beau ſein:
Puis ayant fait leur entrepris deſſein
Se declaroyent, pour toute recompanſe
Ne leur laiſſant ſinon la repentance.
 Voyla comment fier il ne ſe faut
Aux paſſions du feint amoureux cault,
Qui plaint, qui meurt, qui palliſſant ſe pâme
Pour abuſer de la foy d'vne fame.

Stances sur vn semblable sujet.

SI ie ne vous aimois d'affection extréme,
 Vous m'aimeriez, peut estre, autant que
  ie vous aime,
Et n'auriez à mépris celle qu'auez aimé
Ou pluſtoſt qu'auez feint d'aimer en apparance:
Car il faut dire ainſi, puiſque l'experience
Montre que ſans raiſon ie l'auois eſtimé.
Le Deſir & l'Amour s'accompagnent enſemble,
 Et vne meſme fin ces paſſions aſſemble:
 Car on aime touſiours ce qu'on deſire bien,
Puis nous ne deſirons que les biens qui defaillent,
Et quand nous les tenons, ces deſirs qui trauaillent
Et les amours auſſi ſe tranforment en rien.
Ie le voy par épreuue or' que portez en l'ame
 (Deuoir qui m'appartiét) le feu d'vne autre dame,
 Pource qu'à vos deſirs elle oppoſe vn dédain,
Et qu'Amour n'a gaigné le fort de ſa penſee.
Tandis ie ſuis pour elle ingratement laiſſee,
Car vn loyer acquis ſe mépriſe ſoudain.
Eſt-ce la recompenſe, eſt-ce la foy promiſe,
 Eſt-ce ainſi que le faux ſe maſque & ſe deguiſe?
 Eſt-ce ainſi qu'vn bon cœur reconoiſt ſon ſerment,
Eſt ce ainſi qu'on reſpecte vne grace receuë?
O quelle cruauté, qu'en choſe qui m'eſt deuë
La ſeule ingratitude apporte le payment!
Ainſi pour vous auoir ma flamme découuerte
 Et decelé mon cœur ie tombe en cette perte:
 Le trop de connoiſſance & l'aſſurance fait
Qu'ores vous dédaignez celle-là qui eſt voſtre:

MESLANGES.

Folle elle vous recherche, & vos cherchez vn autre
Pource qu'elle dedaigne Amour & son effet.
Or si quelque pitié dedans le Ciel habite
Qui ait soin de punir vn mortel demerite
Qu'elle entéde ma plainte, & que pour me vāger,
Elle face tousiours que perdiez la franchise
En lieu qui vos desirs & vos discours méprise,
Sans q̃ d'vn tel malheur vous puissiez estranger.

ELEGIE.

De vos beaux yeux les rais ie parangonne
Au grand Soleil qui dans le Ciel rayonne
Qui doucement ses flammes elançant
Va d'ici bas les tenebres chassant:
Sa lueur chaude exilant la froidure
Fait que la terre est peinte de verdure.
En mesme sorte on apperçoit vos yeux
Pleins de douceur serener tous les lieux
Où tant soit peu leur lumiere ordinaire
Daigne éclairer, & desire complaire.
C'est là qu'Amour met son bien infini,
Pour s'y loger du Ciel il s'est banni:
Là trionfant aux mortels il commande:
Là son bel arc contre nous se débande
Et va tirant ses sagettes de feu.
Ie l'ay connu, blessé depuis vn peu,
Au mesme instant que l'heur me fit connestre
Combien il est aux victoires adestre.
Son poignant trait m'a graué dans le cœur

LIVRE V.

Les deux beaux noms de vous & vostre sœur,
Et si auant s'est mise l'engraueure
Que pour iamais y demeurer s'asseure.
 En vostre graue & tout celeste port,
Qui sçait donner & la vie & la mort,
Vous resemblez à ces Myrtes qui croissent,
Aux bords marins : eleuez ils paroissent,
Haussant leur chef sur les arbres menus.
Et droits sans nœuds dediez à Venus
Parfument l'air de senteur odorante.
Ainsi paroist vostre taille excellente
En vne presse, à fin qu'on puisse voir
Vostre beauté qui sur tous ha pouuoir.
Puis vostre bouche, ains vne douce haleine
De vif corail & de perles est pleine,
Pouuant remplir d'vn Arabique flair
Les enuirons de la terre & de l'air.
Comme la fleur sur toutes honoree
Par le beau sang d'Adonis coloree,
Qui dans le clos d'vn riche homme se voit,
Seule aux iardins la louange reçoit:
Seules aussi deuez par vos merites
Prendre l'honneur qui se doit aux Charites.
 L'vne de vous tire de la Bonté
Son propre nom duisant à sa beauté,
Pour estre bonne & ensemble tresbelle:
Et l'autre sœur d'vn arbrisseau s'appelle
Qui dessus tous est le plus odorant,
C'est le Genieure aux hommes secourant,
Qui peut chasser le venin & la peste
Quand l'air humide infecté nous moleste:

Y.i.

MESLANGES.

Et GENEVIEVE admirable en sa fleur
Remplist nos sens d'vne ambrosine odeur.
Son grain est doux à mascher, & pareille,
En la baisant, est sa bouche vermeille:
Sans se gaster son bois dure cent ans,
Et sa beauté surmontera le temps:
Son charbon vif dure vn an sous la cendre,
Et quand l'amour au cœur viendra descendre
De GENEVIEVE, à fin de la ranger
Dessous le ioug agreable & leger:
Elle aimera d'vne amitié fidelle
L'amant épris de sa beauté nouuelle,
Et gardera son doux feu allumé
Iusqu'à la mort sans qu'il soit consommé.
 Ainsi deux sœurs vous estes si parfaites
Que des vertus le parangon vous faites,
Et par vos laqs m'auez si bien lié
Que d'estre à moy ie me suis oublié,
Me perdant tout d'amoureuses pensees
Que vos beautez en l'esprit m'ont laissees:
Car il ne faut pour estroit se lier
Qu'en vos filets soymesmes oublier.

EPITHALAME.

VESPER la Cyprienne estoile
De la nuict allumant le voile
Bannist du Ciel l'obscurité:
Et pour donner vn bon presage
Aux liens de ce mariage

LIVRE V.

Luist d'vne plus grande clairté.

Vesper, ta lumiere etheree
N'a iamais nopce redoree
De Nymphe au visage plus beau,
Pour voir vne plus vertueuse
En vain ta Planete amoureuse
Tourne les rais de son flambeau.

Maintenant sa honte virgeale
Tremble sous ta clairté nuitale,
Soucieuse de son honneur,
Et craint l'ardente conuoitise
Qui de l'amant l'esprit attise
Trois fois heureux d'vn si grand heur.

Vne chaude couleur luy monte
En sa face rouge de honte:
Il luy fasche d'abandonner
Le troupeau sacré des pucelles,
Entre qui l'astre des plus belles
Venus la souloit couronner.

Ie la voy craintiue à cette heure:
Il semble que son bel œil pleure,
Toutefois ne laisse, amoureux,
Ardent apres si chere proye
De cueillir la fleur que t'ottroye
Hymen à ce soir bien-heureux.

Celuy qui doute les tempestes
Ne fait iamais belles conquestes
Baloyant la mer d'auirons:
Celuy ne pille des ruchettes
Le miel, qui craint que les Auettes
Le poignent de leurs piquerons.

MESLANGES.

Combien que d'ongles elle tasche
De te repousser: ah! ne lasche
La fleur du bouton printanier:
Qui craint le piquant de l'épine
Pour tondre la fueille rosine
N'entame iamais vn Rosier.

 Le plaisir augmente à la peine
Que fait la resistance vaine,
Le brasier est plus attisé,
Et l'amour plus ardent s'enflame
Quand l'Amant aupres de sa Dame
Se voit en feinte refusé.

 Vn baiser rauy de surprise
A plus de goust: en telle prise,
Ha! que tu diras maintefois,
Plus douce m'est cette victoire
Que nulle autre où i'ay plein de gloire
Combatu pour les Rois François.

 Soufflez en vostre ame immortelle
Tous deux vne amour mutuelle,
Et vous pressez d'aussi forts nœuds
Qu'vn Polype l'Oliue enserre,
Et que la Vigne ou le Lierre
Serrent vn bel Orme ombrageux.

 N'épargnez d'Amour les blandices,
Les mignardises, les delices,
Et que d'vn murmure plus doux
Que n'ha l'oyseau dans le bocage
Vos langues d'vn mesme courage
S'entre-fretillent à tous coups.

 Dormez tous deux bouche sur bouche

LIVRE V.

Lassez du combat de la couche:
L'vn de l'autre aux poulmons versez
Vne haleine comme ambre douce,
Puis de mordillante secousse
Vos passetemps recommencez.

Le drap Tyrien qu'on voit luire
Du sang qui du pourpre se tire
S'annoblisse du sang virgeal:
Et la molle couche pressee
S'echauffe de mainte ambrassee
Faite d'vn lien nuptial.

Les fluſtes toute nuict veillantes,
Et les musiques doux-sonnantes,
Les haubois sonnent des chansons,
Et toute la feste ait puissance
D'vne libre-gaye licence
D'entre-lasser en cent façons.

Le Ciel, l'air, les monts, & les plaines,
Les bois, les fleuues, les fontaines
Retentissent de cris ioyeux:
De mots, de parolles gentilles
Que les garçons diront aux filles
D'vn pareil bonheur enuieux.

Arriere Sorcieres nuisantes
Qui de charmes & voix mechantes
Empeschez des amans le ieu:
La nuict nopciere ainsi se passe,
Et le vieil temps qui le feu chasse
N'esteigne iamais vostre feu.

Y.iij.

MESLANGES.

EPIGRAMES.

DE terre il conuient regarder
(Qui peut) les vagues de Neptune :
Quand on s'est voulu hasarder
On est contraint courir fortune.

Voy si tu peux seulement du riuage
  Les flots émeus : mais quand tu es sur mer
Cours la fortune, & d'vn hardi courage
  Fay ta Nauire au gré du vent ramer.

Nature fut en doute au iour de ta naissance
  Si fille ou si garçon tu serois enfanté,
Quand soudain tu nasquis masle fort de puissăce,
  Et fille de visage accompli de beauté.

Pour vn Quadran.

A l'esprit des humains est-il rien de pareil ?
  Voyez que ce Quadran non seulemēt sçait prendre
Et dérober le cours des degrez du Soleil,
  Mais fait aussi la Lune à son sçauoir descendre.

Pour le mesme.

Mon Dieu ! que ce Quadran mesurant la carriere
  De la Lune aussi bien que celle du Soleil,
Apprend bien d'employer de suite coutumiere
  Le iour pour l'action, la nuict pour le conseil!

LIVRE V.

Pour vn image portant vne Croix.

Dieu conioint tout à la fois
 La peine & sa recompense:
 Ainsi ie porte ma Croix
 Pour vne bonne esperance.

Pour vne Magdelaine.

Pour estre diuine & humaine
 Tu dois en ieunesse sentir
 Les plaisirs comme Magdelaine,
 Et puis vieille t'en repentir.

Puis qu'au milieu toute vertu demeure
 Et que le vice est aux extremitez,
 Permettez moy la choisir à cette heure
 Au vray milieu de vos ieunes beautez.

L'Aubespin chasse tout malheur,
 Vous auez le mesme auantage:
 Il pique, & vous piquez le cœur
 Des beautez de vostre visage.

La vie est vne Mer pleine de tourbillons:
Nauigant sur ses flots beaucoup nous trauaillons
Et tombons quelquefois de cheute plus piteuse
Que ceux qui font naufrage en la mer poissonneuse.
 La Fortune regist tout ce bas Vniuers,
Et nous y nauigons à son plaisir diuers

MESLANGES.

Comme sur l'Ocean suspendus en balance:
Les vns trouuët bon port, autres n'ont que souffrance:
Mais en fin droit là bas peut arriuer chacun,
Car c'est le dernier port à tous hommes commun.

☙

Tant plus quelqu'vn tasche monter bien hault
Plus en tombant il endure vn grand sault.

☙

De nous pauures mortels la vie est vne Scene,
Vne Farce, vn beau Ieu : apprens donc à iouer,
Et comme le voudra la Fortune incertene
Pren le bien & le mal sans rien t'en soucier.

EPISTRE.

LAS ! ie ne puis cette douleur estaindre
Qui me deuore et m'empesche de plaindre,
Ie ne sçaurois tant i'ay le cœur serré
De ma poitrine auoir vn mot tiré.
Car la tristesse est telle qui me touche
Qu'elle me lie & l'esprit & la bouche,
Si bien qu'ici declarer ie ne puis
Combien pour toy ie supporte d'ennuis.
Mais cette Epistre ira dire ma plainte
Et ma langueur que tu peux voir empreinte
Dessus mon front non moins qu'en cet écrits
Par le dehors se découure l'esprit
Et le chagrin sur l'œil terni s'engraue

Alors qu'amour nous maistrise & nous braue.
　　Pourquoy veux-tu que sans aucun forfait
Nostre lien maintenant soit defait,
Adioustant foy à ce qui ne peut estre?
Ne sçais-tu pas que le Ciel m'a fait naistre
Pour ton seruice, & que ie ne voudrois
Autre prison, mesme quand ie pourrois?
C'est à grand tort que tu me fais Tantale
Pres de ce fruit dont tu fus liberale.
Ie iure Amour vangeur d'impieté,
Qu'vn tel refus ie n'ay point merité
Pour auoir mis autre part ma franchise
Que le Destin & Venus t'ont promise.
Quand desloyal i'aurois fait ce peché,
Dont toutefois ie ne suis entaché,
Tu ne deurois pour cela me reprendre
Si tu entens à quoy ie veux entendre.
　　D'vne autre Dame ayant le cœur tenté
Deuant mes yeux ton corps est presenté,
Et par vn autre à moy ie te retire
Pour soulager d'absence le martyre:
Tant seulement i'emprunte ce miroir
Pour n'oublier ce que ie ne puis voir.
Comme on trouua peintures & images
Pour contempler des absens les visages
Et leur memoire entre nous retenir:
Aussi voulant garder le souuenir
De nos plaisirs ie n'aurois faict offense
Si i'auois pris de toy la souuenance,
Et d'autant plus ie m'en resouuiendrois
Qu'vn vif tableau pres de moy ie tiendrois.
　　　　　　　　　Y.v.

MESLANGES.

J'aimerois mieux ne connoistre point celle
D'où ce papier m'apportoit la nouuelle,
Si pour cela ie perdois la faueur
Que i'ay conquise auec tant de labeur.
Ie te pry donc qu'vn ris de bonne grace
Tous les brouillas de mon esprit efface,
Et temperant ton impiteux courroux
Regarde moy d'vn aspect vn peu doux.
  Comme l'on voit que les humides nuës
Fuyent de l'air en vn rien disparuës
Dessous vn vent qui essuye les Cieux;
Ainsi tu peux par vn accueil ioyeux,
Par le rayon d'vne œillade gentile
Essuyer l'eau que mon cerueau distile.
  Comme ceux-là n'errent en seureté
Qui vont és lieux affreux d'obscurité,
Car de frayeur les tenebres sont pleines;
Ainsi peureux ie n'ay languy qu'en peines
Depuis le temps que tes yeux m'ont caché
L'Astre fatal que i'ay tant recherché.
Soudain que i'oy l'accent de ta parole,
Ie suis rauy, ie ne sçay quoy m'affole
D'aise infini: soudain que ie te pers,
Il me semble estre au milieu des deserts,
Pareil au Fan qui recherche sa mere
Tout esperdu sur vn mont solitaire.
Depuis le iour que ton cœur m'a banni,
I'ay enduré du trauail infini,
Et nulle forme ici ne m'est plaisante,
Tant ce discord m'attriste & me tourmente.
  As-tu point veu te leuant au matin

LIVRE V. 258

Quelque Souci, le Soleil d'vn iardin,
Iaune d'amour? Il s'ouure quand l'Aurore
Et le Soleil les Indes recolore,
Mais languissant il reserre sa fleur
Dessous le vespre, & pallist de couleur
Lors que Phebus ses rayons luy denie,
Tant de l'amour la force est infinie!
Pareil ie suis: car tu es mon soleil:
Et quand ie perds la lampe de ton œil
Ie deuien blesme & i'ay la couleur fade.
Vn mal d'esprit me rend le corps malade.
Pource tu dois (si ma mort tu ne veux)
Vnir le nœu que tu coupes en deux.
Si ie suis toy, par vne amour extresme
En me perdant ne perds-tu pas toy mesme?

EPISTRE.

QVELLE extreme douleur fut oncques si estrange
Que celle que ie souffre à ce malheureux change?
Ie suis accompagné de tant & tant d'ennuy
Qu'homme n'est en malheur mon pareil auiourdhuy
D'autant que mon espoir tout à rebours succede.
Ce malheur excessif de vostre esprit procede,
Qui se laissant aller & transporter ailleurs
Pour les pires choisir a laissé les meilleurs.
Si tout le monde ensemble eust predit telle chose
Ie n'eusse iamais creu cette metamorfose.
I'auois tant de fiance en mon affection,

MESLANGES.

En ma sincere forte & chaude passion
Que trop fidellement pour vous i'ay supportee,
Qu'il estoit impossible à mon ame domtee
De se persuader autre chose en ma foy
Sinon que vous prendriez pitié de mon émoy.
Mais puisque ma fortune & grieue destinee
Ont ma perseuerance à tel sort condamnee
(Bien-que d'vn creue-cœur i'en sois tout agité)
Il me conuient resoudre à vostre volonté,
Et suis deliberé de tousiours satis-faire
A vos affections sans aller au contraire.
Croyez ce iurement : ie proteste les Cieux,
Ie iure vos beautez admirables aux Cieux,
Que ie ne fey iamais estime de ma vie
Sinon d'autant que toute elle estoit asseruie
Voüee & dediee à vos commandemens:
Le Ciel est le témoin de mes loyaux sermens!
Encores auiourdhuy mon ame qui lamente,
Aux riues d'Acheron s'en iroit bien contente
Si ie pouuois finir ma vie & mes beaux iours
Pour témoigner combien sont viues mes amours,
Et faire preuue ici combien las ! ie regrette
Qu'estant au periode vne amour soit defaitte.
Cependant toutefois ie vous pry par mes vœux
A fin que ie ne sois de tout poinct malheureux
Ne me hair iamais : C'est la saincte priere
Dont ie vous ay requis d'affection entiere
Quãd vous baisant les mains, helas ! i'ay prins congé
Sans que mon cœur pourtant de vouloir soit changé
Combien qu'on peust en vous blasmer l'ingratitude,
Faites estat de moy & de ma seruitude,

Et d'vn qui tresconſtant deſire voſtre bien,
Voſtre contentement cent fois plus que le ſien.

CE n'eſt pas d'auiourdhuy que les peres facheux
Tiennent nos volontez deſſous leur tyrannie,
Et tournent à leur gré de leurs filles l'enuie
Dont il eſt aduenu tant d'accidens honteux.
Amour Dieu ſi puiſſant qu'il eſt maiſtre des Dieux,
 (Quand au couple d'Hymen deux eſprits il conuie
 Pour ne faire qu'vne ame et qu'vn corps en la vie)
 Ne ſe doit point forcer, ou l'on force les Cieux.
Donc ſans croire du tout aux paſſions d'vn pere
Ne vueille ce beau nœu qui me ſerre defaire,
Et en ce labyrinth preſte moy ton ſecours.
Donne moy le filet pour ſortir du Dedale:
Il te vaut beaucoup mieux ſuiuant la loy fatale
Eſtre vne heure en malheur que de l'eſtre touſiours.

Pour excuſer vne abſence.

SI mon corps n'eſt ſouuent où eſt ma volonté,
Si ie ne ſuis touſiours pres de vous emporté
Ainſi que mes penſers qui volent à toute heure,
Aupres de vos beautez où mon eſprit demeure,
Ce n'eſt faute d'ardeur ou de zele amoureux,
Et vous ne me gaignez en ce prix bienheureux
Ny en l'extremité d'vne amitié parfaitte:
Car ie m'eſtime heureux d'auoir l'ame ſuiette

MESLANGES.

En lieu qui le merite, & qui d'affection
Pour ardemment aimer ha la perfection.
Prenez donc mon excuse aupres de vostre plainte.
Ie croy que vous m'aimez d'affection non feinte,
Et pour cela ie crains de refroidir vn peu,
Vous voyant fort souuent, la puissance du feu
Feu qui doux & gentil allume nos pensees.
D'agreable fureur egalement poussees.
,, Le mepris est enfant de la satieté,
,, On ne sçauroit sentir vn plaisir trop gousté,
,, On se fasche d'ouir la chanson trop ouye,
,, Et ce qui est trop veu bien souuent nous ennuye.
 Apelle fit iadis vn excellent tableau
Où Venus estoit peinte, & l'œuure estoit si beau
Qu'on venoit pour le voir de toutes parts de Grece.
Tous admiroyent l'ouurage & du Peintre l'addresse
Quand au commencement ils virent le beau trait
Et le rare pourfil de ce diuin portrait:
Mais à tant le reuoir ils lasserent leur veuë
Qu'en fin telle beauté ne fut plus reconnuë.
 Si iamais les humains n'auoyent veu le Soleil
Il n'est en l'Vniuers vn miracle pareil
Ne qui plus estonnast, & n'est point de substance
A qui plustost qu'à luy nous fissions reuerence,
Adorans auec peur cet astre flamboyant
Qui r'anime le monde en biaiz tournoyant:
Mais pource qu'on le voit de suite coutumiere
Rapporter tous les iours ici bas sa lumiere,
Mesme les plus petits le regardent sans peur:
Ils ne sont ébahis de son alme grandeur,
N'admirent ses effets, & comment il est cause

LIVRE V.

De la diuersité qui maintient toute chose.

Combien que le Printemps soit le plus gracieux
De toutes les saisons qui plaisent à nos yeux
S'il duroit l'an entier, & que sa face belle
Ne s'enfuist deuant l'autre saison nouuelle,
Nos yeux en fin lassez de pareille teneur
Ne pourroyent comme il faut honorer son honneur.
C'est l'absence qui fait que plus on le desire
Et qu'à son doux retour d'autant plus on l'admire.
 Ainsi voulant tousiours vos graces admirer
Ie m'absente par fois pour mieux les desirer,
Et pour me rendre aussi d'autant plus agreable
Quand vous desirerez ce qui vous est aimable.
,, On mesnage tousiours cela qu'on aime bien
,, De peur qu'il ne se perde & se consomme en rien,
,, Et d'vn art bien tendu la ficelle retorse
,, Se rompt quand trop souuent on vse de sa force.

CARTEL.

QVI n'a le cœur ardẽt et de Mars et d'amour
Il n'est digne de voir la lumiere du iour:
C'est pourquoy sans raison la fable n'est pas feinte
Qui tient Mars enlacé d'vne mignarde estreinte
Sous les bras de Venus : Cil qui n'est amoureux
N'entreprendra iamais vn acte genereux.
L'Amour seul nous anime, et celuy n'ha point d'ame
Qui n'allume son cœur d'vne si belle flame.
C'est le chemin qui guide à la felicité,
C'est ce qui nous assemble à la diuinité,

MESLANGES.

C'est l'astre des vertus : Ainsi iadis vesquirent
Ces Cheualiers errans qui tant d'hōneur conquirent,
Se couronnant le front de Myrte & de Laurier,
Portant vn cœur ensemble amoureux & guerrier.
 Tel fut cet Amadis, que l'amour & les armes
Ont fait exemple vray des amans & gensdarmes:
Tels furent & Renaud & Roland furieux,
Et mille autres Heros estimez demi-Dieux
Pour auoir marié ces deux vertus ensemble.
Sous la force des deux cette Machine tremble!
 Donc ici nous voulons contre tous assaillans
Maintenir qu'ils ne sont de courages vaillans
S'ils ne suiuent ensemble & Mars & Cytheree:
Car sans eux au combat l'ame n'est asseuree.

DEs Champenois souuent tu blasmes l'ignorance
 Qui n'ont point aux procés l'esprit biē entendu
Pour debatre leur droit d'vn autre pretendu
Ou deguiser le faux d'vne vraye apparāce:
Tu dis que le Manceau sçait mieux telle science,
Et le Normant soigneux du profit attendu.
Aussi des Lestrigons tel peuple est descendu:
Le Mans, Caux, & Rouen, seruent d'experience.
La Pieté, SARMOISE, errant par l'Vniuers
Apres auoir laissé mille peuples diuers
Planta ses derniers pas au païs de Champagne.
Le vice extreme ailleurs y naist tant seulement:
S'ils n'aiment les procés que la fraude accompagne,
C'est faute de malice & non d'entendement.

LIVRE V.

LES AMOVRS DE PYRAME ET DE THISBÉ.

Q VAND ma ieunesse encor n'auoit l'audace
De grimper seule au feste de Parnasse
Ie fey le tour vsité des enfans:
Ils ont desir en leurs plus foibles ans
(Poussez d'vne ame aux actions agile)
De cheminer: mais leur masse debile
Ne peut seruir à l'ame d'instrument
Pour obeir à tout son mouuement:
Lors toutefois leur Nourrice plaisante
Pour exercer & asseurer leur plante,
Les fait aller seurement appuyez
En petits chars qui roulent sous leurs piez.
Ainsi poussé d'ardante fantaisie
En ma ieunesse aimant la poësie,
Pour ne faillir à mon premier dessain
Ie m'appuyé sur Ouide Romain,
Et mesurant mes pas dessus sa trace
Ie rechanté d'vne Françoise grace
Les passions & le cruel destin
De deux Amans conduits à mesme fin:
Et comme aduint que le Meurier veit peindre
Son fruict de rouge au sang qui le fit teindre:
Si vous sentez tant soit peu d'amitié
Ie suis certain qu'ils vous feront pitié.

DES deux Amans l'vn s'appeloit Pyrame,
L'autre Thisbé, qui bien auant en l'ame
De Cupidon les traits grauez portoyent
Et en amour tous autres surmontoyent:

MESLANGES.

Car ils s'aimoyent d'vne amour si extresme
Que l'vn aimoit l'autre plus que soymesme.
 Pyrame estoit vn parfaict iouuenceau
Par dessus tous estimé le plus beau:
Thisbé sembloit la fille la plus belle
Qu'en se leuant veist l'Aurore nouuelle.
En Babylone ils demouroyent tous deux,
Et trop voisins deuindrent amoureux:
Par voisinage ils prindrent connoissance,
Auec le temps amour prist accroissance:
Ces deux esprits d'vn feu pareil ardoyent,
Mais leurs parens de se voir les gardoyent,
Que toutefois ne peurent long temps faire.
,, Tant plus on veut deux amoureux distraire
,, Tant plus amour deuient ingenieux,
,, Prompt & subtil pour iouir de son mieux:
,, Et plus d'amour la flamme est recelee
,, Plus viuement nostre ame en est brulee.
,, (Y a-til rien que ne sente l'amour ?)
 Comme ces deux se complaignoyent vn iour
Qu'à leurs deuis ils ne trouuoyent de place,
Il s'apperceut vne tenue fendace
Dans la paroy commune aux deux maisons
Qui par bonheur leur seruoit de cloisons.
Nul n'auoit peu apperceuoir ce vice,
Mais les Amans le trouuerent propice,
Passage seur des amoureux deuis.
Souuentefois quand ils estoyent assis
Thisbé deçà, d'autre costé Pyrame,
Tout courroucez au mur ils donnoyent blâme
Disant : Pourquoy enuieuse paroy

LIVRE V.

Empeches-tu l'accord d'elle & de moy?
Puis attiroyent l'un de l'autre l'haleine:
Et derechef d'une parole vaine
Disoyent au mur: Las! si tu permettois
Que nous peussions passer comme la voix
Pour nous serrer d'une douce caresse,
Seroit-ce tant? si c'est trop, au moins laisse
Quelque ouuerture, à fin de nous baiser
Pour nostre mal un petit appaiser:
Nous confessons te deuoir grand hommage
Quand tu permets à nos deuis passage,
Et ne serons ingrats de ce bien-faict
Qui en nos maux nous à tant satisfaict.

 Ayant ainsi raconté leur martyre
Deuers la nuict chacun d'eux se retire,
Disent adieu, & baisent le costé
Chacun le sien où il auoit esté:
Mais ce baiser que chacun d'eux se baille
Ne pouuoit las! trauerser la muraille.

 La Nuict chassoit deuant l'Aube ses feux
Quand au matin ils reuindrent tous deux
Au lieu secret, où apres mainte plainte
Faicte sans bruit (car ils parloyent en crainte),
Leurs espions deliberent tromper,
Et dextrement de leurs mains échaper,
Abandonnant la maison & la ville
Et des parens la defense seruille.

 Or ne voulans en doute s'égarer,
Ny çà ny là parmi les champs errer,
Pres le tombeau de Nine bon leur semble
Se retrouuer dessus le soir ensemble,

MESLANGES.

Et se cacher dessous l'ombrage frais
Du premier arbre en fueilles bien épais.
　Vn blanc Meurier estoit là sur la riue
D'vne fontaine ayant l'eau claire & viue:
L'accord leur plaist : ce pendant le beau iour
Qui leur sembloit faire trop long seiour
Fait le plongeon, & la Lune argentee
Sortit des eaux en sa cochee portee.
　Thisbé soudain d'vn voile se couurant
Et finement sans bruit la porte ouurant,
Ses gardes trompe, & paruient diligente
Plustost que l'autre au lieu de leur attente:
L'amour boüillant qui échauffoit son cœur
Ne permettoit qu'elle tremblast de peur.
　Vne Lyonne à l'instant vint pour boire
Vers la fontaine : Elle auoit sa machoire
Teinte du sang d'vn carnage dernier,
Son œil flambant encore en estoit fier.
Thisbé si tost de loin ne l'eut connuë
Aux clairs rayons, que d'esprit éperduë
D'vn pié tremblant à la haste s'enfuit
Dedans vn antre où sa peur la conduit,
Et s'enfuyant en la cauerne obscure
Laissa tomber son voile d'auanture.
Cette Lyonne appaisa le desir
Qui son gosier estoit venu saisir,
Puis retournant en la forest épesse
Ce voile prit trouué sans la maistresse,
Et de sa dent par tout ensanglanté
Le laissa là gouspillé & gasté.
　Pyrame vint, mais voyant la poussiere

LIVRE V.

Merquee aux pas de la beste meurdriere,
Et rencontrant le voile plein de sang
Emeu de peur froidit & fut tout blanc,
Puis dist ainsin : Ah ! pauure miserable,
Thisbé mon cœur, du fait ie suis coupable
Te commandant las ! pour iouir de toy
Venir de nuict en ce lieu plein d'effroy:
Tous deux ici nous laisserons la vie,
Car sans t'auoir ie n'ay de viure enuie:
Estant l'autheur de ton cruel trespas
Lors que premier arriué ne suis pas.
Sus, fiers Lyons, qui viuez de carnage
Rongez mon corps, déchirez mon visage.
Estripez moy : mais que dy-ie chetif ?
„ Crier la mort conuient à vn craintif !
  Ainsi perdu s'alla mettre sous l'ombre
Du lieu promis, où iettant pleurs sans nombre
Il dist au voile apres l'auoir baisé:
Sois de mon sang aussi bien arrousé
Comme du sien. Adonc tirant l'espee
Dedans les flots de son sang l'a trempee
Iusques aux flancs rudement la poussant:
Puis courageux soudain en trespassant
La retira de sa playe boüillante
Tombant à dos sur la terre pesante.
Le sang iaillit ainsi que fait vne eau
Par le pertuis du gazouillant tuyau
D'vn plomb creué : cette onde à la sortie
Va rompant l'air d'vne viste saillie.
Lors le Meurier témoin de ce malheur
Teignit son fruict de sanglante couleur.

MESLANGES.

Thisbé craignant de faire plus attendre
Son cher amant, commença de reprendre
Chemin vers l'arbre ordonné pour se voir,
Et se promet de luy faire sçauoir
De quel danger elle estoit échappee:
Mais la pauurette ha! se veit bien trompee.
Le fruict changé long temps la fit douter
Si c'estoit l'arbre ou falloit s'arrester.
Mais ce pendant qu'elle est ainsi douteuse
Le mort tressaut, elle toute paoureuse
Echeuelee & tremblante fouït,
Et de frayeur presque s'euanouït.
 Comme la mer d'vn petit vent singlee
Se frizonnant au dessus est troublee,
Ainsi l'esprit de Thisbé se troubla:
Mais la frayeur en ses os redoubla
Quand elle veit que c'estoit son Pyrame
Qu'elle aimoit plus que ses yeux ny son ame.
Lors insensee & pleine de courroux
En lamentant se donna mille coups:
Elle l'ambrasse & de ses pleurs essaye
Lauer le sang qui remplissoit la playe:
Puis de baisers & de soupirs ardans
S'efforce en vain l'echauffer au dedans,
Criant, Pyrame helas! quelle fortune
De nos amours ennemie importune
T'oste de moy? falloit-il fiere mort
Nous éloigner estant si pres du port?
Quand nous deuions apres si longue attente
Nostre amitié rendre ici plus contente?
Respons, Pyrame: ouure vn petit les yeux

LIVRE V.

Et de ce bien ne me sois enuieux,
Thisbé ie suis, Thisbé ta chere amie,
Hé! leue vn peu ta paupiere endormie.
  A ce doux nom ses yeux morts r'eueilla,
Et l'ayant veue aussi tost les seilla.
Thisbé trouuant son voile pres l'espee
Hors du fourreau de meurtre ensanglantee,
S'ecrie ainsi : Ton amour trop boüillant
Va de ton sang tes propres mains soüillant:
I'ay bien la main pour en faire de mesme,
L'amour aussi me donne force extréme,
Iusqu'aux Enfers là bas ie te suiuray
Et me tuant auec toy ie viuray:
La seule mort qui deux cœurs desassemble
N'empechera que ne viuions ensemble.
  Vous toutefois, ô parens malheureux,
Qui à grand tort fustes trop rigoureux,
Si vous auez des vostres quelque cure
Faites nous mettre en mesme sepulture:
Puisque l'amour si parfaite nous ioint
Au iour dernier ne nous separez point.
Et toy Meurier qui sous tes rameaux caches
Le corps d'vn mort & en portes les taches,
Qui maintenant deux pour vn couuriras,
Ton fruict soit noir lors que tu meuriras,
Du double meurtre enseignes eternelles
Et qu'à nos ans les Parques sont cruelles.
  Ces mots finis l'espee elle aiança,
Puis sur la pointe hardiment s'elança,
Qui du beau sang de l'amoureux Pyrame
Auoit encor toute tiede sa lame.

MESLANGES.

Voyla comment ils finirent tous deux:
Les Dieux benins exaucerent leurs vœux
Et leurs parens : car la blancheastre Meure
A le teint noir quand elle est toute meure:
La cendre aussi qui resta de leurs os
Fut enfermee en vn mesme repos.

L'ORANGER, ET LES CHARMES.

A Monseigneur le Duc de Maynne.

ENTRE ces Orágers pres du fleuue de Seine
Tandis que les Zephyrs soupirent en la
   plaine
  Ie diray les amours & les charmes aussi
De l'amant ORANGER qui iaune de soucy
Mourant de desespoir prit la forme nouuelle
De cet arbre doré qui de son nom s'appelle:
  Prince que les vertus de tout temps ont nourri
Escoute ce discours : VILLEROY n'est marri
Que tu prennes le don du suiect que ie chante
Bien qu'au lieu de Conflant tel suiet se presente.
  Amour hors de sa trousse vn iour tira deux traits
Qui de force diuerse ont differents effets,
L'vn entretient les cœurs n'y faisant point de breches,
L'autre montre combien sont ardentes les fleches
D'vne passion forte empreinte bien auant:
Oranger esperdu cette cy esprouuant
Sent vne chaude playe & voit sa mieux aimee
De la fleche de plomb auoir l'ame entamee.

Ieres

Ières lieu sacré du païs Prouençal
Nourrit Lyriopé cause de tout son mal.
Liriopé viuoit en la fleur de son âge,
Emportant de beauté sur toutes l'auantage.
Aussi tost qu'il auise vn visage si saint,
Aussi tost à l'aimer il se trouue contraint:
Il la trouue fort belle vnique & sans pareille:
Les yeux de cette Nymphe esclairans à merueille
Reluisent dans les siens d'vn esclat tout pareil
Qu'ha le miroir ardent aux rayons du Soleil.
Il la suit, il la presse, il luy conte sa peine,
Mais tousiours sa priere est inutile & vaine.
Mere Venus, dit-il, hé de grace aide moy,
Donne secours aux feux que i'ay receus de toy.
Souuent il prie ainsi, & se brule sans cesse
Comme vne haye seiche où le passant delaisse
La paille qu'il bruloit pour se guider la nuict:
Quelquefois contemplant la dame qu'il poursuit
Il regarde sa bouche, & d'vne ame esperduë
Dit, Ha ce n'est assez n'en auoir que la veuë!
Il loüe sa main belle & son beau sein ouuert
Et pense que cela qui n'est point descouuert
Excelle encore plus : De là vient qu'il allume
D'vn espoir infertil l'ardeur qui le consume.
O qu'Amour à bon droit est ælé comme il faut,
Tantost auec l'espoir il nous souleue en haut
Nous fait voler au ciel, & tantost par la crainte
Contre la terre basse il nous donne vne attainte.
Il fut neuf mois entiers plein de crainte & d'espoir
A poursuiure l'obiet qu'il desiroit auoir:
Les arbres tesmoignoyent de son desir la force

Z.i.

MESLANGES.

Portans Lyriopé tousiours en leur escorce,
Les champs où il passoit ne resonnoyent sinon
Que de Lyriopé les graces & le nom,
Tandis elle estoit sourde à ses plaintes diuerses
Autant que bois & rocs & que les ondes perses:
Certes c'est quelque chose ouïr bruire la mer
Et ouïr les grands vents qui la font escumer.
On tient du lieu natal: Cette Nymphe maline
Retenoit de l'orgueil de la fierté marine.
Il a beau raconter pour se faire valoir,
Comment le Dieu Phebus luy porte bon vouloir
Et combien il l'estime (amoureux de sa grace
Et mesme des beautez qui luisent en sa face)
Il ne proffite rien : la Nymphe sans pitié
Met à le martyrer toute sa mauuaistié,
D'où vient qu'il n'est iamais sãs soupirer & plaindre.
Quand la nuict arriuoit pour le soleil esteindre
Et que dessus les champs les ombres redoubloyent
Ses ennuis redoublez de mesme s'assembloyent:
Le Soleil s'éueillant reueille sa misere,
Et le Midy ardent rend sa flamme plus clere.
Son esprit va courant de penser en penser,
 Puis il dit, O Amour, tu me fais bien penser
Que ton pere est Vulcan, ie sers de tesmoignage
Que tu mets tout en feu au sac & au pillage.
Le desir des amans est vn feu bien plus grand
Que le visible feu qui dans le bois se prend:
Cettuy-cy seulement brule par sa presence,
Mais le tien brule encor de loin & en l'absence.
Tu es vne sang-sue, & tu bois tout mon sang
En yurant ton carquois au profond de mon flanc.

LIVRE V.

On t'a nommé enfant pour taxer ta foiblesse,
L'es-tu pas n'ayant peu debeller ma maistresse?
Aumoins me soit permis si ie n'y puis toucher
De voir celle qui peut mes esprits empescher.
A fin qu'en ses regards ie prenne nourriture
Pour l'estrange fureur qui passe outre mesure:
Ie me fonds tout ainsi que la rosee au iour
Quand le Soleil sur nous vient faire son seiour,
Mais la beauté que i'aime est telle que i'excuse
Les tourmens excessifs dont ici ie t'accuse.

   Il disoit ces propos comme si Cupidon
S'adoucissoit aux maux qu'attise son brandon,
Et comme si encor Lyriopé rebelle
Se deust flechir aux cris qu'il espandoit pour elle.

   Or au poinct que ses vœux se perdent sur les vents
C'est l'heure où ses ennuis se vont plus esmouuants
Et croissent de douleur de voir qu'on le repousse.
Vn iour en lieu d'ouïr quelque parole douce
Il entendit ce mot, pour payment de sa foy:
Que ie meure plustost que tu ais rien de moy!

   Donc tout desesperé n'ayant plus autres armes
Il tourne son esprit à l'espreuue des charmes,
Il court en vn desert où son mal le conduit
Et paracheue là tout l'œuure qui s'ensuit.

   Voicy comme il commence: O campagnes desertes
Vous serez les tesmoins de mes peines souffertes,
Vous fidelles deserts muets & pleins d'horreur,
Secrettement icy ie diray ma douleur,
Impuniment icy ie diray mon martyre,
Aumoins si les rochers ne le peuuent redire.
Pauure moy miserable, hé pourray-ie long temps

Z.ij.

MESLANGES.

Sans estre secouru souffrir tant de tourmens?
THELGON, apporte moy le panier où i'ay mises
Les drogues qui me sont pour les charmes requises.
Ie veux faire un parfum que Venus ait à gré
D'aloés, d'ambre & musc à elle consacré,
De courail rougissant & de roses vermeilles
Et du sang espuisé de colombes pareilles.
 Vesper donne faueur à l'acte que ie fais.
Ie veux faire la guerre à qui m'oste la paix:
Premierement cette Algue herbe que les flots iettent
Cette mousse & ce cancre au feu trois fois se mettent,
Puis quãt & quãt dy moy : La Nymphe qui t'a pris
Arde ny plus ny moins que cecy s'est épris:
Le Poisson qui sur mer arreste vne Nauire
Sçauroit-il m'arrester celle que ie desire?
 Vesper donne faueur à l'acte que ie fais.
La Torpille noirastre estant captiue aux rets
Engourdist le pescheur mesme auant qu'il y touche,
Ca pilons-en le foye, & faison que la bouche
De ma dure guerriere en boiue le venin
Tant que son corps pasmé semble aller à sa fin.
Les Alcyons encor pour moy sont de requeste,
Thelgon broye leur nid : Il chasse la tempeste,
Possible il chassera ma tourmente à iamais:
 Vesper donne faueur à l'acte que ie fais.
Mais pour tant de trauaux dont Madame m'affolle
Ne luy feray-ie mal sinon que de parolle?
Ha ! bons Dieux, ie prevoy par les signes du feu
Qui desia s'est estaint, que l'on m'aime bien peu:
Ses flammes ne sont plus ny luisantes ny fortes
Ains les cendres desia sont obscures & mortes.

LIVRE V.

Or deuant que du tout ie cede au desespoir
Il me faut essayer tout le deuin sçauoir,
Qu'autrefois Lycidas venu de Thessalie
M'apprit pour en vser quand i'en aurois enuie:
De tous les Elemens ie sçauray l'auenir,
Et si tous mes ennuis ne doiuent point finir,
Ils seruiront aumoins de iuges veritables
Pour dire qu'en aimant ie n'ay point de semblables,
 Lune masle & femelle esclaire doucement.
Vous Astres qui luisez dedans le firmament
Gouuernans les destins de la race mortelle,
Ne me condamnez point d'vne peine eternelle,
Et toy Lune qu'icy i'inuoque par neuf fois
(Car tu aimes le neuf) fauorise ma voix.
Tu augmentes tantost, tantost tu diminues,
Fay moy diminuer mes peines continues
Et fay croistre en Madame vn trait d'affection
Qui vienne contenter ma serue passion:
Puis voyant mon amour estre vnique & premiere
Pense que ma Maistresse egalle ta lumiere,
Et que mesme son sein reluist plus blanchement,
 Lune masle & femelle esclaire doucement.
Comme cette farine en la flamme semée
Se consomme soudain, ainsi soit consommée
La cruelle qui perd l'honneur de mon printemps.
Toute chose se fait par la longueur du temps,
Le temps rendra-t'il point ma volonté parfaite?
Par luy verray-ie point sa cruauté deffaite?
Si le temps change tout qu'il face vn changement.
 Lune masle & femelle esclaire doucement.
La nuict ha le conseil & se sert du silence:

Z.iij.

MESLANGES.

O que si i'auois eu la faueur que ie pense,
Que i'aurois de silence & de discretion!
La Nuict fait tout dormir sous sa protection,
Excepté ma douleur qui iamais ne sommeille,
Elle veille au Soleil, aux astres elle veille,
Et ma couleur de buys le montre asseurément.
    Lune masle & femelle éclaire doucement.
Venons à l'Hydromance & voyons dedans l'onde
S'il auiendra qu'vn iour le bonheur me responde :
Çà le bassin plein d'eau & l'anneau recherché
Qu'à vn fil tout exprés i'ay icy attaché.
Ie tiens auec les doigts cet anneau en balance
A fin pendant sur l'eau qu'il me donne esperance
Ou qu'il rompe le fil de l'espoir attendu.
Si l'anneau que tout droit sur l'eau ie tiens pendu
Frappe de certains coups l'eau sans que ie le pousse,
Il ne faut contre Amour que plus ie me courrouce :
Ou bien si dedans l'eau ces trois pierrettes font
Trois tours à l'enuiron entrelassez en rond
Il me faut esperer : ô quelle malencontre!
En l'eau non plus qu'au feu mon bien ne se rencontre.
Mais auisons si l'air me dira autrement.
    Lune masle & femelle éclaire doucement.
Ie ne voy rien en l'air qu'impressions malines
Et tout l'air qui s'agite en ces places voisines
Ne murmure pour moy qu'vn murmure facheux,
Signe que mes desirs ne seront point heureux,
Et si autour de moy ne volent qu'arondelles :
Aussi ie sens desia de mes yeux les prunelles
Branler outre coutume, & mes membres par tout
Tressaillent, secoüez, esmeus de bout en bout :

Ma voix sort à hoquets, ma langue est chancelante,
Et à se desmesler elle est toute pesante:
C'est fait c'est fait de moy, cedons aux cruautez,
Aux rigueurs, aux fureurs, aux malheurs indomtez,
Tu me contrains mourir Lyriopé cruelle,
Quel honneur de tuer vn amant si fidelle?

Il finit en ces mots saluant sainctement
La Lune & ses flambeaux à leur departement.
Tousiours depuis ce temps il languit miserable
Vsant enragément de son mal incurable,
Forcené, furieux, impatient, outré,
Il couroit tout nuds piés, & tout mal-accoutré
Sans plus prendre souci des choses singulieres
Ny de ses ornemens ou graces coutumieres.
Il se paissoit de pleurs, il alloit au serain
Sans repos, sans repas & sans en auoir faim,
Son corps s'amenuisant deuient sec & estique,
Tout le suc de son corps dedans l'air s'alambique,
Il s'en va tout mourant : hé comment malheureux
Eust-il vescu long temps en vn poinct si piteux?
Apollon qui l'aimoit auisant sa ruine
Employe à son secours tout l'art de medecine,
Il voudroit, s'il pouuoit, le mettre en bon estat.
Mais d'autant que le sort encontre luy combat,
Et que la destinee est la plus violente,
L'ayant grieuement plaint, il en forme vne plante
Que de ses chauds rayons tousiours il entretient.

Donc soudain Oranger vn bel arbre deuient,
Vne escorce s'enduit sur sa charnure tendre
Et ses bras enfermez vont en rameaux s'estendre,
Son sang se tourne en suc, & de son pié les dois

Z.iiij.

MESLANGES.

S'alongent en racine, aliment de son bois:
Phebus dans ses rameaux mit des pommes dorees
Du teint de ses rayons iaunement honorees,
Puis arrousa tel fruict & tel arbre nouueau
D'vne odeur Nectarée à fin qu'il fust plus beau:
Tellement que depuis vne pomme d'orange
Au courir d'Atalante emporta la louange,
Et celuy qui viuant ne sceust estre vainqueur
D'vne fille superbe eut, arbre, cet honneur
Que son fruict sceut gaigner le cœur d'vne aussi fiere
Et d'vne nō moins belle, ains plus que sa meurdriere.
 Or comme cet Amant au trespas se plaignoit,
Echo d'vn mesme accent son dueil accompagnoit,
Se souuenant encor que mesme maladie
Parauant fit changer en vne voix sa vie.
Les Dryades aussi menerent vn grand dueil
Blasmāt d'vn mesme accord de la Nymphe l'orgueil,
Et ce qui plus accreut la pitié qu'elles eurent,
C'est que de l'Oranger les derniers mots ne furent
(Alors que dans vn arbre il se veit enserrer)
Sinon Lyriopé: tant qu'il peut respirer
Il ne parla que d'elle, & son dernier murmure
Ce fut Lyriopé, Lyriopé trop dure.

De l'Orangé.

Estant desesperé ne dois-ie pas priser
  Le beau iaune Orangé qui desespoir s'appelle ?
  L'Oranger autrefois fut vn Amant fidelle
  Qui par cette couleur se fit eterniser.
De mille inuentions ie me puis auiser
  Pour celebrer le teint d'vne couleur si belle :
  Le Soleil en a peint sa perruque immortelle,
  Le Ciel en a voulu ses astres composer.
Le Iardin tant prisé qu'auoyent les Hesperides
  Estoit tout orangé. Qui sur les flots humides
  Fit nauiger Iason dans le premier vaisseau ?
Ne fust-ce vne Toison de couleur orangee ?
  Dieu mesme en finissant le deluge de l'eau
  Peignit en orangé sa volonté changee.

Du Iasmin.

O florissant Iasmin ie te dois bien aimer !
  Nous approchons de nom : Puis tu es agreable
  A vne dont le teint au tien est comparable,
  Et les Perses souloyent ton odeur estimer.
Il n'y a rien en toy qui se puisse blasmer,
  La lumiere & ta fleur sont de blancheur semblable,
  Tu aimes les lieux hauts plein d'vn desir louable,
  Et l'hiuer ne sçauroit tes fueilles consommer.
Tes fleurs peuuent oster le mal du feu volage
  Et les taches qui sont quelquefois au visage,
  Aussi tu es par tout estimé precieux :
Pourrois-tu point m'oster le feu qui me tourmente ?
  Tu peux infiniment, chere & diuine plante,
  Mais vne autre que toy pour cela vaudroit mieux.

Z. v.

MESLANGES.

Du Violet.
A Madame de L'AVBESPINE.

Tu ne passeras point, ô couleur violette,
  Sans estre celebree en l'honneur de mes vers,
  Soit que tu embellis mille suiets diuers,
  Soit que sur mille fleurs ta peinture est portraitte.
De beaucoup de blancheur & peu de rouge est faitte
  Ta qualité visible en ce rond vniuers:
  Entre les Elemens tes biens sont decouuers,
  Mais par la terre et l'eau ta teinture est parfaitte.
Les beaux draps plus exquis des Amans & des Rois
Sont peints de ta couleur, & en tous les endroits
Mille obiets precieux en ont leurs faces peintes:
Tu es signe d'amour & de fidelité;
  Mais celle qui me fait chanter de ta beauté
  Te porte, & si ie voy que ses amours sont feintes.

ELEGIE.

AVEC le beau Soleil le iour monte vers
  nous,
  La splendeur des beautez apparoist auec
  vous,
Le iour & le soleil ne font qu'vne substance.
Aussi vous & Beauté font vne mesme essence.
  Tousiours on donne prix au Diamant bien clair,
  Qui d'vn lustre poli nous darde maint éclair,
Et qu'vn habile Orfeure ayant de main sçauante
En chaton de fin or aux yeux nous represente,
Pour en ceremonie à quelque iour pompeux

Luire dessus le chef d'vn Prince genereux.
 Autant que telle pierre à la force indomtee,
Par vnique valeur, est au monde vantee,
D'autant sur les beautez ton prix a merité,
Mais ie voudrois pour moy qu'il ne fust indomté.
Alors que tu nasquis les celestes chandelles
Ne te furent d'aspect sinastres ny cruelles:
Mais pour se couronner d'vn acte precieux
A ce beau iour natal flamberent dans les cieux.
 Pleust à leurs déitez que leurs biens ils retinssent
A fin que mes esprits aussi tost me reuinssent.
Sans estre detenus en tes perfections!
Ie ne serois gesné de tant de passions
Ny tenaillé des fers d'extreme tyrannie:
Mais quel Dieu, quel Demon conuient-il que ie prie
Pour te faire sentir mes amoureux poisons?
Le Peintre qui nous peint des neiges les toisons
A pouuoir d'exprimer leur blancheur apparante,
Mais non pas leur froideur ny comme elle est cuisante.
Ainsi i'ay le moyen de te faire discours
Sur toutes les douleurs que ie souffre en amours.
Mais helas! ie ne puis faire tant que ton ame
Les sente comme moy plein de soufre & de flame.
 O festes montagneux de qui les fondemens
Regardent les Enfers, contez y mes tourmens,
Et puis que vos sommets outrepassent les nuës
Contez aussi là haut mes peines continuës.
O fleuues qui courez, hé qu'auecques vos flots
N'entraisnez-vous l'ennuy qui trouble mon repos?
Mais en vain ie m'addresse aux formes insensibles.
Puisque à toy seulement ces effets sont possibles.
Z.vj.

MESLANGES.

Quãd deux Luts sont d'accord en vn semblable ton,
L'vn sonnant, aussi tost l'autre respond au son:
Ainsi de deux Amans les ames bien vnies
Auec pareils accords font mesmes harmonies,
Et ce que l'vne veut, l'autre le veut aussi:
En ce poinct tu pourrois m'affranchir de souci.
  La Mandragore assise à l'environ des vignes
Par son infusion les rend toutes benignes:
Car le vin qui en sort ha tant de leniment
Que ceux qui en ont beu dorment plus doucement,
Et s'ils ont de dormir plus gracieuse enuie.
Tempere le fort vin qui m'enyure la vie,
Mesles au mal d'amour quelque tranquillité
A fin que mon trauail soit vn peu limité
Et que plus aisément il me soit supportable.
  ,, L'honneur d'vne Deesse est d'estre secourable.

Du Bleu.

Plein d'vn doux souuenir ie chante en ta faueur
 Le Bleu qui de louange aupres de tous s'honore:
 I'enten desia ta voix, i'enten le bleu encore
Me tancer de l'oubly qui cache son honneur.
Quand au monde le bleu n'auroit autre bonheur
 Sinon que tout le Ciel de son teint se colore,
 N'en ayant vn plus beau qui sa voûte decore,
N'est-ce pour le priser sur toute autre couleur?
Neptune au manteau bleu rend la marine bluë,
 L'air est bleu, & la terre estalle à nostre veuë
 Mille pierres & fleurs peintes de ce beau teint.
Le bleu est amitié, bonté & courtoisie,
 Quelques vns ont voulu que ce fust ialousie:
 Face Amour que iamais ie ne m'en voye atteint.

Ie gouuerne le monde, ô que ie suis heureux!
  Si le monde à mon gré se gouuerne & manie
  Me peut-il arriuer aucun mal en ma vie?
  Il m'aime, ce dit-on, & i'en suis amoureux.
D'Alexandre le grand le fort auantureux
  Qui du monde en sa main se mit la seigneurie,
  Auroit comme ie croy sur ma fortune enuie
  Si i'estois possesseur du monde que ie veux.
Philosophes subtils qui vouliez faire entendre
  Des mondes infinis au Monarque Alexandre,
  Le contraignant pleurer d'extreme ambition,
Vous n'estiez que menteurs: Il n'y auoit qu'vn monde:
  Mais vn autre s'est fait qui le premier seconde,
  Et qui voit le second voit la perfectio.

D'vn Esuentail, A Madamoyselle de Fontaines.

Est-ce pour rafraischir les charbons de mon ame
  Que de vostre Esuantail vous faites vn doux vêt?
  Ou pour croistre mon feu l'allez-vous émouuant
  A fin que ie deuienne vn grand tison de flame?
Amour qui sans repos nous file quelque trame
  A mis, comme ie croy, ce moyen en auant
  Pour mieux faire bruler l'amoureux poursuiuant
  Et rafraischir le teint des beautez d'vne Dame.
Alors que vos beaux yeux, viues sources de feu,
  Ont allumé nos cœurs, l'esuantail peu à peu
  Vous sert pour animer la braise violante.
Cessez, ie vous supply, de m'ambraser si fort:
,, Quand le bois est finy le feu demeure mort.
,, La cendre ne vaut tant que la masse brulante.

Z.vij.

MESLANGES.

Du Colombin, A la Royne de Nauarre.

Si ce n'est peu de plaire aux Dieux & aux Deesses,
Si ce n'est peu de plaire aux celestes beautez,
On te doit, Colombin, louer de tous costez,
Voyant comme tu plais à la fleur des Princesses.
Les Colombes qui sont d'amour sages maistresses
En ont la gorge peinte, & les iardins plantez
En ont, comme les chãps, leurs hõneurs augmentez,
Et rien n'est trouué beau s'il n'en peint ses richesses.
Les fueilles de saffran en portent la couleur,
Iris en peint aussi sa robe de valeur,
Et le feu le plus pur en porte la teinture.
Ainsi du Colombin l'honneur va dessus tous:
Mais bien que de soymesme on prise sa peinture
Ie luy donne le prix pource qu'il est à vous.

A Madame la Princesse de Nauarre.

Les Anges font au ciel vne saincte harmonie,
Les cieux tournent aussi d'vn merueilleux accord,
Les Elemens entr'eux temperent leur discord
Par vne consonance en qui tout se varie.
Si n'ay-ie toutefois, goustant leur melodie
Et toutes les douceurs qu'on admire plus fort,
Trouué rien comparable à celle-là qui sort
Du Lut que ta main blanche à son aise manie.
Orfee & Amphion tirans rochers & bois
Et encore Apollon cederoyent à ta voix,
Calliope du Lut alors que tu en vses.
Les Muses t'ont nourri d'hymnes en lieu de lait,
Les Graces t'ont rendu le visage parfait:
Ainsi tu as le trait de l'Amour & des Muses.

Pour vn partement.

Maintenant que ie pense à faire mon voyage
  Et que le temps pressé m'appelle à voyager,
  Mes yeux de dessus vous ne peuuent desloger
  Et semblent attachez à vostre beau visage.
Ainsi quand les troupeaux paissans dessus l'herbage
  Sentent par quelque vent, qui sert de messager,
  Qu'vn orage bien tost les doit endommager,
  Ils broutent gloutement & de plus grãd courage.
Excusez donc mes yeux si trop auarement
  Fichez sur vos beautez ils prennent aliment;
  Sçachans combien de faim l'absence leur prepare.
Ceux qui sont prés du port à tous hommes commun
  Ont alors vn desir de viure plus auare,
  Vous laisser & mourir ie sens que ce n'est qu'vn.

CHANSON.
Des mouches à miel.

ESTANT couché pres les ruchettes
  Où faisoyent du miel les Auettes,
  En ces mots ie vins à parler:
  Mouches vous volez à vostre aise,
  Et ma Maistresse est si mauuaise.
  Qu'elle m'empéche de voler.
Vous volez sur les fleurs escloses,
  Et moissonnez les douces choses,
  Du thym, du safran rougissant,
  Et du Saule à la fueille molle:
  Mais sur les moissons ie ne volle
  Dont i'aime à estre iouissant.
Mouches de Iupiter nourrices,
  Des odeurs qui vous sont propices

MESLANGES.

Vous faites la cire & le miel:
Et moy des beautez de Madame
Ie ne produis rien en mon ame
Que plaintes, que dueil, & que fiel.
On dit, ô coleres Abeilles,
Qu'en vos pointures nompareilles
Vostre destin se voit borné:
Mais celle dont les traits ie porte,
Las! en me blessant n'est point morte
De la mort qu'elle m'a donné.
Ha! ie voudrois estre vne mouche
Pour voleter dessus la bouche,
Sur les cheueux & sur le sein
De ma Dame belle & rebelle,
Ie piquerois cette cruelle
A peine d'y mourir soudain.

CHANSON.

De l'Amour & de la Honte.

CVPIDON s'en alloit ioyeux
Parmi les champs en diuers lieux
Voyant tout en obeissance,
Quand au milieu des bois toffus
Deuant luy se trouua confus
Vn qui viuoit sous sa puissance.
C'estoit vn ieune homme amoureux
Qui portoit le teint d'vn honteux:
Aussi la Honte estoit sa guide,
Et se tenant auprés de luy
Gardoit qu'il ne dist son ennuy,
Et tousiours le rendoit timide.

Sans plus ses maux estoyent contez
 Aux bois & deserts escartez
 Qui n'entendoyent pas sa complainte,
 Mais tenoyent son feu bien segret,
 Et si leur disant son regret
 La honte luy en donnoit crainte.
Or de l'Amour il s'approcha
 Mais Amour à luy se facha,
 Et luy dist : Ie ne fay point conte
 De ceux qui ont faute de cœur.
 Pour les craintifs n'est ma faueur
 Ny pour ceux qui suiuent la Honte.

Du Verd.

Si le verd en blason signifie esperance,
 Qui est le plus grãd bien qu'ayõs receu des Cieux
 Quand Pandore perdit les autres biens des Dieux,
 Dois-ie passer le verd sous l'oubly du Silence?
Le plus beau fils de l'an en pare son essence:
 Arbres, fueilles & fruits par luy nous font ioyeux,
 L'Esmeraude & le Iaspe ainsi plaisent aux yeux,
 Et ce qui n'a du verd à faute d'excellence.
Les Nymphes dans les eaux portent des habits verds:
 Tu es tant à louer qu'auec toy ie me perds,
 O couleur d'esperance, & plus ie n'en veux dire:
Seulement ie te pry ne te laisse porter
 A celles qui d'espoir ne veulent contenter
Le fidelle amoureux qui pour elles soupire.

MESLANGES.

CHANSON.

Nvl de tout poinct n'est bien-heureux:
Tel ie suis estant amoureux:
Cloris infiniment est belle,
Mais il luy plaist d'estre cruelle,
I'aimerois mieux moins de beauté
Et auoir plus de priuauté.

Cloris, que te vaut ta rigueur
Puisque desia tu tiens mon cœur?
Est-ce pour croistre mon martyre
Voyant qu'ainsi plus ie desire?
I'aimerois mieux, &c.

Laisse moy baiser tes beaux yeux,
L'ame par là se baise mieux:
Car les yeux representent l'ame.
Que tu mets de souffre en ma flame!
I'aimerois mieux, &c.

De tes beautez tu fais ma mort,
I'ay du mal d'où i'attens support.
La Cigalle vit de rosee,
De pleurs ma vie est arrosee.
I'aimerois mieux, &c.

La rose au piquerons menus
A bon droit se donne à Venus,
Puisqu'en tous amoureux seruices
Sans peine on ne vient aux delices.
I'aimerois mieux, &c.

LIVRE V.   274

CHANSON.

QVE tu merites bien d'auoir pris ta naisance
Où les monts Pyrenez sont bornes de la France:
L'honneur des autres monts est par eux surmonté,
Et l'honneur des beautez est deu à ta beauté.
Ils sont durs toutefois, & tu m'es aussi dure,
  C'est dequoy ie m'attriste & plains mon auâture:
Et comme la Cigalle en chantant veut perir,
Ie chante en me mourant ce qui me fait mourir.
Sur les monts Pyrenez Iupiter ne desserre
  Tant de feux orageux & d'esclats de tonnerre,
Comme dessus mon chef tes yeux ont enuoyé
D'orages & d'esclairs dont ie suis foudroyé.
Si lon appele donc les cymes Pyrenees
  D'vn nom qui suit l'effet qui les rend estonnees,
Que ie sois appelé le vray mont Pyrené
Où le feu des beautez tant de coups a donné.
Pensant & repensant au bien que ie souhaitte
  Ie ne m'estime heureux qu'en ma propre defaite,
Et brulant & mourant ie seray glorieux
S'il te plaist que ie brule au doux feu de tes yeux.

CHANSON.

LAVRETTE ma chere alliance
Si tu desires me ranger
Sous le sceptre de ta puissance,
Tu me dois ton cœur engager.
Me iurant amour mutuelle

MESLANGES.

Ma foy sous ta foy se rendra:
Et lors toute flamme immortelle
Plustost que mon feu s'estaindra.
Le desespoir ha de coutume
De sauuer vn camp tout perdu,
Et souuent le cœur qu'il allume
Au vaincu le pris a rendu:
C'est le moyen qui me deliure
Des prisons, où j'ay longuement
Aimé plus mourir, que reuiure
En ma liberté doucement.
Ores comme estant enuieuse
Du bien que m'ont rendu les Dieux,
Toute belle & ingenieuse
Tu me tends des filets aux yeux:
Cache toy ie te pry Laurette,
Ne m'eslance plus ces regards:
Ils font mal comme la sagette
D'Apollon, d'Amour & de Mars.
Ou bien s'il te plaist de me prendre,
Sois prise aussi de ton costé:
Vn fer plus aigu se peut rendre
Quand d'vn autre il est irrité.
Deux pierres choquant l'vne l'autre
Font sortir vn feu mutuel:
L'amour de nous deux toute nostre
En feroit vn perpetuel.
Laurette tu entens la sorte
Comment ie veux m'assuiettir:
Il ne faut que le temps m'apporte
Recompense d'vn repentir.

De plus aimer ie me defifte
Voulant mon aife recouurer:
L'Ingratitude eſt l'Amethyſte
Qui me gardera d'enyurer.

DIALOGVE,

D'vn Paſteur & d'vne Bergere.

Le Paſteur.

BERGER où t'en vas-tu ſi droit
Tandis qu'il neige en abondance?
La Ber. Ie ne crain point ſa violence,
    Le froid ne fait point mal au froid.
Le Pa. Mon Dieu que tu m'auiſes bien
    D'accuſer ta grande froidure.
La Ber. Tu te plais à me dire iniure.
    Mais dy, Paſteur, ie ne crain rien.
Le Pa. Ie ſuis tout ébahy comment
    D'vn froid i'attire tant de flame.
La Ber. Mon refus eſt feu de ton ame,
    Tu n'en aurois point autrement.
Le Pa. De neige tu as la blancheur,
    Et ie croy la froideur de meſme.
La Ber. Si tu aimois ainſi que i'aime
    Tu n'accuſerois ma froideur.
Le Pa. La neige ne chet plus en bas,
    Honteuſe de te voir ſi blanche.
Le Ber. Le feu qu'en toy l'amour épanche
    Fond la neige deſſous tes pas.

MESLANGES.

Le Pa. Que ie gaigne bien à t'aimer
  Puisque mon mal t'appreste à rire.
La Ber. Les Amans brulent à leur dire,
  Mais on ne les voit consommer.
Le Pa. Tu es si froide que sous toy
  La neige plus fort se r'englace.
La Ber. Si mon froid ha tant d'efficace
  Pourquoy t'arrestes-tu à moy?
Le Pa. La neige se fond au printemps,
  Et l'hiuer tousiours n'a puissance.
La Ber. Vy si tu veux en esperance,
  Nous verrons que fera le temps.

Pour vn Agnus Dei.

Ce bel Agnus dei qui pend dessus ton sein
  Figure du Sauueur qui se mit au supplice
  Pour lauer nos pechez d'vn humble sacrifice,
  Est-ce pour m'aduertir que ton cœur est humain?
Comme l'aigneau de Dieu veux-tu prendre soudain
  Vn cœur humilié, gracieux & propice,
  Et faire mon salut honorant mon seruice,
  Sauuer quelqu'vn de mort est-ce pas vn beau gain?
Tu ne portes, mauuaise, vn si diuin image
  Pour te monstrer plus douce & humble de courage,
  Mais par là tu me veux declarer ta rigueur:
C'est plustost qu'il te plaist que ie me sacrifie,
  Que i'immole, ie perde, & destruise ma vie,
  Deuant la cruauté d'vn faux tiltre d'honneur.

Pour vn Miroir, A Panopee.

Vous estes le miroir des plus grandes Deesses
Que tout cet vniuers honore sainctement,
Soit que de cent beautez estes le firmament,
Soit que toutes vertus ont à vous leurs adresses.
Mais comme d'vn crystal les glaces larronnesses
Auec reflexion rendent en vn moment
Tout ce qui se presente à leur polissement,
Faites moy le miroir de si sainctes richesses.
Que ie sois le miroir de vos diuinitez,
De vos perfections & de vos volontez.
Le Ciel se mire en vous comme en son biē supréme,
Mirez vous en mon cœur par le vostre animé:
Et comme tout le ciel en vous est transformé
Faites qu'en me voyāt ne voyez que vous mesme.

Du Latin de M. de PIMPONT.
A DICTYNNE.

IE reconnois bien l'arc, le brandon, & la trousse
De Phebus qui ses traits en ma poitrine pousse,
Qui grand Dieu sçait mesler l'amoureuse poison
D'vne main medecine, affolant la raison:
Tout puissant dieu qu'il est, de ma playe il préd gloire
Et en petite estime il n'ha telle victoire:
Sur le haut d'Helicon (signe de n'auoir Peu)
Il a fait rayonner vn long sillon de feu,
Si bien qu'estant conduit sous bien-heureux presage

MESLANGES.

De luy & des neuf Sœurs, ie viens en ton seruage
Dictynne, esclaue tien : & desia ie te suis
(Courant d'vn vain labeur plus loin que ie ne puis)
Entre les durs rochers du feste de Latmie
Apres cette clairté qui belle m'y conuie.
I'admire ta lumiere & l'honneur de ce teint
Qui de couleur de rose en ton visage est peint.
Nouuel Endymion ie cerche d'entreprendre
De faire par mes vers la Lune à bas descendre,
Comme elle descendit en l'antique saison
A Pan qui l'attira d'vne blanche toison.
Mais à fin que ton cours pour moy ne se repente
De prendre du haut Ciel ici bas sa descente,
Sçaches que c'est vn Dieu qui me pousse en tes rets,
Moy qui suis l'vn de ceux qui entend ses secrets
Et ses mysteres saincts : Il m'elance pour proye
Au deuant de tes dards, & vainqueur ne t'ottroye
D'auoir tant seulement sur les Feres pouuoir.
 Preste donc ta faueur à mon hardi vouloir,
Aide au commencement : Deesse ne denie
Tes beaux rais argentez au Pasteur de Latmie:
Endure que tu sois sur ton autel sacré
Inuoquee en mes vœux qui te viendront à gré.
 O Dictynne puissante, ô Royne des estoiles
Augmente en bon carquois bon arc & bonnes toiles,
Augmente en bons filets ouuertement serrez,
Augmente en chiens courans, en bons épieux ferrez:
Et qu'ainsi d'Apollon l'augure & le presage
Fauorables me soient par ton serein visage.
De l'astre fraternel i'adore les saincts feux
Et le Dieu des amans ne luy est enuieux

De

LIVRE V.

De ce qu'il est armé d'vne mesme sagette.
  Voici i'auois desia sonné pour la retraitte,
Le but de la carriere estoit presques attaint,
Et du prix des coureurs mon chef s'en alloit ceint
Quand l'vn & l'autre Dieu (encor que las ie fusse)
M'a redonné la torche à fin que recourusse:
Et (moy fuyant arriere) ils m'ont auec clameur
Relancé dans tes rets, la prison de mon cœur,
Et qui plus, m'ont contraint qu'encor ie te dedie
Vn temple où ne sera la flamme oncque amortie.
  Voyla comme mon foye à tous coups se refait,
Repullulant au feu qui apres le defait,
Et ses fueilles tousiours luy renaissent nouuelles
Pour sentir de rechef des chaleurs eternelles,
Si bien que ie resemble à cet vnique oyseau
A qui sa cendre sert de vie & de tombeau:
Cet oyseau le voisin du leuer de l'Aurore
Quand vn odorant feu sa figure deuore,
Il renaist de sa flamme, & mourant & brulant
Pour tousiours rebruler, se va renouuelant.

Trois Deuises, dont la premiere est,
Hinc nomen Cytherea tibi.

DIALOGVE.

D. *Sous ces myrtes, Amour, dy moy qui t'a caché?*
A. *C'est ma mere Venus.* D. *Que pense-t'elle faire?*
  Elle veut enseigner ce qui est necessaire
A ceux qui des beautez la grace ont recherché,
Au seruice des Dieux l'honneur est empesché
  S'il aduient qu'on Profane entende leur mystere.
Il est seant d'aimer, mais il conuient se taire

a.i.

MESLANGES.

Autrement la Deesse en punist le peché.
Venus aime vn silence & veut estre honoree
Pourtant elle a choisi le nom de Cytheree
Montrant que d'vn mystere elle cache ses faits.
D. Amour c'est assez dit. Ce n'est peu d'estre sage,
Ie sçay comment les Dieux ont puny tels forfaits.
» Le taire ne nuist point, mais souuent le langage.

I.I. Deuise.
Hinc capio augurium.

Si Phebus Apollon m'inspire iugement
Pour sçauoir deuiner d'vne belle auanture,
Trouuant ces arbrisseaux d'amoureuse nature
I'augure pour mõ biẽ quelque heureux chãgement.
Le Myrte n'est qu'amour odorant doucement,
Et quand le Grenadier enlace sa verdure
Il ne se peut tirer qu'vn fauorable augure
D'affection pareille en tel ambrassement.
Vn seul moment de temps a beaucoup de puissance,
Souuent vn bien arriue à l'heure qu'on n'y pense,
Le temps est vn grãd Dieu qui cõduit le beau iour.
Ces plantes qui n'ont point vne ame sensitiue
Vous mõstrent cõme il faut qu'auec amour on viue.
Si nous auõs plus d'ame il nous faut plus d'amour.

I.I.I. Deuise.
Condũtur non siccantur.

Quand ie voy maintenant sous le temps des froideurs
Le transparant de l'aer empesché de bruine
Et les gouttes d'humeur qui en ont origine
Sous les brãches des bois cacher l'eau de leurs pleurs.
Ie voy le mesme effect que causent mes malheurs
Ie connois les rigueurs d'inclemence diuine,

Et si ie n'ose plaindre ou pleurer ma ruine,
Moindres pour les celer ne sont pas mes douleurs.
Comme par un excés de froidure ennemie
La vapeur se retient d'estre en eau conuertie,
Qui seulement se cache & seche, ne se rend:
Les ondes de mes pleurs seulement sont cachees,
Et ne sont ny seront par le temps desechees:
Ie les garde pour faire un deluge en mourant.

A Madame de la BORDAIZIERE.

Ombien que ne soyez cela qu'auez esté,
L'âge maistre de tout vostre beauté n'efface:
Et ce teint qui disoit un iour de vostre face
N'a perdu son Printemps mesmes aprés l'Esté.
En vos yeux ne s'estaint la diuine clairté
Qui brule mille cœurs & qui les tourne en glace:
Et si vous retenez sur le front une grace
Qui montre le vray beau du temps n'estre emporté.
En voyant si beau reste à qui l'entier d'un autre
Cede, on dit que d'Amour la gloire est toute vostre:
I'ose vous comparer à Rome en son bonheur,
Dont l'Empire n'a eu grandeur qui le seconde,
Et si le reste en cendres de sa cheute grandeur
Plus que nul autre Empire estonne tout le monde.

A Madamoyselle de CHASTEAVNEVF.

TA grace & ton beau port pleins de diuinité
Ne deuoyent s'enrichir de tant de broderie,
Ny de tant de carquans perles & pierrerie:
Sans eux tu peux assez espandre de clairté,
L'eclair de tes regards, ta vertu, ta beauté,

a.ij.

MESLANGES.

Meritent que tu sois Royne toute ta vie
Non vn soir seulement pour la féue choisie
Qui ne donne qu'vn iour sa feinte royauté.
Mais tu es & seras tousiours Royne puissante,
Car l'astre de ton œil qui l'Vniuers contante
Regne au cœur de tous ceux qui t'osent regarder.
Comment ta maiesté ne seroit elle grande
Puisque aux grands, aux Heros, aux Dieux elle commande?
Est-ce pas estre Royne en ce poinct commander?

Ce beau Chasteau que la saincte Nature
De sa main propre a si bien façonné,
Pour estre au monde vn miracle ordonné,
Surmonte l'art de toute architecture.
C'est CHASTEAVNEVF, qui peut dōner blessure
Dans l'estomach du cœur plus obstiné.
L'œil qui n'est point de la voir fortuné
Mesme s'enflamme en voyant sa peinture.
D'elle ne vient qu'vn genereux penser
Qui sur le Ciel fait l'esprit auancer,
Ne prisant rien ce que le commun prise.
Ame ne soit qui n'admire sa fleur
Et ses beautez de celeste valeur,
Puis qu'vn Heros luy soumet sa franchise.

LIVRE V.

Rien que vertu son esprit ne poursuit,
  Et si l'honneur luy sert de sauuegarde:
  Mille Soleils de ses yeux elle darde,
  Qui font vn iour au milieu de la nuict.
C'est vn Chasteau qui sur vn mont reluit,
  Que le passant tout esbahi regarde:
  En l'approchant tout homme se hasarde,
  D'y laisser l'ame & son cœur qui s'enfuit.
Autant qu'on voit les bois & les montagnes
  Estre esleuez par dessus les campagnes,
  Elle apparoist de sa troupe l'honneur:
En ce Chasteau l'Amour fait sa demeure,
  En ce Chasteau pour iamais il s'asseure
  Estre des Dieux & des hommes seigneur.

Le sainct logis qui la belle enuironne
  Est de fin marbre, à qui le Parien
  Tant renommé par le siecle ancien,
  De son honneur le merite redonne.
C'est où Beauté establist sa couronne:
  Venus quittant le seiour Cyprien
  Et les odeurs du mont Cytherien,
  Pour y seruir son logis y ordonne.
Aussi ie voy que le Mars des François
  Vainqueur de tous, obeist à ses lois
  Contre ses yeux ne restant inuincible.
Mais l'autre Mars & son autre Venus
  Furent amans des honnestes connus,
  Où cette amour ne passe le loisible.

a iiij.

MESLANGES.

A Madamoyselle DE SVRGERES.

LE Ciel a sur tes yeux tant de grace laissé,
Tant d'humble gravité, tant de beauté parfaite,
Qu'elle pourroit lasser le plus divin Poëte,
Tant par le beau suies l'esprit est devancé.
En ce siecle maudit de vices insensé
Tu parois entre nous ainsi qu'vne Planette
Qui par ses doux aspects tout desastre rejette,
Faisant moins regretter l'heureux siecle passé.
A Helene de nom & de beauté tu sembles,
Mille feux, mille appas sur ton front ty assembles,
Tes ris & tes regards sont des amours secrets :
D'vn poinct vous differez : Elle fut vicieuse
Cause de tant de sang respandu par les Grecs :
Tu es sçauante, sage, & douce, & vertueuse.

A Madamoyselle DE BRISSAC.

COmme Timoleon ton magnanime frere,
L'Achille des François, guidant mille soudars
Sans tréue nuict & iour presseoit de toutes parts
Ses ennemis vaincus par sa force guerriere :
Ainsi toute celeste, inuincible aduersaire,
Tu iettes mille traits de tes diuins regards,
Autant gloire d'Amour qu'à ton frere de Mars,
Et tout ce qui te voit soudain se sent desfaire.
Tes soldats inuaincus sont tes sçauans discours,
Tes graces, tes beautez, paradis des amours,
Qui font à mille cœurs de cruelles alarmes.
Mais les vaincus par luy acqueroyent promptement
La fin de leur misere occis par ses gensdarmes :
Ceux que tu fais mourir reuiuent au tourment.

A ce Timoleon merueille de nostre âge,
  (Qui estoit la tempeste & l'honneur des combats,
  Ainsi que Mars suiuy de cent mille soldats)
  Tu sembles de maintien, de grace, & de courage.
Tu luy sembles encore en accent, de langage,
  En sçauoir, en vertus qui forcent le trespas:
  Et tout ce qu'il auoit, pareillement tu l'as
  Afin qu'en tous endroits chacun te rëde hõmage.
Enuers ses ennemis il vsoit de rigueur,
  Il aimoit ses amis de parole & de cœur:
  Enuers tes ennemis tu es bien aussi fiere.
Mais comme Anaxarete estrange d'amitié,
  Sans loger auec toy quelque ombre de pitié
  Tu veux mesme des tiens te faire la meurdriere.

Dos ojos non bastan à llorar tam graue mal.

Mes deux yeux deux ruisseaux de larmes ne s'épuisée
  Que pour mon Frere en vain ie respans à la mort,
  Tant vn iuste regret sans cesse me remord:
  Mais pour si grãd malheur mes deus yeux ne sufisët.
Que les yeux des François de leur perte s'auisent
  Considerant combien il estoit leur support;
  Qu'ils m'aidët à me plaindre et des dieux et du sort
  Qui les pires laissans tous les meilleurs destruisent.
Ie voudrois comme vous, ô filles du Soleil,
  Pour finir mon ennuy qui au vostre est pareil,
  Qu'en la forme d'vn arbre enclose fust ma vie.
Vous pleurastes la mort d'vn qui le monde ardit:
  Moy de Timoleon qui vaillans defendit
  La foy de ses ayeulx, son Prince, & sa patrie.

a.iiij.

MESLANGES.

Quand i'aurois comme Argus en la teste cent yeux,
  Ils ne me suffiroyent, mon Frere, pour espandre
  Les larmes que ie doi à ta muette cendre,
  Si de pleurs s'appaisoyent les Manes Stygieux.
Que maudit soit celuy qui d'vn art furieux
  Inuenta les canons : Ce mechant sceut apprendre
  Imiter le tonnerre, & laschement surprendre
  Les preux enfans de Mars, dignes du nõ des dieux.
Ainsi d'vn long sommeil ta vaillance est couuerte,
  Et la France ne peut assez plaindre la perte
  De toy que les destins n'ont qu'vn iour fait durer.
Quand tous les feux du Ciel se tourneroyent en pluye
  Ils ne pourroyent assez pleurer ce qui m'ennuye,
  Tant s'en faut que deux yeux bastent à le pleurer.

Sur le regret qu'elle porte de son frere.

Qu'on ne me vante point l'extreme pieté
  D'Antigone Thebaine à bon droit rechantee
  Sur la Scene cent fois par elle ensanglantee,
  Dont le deuoir ne fut de mort espouuanté.
Par IANE DE BRISSAC son los est surmonté,
  Sa pieté, son dueil, & sa force indomtee :
  Pour son frere vne fois l'ame luy fut ostee,
  Et IANE meurt cent fois pour le sien regreté.
Seulement Antigone enterra de son frere
  Le corps malgré l'edict du tyran aduersaire :
  Mais cette bonne sœur gloire de l'Vniuers
Malgré tous les destins, malgré les Eumenides
  Inuincibles tyrans, par mille doctes vers
  Rauist Timoleon des eaux Acherontides.

Sur vne peinture.

Apollon clair-voyant, à fin que la semblance
  De la belle Themis imparfaite ne soit
  Quand la perfection en elle s'apperçoit,
  Dy nous ce qui du Peintre a fuy la science.
Son magnanime esprit ennemi d'ignorance,
  Tout sçauant & tout sage en tableau ne se voit,
  Ny le camp des vertus que son ame reçoit,
  Qui font de ses beautez l'immortelle excellence.
Des Muses elle tient l'eloquence & la voix,
  Des Graces toute grace en vne ayant les trois:
Minerue maintenant son honneur luy delaisse
Comme Venus luy cede en l'honneur de beauté:
  De la chanter, Phebus, seul tu as merité:
  Ne faut-il pas qu'vn Dieu chante d'vne Deesse?

Dialogue de Venus & d'Amour.

MON fils Amour, enfant victorieux,
  Enfant seigneur des hômes & des Dieux,
  De qui la fleche à mal-faire importune
  A tant blessé Iupiter & Neptune,
Et moy ta mere, Apollon & Iunon,
Faisant nos cœurs tressaillir sous ton nom:
Pourquoy, craintif, ne frappes-tu Minerue
A celle fin qu'à tes loix elle serue?
Pourquoy contre elle es-tu d'arc dépourueu,
Ta trousse vuide & ta torche sans feu?
Ne sçaurois tu pendre à ton arc d'iuoire
Son fier dédain, triomfant de sa gloire?

a.v.

MESLANGES.

AM. Elle ha les yeux (ma mere) si ardans
Qu'à son regard ie frissonne au dedans:
Ie crain Pallas au courage inuincible,
Au bras armé d'vne Egide terrible:
Autant de fois que mon arc i'ay courbé,
Autant de fois tousiours il m'est tombé
Bas à mes piés, & mes fleches dorées,
Autant de fois n'ont esté asseurees.
Quand ie voyois son pennage ombrageux
Se remuer, alors peu courageux
Ie tremblois tout, & desia sur ma teste
Pensois sentir de son bras la tempeste.
Qui dans ses os ne sentiroit couler
La froide peur l'oyant fiere parler?
V E. Combien que Mars soit le Dieu des gensdarmes
Tu l'as, mon fils, despouillé de ses armes.
A M. Mars à tous coups de moy veut approcher,
Il se desarme, & me vient rechercher:
Mais non Pallas qui mes flammes auise
Et prend bien garde à n'estre point surprise.
Par deffiance elle ha de moy soupçon,
Car ie luy semble vn dangereux garçon:
Quand finement à son costé ie passe
De tels propos tousiours elle menace.
 Pris par les piés là bas ie te ruray
Dans les Enfers, ou ie t'arracheray
Du flanc ouuert le sang l'ame & la vie,
Si m'approcher il te prend vne enuie.
Retire toy, si tu ne veux sentir
De ta folie vn soudain repentir.
 Ainsi tousiours Minerue m'épouuante,

Iettant sur moy l'œillade estincelante
Comme vn éclair d'orage plein de feux:
Puis elle émeut son bouclier monstrueux
Où de Gorgonne est la figure estrange,
Qui les voyans en pierre dure eschange.
Cette Meduse en lieu de longs cheueux
Porte vn horreur de serpens venimeux.
Incontinent que ie voy ce visage,
Sans m'assurer ie perds tout le courage,
Voire & m'enfuy. V E. Tu crains donc de Pallas
L'horrible Targe ? Et crainte tu n'as pas
De Iupiter qui d'eclatant tonnerre
A foudroyé les enfans de la Terre?
Mais que n'as-tu de ton brandon vainqueur
Des Muses sœurs ambrasé tout le chœur?
Vn morion sur leur teste ne sonne,
Leur main ne tient ny targue ny Gorgonne.
A M. Dessus leur front loge la grauité,
De cent vertus y flambe la clairté,
Leur ame prompte est soudain elancee
Au sein du Ciel, loin d'humaine pensee.
Quand bien souuent i'approche de ces Sœurs
Ie m'en reuais rauy de leurs douceurs,
Tant doucement toutes neuf elles chantent
Que moy, mon arc, & mes fleches enchantent.
Voyla pourquoy ie ne puis surmonter
Toutes ces Sœurs filles de Iupiter.
V E. Bien, laissons là cette troupe sacree,
Et dy pourquoy Diane n'est outree.
A M. Ie ne sçauroy par les monts l'attraper,
Par les forests elle sçait échapper

a.vi.

Si que ie perds & mes pas & ma peine,
La pourchaſſant d'vne ſuitte incertaine,
Puis elle cherche vn different plaiſir.
V E. Quel paſſetemps? A M. Es foreſts ſans loiſir
Elle pourſuit les animaux ſauuages
Ceinte d'vn arc & de fleches volages,
La trompe au col: ainſi touſiours me fuit,
Car le chaſſer eſt ſon entier deduit:
Bien que ſon frere arme ſa main de fleches,
Son cœur nauré par differentes breches.
Connoiſt aſſez ſi ie ſuis bon archer
Et de quel coup ie ſçay l'ame toucher.
   Belle Phyllis qui portez au courage
De voſtre pere & grand frere l'image
Ainſi Venus diſcouroit en ces mots,
Et i'écoutois de ſon fils le propos.
Il me ſembloit (ſi i'enten ſon myſtere)
Parler de vous ſa puiſſante aduerſaire
Deſſous le nom de la grande Pallas
Et des neuf Sœurs qui reuerent vos pas.
   Si la riuiere ondeuſe d'oubliance
Couloit icy, i'en boirois l'abondance
Pour viſtement eſtaindre ſa chaleur
Et deliurer mon ame de douleur:
Elle ne coule au deſſus de la terre:
Pourtant il faut que i'endure la guerre
Et les aſſauts que me liure l'Amour
Tant que mon œil iouïra de ce iour
Me conſolant de certaine eſperance
Que par la mort finira ma ſouffrance.

M. D'ATRY à M. de BRISSAC.

CE qu'est au feu la chaleur & la flame,
  Ce qu'au Soleil sa rayante clarté,
  Ce qu'au printemps le Zephyre esuenté,
Tu m'es autant mon ame, ô ma chere ame.
Ce qu'vn vaisseau sans voiles & sans rame,
  Sans gouuernail par les vents agité,
  Las! ie le suis pour ne voir ta beauté
Et ta vertu qui d'honneur est la trame.
Reuien mon ame, & telle qu'vn Printemps
  Retourne icy pour nous rendre contens:
  Assez assez la froide Normandie
De tes regards s'est aidee au besoing,
  Quand le Soleil la regardoit de loing,
  Ore il est temps de me rendre la vie.

A Madamoyselle de BELLEVILLE.

SI vostre ame si belle & si grande & sçauante
Loge en vn petit corps qui luy sert de prison,
Ce n'est pas vne faute, & ce n'est sans raison
Que Nature l'a fait comme non ignorante.
Elle montre en cela que l'œuure est excellente:
  Car aux choses de prix & belles à foison,
  Elle ne donne vn corps à la comparaison,
Aussi grãd qu'est le pris qui leurs beautés augmẽte
On le connoist assez aux perles & rubis,
  Aux fermes diamans qui se trouuent petits,
  Toutefois leur valeur plus qu'autre est excessiue.
Ce n'est grand cas de voir en la mer beaucoup d'eau,
  Mais si vn fleuue serre vne mer en sa riue
  C'est vne chose estrange & miracle nouueau.

a.vij.

MESLANGES.
Des noms d'Amour.
A Madame DE LA CHASTRE.

Amour seul est le dieu qui ha toute puissance,
Alors qu'il fait la guerre il prend le nom de Mars:
Quand il iette ses feux son orage & ses dards
Il se dit Iupiter qui le tonnerre eslance.
Quand des Monstres vilains il donte l'arrogance
Il est nommé Hercule, & quand de toutes parts
Brassant une tempeste il nous plonge aux hasards
Il s'appelle Neptune armé de violence.
Quand il nous donne ioye il se nomme Venus,
Quand il chasse le soin il se nomme Bacchus,
Quand il harangue bien à Mercure il resemble:
Vulcan il est nommé quand son feu nous destruit,
De iour c'est le soleil, c'est la Lune de nuit:
Donques où est l'Amour tous les dieux sont ensemble.

A Erato.

LE Sort iadis eleuoit à l'Empire
Les Magistrats, & la Féne donnoit
Cet ornement qui les Rois couronnoit,
Comme pour Royne elle t'a fait elire.
Mais ie dy Roy qui les vertus admire,
Qui d'honneur vain son ame ne deçoit,
Qui dans son cœur les fraudes ne reçoit,
Qui se commande en tout ce qu'il desire.
Autant de gloire aussi tu ne reçois
D'estre la Royne à la feste des Rois
Qu'il t'en est deu sans conte & sans mesure,
Pour ton esprit diuin & genereux,
Et pour ton cœur des vertus amoureux:
Car la vertu surmonte l'auanture.

Ie voudrois estre un Ronsard bien disant
  Qui ses beaux vers de mille fleurs varie,
  Ie chanterois les graces de Marie,
  Et les amours qui la vont conduisant.
Par tout en elle Amour est tout luisant,
  En elle il rit & l'amient qu'elle rie,
  Et quand sa langue en discours se deslie
  Le mesme Amour va ses mots deduisant.
Le nom souuent se donne en la naissance
  Propre aux effects qui suiuent l'accroissance:
  Marie aimer, aussi les amours sont
Dedans ses yeux, en sa iouë, en sa gorge,
  Si bien qu'en elle est l'amoureuse forge
  Où les Amours leurs traits amoureux font.

Dedans ton nom M A I E s'est retrouuee,
  Son mot y est, le Dieu Mars & la mer,
  Et ce qui peut tout le monde animer,
  Dont la puissance au cœur m'est engrauee.
De tes beautez la louange approuuee
  Comme un Printemps nous voyons s'estimer:
  I'ay du grand Dieu qui les camps peut armer
  Et de la mer la fureur éprouuee:
Mais tu pourras de celestes regards
  Vaincre le Roy qui commande aux soudars,
  Et serener des vagues la furie:
Ton âge sied au plaisir d'un amant:
  Aimer ton nom, vnist chaque element.
  Voudrois tu seule estre ton ennemie?

Pour vne image de nostre Dame de pitié.

Si mon cerueau se fond en fontaines de pleurs,
Si ie seus en mon cœur cent glaiues de douleurs,
Si ie sens mille traits de vostre beau visage,
Si vos yeux amoureux me brulent d'amitié,
Que ne voir mirez-vous, Marie, en vostre image,
Et que ne prenez-vous de ma douleur pitié?

A vne Damoiselle nommee Didon.

ENtens à ma priere, arreste ma DIDON,
Ne t'eloigne de moy : ie ne suis cet Enee
Ce traistre qui trompa Didon l'infortunee,
Vne sanglante mort luy donnant pour guerdon.
Ie ne tire mon sang du faux Laomedon,
Et ie ne vien de Troye à bon droit ruinee:
Ie suis cet Amadis de qui l'ame bien nee
Pour seruir les amours se mit à l'abandon,
Qui seul passa le pont des amoureux fidelles,
Qui sauua du danger cent & cent Damoyselles,
Puis d'vne belle mort mourut en bien aimant.
Si de ma loyauté mainte histoire se treuue
Que te nuira d'en faire vne seconde preuue?
La foy de mon ayeul te preste le serment.

A DEVX DAMES.

PLVS louable amitié ne se peut voir au monde
Que celle d'entre vous qui n'a point de seconde,
Vo° n'auez par effect qu'vn seul cœur en deus cœurs,
En cela faisant honte aux plus louables sœurs,

LIVRE V.

Et si telle amitié ne vient point d'auenture,
Comme celle qui prend sa force de nature
Par contrainte de race, alors qu'vn mesme flanc
En ayant porté deux les fait d'vn mesme sang.
  Cette douce amitié qui si forte vous lie
D'vne chaisne inuincible, est vne sympathie
De semblables vertus de mœurs & de façons :
Vous aimez toutes deux de Phebus les chansons,
Les lettres la musique & tout braue exercice
Qui chasse les appas de l'errante malice,
De là naist vostre amour qui ferme durera,
Car le nœud qui vous ioint onc ne se defera,
D'autant qu'il est tissu par la main saincte & belle
De la Vertu qui rend toute chose immortelle.
Il ne faut toutefois en ce contentement
Mépriser le bon cœur d'vn genereux amant
Qui s'offre à vous seruir : Ainsi les belles ames
Des Cheualiers errans se presentoyent aux Dames
Pour estre leur secours aux plus aspres dangers :
Et moy vostre voisin contre tous estrangers
I'opposeray mon bras & toute ma puissance
Pour estre, comme on doit, des femmes la defense.

ODE.

D'ANNE & Didon l'amitié
  Fut moindre de la moitié,
  Et nulle autre n'est eprise
  Tant que celle que ie prise.
Comme la Lune ne prend
  La lumiere qu'elle rend

MESLANGES.

Au cours des nuicts qu'elle éclaire
Sinon du Soleil son frere:
De l'vne la volonté
Prend de l'autre sa clairté:
Ce qui bon à l'vne semble,
Plaist à toutes deux ensemble.
C'est leur trespas desirer
Que vouloir les separer:
Car plus que la fraternelle,
Leur amour est mutuelle.

Faict entre les montagnes de Sauoye.

I'Auois creu iusqu'ici que la sage Nature
N'auoit rien fait en vain, mais ie ne le croy plus
Voyant ces monts hautains, aspres & superflus
Gaster tout l'ornement de son architecture.
Ils derobent au Ciel sa plaisante ouuerture:
Leurs festes inutils n'ont bled ny vins esleus:
Tant seulement les Ours sauuages & velus,
Et les Serpens infots y prennent leur pasture.
O bon Dieu qui de rien bastis cet Vniuers,
Aplanis ces vieux rocs en mille champs diuers,
S'il te plaist acquerir vne gloire nouuelle:
Aussi bien ces rochers d'vn chef audacieux
Ne font que menacer les citoyens des Cieux,
Et pour les assieger peuuent seruir d'échelle.

EPITAPHES.

Viconque sois qui desires apprendre
Par le tombeau de ceux qui sont en cendre
(Où de la vie on contemple le cours)
Comment il faut conduire à fin tes jours,
Lis ie te pry de ces Guerriers la vie,
Qui iusqu'au bout d'honneur est accomplie,
Et tu verras par l'ordre du destin,
Que belle vie engendre belle fin.

DV ROY CHARLES IX.

VN rocher n'a playré lors, que la Mort
cruelle
Toutefois le malheur ne peut estre elle
A fermé ton printemps d'vne nuit bien eter-
nelle.
Quel rocher n'a gemi n'haudissant le destin,
Qui retranche ton iour dés l'aube du matin?
Personne desormais de mortelle naissance,
Comme immortel n'arreste au monde sa fiance,
Puisque les traits de mort sont si audacieux
Que d'occire les Roys, de la race des Dieux.
Les destins l'ont monstré seulement à la terre,
Et comme l'Essain en qui son thresor s'enserre,
Auares l'ont repris, appauurissant nos ans,
Sans permettre à nos yeux de le voir plus long temps.
Helas! Cieux inhumains, la Françoise excellence
Vous sembloit paruenir à trop haute puissance.

Si tel don fust tousiours en propre demeuré
Et qu'il luy fust esté pour iamais asseuré.
 Nul Prince n'est sorti de son Troyen lignage
Qui de tant d'esperance ait leué le courage
De nos guerriers François, certains (s'il eust vescu)
De voir conduits par luy tout l'Orient vaincu.
 Foy, Pieté, Iustice, apparantes lumieres,
Eussent tousiours suiuy ses Enseignes guerrieres,
Et qui l'eust affronté branlant le fer au poing
Ne s'en fust impuni reschappé guiere loing:
Soit qu'il chargeast à pied les troupes belliqueuses,
Soit qu'il donnast l'esperon sur les plaines poudreuses
Aux flancs d'vn beau Cheual: Ha! Prince genereux
Si tu eusses rompu ce destin malheureux
Ce malheureux destin: ta prudence & ta dextre
Eussent vn Charlemagne encore fait renaistre
Toutesfois le malheur ne peut estre cruel
Contre la deïté qui te rend immortel,
Si les enfans diuins, partant d'ici, retournent
Au nõbre des flambeaux qui dans le Ciel seiournẽt.
 Tu erres maintenant és champs Elysiens
En la region pure, où les Princes Chrestiens
Qui iadis ont osé leur braue sang espandre
Pour sauuer leur païs & l'Eglise defendre
Te deferent l'honneur: & te quittant leur lieu
Te prient de s'asseoir de leur troupe au milieu
T'enuironnant le chef de la riche couronne
Que le Pere celeste à ses amoureux donne.
Là les vaillans Heros, les Roys & demy-Dieux
Te montrent leurs ebats és champs delicieux,
Où les Lauriers tout verds d'vne odorante haleine

Embasment les forests, les vents, l'air, & la plaine:
Où les ruisseaux parlants coulent de laict negeux,
Où les chesnes suans font le miel sauoureux,
Où tout est florissant de saison temperee,
Où iamais ne flestrist la campagne alteree,
Où le Soleil doré n'ha le rayon trop chaud,
Et de claire lueur pour les astres ne faut.
Là tu te resiouis entre les ames belles,
Et prens plaisir à voir mille beautez nouuelles
Que les pauures mortels ne voyent ici bas,
Se nourrissans d'ennuis, de guerres, & debas.
 Là donc tu vas reuiure & reposer à l'aise:
Ta mere ce pendant en son esprit n'appaise
Le regret de ta perte, & triste reconfort
Bagne son corps de pleurs & deteste la Mort,
A peine resistant au tourment qui la touche.
 Ta femme aussi tousiours ha le soupir en bouche,
La grosse larme à l'œil, sur le front la langueur:
De sa tendre poitrine elle bat la blancheur,
De ses cheueux espars la soye elle dessire,
Plus elle se tourmente & plus son dueil empire.
Alcyone autrefois ne lâcha tant de cris
Ny tant de pleurs amers au trespas de Ceïs:
Niobe transformee en roche larmoyante
Ne versa tant de pleurs pour sa race mourante:
Et l'oyseau de Memnon autour du monument
Ne fit point resonner tant de gemissement.
 Ta Court teinte de dueil en tristesse demeure:
Les Nymphes t'ont pleuré, toute France te pleure,
Apollon t'a pleuré, d'autant que le support
Des Muses & des arts avec toy semble mort.

Si peu de Rossignols paroissans cette annee
Nous predisoyent assez ton heure infortunee,
Ne voulant plus chanter à cause de ta fin.
O bel astre nouueau, grand esprit tout diuin,
Mon maistre, ie te pleure, & pleureray sans cesse
D'autant que tu estois mon port & mon addresse:
I'espandray sur tes os en tout temps des Lauriers,
Des lys, & des œillets, & la fleur des rosiers:
Et promets si mes vers ont quelque peu de gloire
Que nul temps n'ostera ton nom de la memoire.

Sur le mesme suiet.

Du Roy nostre soleil la clairté n'est esteinte,
 Mais vers l'autre Hemisphere il a tourné ses pas
 Pour allumer le iour aux peuples de là bas
Où luist mieux que iamais sa lumiere tressaincte.
Car le blond Apollon d'ordinaire contrainte
 De fournir à deux lieux desormais estoit las:
 Au repos toute nuict il laissera ses bras
Et de nostre horizon ne fera que l'enceinte,
L'vn & l'autre Hemisphere à ce coup sont pareils,
 Et l'vn & l'autre gent apperçoit leurs soleils,
 En mesme temps ouurir & clorre leur carriere.
Si porté-ie vn grand dueil de ce qu'iniustement
 Le Ciel fait l'autre part plus que la nostre claire
 Leur donnant le Soleil qui a plus d'ornement.

Pour vn image de S. Charlemagne.

Voyant ce Charlemagne en peinture tiré
Qui le globe du monde auoit en sa puissance,
Tu me reules tousiours, CHARLES, en souuenance,
CHARLES de qui le cœur n'auoit moins desiré.
Ton courage aux dangers deuant l'âge asseuré,
Ta force, ta vigueur, ta sagesse, & vaillance,
Ton nom venu du Ciel par neuf fois en la France
Nous promettoyent bien plus qu'on n'auoit esperé.
Charlemagne est au ciel au nombre des Celestes,
Sainct & deifié pour le nom de ses gestes,
Et pour l'honeur des tiés tu vis au rang des Dieux.
Rois qui fustes secours des affaires humaines
Marchans dessus la terre : ores dedans les cieux
(Come Dieux) aidez nous au milieu de nos peines.

De MARGVERITE DE FRANCE Duchesse de Sauoye.

Helas! on dit bien vray que iamais vn malheur
Ne vient sãs attirer quelqu'vn autre à sa suite :
Charles s'en est allé : sa tante Marguerite
Assemble mort sur mort, douleur dessus douleur.
Est-ce pour temperer la ioye & le bonheur
Du retour de Henry qui l'Vniuers merite ?
O rigoureux destin ! vne perte petite
Te deuoit contenter sans choisir le meilleur.
Les sciences les arts pleurent en mainte sorte
De voir que leur Minerue à nos yeux seble morte,
Qui s'en est reuolee à l'vnité de Dieu.
Soit escrit au tombeau du marbre qui l'enserre :

MESLANGES.

Honneur, Bonté, Vertu, reposent en ce lieu,
Et le nom qui tiroit tout le ciel en la terre.

DE FRANÇOIS DE LORRAINE
DVC DE GVISE.

O Rauissante Mort, tu nous as bien soustrait
  Des antiques valeurs la valeur souueraine,
  Quand tu as depouillé de sa robe mondaine
L'ame qui nous estoit de Vertu le portrait.
A plein tu as soulé ton desir & ton trait
  D'vne perte eternelle à nos ans trop soudaine:
  Mille ames ont senti cette playe inhumaine
Qui n'auront iamais trefue auecques le regret.
Mais en vain ta malice exerce sa victoire
  Sur vn qui te sembloit ennemi de ta gloire,
  Par infinis beaux faicts renuersant ton effort:
Car où il est sauté tu ne sçaurois attaindre,
  Ny le nom immortel de ses vertus estaindre
Qui le font nouueau Dieu trionfant de la Mort.

Pour le cœur d'ANNE DE MONT-
MORENCY Connestable, enterré aux
Celestins pres le cœur du Roy
HENRY II. de ce nom.

POurquoy gist ce grand cœur en si petit espace?
  Ce cœur qui ambrassoit mille cœurs à la fois,
  Ce cœur qui nous seruit autât comme aux Gregeois
D'Achille, de Nestor, & d'Vlysse la race?
Toute France deuroit estre du cœur la place
  Qui viuant fut son cœur & le cœur de ses Roys,
  Qui en guerre & en paix rangea par bonnes loix

Les

Les monstres vicieux, l'impudence & l'audace.
Non, ce cœur se contente en un si petit lieu
Puisqu'il est ioint au cœur de HENRY demi-Dieu
Qui bon maistre honora sa vaillance & prudence.
Puisqu'il est enterré (digne de tel honneur)
Pres du cœur de ce Roy de la France seigneur,
N'est-il pas enterré dans le cœur de la France?

DE SEBASTIEN DE LVXEMbourg Duc de Martigues.

ONC me faut-il sanglanter le papier
Dedans le sang genereux & guerrier
Du Martial MARTIGVES, qui naguiere
Perdit du iour la ioyeuse lumiere?
Vangeant armé la Catholique Foy,
Vangeant armé la querelle du Roy,
Vangeant armé pour le prix de sa vie
La liberté de sa chere patrie?
Puisque ce Mars habite en un cercueil
Les armes soyent toutes teintes de dueil:
D'un voile noir sa lance soit couuerte
Comme sentant de son guerrier la perte:
Que son Estoc, sa Tangue que souuent
Par les combats il a mis au deuant
Des coups tirez, ô France, à ta poitrine,
Deuant son corps en noir habit chemine:
Que son cheual encourtiné de noir
Semble pleurant sa perte conceuoir:
Que meint soldat par la honteuse place

b.i.

Traisne la pique & la dure cuirasse,
Et qu'vn grand peuple ombragé de Cyprés
En longue troupe aille suiuant aprés,
Branlant és mains la torche Cererine
Qui nous marie auecque Proserpine:
Puisque l'honneur des armes le plus beau
Gist maintenant froid hoste du tombeau!
Puis qu'vn grand cœur fait d'acier non rebouche
En petit lieu dessous la terre on couche!
   Comme l'on voit les rampars flamboyans
Moquer l'effort des canons foudroyans
Qui sans repos d'un ensouffré tonnerre
Leur font en vain vne effroyable guerre:
Ainsi tousiours MARTIGVES asseuré
Moquoit les coups du trenchant aceré:
Ny les canons terribles comme foudre
Les membres morts dissipant sur la poudre,
Ny choc de lance ou nombre de soldats
N'ont effrayé son courage aux combats:
C'estoit celuy qui n'eut onc l'ame attainte
D'vne engourdie & deshonneste crainte,
Aspre à la guerre ainsi que le Freslon
Naissant armé d'vn piquant aiguillon.
   S'il me falloit raconter les Annales
De ses valeurs de son sang liberales,
Les recherchant dés ses plus ieunes ans,
Vn mois entier n'y fourniroit de temps:
Pource les Dieux admirant ses beaux gestes
L'ont transferé sur les voutes celestes
Pour repousser les mortels furieux
Nouueaux Geans bandez contre les Cieux.

A fin qu'au Ciel sa force authorisee
Non moins qu'en terre y demeure prisee.

DE TIMOLEON DE COSSÉ
Comte de Brissac.

VOICY dõt la vertu par tout est respãdue,
Ce Comte de Brissac, ce grãd TIMOLEON,
Secõd Mars & premier, courage de Lyon,
Par qui ta liberté, France, fut defendue.
 La vaillance Gauloise au sepulchre estendue
Gist morte auecque luy : car à sa region
Sa vaillante valeur valloit vn million,
Et la gloire de France en sa perte est perdue.
 En vain tu n'as le nom de ce guerrier porté
Qui les Syracusains remit en liberté,
Chassant de ton païs la tempeste & l'iniure.
 Sortent de ton cercueil le hennissant Coursier,
Le courageux Lyon, le bon Fresne piquier,
Et l'Aigle, pour montrer que c'est ta sepulture:
 Et de ta tombe encor naissent les fleurs de Lys
Qui presque par ta mort ont perdu leur teinture,
Lys que ton glaiue aigu garda d'estre cueillis!
 Car c'est bien la raison que la France en tout âge
Ne voye aupres de toy les Lys enseuelis,
Mais sortir de ta fosse, en public témoignage
Que tu sauuas leur fleur des mains des ennemis.

MESLANGES.

Du mesme.

BRISSAC qui honoras la France de ton los,
 Qui suiuroit auiourdhuy les courageux gesdarmes?
 Si toy qui fus la gloire & la peur des alarmes
 Dans le froid monument gis maintenant enclos?
Comme Hector pour les siens combatoit sans repos
 Tousiours pour ton païs ta main porta les armes:
 Et iamais Ilion ne versa tant de larmes
 Sur Hector, que la France en verse sur tes os.
Sous l'Echo de ton nom prenoyent cœur nos soudars,
 Et sous ton nom fuyoyent les ennemis couars:
 Mais Hector combatant pour l'honneur de sa ville
Fut occis à la fin par les mains d'vn plus fort,
 Où sans trouuer plus grand qui te donnast la mort
 Tu as esté tué comme le fut Achille.

Cy gist BRISSAC l'honneur & l'excellence,
 La fleur, la perle, & le pré des François,
 Qui sans changer ny de mœurs ny de loix
 Se consacra victime de la France.
Ses Ieux estoyent mainte belle science,
 Guerres, assauts, la pique & le harnois:
 Pour maintenir le sceptre de ses Rois
 Ieune il mourut trop armé de vaillance.
TIMOLEON, par vn contraire effort
 Chacun se doit soymesmes à la mort:
 L'ame nous est en cent façons rauie:
 Mais d'estre ferme & d'auoir bonne foy,
 Et par la mort eterniser sa vie,
 C'est la vertu seulement propre à toy.

Imité du Latin de M. de PIMPONT.

LE Prouerbe a chanté (vrayment trop
veritable)
Que ce qui est d'elite est icy peu durable:
Seulement, ô BRISSAC, te montrant à
nos yeux
Tu t'en es reuolé vers la troupe des Dieux.
Ainsi Thule apperçoit soudain le Soleil naistre
Et tomber aussi tost qu'il commence à paraistre,
Dont à peine on connoist (tant le moment est court)
La distance bornant la nuict d'auec le iour.
Ta vaillance au besoin en la fleur de ieunesse
Defaut à ton païs pressé de sa vieillesse,
Païs qui n'en sçauroit encore porter vn
Egal à tes vertus : Au dommage commun
Tu as esté prodigue, helas! de ta grande ame,
Tu deuois acheuer vne plus longue trame.
Maintenant Iupiter sur la course des ans
A, ce semble, raui le gracieux Printemps.
Vne part manque, traisne vne part de l'annee,
A peine tour-à-tour resuiuant la traisnee,
Et l'an dessus ses pas reglissant tant de fois
Sent maintenant clocher l'allure de ses mois:
Desia tout chancelant il regrette & desire
Le Soleil printanier auec le doux Zephyre.
Mars & Venus de pleurs en baignerent leurs yeux,
Et celle qui commande aux Enfers odieux
Gemit, voyant le gain d'vne si ieune proye.
Vne part des François à la mauuaise ioye

b.iij.

Des autres, égala ses pleurs & ses douleurs:
Iupiter mesle ainsi ses diuerses liqueurs:
De bonheur ou malheur la vie est arrousee,
Selon qu'en ses tonneaux la liqueur est puisee.
　　Ainsi la mort d'Achille occis fatalement
Deuant son iour, émeut vn diuers mouuement
En l'esprit du Gregeois & de son aduersaire:
Car la Grece tondue en dueil plus qu'ordinaire
Respondit à Thetis, & Troye s'allegea
Du souci violent qui dix ans la chargea.

De Madame la Mareschale de BRISSAC.

SEVLE pleine d'ennuis au trespas de ta mere
Tu n'as ietté de pleurs vne abondance amere,
Et seule mille fois on ne t'a veu pasmer
Voyant les traits de mort prests à la consommer?
　　La Pieté, la Foy, toute vertu insigne,
La Religion saincte & l'honneur le plus digne
Accompagnoyent tes cris, comme ayant à sa mort
Perdu tout leur pouuoir, leur grandeur & support.
　　Sa valeur & bonté se voyent à cette heure
Quand il n'y a celuy qui son trespas ne pleure,
Comme si deuançant la butte des vieux ans
Le destin l'auoit prise en son ieune printems.
　　Aussi ie croy que Dieu tout son courroux desserre
En retirant à luy tel astre de la terre,
Et semble qu'il se plaise à nous voir en douleur
Puisqu'à tant de malheurs il a ioint ce malheur.
　　Mais si le monde y perd, beaucoup elle y proffite:
Delaissant nos trauaux en repos elle habite,

LIVRE V.

Où le coup de la mort se voit tousiours vaincu:
» On renaist en mourant quand on a bien vescu.

De M. la Comtesse de Mansfeld.

QVAND Diane s'enfuit loin de nous se perdant
Et nous iette de loin sa lumiere argentee,
Elle se nomme Hecate, à raison qu'absentee
Dessous nostre Horizon elle va descendant.
Aussi lors qu'en ces lieux ton bel astre ascendant
Esclairoit aux humains, Diane fus nommee,
Et or' que ta lumiere ailleurs est enfermee
Tu nous seras Hecate encore en l'Occident.
Quand tu luisois au monde il estoit manifeste,
Par tes grandes vertus, que tu estois celeste:
Mais ce qui montre plus quelle tu as esté,
Ce sont les tristes pleurs & la plainte infinie
Que tout le monde verse au depart de ta vie,
Le Bien s'estant connu quand tu nous l'as osté.

DE CLAVDE DE L'AVBESPINE
Secretaire d'Estat.

A IVL. GASSOT Secretaire du Roy.

TV ne sçaurois pour vn plus iuste dueil
Baigner en pleurs ton visage & ton œil,
Ami GASSOT: Pleure dõc L'AVBESPINE,
Qui n'a duré non plus que sur l'épine
Dure la fleur de l'arbre verdissant,
Dont il portoit le beau nom florissant.
Sa fleur sur toute enuoye par la plaine,
Aux mois d'Auril vne odorante haleine:

b.iiij.

MESLANGES.

Les Rossignols y degoisent leurs chants:
C'est l'Aubespin le rempart de nos champs.
Mais telle fleur sous la premiere guerre
De quelque vent, tombe dessus la terre
Esparpillee & fanie en vn iour:
Ainsin est mort ce parangon d'amour
Fils de Vertu, dont la ieunesse belle
Tomba fanie en sa saison nouuelle:
Lors qu'il regnoit comme vn ieune printemps
Aux plus beaux mois de la vigueur des ans:
Lors qu'il tenoit en ce florissant âge
Les hauts honneurs, & grands biens en partage,
Lors qu'il estoit, de cent vertus rempli,
De toute part heureux & accompli.
   La Parque sourde ha le cœur indomtable!
Ny le portrait d'vn visage agreable,
Ny les honneurs de haute dignité
Contre la mort n'ont iamais resisté.
   Si le doux trait de quelque beau visage
Pouuoit domter leur indomté courage,
Le beau Narcisse & le iuge Paris
Sous le tombeau ne fussent pas pourris:
Ny Adonis qui tint pour sa maistresse
Entre ses bras la plus belle Deesse.
   Si les honneurs des supremes estats
Pouuoyent tirer les hommes du trespas
Où le mortel dés sa naissance tire:
Tant de seigneurs de ce Romain Empire
N'eussent senti la fleche de la mort:
Mais les honneurs ne rompent son effort.
   Si les thresors des richesses mondaines

LIVRE V.

Que l'on amasse & cherche à grandes peines
Ammoncelant des rentes les monceaux
Nous arrachoyent du goufre des tombeaux,
Le grand Roy Cyre eust racheté sa vie
Lors qu'elle fut par la Parque rauie.
Mais la beauté, les biens, ny les honneurs
Des beaux, des grands, & des riches seigneurs,
Ny pieté, ny vne foy bien rare
Ne vont fuyant le Nautonnier auare,
Qui sans égard passe ieunes & vieux
Les enfermant du fleuue Stygieux
Qui de neuf tours les Mânes enuironne:
Tant les grands Rois qui portent la couronne
Que les Paisans qui empoulent leurs mains
,, A labourer: Tous les pauures humains
,, Qui des presens de la terre grossiere
,, Viuent icy, se doiuent à la biere.
Nous euitons en vain le Dieu guerrier,
Nous euitons en vain le flot meurdrier
Qui enroüé se rompt contre vn riuage
Craignant souffrir le perilleux naufrage,
Nous euitons en vain l'Auton pesteux
Qui nuist aux corps en l'Autonne pommeux.
Il faut laisser ses superbes maisons,
Et le plaisir du retour des Saisons,
Blez, vignes, prez, bois, ruisseaux, iardinages,
Et des gras champs les diuers païsages:
Il faut laisser sa femme & les plaisirs
Qui vont flatant les amoureux desirs,
Et rien ne suit vn seigneur qui peu dure
Qu'vn marbre froid qui sous terre l'emmure.

b.v.

MESLANGES.

Mais L'AVBESPINE en ce cruel trespas
Bien que mourant ainsi ne mourra pas:
Car il aimoit les sçauantes pucelles
Qui porteront ses vertus immortelles
Aux ans futurs de la posterité.
D'elles tousiours il sera regreté
Comme celuy qui estoit l'esperance
Des bons esprits inspirez de science.
 Puis le haut Ciel qui iamais n'est lassé
D'engendrer tout non plus qu'au temps passé
Nous a donné VILLEROY son beau-frere
Qui les cherist, & se montre leur pere.
Ainsi tousiours soit heureux Villeroy:
Ainsi tousiours le cherisse son Roy,
Et son renom vole par les prouinces
Comme d'esprit égal aux plus grands Princes
Luy & vertu sont vn mesme lien.
 Que l'Aubespine au val Elysien
Soit à son aise entre les vieux Poëtes
Pour écouter de leurs Chansons parfaites
Les vers diuins, qui chanteront de luy
Comme icy haut le chantons auiourdhuy.
Que l'Aubespin pour tesmoigner la perte
De son honneur, ait la branche couuerte
Non de negeuse ains de noire couleur,
Chaque Printemps annonçant sa douleur:
Qu'aux os du mort la terre soit legere,
L'esprit au Ciel, en terre la matiere.

D'vn Amoureux.

Cy gist vn pauure Amant qui mille fois transi
Mourut en reuiuant par les yeux de sa Dame,
Mais sans pouuoir loger vne autrefois son ame
Iamais que maintenant il ne mourut ainsi.

Pour les cœurs des Sieurs de L'AVBE-SPINE pere & fils.

CES deux cœurs ambrassoyent tous les conseils
   de France,
Les affaires des Rois, l'estat & la grandeur:
Le pere eut longuement d'en iouïr le bonheur,
Et son fils peu d'espace en eut la iouïssance.
Le Ciel nous le rauit en son adolescence,
Et comblåt mort sur mort, douleur dessus douleur,
Lors qu'il faisoit fleurir la France par sa fleur
Luy trancha tout d'vn coup la vie & l'esperance.
Mais ces cœurs ne sont morts, amy passant, croy moy,
On les voit dans le cœur du sage VILLEROY
Qui leur sert de viuante & digne sepulture.
Il a si bien des deux aux vertus herité
En tout ce qu'ils auoyent du Ciel & de Nature,
Qu'ils reuiuent en luy à la posterité.

b.vj.

MESLANGES.

DE IACQVES DE LA RIVIERE.

A Madamoyselle de Svrgeres.

DE ton cerueau les fontaines essuye:
Tes chauds soupirs, ny de tes yeux la pluye
N'ont le pouuoir de tirer ton amy
Hors de la fosse où il est endormy.
Lisant souuent, comme tu fais, contemple
Mille guerriers, qui te seruent d'exemple
Que tout perist en ce bas Vniuers.
Voy mille Tours qui gisent à l'enuers
Dont les sommets voisinoyent les nuages:
De nos discords sont venus tels dommages,
Et de là vient que tu perds ta moitié
Que tu poursuis d'immortelle amitié,
Le retirant sous ton sein hors de terre,
Où pour tombeau ton souuenir l'enserre.
Mais en mourant toutefois il n'est mort.
Ceux qui sont morts pour estre le support
De leur païs, comme ton la RIVIERE,
Ne vont és mains de la Parque meurdriere.
En mille endroits éprouuant sa valeur
Il a vaincu du destin le malheur:
Car si mourir par vaillance & victoire
Est bien mourir, il porte cette gloire,
Et dessus tous son merite eternel
Orne son nom d'un habit immortel.

LIVRE V.
DV SIEVR DE SCILLAC.
Le Genie de sa maison parle.

E Ciel ialoux du bonheur de ce lieu
Ains de la France, a pris mon demi-Dieu
Mon cher SCILLAC, en la fleur de son âge:
Ainsi la main d'vn Rustique sauuage
Laisse les fruicts en l'arbre se pourrir
Et ne permet aux autres de meurir.
Il resembloit vn second Dieu de guerre,
Comme vn Phebus il touchoit la guiterre
Quand éloigné des combats & du sang
Il ambrassoit les Muses à leur rang,
Et plein d'amour les rendoit estonnees
De ses Chansons diuinement sonnees:
De mesme Achille aux tréues des combats
Chantoit l'amour qui le tenoit aux laqs:
SCILLAC aussi de cœur luy fut semblable,
Et de beautez à Paris comparable.
   Le doux Printemps de son trespas faché
Nous a long temps sa verdure caché.
Pource les pleurs des Nymphes des montagnes
Ont fait noyer nos fertiles campagnes:
Les monts, les bois, les fleuues l'ont pleuré.
Ses belles Sœurs d'vn dueil desmesuré
Ont tant gemi que mesme la Mort blesme
Dure, eut pitié de leur douleur extresme:
Douleur qui forte en roche conuertit
Sa sœur MARIE au mal qu'elle sentit,
Telle qu'on voit Niobe qui distile
Ruisseaux de pleurs sur le mont de Sipyle.

MESLANGES.

Comme la nuict te fermoit les deux yeux
Tu fus encore assisté de trois Dieux,
Vaillant SCILLAC: Amour en la memoire
Te remettoit ta Maistresse & sa gloire,
Et Apollon dictoit les derniers mots
Que tu chantas comme un Cygne à son los,
Mars estanchoit ta blessure sanglante
Tout lamentant pour ta vigueur mourante
Non moins qu'à Troye il pleura pour son fils,
Pour Ascalaphe en la bataille occis:
Ainsi les Dieux qui vivant te choisirent
Pour leur mignon, à la mort te suivirent,
Et tu volas au Ciel des bien-heureux
Mourant vaillant, Poëte & amoureux.

Du Sieur IAN DE LVCE'.

POVRQVOY Lyon superbe & plein
d'orgueil
Vas-tu rampant au dessus du cercueil?
L. Ce grãd guerrier plein d'ame genereuse
Avoit la dextre aux combats valeureuse:
Ie suis signal des hommes valeureux,
Sur le tombeau d'un Chevalier peureux
Soit mis un Cerf: Et le Lyon soit garde
D'un qui n'eut onq l'ame froide ou couarde.

De luy mesme.

EN mon Auril la Parque m'a vaincu,
Mais bien-heureux d'avoir si peu vescu:
Hé que voit-on que fumee en ce monde,
Vn vent, un songe, une onde qui suit l'onde?

Tous les humains sont fueilles du Printemps
Soudain fanis comme l'herbe des champs:
Tout passe & coule, Atropos ne pardonne
Non plus aux Roys qu'à la basse personne.
    Donc au trespas que ie ne sois pleuré,
Pour autre fin ie n'auois respiré,
Ce seul confort me reste sous la Tombe
Qu'il faut un iour que le plus braue tombe
Dans le bateau qui conduist aux Enfers
Et qu'en la fosse il nourrisse des vers,
Puisque la loy de Dieu & de Nature
Nous a bastis suiets à pourriture.

DE FERRY DE CHOISEVIL Sieur de Praslain.

CE Cheualier n'estoit au rang de ceux
Qui engraissez du seiour paresseux
Loin de la guerre ont tourné leur visage,
Plus que l'honneur aimant leur heritage:
Mais ce Choiseuil ainsi que ses ayeux
Par la vertu voulut monter aux Cieux
Et adiouster à leurs tiltres sa gloire
Que ie consacre au temple de Memoire.
    Son braue ayeul fidelle au Roy de France
Sceut bien garder les rampars de Florence,
Et chef guida par les chocs Martiaux
Cinquante lancé aux belliqueux trauaux.
    Donc ce FERRY pour imiter sa race,
Vray cœur de fer plein d'vne meure audace,
Quand à l'entour de son tendre menton
Ne blondoyoit vn crespelu cotton

MESLANGES.

Vint à la guerre, & son apprantissage
Fut sous un Chef le plus grand de nostre âge
Sous lequel Mars estoit mesme apprenti.
Il le suiuit aux armes de Renty,
Fit le voyage au secours d'Alemagne,
Veit l'Ocean qui l'Isle Angloise bagne
Couler captif sous le bras souuerain
De ce FRANÇOIS vaillant Prince Lorrain.
D'un coutelas la playe bien cruelle
Pourpra sa face aux murs de Ciuetelle,
N'apparessant sa ieunesse au loisir
D'un cazanier & vicieux plaisir.
   Puis quand à Dreux FRANCE mal-auisee
Planta deux Camps en armes diuisee,
Deux plombs ardans luy percerent le bras
Et du combat ne se retira pas
(Bien que blessé) qu'à la nuict retournee
Ne fust au Roy la victoire donnee.
Pource en guerdon de sa fidelité
Et de ses faicts qui l'auoyent merité,
On le fit chef de cinquante hommes d'armes
Qu'il conduisit aux belliqueux vacarmes
Sans épagner son esprit ny sa main.
   Quand sainct Denis veit le camp inhumain
Des Huguenots rallumez de furie,
Et iour & nuict il hasarda sa vie,
Dur au trauail, tant que les camps armez
Furent aux champs par la guerre enflamez.
   Puis quand le noir & furieux orage
Sur Aquitaine écoula son rauage,
A fin que Gaule en toutes ses trois parts

Sentist l'outrage & la rigueur de Mars,
Ce Chevalier époinct d'vne belle ame
Quitta soudain ses maisons,& sa fame,
Si bien qu'en fin sa trop grande valeur
Perdit sa vie & sa ieune vigueur
Dessus les champs bagnez de la Charante,
Où Caron veit sa coutumiere rante
Croistre d'occis. Là FERRY fut blessé
De quatre plombs en la cuisse percé.
 Mourant il dist : O vie fortunee
Pour le grand Dieu, pour ton Roy destinee!
Ie n'ay regret que tu departs de moy!
Tant seulement mon cœur est en émoy
D'abandonner mon ANNE DE BETHVNE,
Mais bien que i'aille à la rine commune,
Nulle eau d'Oubly ne pourra m'empecher
Que son beau nom ne me soit tousiours cher.
Et puis qu'il plaist à l'horrible Bellonne
Qui les guerriers en leur printemps moissonne
Que ie ne meure au milieu de ses bras,
Vous mes amis qui voyez mon trespas
Redites luy qu'en cet obscur passage
I'eu peints au cœur son nom & son visage
Et que ie laisse au deuant de ses yeux
(Pour soulager son regret ennuyeux)
En mes enfans ma vraye portraiture
Où ie reuis malgré la sepulture.
 Ainsi disant son esprit s'enuola,
Que telle mort au partir consola,
Heureux de voir son ame despenduë
Pour trois effects à qui la vie est deuë.

MESLANGES.

Cruelle Mort en dueil tu m'as laissee
  Pour le regret d'vn que Mars a raui,
  Pour qui ie meurs & si mourant ie vy
  De mille ennuis ayant l'ame blessee!
Cruelle Mort aueugle & insensee
  L'homme de bien aux vertus asserui
  De ton malheur plus souuent est suiui
  Que le mechant plein de vile pensee!
Si ie pouuois aumoins assez le plaindre
  En ma douleur qui ne se peut estaindre
  Ce me seroit vn peu d'allegement!
Comme la flamme enclose en la fournaise
  Plus est contrainte & plus rougist sa braise,
  Pressant mon mal il est plus vehement!

Comme l'on voit deux chastes Tourterelles
  Qui tout d'vn coup ont perdu leur amant,
  Remplir les bois de leur gemissement,
  Poussant aux vents mille plaintes nouuelles.
Seules à part, amoureuses fidelles,
  Ne donnent tréue à leur affollement,
  Mangent le sable. Ainsi vostre tourment
  Est infini, vos larmes perennelles.
En vostre chambre on ne voit rien que dueil:
  Vous desirez la barque du cercueil
  Pour auec elle enseuelir vos peines.
Seichez vos pleurs: qu'y gangne vn trepassé?
  Et nos douleurs & nos larmes sont vaines
  Quand on ne peut r'auoir le bien passé.

Sur la mort de Daphnis.

ON dit bien que la nuict du iour est aduersaire
 Et des belles vertus qui nous seruent de iour,
Fauorable au contraire à quelque lasche tour
Recelant dessous soy licence de mal-faire.
Astres qui luy seruez de lumiere ordinaire
 Que vos feux desormais ne dorent son seiour:
 Elle a trop enseigné qu'elle n'ha point d'amour
Vers ceux dont la vertu plus que le iour esclaire.
L'acte fut si mechant que l'Enfer plein d'horreur
 En tremblant s'estonna d'vne telle fureur:
 Mais ce qui me console au regret de ta vie
C'est, Daphnis, que tes ans ont esté abregez
 En la mesme façon que l'ame fut rauie
 Aux plus grands que la terre ait oncq icy logez.

De Magdeleine Martel de Bacqueuille.

TV nous as bien montré par vne iniuste guerre
 Ton extreme pouuoir, ta grande cruauté,
 Esteignant la lumiere & la fleur de beauté
Que tu tiens enfermez sous vn petit de terre.
Maintenant, fiere Mort, pour ta dépouille on serre
 Le thresor des vertus, la grace & la bonté,
 La voix d'vne Sereine, & la virginité:
Seulement ta rigueur sa louange n'enterre.
Sa voix ne meurt aussi : sa voix douce de miel,
 Son esprit, sa valeur sont volez dans le Ciel
 Pour embellir des Dieux la richesse infinie:
Son esprit immortel, innocent, pur & beau,
 Luisant comme vn Soleil s'est fait Ange nouueau,
 Et sa voix adoucist la celeste harmonie.

MESLANGES.

D'elle mesme, imité du latin de M. de Pimpôt.

DONC l'avare Pluton tyran plein d'iniustice
N'a garanty la fleur ny la douce premice
De ton âge premier, & voulant ton butin
N'e t'a point excepté des loix de son destin?
Il n'a point espargné (tant il est plein d'audace)
Ny tes douces chansons, ta beauté, ny ta race:
Mais vainqueur il triomfe, orgueilleux fierement
De t'enleuer, MARTEL, second rauissement.
 Tous les deux Iupiters ont ainsi les mains prestes
Sur tout ce qui est beau pour nouuelles conquestes,
Et dressent embuscade à toutes les beautez
Où leurs cœurs furieux d'amour sont agitez.
C'est pourquoy Philomele à ta mort déplaisante
Et toy, ô Madelaine, & son Ityl lamente
En ce mois condamné par les Fastes Romains.
 La sœur du grãd BRISSAC met de ses belles mains
Ses beaux cheueux tondus sur ta fosse pour gage,
Bien que ses seruiteurs soupirent tel dommage.
Elle t'à clos les yeux à ta fin, & de pleurs
A fait rougir les siens merques de ses douleurs,
Certaine de te suiure aux Ombres Stygieuses
Ou de te reuoquer des riues oublieuses.
 Mais son esprit laué dans la pure liqueur
Des flots Castaliens, est plein de saincte ardeur
Et le goust du Laurier dont elle s'est repeuë
Au nombre des neuf Sœurs dixieme l'a renduë,
Faite Muse en ce poinct que Glaucus Dieu de l'eau
Apres auoir gousté d'vne herbe le morceau:

Si bien que sur Pluton elle prend le trofee,
Et plus asseurément que la Lyre d'Orfee
Auec soy te deliure hors du lac Stygieux,
Et te fait regaigner la lumiere des Cieux.

A M. MOREAV Sieur de Grosbois.

TV seras le premier en ce malheureux temps
 Exemple d'amitié pudique & coniugale,
 De tous les anciens nul à vous ne s'egale
Tant vous estiez ensemble amoureux & contens.
Heureus est vostre amour que tous les mieux chátans
 Honorent à l'enui & de l'onde infernale
 Qui les grands & petits en son oubly deuale
Retirent vos beaux noms victorieux des ans.
Toy qui sans t'appaiser arrouses ton visage
 De gros ruisseaux de pleurs, portant vne couleur
 Toute morte & iaunastre en tesmoin de douleur,
Fais reuiure ta femme icy d'vn plus long âge.
Elle te doit ce bien l'arrachant du tombeau,
 Mais tu luy dois aussi le surplus de ta vie,
 Car si loin de ton lict la mort ne l'eust rauie
Le renom qui te suit ne seroit pas si beau.

De IANNE DE LOVVNES.

Au Sieur SOREAV son mari.

LE puissant Dieu du Mont Parnassien
 Fit des trois Sœurs la bande inexorable
Par contre-eschange à la fin pitoyable,
Rendant la vie au Roy Thessalien,
Alceste alloit au manoir Stygien,

MESLANGES.

Pour destourner le sort ineuitable
De son mary, quand la mort effroyable
Sentit l'effort du bras Herculien.
   Ainsi les Dieux malgré les Eumenides
Les ont sauué des eaux Acherontides
Pour l'amitié qu'ils portoyent à ce Roy
Forçant Pluton & sa facheuse loy
Qui des humains n'escoute la priere,
Ou l'escoutant la reiette en arriere.
   Or les enfans du celeste Apollon
Qui mettent tout sous leur obeïssance,
Et les assauts du destin plus felon
(En imitant leur bon pere) ont puissance
Dessus la mort par leurs doctes escrits.
   Eux contemplant ton amitié parfaicte
Peinte au naïf sur ta face defaite
Ont violé Pluton & ses esprits:
Par leurs chansons ils t'ont rendu ta fame
Pour en deux corps reioindre encore vn ame
Dont vous serez, comme fustes, épris.
   D'vn demi-Dieu vaut beaucoup la science!
Et rien ne met aucune difference
Entre le faict d'vne Alceste & SOREAV
Sinon qu'Hercule eut entiere victoire
Dessus la mort à la paupiere noire
D'vn artifice aux hommes tout nouueau
Qu'il descouurit par docte experience.
   Mais d'Apollon la race te deliure
Par vn renom qui cent fois est plus beau
Et qui vaut mieux qu'vn corps faire reuiure
Car les enfans qui viennent du cerueau

Peuuent bien plus, que ceux qui par contrainte
Viennent du corps, & comme chose estainte
Ou comme un songe imbecille à nous suiure
Sentent leur fin en sortant du berceau.

D'vne fille qui fut tuee.

SOVS ce tombeau gist la fleur la plus belle
Qui face honneur à la saison nouuelle
La MARGVERITE indigne de perir
Qui meritoit en tous âges fleurir,
Et ne deuoit par la main forcenee
D'vn si mechant, finir sa destinee!
Maudite main qui plongeas le couteau
Dedans un corps si parfaict & si beau!
Ainsi le fer d'un Voyageur sauuage
Tranche les Lys en un beau iardinage
Et les œillets nouuellement croissans
Trop enuieux de la grace des chams:
Leur cyme tombe en terre appesantie
Et perd beauté, force, couleur & vie.
Pareil estoit ton visage mourant
Que le printemps mesmes alloit pleurant:
Auec ta perte il perdit sa richesse
En la primeur de ta belle ieunesse,
Lors que Megere elança ce meurdrier
A dissiper ton âge printanier:
Mais toutefois ne te deulx MARGVERITE,
Le iuste Ciel veut que pour ton merite
Tu sois ici transformee en la fleur
Dont tu portas le nom & la valeur,

MESLANGES.

Et que touſiours de manne & de roſee
Ta tombe ſoit doucement arroſee:
Il ne ſçauroit de ta rare beauté
Ny de ton corps fleuri de nouueauté
Sinon ſortir la tendre Paſquerette,
La Marguerite auec la Violette,
Et mainte fleur : comme iadis les Dieux
En firent naiſtre en mille diuers lieux
Du ieune ſang des garçons & pucelles
Ayant pitié de leurs pertes cruelles,
A fin qu'aumoins en Auril renaiſſans
Soyent eternels & la gloire des ans.

La Barbiche de Madame de VILLEROY.

IE ſens, chere maiſtreſſe, encore en ces bas lieux
L'heur de ton amitié qui mon nom eterniſe:
Donc en vain mon amour ne te fut point acquiſe,
Quelle Deeſſe euſt peu me recompenſer mieux?
La Lune en ta faueur a mis dedans les cieux
Ma tresblanche toiſon qui luy ſembloit exquiſe
Comme celle dont Pan autrefois l'auoit priſe,
Et ſes rais argentez en ſont plus radieux.
Mon corps eſt aux enfers és mains de Proſerpine,
Et mon Ombre touſiours deſſus tes pas chemine
Recherchant tes faueurs qu'encore ie reçoy.
Voyla comme ie ſuis à pluſieurs departie,
Mais ceſſe le regret que tu as de ma vie:
Sous terre, en terre, au ciel toute ie ſuis à toy.

Donc

LIVRE V.

COMPLAINTE,
Sur la mort d'vne Princesse.

ONC *la ieune Beauté qui d'vn iour nompareil*
Maintefois ici bas fit enuie au Soleil,
S'enuolant d'auec nous, me delaisse en tenebres
Chargé de pleurs d'ennuis & de plaintes funebres?
Il faut ouurir la bonde au torrent de mon dueil
Puis que la fiere Mort serre dans le cercueil
Celle qui d'vn grand feu m'auoit l'ame échaufee,
D'autant qu'elle tenoit des vertus le trofee.
Amour plein de pitié loin de ses yeux banni
Pleure comme vn oyseau qui a perdu son ny
Autour du monument où repose la belle:
Il soupire, il gemist, nomme la Mort cruelle
Qui l'oste de son siege : Il brise son carquois
Ses fleches & son arc, criant à haute voix
Qu'au mourir de ses yeux & de sa beauté saincte,
Son empire est perdu, sa lumiere est estainte.
Il dit : Ie ne veux plus errant par les desers
Que me combler d'ennuis pour le bien que ie pers:
La splendeur, la Beauté, la douceur & la grace
Gisent dessous la tombe où la terre l'ambrasse.
Comme on voit en Esté quand le Ciel est serain
Choir glissante par l'air vne estoile, soudain:
Ainsi i'ay veu tomber dessous l'obscure lame
(Dont ie tramble d'horreur) le soleil de mon ame.
Malheur pareil au mien ne fut onc éprouué:
Car ie suis à ce coup de ma gloire priué,

c.i.

MESLANGES.

Et ie voy que les Dieux émeus de trop d'enuie
Ont pour leur ornement cette beauté rauie,
Aussi que tout le monde est indigne d'auoir
Celle qui du haut Ciel égale le pouoir.
Vn Ocean de pleurs n'est assez pour suffire
A pleurer ce dommage & ce que ie soupire.
Ainsi se deult Amour, & moy noyé de pleurs
Accordant à ses cris, ie conte mes douleurs,
Ie dy qu'en vn moment i'ay perdu toute ioye
Puisque la tombe gaigne vne si belle proye,
Et mon esprit d'angoisse infiniment blessé
Ne pense désormais qu'à ce qu'il a laissé.
O destins violens! ô trompeuse esperance!
O dure loy du sort qui les meilleurs offense!
Ce qui est de valeur par ta main est surpris
Et tu sçais pardonner aux choses de vil prix.
Ainsi voit-on les fleurs de la saison premiere
Naistre, fleurir, mourir en moins d'vne heure entiere.
On dit qu'vn iour Orphee auec ses chants diuers
Sceut tirer Eurydice hors du lac des Enfers:
Las! s'il estoit possible, il n'y a poësie
Que ie ne fisse aller pour te remettre en vie:
Ie ferois tant chanter le Chœur Parnassien
Qu'il vaincroit les accords du Lut Orpheien
Et les Cygnes volans sur les eaux de Meandre,
Pour faire rendre l'ame à ta muëtte cendre.
" Mais les destins cruels ne nous peuuent ouïr,
" Ou bien plustost que nous d'vn bien veulent iouïr
" Ioyeux de triompher d'vne riche dépouille
" Et la pendre en trofee à leur dure quenouille.
" Ha Dieu! que le bonheur au monde est incertain

» Puisque si promptement il coule de la main.
» Ie connois maintenant que l'aueugle Fortune
» A tous également sans respect est commune!
Voyant que deuant nous tu n'as faict que passer
Comme le vol d'vn trait ou comme vn doux penser,
Ou comme vn viste éclair qui trauerse la nuë
Puis soudain se recache & se perd à la veuë.

Escoute moy, belle Ame, assise entre les Dieux
Nouuel astre luisant : baisse vers moy tes yeux
Et regarde mon cœur affligé de pensee.

La Fortune iamais ne s'estoit auancee
D'outrager mon bon heur, & i'aurois vn grand tort
Si de tout le passé ie ne louois le sort,
Car elle m'a sauué de trauerses estranges
Et tousiours dans le Ciel a poussé mes louanges :
Mais à fin qu'en tous lieux ie n'eusse mes souhaits
Et qu'vn heur accompli ne couronnast mes faicts,
Elle t'a dérobé par sentence fatale
Pour faire qu'vn malheur tous mes bonheurs égale :
Encore qui voudroit balancer tous les deux
Il connoistroit combien ie suis plus malheureux :
Car il n'y a douleur qui la mienne surpasse
Autant que mon amour tout autre amour efface,
Et ie ne puis sinon dire iniure au trespas
Qui me permet languir (sans te suiure) ici bas,
Où ie ne suis plus rien que l'ombre & la partie
De cela que i'estois auant ta departie.

Toutefois quand ie pense à l'aise que tu sens
Dedans le Paradis où tu fais le printemps,
Iointe au souuerain bien qui l'Vniuers tempere,
Quand aussi quelque iour de te reuoir i'espere,

c.ij.

MESLANGES.

Ie sens quelque repos adoucir mon tourment.
Cependant ie te pry de croire constamment
Que le char du Soleil (transposant sa carriere)
Nous viendra d'Occident apporter sa lumiere,
Que la terre pourra legere deuenir
Plustost que ton sainct nom laisse mon souuenir:
Le tombeau de ton nom sera ma souuenance
Tandis qu'en cet exil ie feray demeurance,
Et voulant qu'aux mortels immortelle tu sois
Ie te voüe une feste au declin dés beaux mois,
Où tous les mieux disans chanteront tes merites
Et tes ieunes beautez & tes douces Carites:
Les Myrtes, les Lauriers, les Roses & les Lys
Seront lors auec toy tousiours enseuelis,
Pour montrer que ton corps enfermé dans la biere
Auec soy nous rauit la saison printaniere.

HYMNE,

De S. Cosme & de S. Damien lez Tours.

Freres Iumeaux, ici chanter ie doy
Vos œuures grands & plus grands que la foy,
Vrais toutefois, & qu'vn chacun doibt croire
Qui croit de Christ l'admirable victoire.
Saincts, deuant vous l'hydropique enflé d'eau
Sentoit son mal s'enfuïr de sa peau.

Sain𝑐ts, deuant vous les langues empechees
D'vn long silence, estoyent desattachees:
Et si les yeux pressez d'aueugle nuict
Soudain voyoyent le beau iour qui nous luit.
Tous les boiteux qui trainoient à grand peine
Cuisse & genou d'vne iambe incertaine
Incontinant à courir s'auançoyent:
Autres du lict, estonnez, bondissoyent,
Et souleuoyent d'vn merueilleux eschange
Leur lict sur eux, preschant vostre loüange:
L'oreille aussi par vous se desbouchoit
Et la sourdesse en rien ne l'empeschoit.
La ladrerie aux vlceres hideuses
Tiroit secours de vos mains glorieuses:
Bref toute fieure & pestilent courroux,
Esuanouïs se perdoyent deuant vous.
 Non seulement les douleurs corporelles
Se guarissoyent, mais les spirituelles:
Ceux qui mettoyent aux Idoles leur foy
Venoyent par vous à la Chrestienne loy:
Car enduranten la cité d'Egee
La foy de Christ par vous fut reuangee
Quand Lysias vous eut persecutez:
En vos trauaux n'estants espouuantez
Vous ne doutiez ses superbes paroles
Et meſpriſiez d'adorer ses Idoles,
Idoles sourds, enfermez, enfumez,
De bois, de pierre, ou de bronze formez,
Qui n'ont pouuoir en nos moindres affaires
De repousser les fortunes contraires.
Quand les bourreaux vous battoyent & gesnoyent

c.iij.

MESLANGES.

Vos yeux constans du mal ne s'estonnoyent:
En vn seul Dieu logeant vostre fiance
Vous enduriez & preniez patience:
Iamais par vous les maux n'estoyent fuis,
Dont les Tyrans en euxmesme esbahis,
Fols insensez! disoyent que par magie
Vous surmontiez des tourmens la furie.

   Que leur seruit vous ietter dans la mer?
L'Ange de Dieu vous garda d'abysmer,
Et fendant l'air par le milieu des nuës
Vous vint sauuer auec ses ales bluës:
Puis destiant de vos liens l'effort
Vous affranchit & conduisit à bord.
,, Rien ne peut nuire aux corps des belles ames!
Iettez au feu vous ne sentiez les flames,
D'vn front ioyeux vous marchiez au milieu
Et vous chantiez la puissance de Dieu
Qui vous sauuoit des flambes de la braise,
Comme les trois iettés en la fournaise.

   Vn bon fidelle, & loyal seruiteur
Dresse tousiours ses yeux vers son seigneur:
A vn clin d'œil il porte obeissance
Et se retient d'encourir son offense.
Ainsi tousiours d'vn cœur volant aux cieux
Sur Iesuchrist vous attachiez vos yeux,
Le suppliant de faire à tous connaistre
Qu'il est tout seul le monarque & le maistre.
Pource le feu de vous se reculoit,
Et le meschant à l'entour s'y bruloit,
Vous n'y perdans vn seul poil de la teste.
Dieu pour les bons ha tousiours la main preste!

Tant de tourmens qui ne vous nuisoyent rien
Deuoyent Lysie alors faire Chrestien:
Mais au contraire il fit que pesle-mesle
De gros cailloux vne bruyante gresle
Pleut sur vos chefs qui de coups resonnoyent,
Mais ces cailloux aux bourreaux retournoyent
Et les tuoyent assommez sur la place:
Tant aux corps saincts il y a d'efficace!

Comme vn qui tire aux bosses d'vn rocher
Voit la sagette en vain se reboucher
Reiaillissante encontre son visage
Si que le trait au tireur fait outrage:
Ainsi qui nuist de parolle ou de fait
Aux gens de bien, luy mesme se desfait.
Sur le malin retombe sa malice
Par le vouloir de la haute Iustice.

Le fier tyran ce miracle auisant
Et que nul mal ne vous estoit nuisant,
Fit descocher meinte dure sagette,
Mais loin de vous Iesuschrist les reiette
Et les repousse encontre les bourreaux
Si que leur sang s'escouloit en ruisseaux,
Dont Lysias fut estonné de sorte
Qu'on eust iugé sa face presque morte.

Or tel effet ne retint ce meschant
De commander que l'affilé tranchant
D'vne bien large & reluisante espee
Ostast du col vostre teste coupee:
Il commanda que fussiez decollez,
Où vrais martyrs en Iesus consolez
Les yeux au Ciel marchiez à la mort blesme

c.iiij.

MESLANGES.

Comme piquez de quelque ioye extreme
Suiuant celuy qui montra le chemin,
Et pour son nom ne craindre point la fin.
   Heureux martyrs qui mesprisiez la vie
Tant vous auiez de viure au ciel enuie!
Qui tout ainsi qu'au monde malheureux
Vinstes ensemble, aussi chers amoureux
Là haut à Christ ensemble vous montastes
Et les malheurs en la terre laissastes.
Vos deux corps saincts ont vn mesme tombeau,
Comme accourant aduertit le chameau
Qui tourmenté de rage vehemente
Auoit connu vostre vertu puissante.
   Puisque tous deux fustes d'vn mesme esprit
Et qu'aucun fiel iamais ne vous aigrit
Tous deux d'vn cœur, d'vne mesme pensee,
Ne faut-il pas que la masse laissee
De vos deux corps, gise en mesme repos,
A fin qu'ensemble on reuere vos os
Qui sont encore, apres la mort propices,
Aux affligez infinis benefices?
   Chirurgiens, Barbiers, & Medecins,
Vous ont choisi pour leurs patrons diuins
A fin qu'aidez par vostre puissante ayde
Aux languissans puissent donner remede.
Pource en tout temps l'enceinte de vos bois
S'oyt retentir d'vn million de voix
Qu'infiny peuple esleue à vostre gloire
Chantant vos faicts d'eternelle memoire,
Tandis au ciel contens & resiouïs
Vous suppliez que nos vœux soyent ouïs:

LIVRE V.

Tout vostre temple esclaire de chandelles:
Aux iciunes mois là viennent les fidelles
De toutes parts, & prient que leur chef
Soit garanty de tout rude mechef.
Ils vont priant que la moisson soit bonne
Et que l'orage ou nielle ne moissonne
Les fruits en herbe, espoir des laboureurs,
Qu'encore verds ils cueillent en leurs cœurs.
Tous les Greuez en vos maisons frequentent
Et leurs douleurs en cire representent.

Donc maintenant que la fureur des loups
Deuore tout, au besoin monstrez-vous:
Apparoissez tels Cheualiers que fustes
Quand de Malchus la femme recourustes
Des mains du Diable, en habits blanchissans:
De telle ardeur nos ennemis chassans
Que de frayeur se iettent des montagnes
Et se pasmans tombent sur les campagnes:
Faites autant qu'autrefois sainct Martin
Quand il perdit le soldat Sarrazin.

Vous Medecins, qu'humble chacun reuere,
De nostre temps guarissez la misere,
A fin qu'au monde on connoisse tousiours
Que des humains vous estes le secours,
Et que là haut plus grande est vostre grace
Qu'elle n'estoit dessus la terre basse.

q.v.

MESLANGES.

A MONSIEVR DE MANDES.

Seulement pour nous seuls nous ne sommes pas nez:
Nous deuons au publiq nos labeurs couronnez.
Quand vn particulier iroit en decadence
Le publiq pour cela ne perdroit sa puissance:
Mais si le commun corps se laissoit ruiner,
Du choc de sa ruine on le verroit traisner
Le priué quant & soy, tout ainsi qu'vn grand chesne
Qui tombant auec soy tous ses rameaux entraisne.
,, Heureux celuy qui court du tout non à demy
,, Pour sauuer sa patrie, encontre l'ennemy.
   Ainsi qu'à Ciceron ne seruit onq sa langue
Riche de beau langage & de meinte harangue
Sinon pour soutenir son païs affligé,
Ou le pauure Innocent en affaires plongé,
Ou bien pour animer les chefs de la Iustice
A punir le mechant d'vn merité supplice.
Ainsi que Demosthene excellent Orateur
Tousiours pour son païs se montra de grand cœur
Et ne craignit sa vie ou fortune despendre,
Pour encontre Philippe à tous coups le defendre:
Tu n'as aussi de mesme employé ton parler
(Qui te fait en discours à ces deux egaler)
Sinon à repousser l'iniure & les audaces
Des hommes factieux ne soufflans que menaces,
Où courageusement vainqueur dessus le tort
Et dessus les méchans, t'es montré le plus fort.

LIVRE V.

Tours s'appelle à bon droit le iardin de la France
Pour toy tout florissant des fleurs de l'Eloquence,
Car on peut reconnoistre en voyant si beau fruit
Que du prouerbe ancien faux n'a couru le bruit.

Rien n'est si precieux qu'Eloquence ne passe,
C'est elle qui tousiours dans les villes amasse
Les peuples vagabonds, & remet en son rang
Vn chacun retiré loing de meurdre & de sang:
C'est elle qui premiere appella des boccages
Les hommes qui viuoyent comme bestes sauuages.

Orphee & Amphion que les rochers suiuoyent
Par leur art d'Eloquence infiniment pouuoyent,
Aussi par les accords de leur sçauante Lyre
Les plus rudes mortels se laisserent conduire,
Et en se despouillant de toute cruauté
Se sceurent reuestir de toute humanité.
Mais qui fait mieux cela que ta voix, & au reste
Qui, sans affetterie, ha l'air d'un plus doux geste
Ou grace mieux duisante au sens d'une oraison?
Assez on en verra fourmiller à foison
Qui vantent leur sçauoir, mais ils n'auront la grace
D'esmouuoir, & n'auront rien de doux en la face,
Plus souuent ignorans, mais le Ciel t'a donné
Ensemble ce qu'il faut pour estre couronné.

Ainsi qu'un Escuyer comme un Centaure adestre,
De l'espron ioint au frein meine à destre, à senestre
Le docile Cheual: tantost le vire en ronds,
Tantost le fait en l'air sauter à petits bonds,
Tantost le fait courir d'une course legere
Sur col bride aualleé, une longue carriere,
Il en fait ce qu'il veut: Ainsi dans le palais

a.vi.

Resonnant de ton nom, à ton plaisir tu fais
Incliner l'auditeur: Où tu veux tu le guides
Et tes mots bien diserts luy sont comme des brides:
Bref il est gouuerné par le son de ta voix:
Car tout ce que tu dis est de souuerain poix.

  Soit qu'il te plaise en nœud ton oraison cõtraindre,
Ou d'vn émail de fleurs ouuertement la peindre,
La briefueté d'Atride apparoist, & encor
La grace de parler du bien-disant Nestor.

  Comme vn roide torrent par tout où il trauerse
Buissons, arbres, rochers, dessous les flots renuerse,
Il va de plus grand force ayant empeschement
Et ne rencontrant rien coule plus doucement.
Ainsi quand deuant toy personne ne se braue,
Plus doucement coulant ton parler n'est si graue,
Mais si quelqu'vn vouloit deuant toy maintenir
Quelque tort, on te voit vn Torrent deuenir.

  Sois tousiours verdissant, & ta force eloquente
Vainque tous les assauts de la tourbe ignorante,
A fin que sois nommé d'Eloquence l'honneur,
L'Athlete de vertu, du païs le bonheur.

DIALOGVE.

L'vn accuse l'Amour, l'autre le defend.

A.

QVEL aueuglement, quelle honte
Faire tant d'vn aueugle conte,
Et se ranger à l'abandon
D'vn nain, boute-feu de querelles?
Faut-il que les amis fidelles

    Se battent pour vn Cupidon?
D. *Pour le mal qu'icy tu proposes*
    Il fait bien à cent mille choses:
    Et si tu peux mettre en auant,
    Liens, prisons, flammes, ruines
    Ie dy que ses vertus diuines
    Font viure ce qui est viuant.
A. *Chercher de la chaleur aux marbres,*
    Chercher de l'or dessus les arbres
    C'est en luy des biens rechercher.
    Penser en luy choisir des graces
    C'est en l'Esté chercher des glaces
    Et des douceurs en vn rocher.
D. *Les meurtres, les fureurs vilaines*
    Qui souillent les ames humaines
    Naissent plustost d'inimitié.
    Mais ayant trop courte la veuë
    La puissance ne t'est connuë
    Du grand Dieu de toute amitié.
A. *Cupidon est vne Sang-suë*
    Qui tire le sang & nous tuë,
    Helas! qu'il en a fait mourir!
    Son feu renuersa Troye en cendre.
    A combien fit-il la mort prendre
    Pour vn Atalante acquerir?
D. *Ces choses ne sont que parcelles:*
    Contemple les vniuerselles.
    Vnir aux Princes leurs suiets,
    Vnir les volontez des freres,
    Vnir les enfans à leurs peres
    Sont-ce pas de luy les effets?

MESLANGES.

A. Quiconque veut fuïr orages,
Soufflemens des vents & naufrages
Fuit l'onde salee & ses flots
Et les sommets d'une montagne:
Quiconque d'Amour s'accompagne
Se trouue ignorant de repos.

D. Au contraire il est origine
Du repos de cette Machine
Iointe par les quatre Elemens,
Et quand sa vigueur ne l'assure,
Pauure Orpheline elle en endure
Mille morts, mille changemens.

A. Si des accords de toutes choses
Au Chaos vniment encloses
Il a dissipé l'vnion:
Ie veux protester au contraire
Qu'il est le pere volontaire
De discord & diuision.

D. Il est le meurdrier des rancunes
Oracle des bonnes fortunes,
Temple de Foy, ferme soutien.
Les herbes sans humeur ne croissent,
Sans soleil les cieux n'apparoissent,
Sans Amour le monde n'est rien.

Iugement de Mercure sur l'accusation d'Amour.

L ES Dieux reconnoissans d'Amour les œuures hautes
Luy pardonnent icy ses anciënnes fautes:

Car son aueuglement l'excuse du passé,
Mais à fin desormais que ses flammes n'incitent
Qu'à de belles amours vers ceux qui le meritent,
Ils rompent le bandeau dont son œil est pressé.
Si l'Amour, comme on dit, prend des yeux sa naissance
On l'a iusques icy priué de sa puissance
Attachant à ses yeux vn aueugle bandeau.
Les Dieux veulent aussi qu'on luy oste ses æles
Rendant les amitiez en ce poinct eternelles,
A fin qu'il soit tousiours aussi constant que beau.

Remerciment d'Amour.

STANSES.

LA volonté des Dieux soit faite dessus moy,
Les mortels insolens m'auoyent bouché la veuë
A fin que leur malice abusant de ma foy
Demeurast impunie & me fust inconnuë.
L'ame indigne corrompt des vertus l'ornement:
Entre infinis obiets plusieurs ne sont capables
De receuoir vn bien toute essence animant,
Ains le font conuertir à maux innumerables.
Le Soleil n'est-il pas (ame de l'Vniuers)
Vtile de tout poinct? toutefois il arriue
Tantost bien tantost mal de ses effets diuers
Selon ce qui s'eschaufe à sa lumiere viue.

MESLANGES.
CHANSON.
D'estre secret en Amour.

EN Amour rien ne sied si bien,
Que de jamais ne dire rien.
Les enfans n'ont grandes paroles,
Amour est enfant tout exprés,
Et ceux qui suiuent ses escoles
Ne peuuent dire ses secrets.
Amour en secret se desire,
J'aime mieux plus penser que dire.
Amour estant aueugle aussi
Apprend à qui en a souci,
Et à ceux qui sont à sa suite
Qu'il faut dire qu'ils n'ont rien veu.
Donc aueuglé sous sa conduite
Ie diray que ie n'ay rien sceu,
Et quand i'auray l'heur où i'aspire
J'aime mieux plus penser que dire.
Venus nasquit dedans la mer,
Et depuis n'a voulu aimer
Ny faire vn heureux auantage
Qu'à ceux qui comme les poissons
Semblent auoir peu de langage
Sans se vanter en cent façons:
Pensez donc lors que ie soupire
S'il me faut plus penser que dire.
Plus faire que dire vaut mieux,
C'est mesme vne vertu des Dieux:
Les glorieux tout au contraire
Disent tousiours plus qu'ils ne font.

LIVRE V.

Mais pensez pour me satisfaire
Que nos plus ieunes ans s'en vont
Tandis que voyant mon martyre
Vous voulez plus penser que dire.

CHANSON.
Pour vn Retour.

IE m'en estois allé,
  Maintenant ie retourne:
Vn petit peuple ælé
  Qui pres de toy seiourne
M'est venu retenir
Pour me faire venir.
C'estoyent petits enfans
  Qui mon chemin guetterent:
Les vns de traits ardans
Mes yeux espouuanterent,
Autres de liens forts
M'enchaisnerent le corps.
De ces petits garçons
  L'vn auoit ton visage,
L'autre auoit tes façons,
L'autre auoit ton langage,
L'vn tes ris amoureux,
Et l'autre tes cheueux.
Eux se iettans sur moy,
  Vn de toute la bande
Dist: Ne sois en esmoy,
Ta Dame te demande:
Peux-tu viure contant
Loing d'elle t'absentant?

Donc ainsi qu'vn captif
  Qu'on reprend à la fuite
  Ils m'amenent fuitif
  Et ie suy leur conduite
  Voyant que mon desir
  Consent à leur plaisir.

CHANSON.
De la Lumiere.

VE la lumiere est vne belle chose!
C'est à mon gré du monde le plus beau:
Si ce n'estoit que tout elle dispose
Le monde entier sembleroit vn tombeau.
De la lumiere aussi la vie est prise,
  Et n'y a rien qui n'en retienne vn peu,
  Tout animal aussi tost qu'il l'auise
  Comme à sa vie il accourt à son feu.
Ie le voy bien ores qu'en la nuict sombre
  Tant de poisson à la chandelle vient,
  Et sans preuoir que c'est pour son encombre
  Court au rayon où sa perte se tient.
Ie le voy bien or' que par les tenebres
  Les paisseteaux volent à la clairté,
  Et ne sçachans que tels feux sont funebres
  S'en viennent perdre & vie & liberté.
Ainsi que moy qui voyant en Madame
  Luire beaucoup de diuine splendeur,
  Y accourus comme au bien de mon ame
  Mais i'y trouué ma mort & mon malheur.

Fin des Oeuures d'Amadis Iamyn.

TABLE DES OEVVRES
D'AMADIS IAMYN.

SONNETS.

A Bon droit S. Didier	235,b
A ce Timoleon	280,a
Allant voir mon ami	80,a
Alors qu'vne Comete	183,b
Amour se lamentoit	107,b
Amour caché dedans	108,a
Amour bandoit son arc	129,b
Amour cruel	142,b
Amona est le grand Dieu	165,b
Amour dressa	171,a
Amour tirant	179,a
Amour preste la main	201,b
Amour seul est le dieu	283,b
Angelique beauté	198,b
Apollon a laissé	149,a
Apollon clair-voyant	281,a
Apres que mille traits	124,a
Artemis qui te plais	185,b
Au dire des anciens	142,b
Autant que la trompete	134,b
Au moins si ie tenois	169,b
Ayez pitié	53,b
Auril ouure la terre	50,a
Belle voicy le mois	169,a

TABLE.

Belles de fleurs, fraiches	170, a
Bien que ie sois trop long	169, b
Bien que Phebus	148, a
Bon Ange s'il te plaist	175, b
Braue penser	197, a
Catherine a regi	61, a
Ces beaux cheueux	93, a
Ce beau Chasteau	278, b
Ce bel Agnus Dei	275, b
Ces cheueux crespelus	139, a
Ces corps traisnez	30, b
Ce Dieu Bacchus	227, a
Ce flambeau tout en feu	180, b
Ce lieu bien aëré	200, b
Celuy qui sans témoin	177, a
Celuy qui ne sçait point	179, b
Ce n'est pas d'auiourdhuy	80, b
Ce n'est pas d'auiourdhuy que les peres fa-cheux	259, a
Ce qu'est au feu	286, b
Ceux qui ont l'arc d'Iris	181, b
Ceux qui ont dit	178, b
Cheminant bien auant	61, a
Comme vos noms l'vn en l'autre	5, a
Comme la Masquarade	212, a
Combien que ne soyez	278, a
Combien que l'Ocean	185, a
Comme cet Vniuers	161, a
Comme Timoleon	279, b
Comme lon voit	186, b
Come lon voit deux chastes tourterelles	297, b

TABLE.

Comme le seul Phenix	128,b
Comme les feux du ciel	177,b
Comme en vn beau iardin	196,a
Comme le Ciel	200,a
Conduit par le Demon	194,b
Cruel fut l'inuenteur	171,a
Cruelle Mort	297,b
Cueillez pillez	132,a
Dans les pensers	44,a
Dedans ton nom Maie	284,a
Des Champenois souuent	260,b
De ce printemps	91,b
Depuis voſtre depart	148,b
Depuis que i'ay laiſſé	197,b
Des maux que ie reçoy	199,a
Dequoy malade	165,a
De Theſee & d'Hercule	31,a
Deuant mes yeux	179,b
De vous ie ne me plains	185,a
Diane qui les monts	281,b
Dieu du fleuue de Seine	9,b
Digne d'amour	162,b
D'Itaque la petite	210,b
Diſcourant tout penſif	159,b
Diuine eſt ta beauté	233,a
D'œil ſerain ie ne puis	150,a
Doux Roſſignol qui viens	140,a
Donc touſiours tant de maux	176,b
Douce Oriane	80,a
Du bon Cheual	50,b
D'vn trop hautain deſir	146,b

TABLE.

Durant tout le chemin	202,a
Elizabeth d'Austriche	18,a
Empedocle mettoit	198,a
En ce Chasteau	129,a
En quelle Idee	129,b
Entens à ma priere	284,b
En vain tu me defens	156,a
En mes tourmens	142,a
En quel mont & verger	199,a
En ton honneur	147,b
Errant de nuict	132,a
Estant desesperé	269,a
Est-ce pour rafraischir	271,a
Fabius qui le nom	31,a
Faict nouueau mesnager	234,a
Filles de Iupiter	63,a
Fleurs campagnes & prez	139,b
Fontaine de tristesse	186,a
France feste ce iour	9,b
Grande est l'ardeur	76,b
Ha! ie vous pren	170,b
Ha! malheureuse main	93,b
Ha que de temps en vain	123,a
Ha! que ie hay ce masque	185,b
Heureuse est des Pasteurs	201,b
Hercule si ton chef	198,b
Iamais les grands Romains	204,a
I'ay cent fois desiré	123,a

TABLE.

I'ay cent fois comparé	195,b
I'ay veu souuentefois	196,b
Ialouse nuict	163,a
I'ay decouuert cent fois	191,b
I'aime bien mon penser	81,b
I'auois creu iusqu'icy	185,b
I'auois si bien mon ame	79,a
Ie commençay de pleurs	182,a
Ie demandois	172,a
Ie desire chanter	130,a
Ie gouuerne le monde	271,a
Ie laisseray le noir	107,a
Ie n'ay souci	9,a
Ie n'aime l'eau	101,b
Ie me retourne arriere	102,a
Ie n'aime point	163,b
Ie ne m'ose vanter	158,a
Ie porte en l'œil	148,b
Ie puis tout & ne puis	109,a
Ie qui auois rompu	153,a
Ie resemble à ces monts	149,a
Ie resemble aux Martyrs	164,a
Ie resemble au Chasseur	188,a
I'estois par bon destin	183,b
Ie suis pour trop aimer	156,b
Il est desia tout voûté	228,b
Il me plaist d'imiter	133,b
Infinis sont les maux	63,b
Ingrate main	148,a
Ie suis perdu d'amour	157,b
Ie sens, fiere Artemis	134,b

TABLE.

Ie sors d'vne mer trouble	123,a
Ie t'appelle Artemis	151,b
Ie t'ay prié,	162,b
Ie tenois en dançant	93,a
Ie te rens grace, Amour,	153,a
Ie voudrois estre vn Ronsard	284,a
Ie vous donne la rose	164,b
Iupiter seulement	169,a
Iunon qui des vaillans	60,b
La belle Aurore	92,b
La celeste Venus	160,b
La Deesse des bois	115,a
L'agreable vigueur	179,a
L'Aigle fier, le Pegase	192,a
L'Aigle pour essayer	200,a
La Lyre & le doux chant	177,b
La manne & le doux laict	178,b
L'annee & mon amour	83,a
Lansac pere d'honneur	150,b
Lansac mille vertus	214,a
L'ardent feu coutumier	175,b
La rosee & les fleurs	182,b
La vertu seule ouure aux humains la voye	3,b
L'Aurore de la France	152,a
L'autre iour que mon œil	134,a
Le breuuage amoureux	77,b
Le Ciel à vostre entree	31,b
Le Ciel a sur les yeux	279,b
Le Ciel, la terre	139,a
Le cruel vent	136,b
L'esclair de vos beaux yeux	180,a

Le fer

TABLE.

Le fer poursuit l'aimant	77,b
Le froid par qui des eaux	44,b
Les hommes & les Dieux	82,b
Le iour qu'Elizabeth	18,b
Les anciens souloyent	49,a
Les Anges sont au ciel	275,a
Le myrte bien-heureux	201,a
Les ombres, les esprits	184,b
Le Peintre est le mieux né	235,a
Les pensers de mon cœur	190,a
Le pinceau m'est tombé	24,a
Le poisson écaillé	79,b
Les puissans Rois	70,b
Le sainct troupeau	171,a
Le sainct logis	279,a
Le sentiment de mal	196,a
Le sommeil ocieux	156,b
Le Soleil quatre fois	102,b
Le sort iadis eleuoit	283,b
Le vagabond Vlysse	204,a
Le vent, la pluye	136,a
L'iniustice en vn prix	203,b
L'œil ha quelque lumiere	184,b
Lors que l'astre iumeau	92,a
Lors que de toutes parts	188,b
L'oyseau qui vagabond	190,b
Madame quelquefois	199,b
Maintenant que ie pense	275,b
Maintenant que l'ardeur	203,b
Mere de Rois	15,b

d.i.

TABLE.

Mes deux yeux deux ruisseaux	280
Mes pauures yeux	143,b
Mille flots amoureux	156,a
Mille graces du Ciel	180,b
Mon ame tellement	190,a
Mon desir en amour	159,a
Mon Prince l'on connoist	8,b
N'ayant accoustumé	139,b
Ne faites vostre iouë	150,b
Ne m'aime point	143,a
N'est-ce assez que ie brule	149,b
Non autrement	60,b
Nostre ame tient de soy	197,b
Nostre gabarre errante	136,b
Non ta grandeur	44,a
Nostre souuerain bien	132,b
O beaux cheueux	136,a
O beau visage	189,a
O belle & blanche main	182,a
O bien-heureux papier	82,a
O florissant Iasmyn	269,a
O messagers du cœur	152,a
On conte que Iunon	27,b
On dit que l'amitié	78,b
On dit qu'Amour	123,a
On doit iuger des façons	13,b
On nous defend	102,b
On peut assez, Racan,	160,a
On prie pour les morts	186,b

TABLE.

On trouue l'Ocean   201,b
O penser repensé   157,a
Or que i'entens   102,a
Or que de vos beaux yeux   183,a
Oses-tu bien leuer   151,a
Ou le destin qui malheureux   9,a
Où sont tant de beautez   187,b

Parer ses vestemens   177,a
Par ton estat   212,b
Par vn depit   152,b
Pein, du Moutier,   157,a
Penser qui peux   79,a
Personne n'aye peur   161,b
Pesante nuict   163,b
Petrarque, voicy l'air   187,a
Phebus dessus le poinct   160,a
Phebus attire en l'air   188,b
Phebus voyant   101,b
Plein d'vn penser   94,a
Plein d'vn desir   134,a
Plein d'vn doux souuenir   270,b
Pleurez mes yeux   78,a
Plus grande force   42,b
Pource que les mortels   197,a
Pour connoistre les traits   109,b
Pour infinis respects   133,a
Pourquoy soupires-tu   161,a
Pour rencontrer   211,b
Pourquoy viens-tu Soleil   176,a
Pour surmonter l'ennuy   150,a

d.ij.

TABLE.

Pour toy ie suis mourant	134,b
Pren la gloire que prit	38,b
Prince dont le bonheur	49,b
Puis que vostre œil	10,a
Puis que dans ta prison	79,b
Puis que de vos beaux yeux	81,a
Puisque le Ciel me donne	91,b
Puisque rien ne me vaut	195,a
Qu'à mon oreille	128,b
Quand Annibal	30,b
Quand i'aurois comme Argus	280,b
Quand Iupiter au Ciel	44,b
Quand ie la voy	159,b
Quand ie m'eslongne	78,b
Quand ie nourris mon œil	147,b
Quand i'engageay	149,a
Quand ie repense	163,a
Quand ie la voy	94,a
Quand ie la voy folastre	178,a
Quand ie voy maintenant	277,b
Quand est-ce que le Ciel	196,b
Quand ie voy les beautez	195,b
Quand le Soleil ardent	188,a
Quand l'autre iour	78,a
Quand tes cheuaux legers	137,a
Quand l'Indien auorton	219,b
Quand le Soleil luisant	3,b
Quand Oriane	92,a
Quand nature voulut	108,b

TABLE.

Quand se pourra-til dire	204,b
Quand sur vostre beau sein.	182,b
Quand ton aspect	164,b
Quand vis à vis ie voy	172,a
Quelle beauté nouuelle	122,b
Quel Demon charmera	175,a
Quel Demon t'enseigna	235,a
Que ne reuient ici	171,a
Que me sert discourant	155,b
Quelqu'vn loura les yeux	174,b
Que veux-tu faire Eole	199,a
Qui fait honneur	18,a
Qui m'osera nier	234,b
Quiconque fut celuy	139,a
Qui te voit Marguerite	24,a
Qui veut sçauoir	130,b
Qui veut iouir	137,b
Qui voudra voir çà bas	184,a
Qu'on ne me vante plus	15,b
Qu'on ne me vante point	280,b
Quoy? m'oses-tu blasmer	93,b
Retenant constamment	248,b
Rien n'est armé	271,b
Rien n'est pesant	227,b
Rien que vertu	279,a
Semblable au Lut	170,b
Seruir sans recompense	81,a
Si ce n'est peu de plaire	271,b
Si c'est aimer	129,a

d.iiij.

TABLE.

Si Cupidon rompoit — 195,a
Si i'aime le Tanné — 131,b
Si ie suis maigre, iaune, — 143,a
Si ie porte en mon cœur — 128,b
Si la beauté perist — 92,b
Si l'amant est diuin — 130,a
Si l'amour auoit mis — 189,a
Si la nauire Argon — 124,b
Si le trait qui mon cœur — 81,b
Si le beau Phrygien — 194,b
Si le verd en blason — 273,a
Si mon sein estoit fait — 77,a
Si Phebus, Apollon — 277,b
Si Venus, Cassiope, — 187,a
Si vostre ame si belle — 283,a
Solitaire & pensif — 175,a
Somne leger — 162,a
Somne qui viens — 99,b
Souci, qui te nourris — 184,a
Sous ces myrtes Amour — 277,a

Ta face Iuifue — 228,b
Ta grace & ton beau port — 278,a
Tant de cœurs de Rubis — 146,b
Tant de feux és carfours — 164,a
Te donner, mon Brulart, — 214,a
Tel que le froid serpent — 189,b
Te resembler — 80,b
Te reuoyant au ciel — 178,a
Toute chose naissante — 124,a
Tous lieux ont leur Demon — 137,a

TABLE.

Tours que ie t'aime	82,b
Tournant le dos, Madame	110,b
Tous les biens qu'à Pandore	165,a
Tous les flambeaux du Ciel	181,a
Tout fait l'amour	165,b
Traistre penser	109,a
Tu coules lentement	198,a
Tu m'as si bien	77,a
Tu me fais souuenir	122,a
Tu ne passeras point	269,b
Tu seras maintenant	235,b
Va t'en d'icy mon Cœur	187,b
Vent qui tourmentes l'air	82,a
Vn esprit importun	160,b
Vn feu de passion	200,b
Vne Conque de mer	186,a
Vn iour Cousin	228,a
Vne Nymphe celeste	180,a
Voyant ce Charlemaigne	288,a
Voyant les combatans	71,a
Voyant de tous costez	189,b
Voicy le iour heureux	4,a
Voir le grand Dieu	183,a
Voy ce beau mois	91,a
Vous estes le miroir	276,a
Vous estes tel	42,a
Vous estes mon Phebus	152,b
Vous faites plus de grace	152,b
Vous me blasmez souuent	181,b
Vous me faites penser	181,a

TABLE.

Vous portez le saint nom   10,a

CHANSONS.

Combien que mon ame   121,b
Combien que mon cœur   122,a
Cupidon s'en alloit   272,b
En amour rien ne sied si bien   308,b
En ta prison tu me retiens   168,a
Estant couché   272,a
Ie ieusne & ie fay penitence   87,a
Ie m'en estois allé   309,a
Ie ne me plains   135,a
Ie veux mourir,   176,a
La blanche violette   144,b
Las! que vous estes   75,a
L'aspre hyuer se delie   90,b
Laurette ma chere alliance   274,a
Le beau visage   151,a
Les roses n'ont besoin   133,a
Loin de ta lumiere   190,b
Mes yeux causes de ma langueur   158,b
Nul de tout poinct   273,b
Or que le plaisant Auril   143,a
Quand l'amour de Calliree   109,b
Que la lumiere   309,b
Que me sert de voir tousiours   153,b
Que sert de confesser   161,b
Que tu merites bien   274,a
Si le teint de ton beau visage   147,a
Si tu aimes n'abaisses point   84,b
Voicy le iour   172,b

TABLE.

ODES.

Amour dans vne Cheneuiere   222,b
Ce tableau que ie te donne   83,a
Crions tous le Roy boit   236,a
D'Anne & Didon   285,a
Daphné fille de Penee   229,b
Descen du Ciel haute Vranie   45,a
Fuyez d'Amour   205,a
Ie prens plaisir quand la Muse   244,a
Il ne se faut émerueiller   220,a
Iour & nuict   111,a
La nuit tendoit   71,b
La vertu que le silence   210,b
Le facond Mercure   212,b
Le somme tenoit endormie   99,a
Mechante fieure n'as tu   236,a
Monarque inuincible   30,a
Nos yeux ne pourroyent contempler   56,a
O nauire dans la mer   61,b
Où où mechans mechans   62,a
Quand il n'auroit   48,a
Quel present dois-ie presenter   31,b
Sus mon Belot   28,a
Toutes vertus   50,b

ELEGIES.

Ainsi qu'oyseaux   14,a
Auec le beau Soleil   269,b

d.v.

TABLE.

Au temps iadis la belle Cytherée	95,a
Celuy qui longuement	141,a
C'est feinte que les Dieux	130,b
C'est grand mal que d'aimer	73,b
C'est maintenant	218,a
Ce n'est assez d'auoir	202,a
Comme vn Croissant	166,a
De vos beaux yeux	252,b
Dois-ie sans lamenter	111,b
Donques Maistresse	103,b
Donc c'est en vain	231,b
En te laissant	85,b
Hé! d'où nous vient	85,a
Iamais ie ne suis las	166,b
Ie ne me plains d'amour	97,a
I'auois en main	124,b
Ie voudrois, Oriane	72,b
Il ne faut, Artemis	157,b
Iusqu'icy i'ay vescu	233,a
Las! que mon lict	126,a
Les Graces aux beaux yeux	154,b
Le Soleil en naissant	112,b
L'ingratitude est vn vice	94,b
Lyse mon cœur,	106,a
Parlant de vous il faut	192,a
Plus louable amitié	284,b
Pour admirer	217,a
Quand ie vais discourant	173,a
Que n'ay-ie le discours	237,b
Quiconque sois, amant,	117,b
Seulement pour nous seuls	305,b

TABLE.

Si mon corps n'est souuent   259,a

STANSES.

Accuse qui voudra   206,b
Ce monarque inuaincu   53,a
Douce Erato   115,a
Du profond des Enfers   140,a
Iupiter le grand Dieu   5,b
La volonté des Dieux   308,b
Les Dieux recognoissans   307,b
La flamme qui bruloit   209,b
Moy seruiteur sacré   88,a
Ne blasmons desormais   207,b
Pour estre bien aimee   121,a
Quand Dieu bastit le Ciel   4,a
Quel amour tant soit grand   120,b
Si ie ne vous aimois   252,a

EPIGRAMMES.

A l'esprit des humains   255,b
Dedans ce chiffre   38,b
De nous pauures mortels   256,b
De Iupiter tonnant   49,b
De terre il conuient   255,b
Dieu conioint   255,a
Gellia m'a raui   227,b
I'ay creu tousiours   303,a
La vie est vne mer   256,a
L'aubespin chasse   ibid.
Mon Dieu que ce Quadran   ibid.
Nature fut en doute   255,b

TABLE.

Pour estre divine	256,a
Pour la garde des Rois	60,b
Puisqu'au milieu	256,a
Quatre fureurs	90,a
Que te sert tant de fois	228,a
Si mon cerueau se fond	284,b
Tant plus quelqu'vn	256,b
Voy si tu peux	255,b

DIALOGVES.

Bergere où t'en vas-tu	275,a
Mon fils Amour	281,a
Quel aueuglement quelle honte	306,b

DISCOVRS.

Au Roy sur son retour de Pologne	1,a
De la Liberalité	6,a
Que prier Dieu est œuure &c.	10,b
Hercule defenseur des Muses	16,a
De la victoire de Montcontour	29,a
Pour les estreines au mois de Ianuier	35,b
Pour vn Tournoy	50,a
Pour le temple de gloire	52,a
Pour le feu de la S. Iean	54,b. 55,a
Contre l'honneur	97,a
De la Chasse	64,a
De la volte	113,b
De se resiouir	103,a
Le songe d'vn Pescheur	214,b
D'vne fontaine	117,b
Contract de mariage entre la Voye & la Dorade	221,a
Le Misogame	223,b

TABLE.

D'vne amante infortunee	237,a
A M. de Pimpont	241,b
A M. de Pibrac	245,a
Metamorphose des Païsans Lyciens	246,a
Amour fuitif	248,b
Contre vn Cocu	229,a
Amours de Pyrame & Thisbé	261,a
A Dictynne	276,a
L'Oranger	264,b
Dialogue de Venus & d'Amour	281,a
Vn adieu	105,a
Auguste commanda	55,b
Comme vne belle & claire estoile	60,a
O belle Paix	63,a
Vers sapphiques mesurez	168,a

GENETHLIAQVES.

De Marguerite de France Royne de Nauarre	21,a
De Madame fille du Roy Charles 1 x.	42,b

EPITHALAMES.

Du Roy Charles 1 x. & d'Elizabeth d'Austriche	18,b
Pour le Roy & la Royne de Nauarre	24,b
Vesper la Cyprienne estoile	253,b

HYMNES.

Henry mon fils	38,b
De S. Cosme & de S. Damien	301,b

TABLE.

CARTELS.

Iniuste loy	53,b
Qui n'ha le cœur ardent	260,a
Dames vous pourriez trouuer	226,b

BAISERS.

La coupe rit	101,a
Ma folastre, ma rebelle	69,b
Mon Oriane, mon cœur,	100,b

EPISTRES.

Ie vous escry, mon Prince,	49,a
Si le doux souuenir	32,b
Las! ie ne puis cette douleur esteindre	256,b
Quelle extreme douleur	258,a

COMPLAINTES.

Las! falloit-il que i'eusse experience	249,b
Donc la ieune beauté	301,a

EPITAPHES.

Du Roy Charles IX.	286,a
De la Duchesse de Sauoye	288,a

TABLE.

De M. de Guise 288,b
De M. le Connestable ibid.
De M. de Martigues 289,a
De M. de Brissac 290,a
De Mad. la Mareschale de Brissac 291,b
De Mad. la Comtesse de Mansfeld 292,a
De M. de l'Aubespine ibid. & 294,a
Du Sieur de la Riuiere 294,b
Du Sieur de Sillac 295,a
Du Sieur de Lucé ibid. b
Du Sieur de Praslain 296,a
Sur la mort de Daphnis 298,a
De Mad. de Bacqueuille ibid.
De Damoyselle Ieanne de Loynes 299,a
D'vne fille qui fut tuee 300,a
D'vn amoureux 294,a
D'vne Barbiche 300,b

FIN.

EXTRAICT DV PRIVILEGE.

Par Lettres patentes du Roy donnees à Paris le seizieme iour d'Auril mille cinq cens soixante & quinze, Signees Par le Roy en son conseil Nicolas, & seellees du grãd seel sur simple queuë en cire iaune: Il est permis à Amadis Iamyn Secretaire & Lecteur ordinaire de la chambre dudit Seigneur, de faire imprimer & publier par tel Imprimeur que bon luy semblera, les Oeuures Poetiques qu'il a faites & cõposees: Auec defenses à tous Libraires & Imprimeurs, autre que celuy qu'il aura choisi & esleu, de les imprimer ou faire imprimer durant le terme de six ans: sur peine de confiscation desdicts liures, despens, dommages & interests de l'Imprimeur choisi & esleu par ledit Iamyn, & d'amende arbitraire.

www.ingramcontent.com/pod-product-compliance
Lightning Source LLC
Chambersburg PA
CBHW071152230426
43668CB00009B/917